ESCRITOS DE PEDIATRÍA Y PSICOANÁLISIS

PAIDÓS PSICOLOGÍA PROFUNDA

Últimos títulos publicados:

D.W.Winnicott, *Exploraciones psicoanalíticas, 1*
D. N. Stern, *El mundo interpersonal del infante*
D.W.Winnicott, *Sostén e interpretación*
J. D. Nasio, *El dolor de la histeria*
D.W.Winnicott, *Exploraciones psicoanalíticas, 2*
D.W.Winnicott, *La naturaleza humana*
T. B. Brazelton y B. Cramer, *La relación más temprana*
C. G. Jung, *Psicología y educación*
D.W.Winnicott, *El hogar, nuestro punto de partida*
D.W.Winnicott, *Los procesos de maduración y el ambiente facilitador*
M. Burin, y E. D. Bleichmar, (comps.), *Género, psicoanálisis, subjetividad*
G. Baravalle, C. H. Jorge, N. Ferrer, y L. E. Vaccarezza, *Manías, dudas y rituales*
J. D. Nasio, *Cómo trabaja un psicoanalista*
D. Nasio, *Los gritos del cuerpo*
D.W.Winnicott, *Escritos de pediatría y psicoanálisis*
D.W.Winnicott, *Acerca de los niños*
E. Dio Bleichmar, *La sexualidad femenina: de la niña a la mujer*
N. Bleichmar y C. Leiberman de Bleichmar, *El psicoanálisis después de Freud*
F. Dolto, *Lo femenino*
J. D. Nasio, *Los más famosos casos de psicosis*
N. J. Chodorow, *El poder de los sentimientos*
C. Leiberman y N. Bleichmar, *Las perspectivas del psicoanálisis*
C. G. Jung, *Conflictos del alma infantil*
M. Safouan, *Lacaniana. Los seminarios de Jacques Lacan 1953-1963*
O. F. Kernberg, *La teoría de las relaciones objetales y el psicoanálisis clínico*
S. Bleichmar, *Paradojas de la sexualidad masculina*
C. Soler, *Lo que Lacan dijo de las mujeres*
J. D. Nasio, *El Edipo*
I. Berenstein, *Del ser al hacer*
A. Flesler, *El niño en análisis y el lugar de los padres*

D. W. Winnicott

ESCRITOS DE PEDIATRÍA Y PSICOANÁLISIS

PAIDÓS
Barcelona
Buenos Aires
México

Título original: Collected Papers: *Through Paediatrics to Psycho-analysis*,
de Donald W. Winnicott
Publicado en inglés por Tavistock Publications Ltd., Londres

Traducción de Jordi Beltrán

Cubierta de Víctor Viano

1ª edición en lengua española, Barcelona, Laia, 1979
15ª impresión, julio 2025

La lectura abre horizontes, iguala oportunidades y construye una sociedad mejor. La propiedad intelectual es clave en la creación de contenidos culturales porque sostiene el ecosistema de quienes escriben y de nuestras librerías. Al comprar este libro estarás contribuyendo a mantener dicho ecosistema vivo y en crecimiento. En Grupo Planeta agradecemos que nos ayudes a apoyar así la autonomía creativa de autoras y autores para que puedan seguir desempeñando su labor. Dirígete a CEDRO (Centro Español de Derechos Reprográficos) si necesitas fotocopiar o escanear algún fragmento de esta obra. Puedes contactar con CEDRO a través de la web www.conlicencia.com o por teléfono en el 91 702 19 70 / 93 272 04 47. Queda expresamente prohibida la utilización o reproducción de este libro o de cualquiera de sus partes con el propósito de entrenar o alimentar sistemas o tecnologías de inteligencia artificial

© 1958 by D. W. Winnicott
© 1999 de todas las ediciones en castellano,
  Editorial Planeta, S. A.,
  Avda. Diagonal, 662-664. 08034 Barcelona, España
  Paidós es un sello editorial de Editorial Planeta, S. A.
  www.paidos.com
  www.planetadelibros.com

ISBN: 978-84-493-0453-8
Depósito legal: B. 20.482-2009

El papel de este libro procede de bosques gestionados de forma sostenible
y de fuentes controladas

Impreso en España – *Printed in Spain*

SUMARIO

Nota de agradecimiento 9
Prefacio 11

PRIMERA PARTE

1. Nota sobre la normalidad y la angustia (1931) 15
2. La agitación (1931) 39

SEGUNDA PARTE

1. Apetito y trastorno emocional (1936) 53
2. La observación de niños en una situación fija (1941) 77
3. Consultas en el departamento infantil (1942) 101
4. Psiconeurosis oculares de la infancia (1944) 119
5. Reparación con respecto a la organización antidepresiva de la madre (1948) 127
6. La angustia asociada con la inseguridad (1952) 135
7. La tolerancia de síntomas en pediatría. Historia de un caso (1953) 141
8. Un caso atendido en el hogar (1955) 163

TERCERA PARTE

1. La defensa maníaca (1935) 177
2. Desarrollo emocional primitivo (1945) 199
3. Pediatría y psiquiatría (1948) 215
4. Los recuerdos del nacimiento, el trauma del nacimiento y la angustia (1949) 237
5. El odio en la contratransferencia (1947) 263
6. La agresión en relación con el desarrollo emocional (1950-1955) 275
7. Las psicosis y el cuidado de niños (1952) 295
8. Objetos y fenómenos transicionales (1951) 307
9. La mente y su relación con el psiquesoma (1949)... 325
10. Replegamiento y regresión (1954) 341
11. La posición depresiva en el desarrollo emocional normal (1954-1955) 351
12. Aspectos metapsicológicos y clínicos de la regresión dentro del marco psicoanalítico (1954) 371
13. Variedades clínicas de la transferencia (1955-1956) 391
14. Preocupación maternal primaria (1956) 397
15. La tendencia antisocial (1956) 405
16. Pediatría y neurosis infantil (1956) 417

Bibliografía 425

NOTA DE AGRADECIMIENTO

Deseo hacer constar mi gratitud para con mi secretaria, la señora Joyce Coles.
Al señor M. Masud R. Khan, agradezco la confección del índice y sus muchas y útiles críticas y sugerencias.
Mi agradecimiento también a las siguientes personas, editores y organizaciones por haberme permitido utilizar material ya publicado: al editor del *British Journal of Medical Psychology*; al editor de *Case Conference*; a la señora W. M. Davies y a la editorial Jonathan Cape Limited por el poema «Infancia», de *The Collected Poems of W. H. Davies*, que aparece en la página 226; a la editorial William Heinemann Limited; al editor del *International Journal of Psycho-Analysis*; a la Sociedad Oftalmológica; al editor de *Psyche*; al editor de *Revue française de Psychanalyse*; a la Real Sociedad de Medicina.

PREFACIO

En el presente libro se reúnen diversas charlas y conferencias de carácter científico que he dado a lo largo de mi carrera.
El estudiante no hallará en estas páginas instrucciones sobre los conceptos y técnicas básicas del psicoanálisis, ya que, debido a que los diversos auditorios ante quienes expuse mis trabajos se componían principalmente de analistas, di por sentado que tales conocimientos no necesitaban ser explicados. Mi preocupación estriba en exponer mi propio punto de vista y someter a prueba las ideas que se me han ido ocurriendo en el transcurso de mi labor clínica.
Mi experiencia clínica ha sido variada. Nunca me he alejado totalmente de la práctica de la pediatría, que fue mi punto de partida. He podido comprobar el valor que para mi trabajo han tenido lo que podríamos llamar los «apremios sociales», con los cuales tuve que enfrentarme en mi calidad de médico en un hospital para la infancia. He disfrutado, asimismo, del constante reto que representa el ejercicio privado de la medicina y también las consultas terapéuticas. Estas ocupaciones me han proporcionado la oportunidad de aplicar de un modo general todo aquello que iba aprendiendo del ejercicio del psicoanálisis propiamente dicho.
Tengo la esperanza de que este libro muestre que la pediatría es una de las vías que llevan al psicoanálisis, una vía legítima y eficaz.
Se ha creído oportuno agrupar los diversos trabajos en tres

secciones. En la primera sección se han reimpreso dos capítulos pertenecientes a un libro anterior (Winnicott, 1931) ya agotado, los cuales reflejan mi actitud como pediatra, previa a mi formación psicoanalítica. Así, pues, fueron escritos por un pediatra para otros pediatras.

Es fácil advertir que el autor de los trabajos de la segunda sección también es un pediatra, pero un pediatra que se ha orientado psicoanalíticamente.

La tercera sección constituye mi aporte personal a la teoría y práctica del psicoanálisis en nuestros días.

1957

D. W. WINNICOTT, F.R.C.P. (Lond.)
Médico, Paddington Green Children's Hospital, Londres W.2
Médico Jefe, Departamento pediátrico, London Clinic of
Psycho-Analysis, Londres W.1

PRIMERA PARTE

1. NOTA SOBRE LA NORMALIDAD Y LA ANGUSTIA (1931)[1]

Si comprobamos el peso de un gran número de niños resulta fácil calcular cuál es el peso medio de los niños de una edad determinada. De la misma manera podemos hallar la media de las mediciones del desarrollo; y la función de un test de normalidad es permitir la comparación de los parámetros de un niño con aquellas medias.

Estas comparaciones nos dan una información muy interesante, pero existe una posible complicación que puede echar a perder los cálculos. Se trata de una complicación a la que no suele hacerse referencia en la literatura pediátrica.

Si bien, desde un punto de vista puramente físico, toda alteración de la salud puede considerarse anormal, no por ello se debe decir que todo decaimiento físico causado por conflictos y tensiones emocionales es necesariamente anormal. Este punto de vista, un tanto sorprendente, necesita una aclaración.

Recurriendo a un ejemplo bastante simple, podemos citar la gran frecuencia con que el niño de dos o tres años se muestra perturbado ante el nacimiento de un hermanito o hermanita. A medida que el embarazo de la madre progresa, o en el momento del nacimiento, el niño, que hasta ese momento ha sido robusto y no ha tenido motivo alguno de aflicción, empieza a dar muestras de tristeza, su semblante empalidece, pierde peso y

---

[1]. De *Clinical Notes on Disorders of Childhood*, Londres, Heinemann, 1931.

presenta otros síntomas, tales como la enuresis, el mal genio, enfermedad, constipación o congestión nasal. Si apareciera en ese momento una enfermedad física —por ejemplo, un ataque de neumonía, tos ferina, gastroenteritis—, es posible que la convalecencia se prolongue más de lo debido.

La pequeña Joan, de dos años y cinco meses, era hija única hasta hace trece meses, en que nació su hermanito.
Joan había gozado de perfecta salud hasta entonces. Empezó a mostrarse muy celosa, perdió el apetito y, por consiguiente, adelgazó. Cuando se le permitió permanecer una semana sin forzarla a comer, no comió prácticamente nada, por lo que perdió más peso aún. Desde entonces no ha cambiado, es muy irritable y su madre no puede dejarla sola sin causarle un ataque de angustia. No quiere hablar con nadie y por la noche se despierta dando gritos, en ocasiones hasta cuatro veces en una misma noche, sin que esté claro el material onírico presente (quiere su gatito, etcétera).
Tiene la costumbre de pellizcar e incluso morder al bebé y no le permite jugar con nada. Tampoco le permite a nadie hablar de él, frunce el entrecejo y acaba por interrumpir la conversación. Cuando le llevaron a un centro asistencial, su carácter taciturno se agudizó y adquirió el hábito de morderse a sí misma, a falta de otra persona a quien morder. De manera que después de tres días hubo que llevarla nuevamente a su hogar.
Le dan miedo los animales.
Si ve al pequeño sentado en el orinal, empieza a hacer esfuerzos hasta que se pone mala. Si le dan chocolate, lo conserva en la boca hasta que, al llegar a casa, lo escupe.
Prefiere constantemente los hombres a las mujeres.
Los padres son personas excepcionalmente agradables y el pequeño es una criatura perfectamente sana y adorable.

Ahora bien, de no haber nacido el hermanito, con todo lo que ello entraña para un niño, Joan hubiese seguido gozando de excelente salud, pero, en cierta medida, el valor de su personalidad se hubiese visto disminuido debido al hecho de no haber vivido una experiencia real a una edad apropiada. Semejante caso justifica la afirmación de que para un niño puede ser más normal estar enfermo que gozar de buena salud.
Un médico que no comprenda los procesos que se ocultan bajo tales síntomas hará su diagnóstico y tratará la enfermedad como si la misma obedeciese a causas físicas. En cambio, un médico que entienda algo de psicología adivinará la causa oculta de la enfermedad y tomará las medidas pertinentes para aliviarla. Por ejemplo, dará instrucciones a los padres en el sen-

tido de que no deben tratar al niño de modo distinto al nacer el nuevo hijo, ni deben mandarlo a pasar una temporada en casa de algún pariente; tal vez les aconseje que permitan al pequeño tener algún animalito doméstico. Como medida profiláctica recomendará a los padres que contesten sin temor a todas las preguntas que sus hijos les hagan sobre de dónde vienen los bebés, y que procuren evitar la ansiedad en su comportamiento.

Cabe ir más allá y afirmar que un médico que esté aún más versado en psicología se contentará con dar una serie de sucintos consejos, sin hacer nada más, limitándose a un papel de simple amigo. En efecto, este médico se da cuenta de que las frustraciones, los desengaños, la pérdida de algo que amamos, unidos a la comprobación de la debilidad y falta de importancia personales, forman una parte significativa de la educación del niño; además, no cabe ninguna duda de que uno de los más importantes objetivos de la educación estriba en colocar al niño en una situación desde la que puede gobernar su vida sin ayuda. Es más, las fuerzas que determinan el comportamiento, tanto de los padres como del niño, están tan ocultas, tienen raíces tan profundas en el inconsciente, que los intentos que se hagan para modificar los acontecimientos recurriendo al intelecto se parecen al acto de grabar las iniciales en los pilares de una catedral: poco es lo que se consigue salvo reflejar la vanidad del artista.

Como ilustración de que «es normal estar enfermo» se ha tomado un ejemplo palmario, que seguramente conocerá todo médico que cuente entre sus pacientes con niños de edades comprendidas entre el nacimiento y la edad escolar. Sin embargo, esta situación emocional particular ocurre sólo con relativa frecuencia, mientras que todo niño experimenta situaciones emocionales, similares o incluso más agudas tanto internas como externas que debe superar, para lo cual se ve forzado a descubrir el medio de enfrentarse a ellas, alterándolas o tolerándolas. Cuando estas situaciones no se presentan en la realidad, las imaginarias ocupan su lugar (a decir verdad, éstas suelen ser más poderosas) y no es necesariamente el niño normal el que vive los primeros años de su vida sin mostrar la existencia de conflictos emocionales en la dilación de su desarrollo físico y el deterioro de su salud.

Este aspecto de la formación de síntomas permite al observador vislumbrar cuál es la causa de un gran número de dolencias infantiles, y en todo trabajo sobre pediatría clínica es necesario hacer frecuentes referencias al papel desempeñado por la angustia. Semejante explicación de las desviaciones de la normalidad presenta la ventaja de no quebrantar ningún principio biológico. Si la enuresis se explica como un trastorno de la pituitaria o de la tiroides queda sin explicar en cambio por qué estas glándulas resultan tan afectadas de esta manera tan a menudo. Si los vómitos cíclicos se explican desde el mero punto de vista bioquímico, debemos formularnos esta pregunta: ¿por qué se rompe tan fácilmente el equilibrio bioquímico, cuando todo tiende a la estabilidad de los tejidos animales? Lo mismo puede decirse de la teoría toxémica del cansancio, de la teoría glicopénica del nerviosismo y de la teoría según la cual el tartamudeo se debe a la falta de control sobre la respiración. Todas estas teorías nos llevan a un callejón sin salida.

La teoría que, para explicar estos síntomas, concede al conflicto emocional su debido respeto no sólo es susceptible de demostración en los casos individuales sino que, además, resulta biológicamente satisfactoria. Estos síntomas son típicamente humanos y la gran diferencia entre el ser humano y los demás mamíferos tal vez sea el intento que aquél hace para que los instintos le sirvan en vez de regirle. En tal intento, mucho más complicado en el caso del ser humano, hay que buscar la causa de las enfermedades comunes en el hombre y prácticamente desconocidas en los animales.

Si el desarrollo normal conduce a menudo al trastorno de la salud física, resulta claro que magnitudes anormales de conflicto inconsciente pueden causar trastornos físicos aún más severos.

A pesar de que se admita que la falta de salud puede ser normal, resulta legítimo, desde otro punto de vista, utilizar el trastorno de la salud física como criterio de falta de salud psicológica y, afirmar que en el caso de una perturbación física tal que, directa o indirectamente, deteriore la salud más que temporalmente o hasta ponga en peligro la vida, las dificultades del niño adquieren intensidad patológica.

Al mismo tiempo, al médico que tenga a su cuidado un niño cuya mala salud obedezca a un difícil desarrollo emocional, debemos recordarle que tiene que estar constantemente alerta por si aparecen enfermedades físicas, no sólo porque la enfermedad física —por ejemplo, encefalitis, corea, etcétera—, puede coexistir con la angustia, e incluso provocarla, sino también porque la debilidad prolongada debida a causas emocionales predispone indudablemente a ciertas enfermedades, tales como tuberculosis y neumonía, ya que produce una disminución de las defensas del paciente. Por esta razón la medicina clínica es complicada, pero en la primera infancia cabe la posibilidad de desenredar una serie de complicaciones que en el caso de un adulto resultarían irremediablemente complejas.

Angustia

La angustia es normal en la infancia. Podríamos citar la vida de casi cualquier niño como ejemplo de angustia en alguna de sus fases.

Caso

>Una madre entró en mi consultorio del hospital con un niño de dos meses en brazos y una niña de dos años a su lado. La pequeña parecía asustada y en voz alta dijo:
>—No va a degollarle, ¿verdad?
>Tenía miedo de que yo degollase al pequeño. Éste presentaba una úlcera en el paladar blando y en una visita anterior yo le había dicho a la madre que no le diese el chupete, ya que el constante roce del mismo era causa evidente de que la úlcera no sanase. Sucedió que la madre ya había tratado de quitarle a la pequeña el hábito del chupete, por el que sentía gran afición, y una vez la había amenazado con las siguientes palabras:
>—¡Te voy a degollar si no dejas eso!
>Así, pues, la pequeña sacó una conclusión lógica: que yo debía de sentir grandes deseos de degollar al bebé.
>Hay que tener en cuenta que se trataba de una niña normal y que los padres, aunque pobres e incultos, eran personas corrientes y amables.
>Mi actitud visiblemente amistosa consiguió tranquilizarla durante un rato, pero a la larga sus temores volvieron a manifestarse:
>—No va a degollarle, ¿verdad?
>—No, pero te degollará a ti si no te estás quieta —contestó la exasperada madre.
>Este nuevo cariz de la situación emocional no pareció afectar a la pequeña, pero al cabo de medio minuto dijo que quería «hacer pis» y tuvieron que llevarla al lavabo a toda prisa.

Este episodio puede utilizarse como ejemplo de la angustia cotidiana propia de la infancia.

A primera vista observamos el sentimiento de amor hacia el hermanito, el deseo de que no sufra ningún daño y una petición de seguridad a la madre. Arraigado a un nivel más profundo se halla el deseo de hacer daño, fruto de unos celos inconscientes, acompañado por el temor a recibir un daño de forma parecida, temor que a nivel consciente se ve representado por la angustia. La última observación hecha por la madre produjo una angustia más profunda que no se manifestó mediante un cambio mental inmediato y visible, sino que lo hizo por medio de un síntoma físico: la apremiante necesidad de orinar. El siguiente caso, que es un ejemplo representativo de muchos otros, ilustra la irrupción de la angustia sin causa obvia:

> Lilian, de dos años y seis meses, me es traída para que la vea porque hace un mes se despertó gritando, y desde entonces ha estado muy nerviosa. Es hija única.
>
> Nació de parto normal y natural y fue amamantada hasta los cuatro meses, momento en que, debido a que la madre padecía un absceso en la mama, empezaron a alimentarla con el biberón. A partir de entonces la niña parecía tener una salud aún mejor, ya que había sido un tanto huraña durante el período de amamantamiento.
>
> Se ha desarrollado normalmente y puede decirse que ha sido una criatura satisfecha. Dormía tan profundamente en su cuna, junto al lecho de sus padres, que éstos se congratulaban de ello. Sus relaciones con los padres habían sido siempre inmejorables.
>
> Entonces, súbitamente, sin que el medio ambiente hubiese sufrido ningún cambio visible, la pequeña se despertó un día a las seis de la mañana, aterrorizada, y dijo:
>
> —No hay bicicletas en esta habitación.
>
> Desde entonces ha sido una niña diferente. Por la noche necesita tener bajos los barrotes de un lado de la cuna, para estar cerca de su madre; a decir verdad, en varias ocasiones han tenido que trasladarla al lecho de los padres porque tenía mucho miedo. De día está asustada todo el tiempo, no quiere separarse de su madre y la sigue a todas partes, incluso cuando baja a la cocina a buscar agua. En vez de ser la criatura satisfecha de antes, ahora se cansa pronto de las cosas, y pierde interés por cuantos juguetes le dan. Su apetito, que ahora vuelve a ser bueno, fue muy escaso durante unos días. Se muestra invariablemente nerviosa e ingobernable. No hay signos físicos de enfermedad. La defecación y la micción siguen normales.

Es durante el período comprendido entre uno y cinco años de edad cuando se establecen las bases de la salud mental. Y es igualmente en este mismo período donde se encuentra el núcleo de la psiconeurosis.

En el curso del psicoanálisis puede demostrarse la importancia que tienen para todo individuo los sentimientos de los primeros años, hecho que —como mostraron Freud y otros— es ilustrado por todas las formas de arte, el folklore y las religiones.

El conocimiento de estos detalles referentes a deseos y conflictos ocultos en el inconsciente es poco aplicable, al menos directamente, con fines clínicos, salvo en el tratamiento psicoanalítico propiamente dicho. Pero con frecuencia es importante comprender la intensidad de los conflictos y tensiones emocionales incluso cuando se trata de un caso cuyo desarrollo emocional es normal, ya que esta comprensión nos permite tener en cuenta que la mala salud física y el comportamiento anormal pueden provenir de la angustia.

Cuando el pequeño alcanza los cuatro o cinco años de edad, se produce una pérdida de intensidad de los deseos y temores asociados con la posición del niño en relación con sus padres o sustitutos, deseos y temores que vuelven a reavivarse durante la pubertad.

A los diez u once años el niño empieza un nuevo desarrollo emocional, con arreglo a la pauta de desarrollo emocional establecida en la primera infancia, pero acompañado esta vez por el desarrollo físico de los órganos genitales, así como por el poder, que se presenta con el paso de los años, para ejecutar en la realidad lo que como niño sólo podía hacer en el juego y la fantasía.

Los pediatras, maestros y sacerdotes tienen grandes oportunidades para observar si los niños triunfan o fracasan en esta primera lucha, pero quien no esté dispuesto a reconocer la importancia de las fuerzas presentes, no logrará comprender las manifestaciones del fracaso en alcanzar este ideal, sea en la salud, el aprendizaje o la moral.

El siguiente ejemplo ilustra un tipo de caso corriente en el que los síntomas son aparentemente el resultado de las alteraciones del ambiente:

> Verónica fue una niña normal y sana hasta que, al año y cinco meses de edad, su madre estuvo internada durante un mes en un hospital. Hace ya un mes que la madre ha regresado al hogar, pero me trae a la niña porque no está bien, come muy poco, vomita después de comer y está nerviosa.
>
> Mientras la madre permanecía en el hospital, una amiga, soltera y de cuarenta y tres años, cuidó de la pequeña. Parecía tratarse de una mujer corriente, pero, por lo visto, su forma de tratar a la niña tenía ciertos matices de crueldad. Así, por ejemplo, colocaba una correa sobre la mesa a guisa de constante amenaza dirigida a la pequeña. La correa era para utilizarla en caso de que la niña

no comiese. Los vecinos cuentan cómo chillaba la niña, negándose a comer en reacción a la aparente pérdida de su madre. No obstante, la mujer que la cuidaba también sentía afecto por la pequeña. Mientras permaneció con esta mujer, Verónica se convirtió en una niña nerviosa. Por ejemplo, su padre observó que la niña parecía tenerle miedo, cosa que nunca había sucedido antes. Cuando la madre, al regresar del hospital, trató de reparar el daño sufrido por la niña durante su ausencia, sólo lo consiguió parcialmente. Transcurrió algún tiempo antes de que la pequeña acudiese a su padre sin temor, y volviese a jugar sola y satisfecha (se trata de una hija única, pues otra había muerto unos años antes).

Pero, junto con la falta de apetito, motivo por el que me la han traído, existen también ciertas dificultades en la defecación y la micción. Mientras que antes la micción era normal, ahora han aumentado tanto su urgencia y frecuencia de día como la enuresis. Asimismo, su constipación se ha agudizado.

En la segunda visita la madre me dice que la niña sufre dolor al orinar y que lleva tres días negándose a defecar. La orina es normal y no está infectada.

La madre me explica además que cualquier intento de lavarle la región perineal es acogido con muestras de terror, debido a que la otra mujer solía introducir un dedo en el ano de la pequeña con el fin de estimular la defecación. Añadió que no se atrevía ni a enseñarle el tarro de la vaselina.

Antes el sueño de la pequeña era normal, pero ahora se despierta a menudo y grita llamando a su madre.

No obstante, tal como demuestra el siguiente ejemplo, un trauma real no produce forzosamente efectos perjudiciales, sino que éstos tienen origen en el trauma correspondiente a un castigo que ya ha sido fantaseado.

Helen, de un año y tres meses, me es traída porque tose. Observo que tiene una cicatriz en la parte anterior del cuello y me cuentan la siguiente historia:

Cuando la niña contaba poco más de un año, su hermano, de dos años de edad, aprovechó una distracción de la madre para calentar un atizador y clavarlo en el cuello de la pequeña, justo debajo del cartílago tiroideo. Lo hizo simplemente por despecho. Se trata de un niño bastante alegre e inteligente, aunque capaz de responder a las amenazas de su madre con un «¡cállate!».

La pequeña no lloró mucho. La llevaron a la enfermería, donde estuvo seis semanas.

No parece que la niña haya resultado muy afectada por estas experiencias. No hay ningún síntoma que pueda relacionarse con el incidente. Da la sensación de ser una criatura feliz y sana y no da muestras de angustia desmedida cuando su mismo hermano le arrebata algún juguete de la mano, o cuando trata de provocarla de alguna otra manera mientras yo converso con la madre.

Lo que sucedió en este caso es que el hecho de que le colocasen un atizador caliente en el cuello no se correspondió con nada que ya estuviese en la mente de la niña. Por consiguiente, hasta ahora no se observan casi efectos nocivos en ella. Sin embargo, cuando la pequeña alcance un nivel más avanzado de su desarrollo emocional es muy posible que su angustia retroceda hacia el incidente del atizador, que entonces puede llegar a representar para ella el cruel ataque que realmente fue.

Un claro ejemplo de trauma que produjo enfermedad solamente porque incidió en un punto ya delicado de por sí es el caso de Peggy.

Peggy, de diez años, era una niña muy inteligente y vivaz. La trajeron a mi consulta debido al cambio que se había producido en ella cuando un día, andando por la calle, otro chiquillo le dijo a gritos que no era hija de sus padres.

El comentario de un amigo produjo una gran alteración a Peggy, hasta el punto de que, en vez de seguir siendo una buena estudiante y aficionada a imitar a los artistas de variedades —cosa que hacía vistiéndose de muchacho, con sombrero de copa y bastón incluidos—, se convirtió en una niña nerviosa que se mordisqueaba los dedos, etc. Perdió la memoria y el entusiasmo para hacer sus imitaciones; de hecho le era imposible realizarlas. Aparecieron terrores nocturnos, quería salir de la cama o metía la cabeza entre los barrotes de la cabecera y llamaba a papá y a mamá.

A partir del mismo incidente la micción se había hecho más frecuente e imperiosa, y la pequeña había perdido el apetito.

En las conversaciones normales era fácil observar grandes lagunas en su memoria. Ni siquiera sabía contar a grandes rasgos su propia vida antes de los seis años. Se trataba, en efecto, de una hija adoptiva, pero de nada servía explicárselo, pues era incapaz de asimilar lo que se le decía. Sólo con dificultad pude sacarle la verdad a la «madre» (la señora «B»), quien, me dijo, siempre había evitado hablar de aquel tema con la niña.

El señor y la señora «B» habían tenido un hijo que había muerto muchos años antes. Peggy sabe lo del hijo fallecido. Peggy es en realidad la única hija de la hermana de la señora «B». Su padre murió poco después de su nacimiento y su madre la abandonó. La señora «B» cuidó de ella hasta que cumplió los dos años, después de lo cual la recogieron en uno de los asilos fundados por el doctor Barnardo hasta los cuatro años. Luego la señora «B» la adoptó legalmente, de manera que durante seis años Peggy ha estado viviendo como hija única de los señores «B», a quienes llama padre y madre respectivamente. Sus padres adoptivos pretendían que la niña nunca tuviese motivos para dudar de la veracidad de la ficción que ellos habían creado. Sin embargo, una mujer, la verdadera madre, se les presentaba inesperadamente. En cierta ocasión lo hizo cuando Peggy contaba cinco años. Hubo confusión. Una vez la ventana de la calle fue forzada y la mujer fue detenida por la policía.

Hasta que fue objeto de las burlas de su amiguito, Peggy había logrado con éxito evitar el afrontar aquellos hechos conscientemente. Durante seis semanas aproximadamente me visitó dos veces por semana; cada visita duraba una hora. Mi breve investigación me permitió aprender algo acerca de sus temores inconscientes.

Realmente son muy pocas las personas que creen en el inconsciente. La mayoría de la gente me diría que el tratamiento de Peggy debería consistir en ganarme su confianza y entonces contarle toda la verdad. Sin embargo, esto hubiese sido inútil porque 1) ella se negaría a aceptar los hechos, y 2) ya estaba en posesión de los mismos.

De hecho, el material que se me presentó durante aquella investigación superficial estaba relacionado con el origen de los niños y con las realidades de la concepción y el coito. A este respecto no me es difícil imaginarme críticas en dos sentidos: el primero, que una niña normal de diez años no piensa en estas cosas; el segundo, que cualquier niña de diez años ya habría averiguado por sí misma la respuesta a estas preguntas, cuando menos en líneas generales. Lo cierto es que, si bien cuando la vi por primera vez su ignorancia era absoluta en este aspecto, a medida que su desconfianza fue disminuyendo paulatinamente, ella misma fue informándose sin que prácticamente fuese necesaria mi intervención. La observación de los animales le había proporcionado toda la información que deseaba, pero no quería aceptarla y prefería creer que los niños tienen su origen en los perales, etcétera.

Al crecer su capacidad para aceptar la verdad, creció también su capacidad para recordar hechos en los que había reparado y, simultáneamente, desaparecieron los síntomas suscitados por el comentario de su amiguito. Volvió a ser una niña capaz de defenderse de las invectivas, aplicada en la escuela y aficionada a hacer imitaciones. Las complicaciones de su propio origen se hicieron tan insignificantes que ya no volvió a preocuparse de ellas.

Parece posible que el tabú impuesto por los padres en las cuestiones del sexo fuese un factor importante en su enfermedad, más importante que la naturaleza insólitamente complicada de la vida familiar experimentada por Peggy. El hecho de encontrarse ante mi actitud con respecto a las cuestiones sexuales —actitud que se hallaba relativamente libre de angustia— le permitió afrontar el material que ya se hallaba presente en su mente. Dicho de otro modo, lo que la niña necesitaba, y consiguió, era una educación sexual. Pero yo no se la di directamente, sino que me limité a proporcionarle una especie de «pizarra» en la que ella apuntó sus propias observaciones. Esto no hubiese dado buenos resultados en tan poco tiempo si Peggy hubiese sido una persona marcadamente neurótica.

Los síntomas físicos de la angustia

Se ha observado que a menudo la angustia produce o va acompañada por algún síntoma físico. Es frecuente que los padres nos traigan a sus hijos debido precisamente a tales síntomas: por ejemplo, la frecuencia de la micción o la urgencia con que se presentan la micción y la defecación. Son síntomas, éstos, que aparecen varias veces en los casos clínicos presentados. Si no se investiga la situación emocional, puede suceder que se dé un diagnóstico de infección de las vías urinarias, parásitos, etc.

El siguiente caso resulta útil para reforzar la introducción al estudio de estos síntomas físicos y signos de angustia. Se trata de un caso de histeria de angustia:

> Rosina tiene trece años. Es alta, delgada y su pelo es rubio, largo y rizado. Es una niña inteligente. Su padre sólo consiente que se le aplique «tratamiento medicinal», lo cual explica en parte por qué en cinco años no ha variado el estado de la niña.
> La madre goza de buena salud y es razonablemente sensata. El padre sufre una seria histeria de angustia y ha estado internado tres veces en un asilo mental. Es probable que en su caso haya una psicosis oculta. El matrimonio no ha tenido más hijos.
> La niña nació con un mes de adelanto y cuando su madre ya llevaba tres días en trabajo de parto. La madre afirma que el parto fue precipitado por la incursión aérea a plena luz del día sobre Londres en 1917. Ella atribuye al trauma del nacimiento la angustia que padece Rosina.
> Media hora después de haber nacido Rosina rompió a llorar, y lloró mucho en lo sucesivo. Fue nerviosa desde el principio, tan pronto como pudo dar muestras de nerviosismo. Entre los tres y los dieciocho meses padeció convulsiones de poca importancia, tanto en estado de vigilia como durmiendo; además, crisis de cianosis. A la sazón su padre estaba en la guerra.
> Hasta los nueve meses su alimentación corrió a cargo de la madre, es decir, fue natural aunque complementada artificialmente. Durante su infancia fue muy constipada, por lo que le dieron fre-

cuentes inyecciones hasta que cumplió nueve meses. Ya en la misma infancia sufría «colapsos», durante los cuales se limitaba a yacer en la cuna. Según el médico, estaba agotada debido al nerviosismo. A los dos años empezó a sentir frecuentes terrores nocturnos.

A los cinco años, y a pesar del nerviosismo, empezó a ir a la escuela, donde le fue bastante bien. Era apreciada por sus compañeras y al ir creciendo y debido a su afición a la representación, era muy solicitada para tomar parte en las actividades recreativas. Sin embargo, poco a poco fue abandonando su afición debido a que la excitación siempre la enfermaba.

La vi por primera vez cuando contaba ocho años y me fue enviada como caso de corea. Sin embargo, su agitación no era nueva y no se parecía a la que es propia en la corea. Se reconoció que su desasosiego era un signo externo de alguna angustia interna.

Por entonces una de las quejas que sobre ella se hacían era la de que vertía los tinteros en la escuela y en casa dejaba caer los platos. Siempre estaba descontenta. Por la noche solía sudar excesivamente y sentía mucho frío. Su sueño era variable; a veces hablaba y cantaba mientras dormía, otras veces se despertaba asustada. No había signos físicos de enfermedad.

Durante los años siguientes sufrió sucesivamente innumerables síntomas; algunos eran evidentemente psicológicos, y otros simulaban una u otra dolencia física. Nunca ha desarrollado ninguna enfermedad física y su corazón ha estado siempre bien.

Unos dolores que sentía en las piernas y en el empeine al andar hicieron que me la trajeran por creerla aquejada de reumatismo. No había hinchazón alguna en las articulaciones. Por aquel entonces había momentos en que estaba extremadamente irritable y montaba en cólera con gran facilidad, aunque luego se echaba a llorar, decía que lo sentía mucho y le dolía la cabeza. No fue posible diagnosticar reumatismo.

No tardaron en enviármela debido a unos vómitos cíclicos y a una excitación que culminaba siempre en episodios biliares y postración. El padre negó su permiso para que se fuese de vacaciones tal como habíamos dispuesto con el objeto de comprobar el papel que en su enfermedad desempeñaba el medio circundante. Salió airosa de un examen, pese a haber perdido muchas clases, y la pusieron dos cursos más adelante. Al mismo tiempo empezó a tener espasmos habituales de dos clases.

A los diez años volvieron a dolerle las articulaciones y guardó cama durante algún tiempo. Estaba cansada, descontenta y nerviosa. El tener que permanecer en cama empeoraba su nerviosismo. Se hizo hipersensible a los ruidos. Un golpe en la puerta la dejaba aterrada. No podía soportar que la dejasen sola.

Se le sometió el corazón a una vigilancia constante y atenta. A los diez años se observó una arritmia cardíaca que, según pudo demostrarse, obedecía a latidos ventriculares prematuros. Estos latidos se desencadenaban en el instante en que se le colocaba el estetoscopio sobre el pecho; luego se producían a grandes intervalos. Esta afección duró muchos años. La posibilidad de un reumatismo subagudo por aquel entonces hizo necesario que se le aplicase un tratamiento a base de descanso, si bien ahora podemos afirmar que no era reumática (es decir, susceptible de padecer una enfermedad cardíaca de tipo reumático). La prueba de Wasserman resultó negativa.

La vez siguiente me la trajeron debido a que padecía dolores en todo el cuerpo, hiperestesia generalizada. Empezó a sufrir calambres en las manos, a estar muy excitable y a mostrar tendencia a buscar apoyo en todas partes. Era propensa al mareo después de comer alimentos grasos. A veces presentaba un apetito excesivo y era necesario restringirle la comida.

A los once años se desmayaba a menudo. Periódicamente se quejaba de agudos «dolores en el corazón», seudoangina, que la hacían llorar. A veces llegaba muy acalorada y sudando profusamente; otras veces se sentía súbitamente enferma a las dos de la madrugada y se la encontraban fría y temblando. Esto estaba estrechamente relacionado con pesadillas. De día parpadeaba incesantemente. Su piel se hizo muy sensible y con facilidad le salían manchas de eritema muy irritables.

Alrededor de los doce años de edad vino a verme debido a dolores de cabeza y nerviosismo continuo. Sentía necesidad de morder y tosía como hábito. Si la dejaban sola, era presa de lo que ella llamada «temores temibles».

La escuela era demasiado para ella. Sufrió una depresión que la tuvo postrada varios días y era tan sensible a los ruidos que «el crujir del papel de seda era intolerable». Con frecuencia se despertaba presa de extrema angustia y viendo serpientes por todas partes.

Por aquellos días seguía durmiendo en la habitación de sus padres y todos los intentos que se hicieron para cambiar esta situación fracasaron, en parte debido a que los padres no estaban dispuestos a privarse del gusto de tener a alguien a quien dar celos, y en parte debido a su propio temor a quedarse sola.

De día tenía miedo de los autobuses, tranvías y trenes. Cualquier viaje la hacía vomitar. Una vez vomitó en miércoles y desde entonces tuvo miedo de todos los miércoles, simplemente porque le recordaban los vómitos.

Llegó a sentir una angustia excesiva al ver insectos, hasta el punto de no poder salir al jardín. Se caía con frecuencia, y si llevaba un paraguas se le caía constantemente. Odiaba que se le hiciesen preguntas, y si cometía una equivocación o hacía algo que no debía, prefería decirlo espontáneamente.

Esta descripción de los síntomas de Rosina produce un sentimiento de desagrado en el lector: diríase que la niña está demasiado enferma para resultar interesante. Lo cierto es que, a pesar de los desgraciados conflictos internos que absorben sus energías de manera creciente, Rosina parece estar haciendo un gran esfuerzo por ser normal y no carece de atractivos. Además, tiene ambiciones y escribe narraciones cortas que denotan su aptitud natural, aunque es terriblemente inhibida.

Con lo dicho basta para demostrar que la salud física se ve a menudo trastornada en la infancia a causa de factores que no son físicos. Seguidamente describiré con mayor detalle las formas en que los niños nerviosos y agitados pueden sufrir los trastornos secundarios de la salud física.

Cambios físicos debidos a causas emocionales

Uno de los efectos físicos de la angustia es la tendencia a adelgazar. Es posible que en parte ello se deba al aumento del índice de metabolismo, y no cabe duda de que a veces los niños que padecen angustia comen de una manera excesiva y obsesiva y, pese a ello, siguen estando delgados. Sin embargo, estos niños a menudo no disfrutan de las comidas habituales y son llevados al médico debido a su falta de apetito.

Indudablemente, la angustia constante es la principal causa de la delgadez; pero, cuando el sueño se ve turbado por los temores nocturnos, existe, además, un incremento de la debilidad producido por la falta de un buen sueño. Hay que tener en cuenta que no es imprescindible la presencia de una angustia manifiesta durante el día, de manera que, si no fuese por las pesadillas, o por una reacción desmesurada ante algún acontecimiento trivial —por ejemplo, un perro que da saltos o el paso de un coche de bomberos—, pocos indicios habría del verdadero estado emocional del niño. Por el contrario, es posible que el niño dé muestras de angustia todo el día, que se asuste al oír que llaman a la puerta o al ver una araña, que se preocupe porque su padre llega tarde del trabajo, o que se sienta turbado ante alguna forma de hostilidad (accidentes, discusiones entre los padres, castigos infligidos a algún animal o a otro miembro de la familia, alguna muñeca rota, etc.). En tal caso la causa de la debilidad resulta obvia para cualquier observador.

Semejante combinación de delgadez, palidez, propensión a los estados febriles y a sudar, desmayos, migrañas, achaques y dolores corporales induce al médico a sospechar la presencia de una enfermedad física. Con frecuencia, la dificultad de diagnosticar se ve aumentada por el hecho de que tales niños presentan una temperatura de treinta y ocho grados al acudir a la consulta.

Así como hace unos pocos años a estos niños se les clasificaba de «pretuberculosos», actualmente, quienes no reconocen el factor angustia, los consideran «prerreumáticos». A menudo sufren «dolores de crecimiento» (achaques y dolores de los músculos y ligamentos, en el pecho y en las paredes abdominales), lo cual hace que el reumatismo subagudo parezca aún más probable. La exagerada actividad del corazón, dilatado probablemente durante el examen, hace que el niño tenga que guardar cama por sospechársele reumático. En realidad, sin embargo, no hay tal reumatismo y el descanso en cama es un mal tratamiento para su dolencia.

Otra frecuente sintomatología causada por la angustia incluye la agitación, la compulsión a una actividad incesante y la incapacidad de permanecer quieto durante las comidas. Los niños que padecen estos síntomas constituyen una fuente de preocupaciones para padres y maestros, y es frecuente que el médico, en tales casos, cometa la equivocación de diagnosticar corea. La agitación afecta a todo el niño y no es más marcada en el brazo y la pierna de uno de sus lados como sucede en los casos incipientes de corea. El tratamiento a base de descanso en cama es muy malo para el niño agitado que no padece corea (véase el capítulo 2: La agitación). El aumento, tanto en frecuencia como en urgencia, de la micción es frecuente en estos niños. Oculta bajo esta afección se halla la angustia asociada con la masturbación.

El estado de angustia se halla siempre presente o latente en tales niños, pero los síntomas no son forzosamente visibles en todo momento. Los síntomas tienden a aparecer durante los *ataques*, que se repiten con mayor o menor regularidad con intervalos de salud. De esta manera la aparición periódica de cólicos en estos niños produce un cuadro clínico muy parecido al de una apendicitis latente y ha sido culpable de la extirpación de un gran número de apéndices inocentes. También puede suceder que la premura intestinal de estos pacientes culmine en un falso diagnóstico de colitis; entonces el colon es sometido a una serie de lavajes, que pueden convertir en una enfermedad seria lo que no era más que una inofensiva irritabilidad del colon. Si se hiciese un diagnóstico correcto, no se aplicaría ningún tratamiento local a este intestino.

Celia, de nueve años, pertenece a una familia que goza de buena salud. Tiene tres hermanas, todas más jóvenes que ella. Su madre tartamudea.

A veces presenta ataques durante los cuales sufre un fuerte dolor de cabeza y vomita mucho. Primero se sonroja, luego su piel adquiere una palidez cadavérica. Junto con los vómitos bosteza una y otra vez. También siente dolor de un lado a otro del pecho. El vómito es de color verde, acuoso y raras veces contiene restos de alimentos. Según parece, durante estos ataques su orina contiene un sedimento de color blanco; a veces, los ataques traen consigo un aumento de la frecuencia y apremio de la necesidad de orinar. Pasado el episodio, la niña vuelve a sentirse bien, casi repentinamente. A veces, durante los ataques se pone «histérica», riendo y llorando hasta quedar postrada. Los ataques no son frecuentes; se ha dado un intervalo de diez meses entre una serie de ataques y la siguiente.

La niña está siempre agitada, especialmente a la hora de las comidas. Según sus padres, «no hay forma de hacer que se siente». Aunque feliz, es propensa al nerviosismo. Al enterarse de que iba a verla el médico, dio muestras de una angustia tal que «ni siquiera dejaba que su madre se moviera de su lado, aunque sólo fuese para ir a lavarse». Se acuesta temprano, pero permanece muchas horas despierta; se queja de jaquecas y de «dolores progresivos». Según sus palabras, «siente como si alguien le estuviera descargando hachazos sobre el cráneo». No hay signos físicos de enfermedad.

Cuando los intervalos entre los ataques de vómitos son regulares, y éstos son severos, se utiliza la denominación de «vómitos cíclicos». A decir verdad, esta denominación ha hecho que, equivocadamente, se creyese que los vómitos periódicos son una enfermedad por derecho propio. En realidad se trata de un síntoma de angustia oculta, salvo en los casos en que es constatable una causa física (como puede ser alguna forma de obstrucción intestinal, una apendicitis subaguda, o una pielitis).

Es probable que las jaquecas, a menudo dignas de ser llamadas «migrañas», se presenten periódicamente en los niños angustiados. En algunos de estos casos las jaquecas son claramente el resultado de una sinusitis frontal o etmoidal; en otros casos, no hay señal de que actúe tal mecanismo. Cabe la posibilidad de que se produzcan ataques convulsivos relacionados con la afección.

La congestión nasal y paranasal periódica es también una de las formas en que se manifiesta la excitación de los niños que padecen angustia. Es como si tuvieran necesidad de dar muestras de rabia pero, al ser incapaces de permitírselo (debido a la intensidad del sentimiento), se congestionan en diversos puntos. La congestión de la nariz conduce a la sequedad de las membranas mucosas, sequedad que no sólo produce malestar, la formación de costras y la necesidad de hurgarse la nariz, sino que constituye también una afección seria. En su estado natural, la membrana mucosa está húmeda y es probable que al secarse pierda parte de su eficacia como barrera contra la infección. Así, pues, cabe formular una conjetura sobre la posible explicación de los resfriados periódicos de los niños sobreexcitables y nerviosos y de los niños que están demasiado mimados o constantemente sujetos a un estímulo físico por parte de otra persona.

Compañera de la congestión nasal es la tendencia a la epistaxis.

Los niños propensos al asma suelen, en cierto modo, sufrir ataques relacionados con la ansiedad, es decir, con el exceso de excitación sobre la capacidad de descarga. En algunos casos éste es el factor importante. Los niños aquejados de angustia están expuestos a sufrir dificultades respiratorias o a que su respiración sea pesada a causa de ataques nocturnos de angustia, que no es raro confundir con ataques de asma.

Muchos niños son llevados al médico porque muestran tendencia a desmayarse, especialmente en la escuela durante el rezo de las oraciones de la mañana o cuando es necesario permanecer de pie en una habitación caliente o junto con un gran número de compañeros. Puede que esto induzca a sospechar —o confirme una sospecha ya existente— que se trata de un caso de enfermedad cardíaca y que, por consiguiente, haga que el médico ordene guardar cama durante largos períodos a un niño que en realidad está sano.

> Una vez me trajeron a un niño porque se desmayaba en la escuela. Se le había diagnosticado «anemia y posible enfermedad cardíaca de carácter reumático». En realidad, se había desmayado porque, durante la clase de lectura, se había pronunciado la palabra «sangre» y al muchacho le era imposible pensar en la sangre sin experimentar una gran angustia debido al significado que para él tenía la palabra. Físicamente, su salud no dejaba nada que desear.

De forma parecida, la tendencia a padecer convulsiones no siempre es independiente del estado emocional del paciente. Es posible que los niños propensos a la epilepsia, especialmente en las primeras fases, sufran un ataque de paroxismo por algo que en otro niño sólo produciría enojo o terror. En algunos casos los ataques se producen solamente en situaciones de tensión emocional, y en el caso extremo puede que sólo se produzca en el momento culminante de un fuerte terror nocturno. Asimismo, los ataques de angustia pueden ocurrir tan de improviso, tan sin motivo, que el observador sospecha que se trata de un arrebato paroxístico, aunque en realidad no exista ninguna tendencia a sufrir ataques de carácter verdaderamente convulsivo. El ser consciente de todo esto es importante, ya que el tratamiento prolongado a base de bromuro, cuya eficacia ya resulta dudosa para los epilépticos, es ciertamente muy perjudicial para el niño que solamente padece angustia y que, por lo tanto, no es necesariamente anormal.

Es oportuno tratar ahora, en la medida en que nos sea posible, de esbozar los mecanismos a través de los cuales una enfermedad física se simula o se produce realmente, por causas que tienen su origen en la vida emocional del niño. En seguida se comprenderá que mucho depende de la capacidad del niño para tolerar el grado de angustia que se halle presente en él. La capacidad para tolerar la angustia varía; lo mismo sucede con el grado y el contenido de la angustia.

Cualquier alteración física que pueda producirse por medio de la hipnosis puede también ser tratada en la clínica médica. El poder que el inconsciente tiene sobre el cuerpo es algo que empieza a comprenderse ahora, pero parece cierto que el metabolismo puede ser reducido hasta quedar prácticamente detenido, que puede demorarse la dentición, que se puede evitar que las heridas sanen y que el pelo puede caerse, a resultas sencillamente de un deseo profundamente arraigado. Parece ser también que, a veces, las llagas no se curan, a causa simplemente del poco interés que por vivir sienten el niño y los tejidos. Puede que un renacer del interés haga renacer también el deseo de vivir del niño y el poder de recuperación de los tejidos. Dejando aparte la piel, los tejidos varían en la capacidad curativa asociada con el deseo de vivir del niño (por ejemplo, el restablecimiento tras una neumonía). Parece bastante seguro que la carencia de una satisfacción oral adecuada es susceptible de demorar el desarrollo infantil y de producir un retraso en la locomoción, torpeza de movimientos, retraso en la aparición del habla o falta de capacidad para jugar y para establecer contacto con la gente. El mecanismo que interviene en esto no está claro.

Se comprenden mejor los cambios que la excitación produce en los órganos. Las fantasías eróticas suelen ir acompañadas de erección y sensibilización del glande (o el clítoris), tanto durante la infancia como en la adolescencia. El orgasmo completo con la consiguiente exaltación del placer, cambios vasomotores, y movimientos rítmicos del cuerpo, seguido de postración, sudor y el deseo de dormir, ocurre en los niños normales, incluyendo los muy jóvenes.

Uno de los efectos que la angustia ejerce sobre el material de la fantasía consiste en producir una dilación en las primeras fases del acto mientras que, simultáneamente, es probable que se haga un intento obsesivo de masturbarse a modo de compensación por la falta de confianza en sí mismo que es fruto de la inhibición.

Los efectos de esta excitación prolongada pueden dividirse en hiperemia, hiperestesia e inestabilidad vasomotora.

Puede observarse que el pene de un muchacho se halla siempre fláccido y que la piel del escroto no se contrae. Esta falta de apoyo para los testículos, combinada con una hiperemia general de los tejidos blandos, es la causa de la neuralgia o sensación de tirantez en estas regiones de la que a veces se quejan los muchachos. La continua hiperestesia del glande puede representar un obstáculo para la práctica de deportes y juegos, ya que el roce de los pantalones se hace intolerable. A estos factores se asocian la balanitis y la presencia de adenopatías dolorosas en la ingle. En el caso de las muchachas, es probable que el trastorno correspondiente incluya la frecuente presencia de flujo vaginal.

Sin embargo, las formas no satisfactorias de masturbación van seguidas de efectos aún más remotos que tienen por pauta la hiperemia del ano y la hiperestesia de las vías urinarias, músculos y ligamentos, las cuales acompañan la regresión a fantasías de fases pregenitales del desarrollo emocional.

La principal tendencia de un cuerpo que se ve alterado por una excitación prolongada apunta hacia una hiperemia local. El tener la nariz tapada es el ejemplo más corriente, pero casi todos los tejidos pueden sufrir un cambio que equivalga a la erección de los tejidos eréctiles.

Otra tendencia apunta hacia la sensibilización de la piel cuyo resultado es la irritación anal, una reacción general tipo urticaria ante la irritación o una urticaria espontánea.

Los cambios vasomotores de la piel se manifiestan mediante la aparición de máculas en la piel de las partes dependientes, el edema de los tobillos, la «mala circulación» y ciertas modificaciones de la tendencia a sangrar por las heridas cutáneas.

A modo de ejemplo de estas sugerencias tentativas sobre los mecanismos que intervienen en la producción de ciertos trastornos físicos, examinaremos por turnos el ojo, la nariz y la garganta.

Los ojos

La ceguera histérica como símbolo de la ceguera (castigo por mirar). No hay cambios físicos. La angustia sobre el estado de la vista (sentimiento inconsciente de culpabilidad), el constante autoexamen que conduce al cansancio de los músculos oculares; el llevar gafas por defectos nimios (con lo que se destruye el buen parecer, se neutraliza el sentimiento de culpabilidad, mejora la salud general; además, por otra parte, está la impresión de que las gafas son «de buen tono»).

El niño en estado de excitación parcial que contempla objetos prohibidos con el fin de obtener excitación, con sus ojos cansados a causa, probablemente, de la hiperemia en parte, y también en parte, a causa del mayor trabajo que le cuesta mover los ojos debido al conflicto («quiero ver» y «no quiero ver»).

El parpadeo obsesivo: otro método de enfrentarse al sentimiento de culpabilidad en torno a la vista.

Blefaritis crónica mantenida frotándose en secreto (equivalente de la masturbación).

La nariz

La principal perturbación es la congestión debida a una excitación continua directamente asociada con la congestión y la excitación anal, así como con fantasías de cierta índole. Tales fantasías son crueles y se hallan asociadas con deseos sumamente destructivos de los cuales el niño no es consciente.

La hiperemia da por resultado:

Sensación de obstrucción nasal, el vicio de sorber por la nariz, tendencia a la epistaxis.

Obstrucción del flujo de aire, respiración por la boca.

Sequedad de las membranas mucosas, con formación de costras y, posiblemente, mayor riesgo de infección.

Finalmente, la obstrucción del flujo de secreciones de los senos paranasales, aumento de la presión y la consiguiente jaqueca, así como el riesgo de sinusitis; además, en tales individuos, la infección de los senos no cura con facilidad o tiende a reproducirse periódicamente.

Asociada generalmente con la congestión, se registra una mayor sensibilidad de la membrana mucosa y una mayor tendencia a hurgarse la nariz. La destrucción de la membrana mucosa, llegando incluso a provocar hemorragia, refleja la crueldad presente en el material de la fantasía asociada, fantasía de la que, sin embargo, el niño es fundamentalmente inconsciente. La tendencia de los padres a imputar el hurgarse la nariz a la existencia de parásitos constituye una comprensión intuitiva por su parte del hecho de que, en realidad, el citado vicio representa la masturbación anal.

La garganta

El mutismo y la afonía de tipo histérico (no hay cambio físico); ambos tienen un valor simbólico directo para el sujeto.

Sequedad de índole angustiosa, sensación de tener la garganta irritada, ronquera con mucosidades pegajosas (deseo de beber agua para aliviar la sequedad).

Asociada con la angustia puede ir la tendencia a seguir con la garganta todas las conversaciones, músicas e incluso ruidos; esto conduce al cansancio y a la exageración de la sequedad y de la ronquera. Mucha gente, al leer, no puede evitar seguir lo que lee con una serie de movimientos de las cuerdas vocales, como si estuvieran leyendo en voz alta. Esto produce el cansancio de la voz y explica el consejo que suele darse a los cantantes en el sentido de que no deben leer nada antes de un recital. Una situación angustiosa aumenta este cansancio de la voz, y me parece claro que el síntoma tiene que ver con una considerable proporción de hostilidad inconsciente.

Esta afección se presta a ser utilizada a modo de síntoma histérico (castigo mediante la pérdida de una hermosa voz, alivio del sentimiento de culpabilidad debido a la posesión de una buena voz) en un paciente en el que no se desarrollaría una afonía histérica.

De forma independiente o unido a estos trastornos, puede registrarse un carraspeo obsesivo. En la medida en que el mismo tiende a empeorar la voz, este carraspeo debe considerarse igualmente autodestructivo.

A veces en la pubertad sucede que el muchacho no sabe utilizar su recién adquirida facultad de hablar como un hombre y, en su lugar, siente la necesidad de hablar en falsete o de imitar la voz de alguna chica o mujer que haya conocido. Esto puede terminar en un cansancio de la voz y es muy probable que esté asociado con una garganta angustiada. De forma parecida, hay chicas que hablan con tono grave e imitan el modo de hablar de los hombres o de un hombre concreto que ellas hayan conocido, pero no es tan probable que esto se asocie con los cambios físicos secundarios.

La mayoría de estos cortejos sintomáticos, al igual que la enfermedad física, puede utilizarlos (inconscientemente) el niño para la satisfacción de deseos inconscientes y la neutralización de un sentimiento de culpabilidad (igualmente inconsciente). También cabe la posibilidad de que el niño, por así decirlo, se especialice en alguna tendencia morbosa según el interés que se tome por el trastorno (como sucede cuando el médico la denomina de alguna manera curiosa o receta un tratamiento que le resulta interesante); asimismo, las molestias del síntoma y de su tratamiento suelen prestarse muy bien a la neutralización de la culpabilidad, como sucede cuando la taquicardia impide (cosa que no tiene por qué hacer) la práctica de algún deporte al que el muchacho es muy aficionado pero que, al triunfar en él, le hace sentirse culpable. Lo mismo sucede en el caso de la muchacha, cuyas jaquecas periódicas (no provocadas por un defecto visual) le impiden leer los libros que ha escogido con la esperanza o el temor de que la instruyan en el sexo.

Precisamente debido a la tendencia a hacer de un grano de arena de angustia una montaña histérica resulta esencial que los médicos tengan un conocimiento claro del cuadro propio de la angustia corriente. Para ello, es importante que a estos niños físicamente sanos aunque emocionalmente inestables no se les coloque la etiqueta de reumáticos, enfermos de apendicitis crónica, colitis, etc., forzándoles a guardar cama, tal vez varios meses, o incluso sometiéndoles a una operación. Si se comprende el manejo de los niños ansiosos, lo que a menudo quiere decir observación inactiva *sin ansiedad por parte del médico*, en muchos casos es posible acelerar el regreso de la buena salud.

Causas físicas del nerviosismo

En este estudio de las causas comunes del nerviosismo se ha hecho hincapié en la base no física del mismo. Es justamente esta base no física lo que tiende a ignorarse, debido a la poca disposición que los médicos y otras personas sienten para el reconocimiento del inconsciente y de la importancia e intensidad del erotismo y la hostilidad infantil.

No obstante, la misma enfermedad física es susceptible de alterar profundamente el estado psicológico del paciente. Ejemplo corriente de esta verdad lo constituye el paciente en estado febril que en algunos momentos dice tonterías, se excita sobremanera al recibir la visita de un pariente o incluso llega a convertirse en un maníaco. A veces la única manifestación clínica de la neumonía la constituye una manía aguda o un delirio.

Las enfermedades del cerebro pueden producir grandes alteraciones temperamentales, así como afectar a la felicidad, seguridad, inteligencia o rapidez mental del paciente. Un ejemplo corriente es el de la enfermedad denominada «corea», que causa inestabilidad emocional, reacciones exageradas y fluctuación del control.

La encefalitis letárgica, debido a su naturaleza epidémica, puede en cualquier momento convertirse en una causa común de alteración de la personalidad, debido a la enfermedad del cerebro. Así, en un individuo normal hasta entonces, puede aparecer un comportamiento inmoral, insociable, neurótico o psicótico, debido a la encefalitis. Ello obedece principalmente a la modificación de las fuerzas en virtud de las cuales los seres humanos normales llegan a ser más o menos civilizados. La enfermedad cerebral rompe el equilibrio.

Aparte de la corea, la fiebre reumática, sea aguda o latente, se ve acompañada por un aumento del nerviosismo, lo cual plantea un interesante problema que puede enunciarse del siguiente modo:

¿Es la fiebre reumática causa activa de inestabilidad emocional? ¿Predispone el nerviosismo a padecer fiebre reumática? ¿Existen niños nerviosos cuyo nerviosismo sea fruto de una fiebre reumática que de momento no se manifiesta de ningún otro modo (ausencia de artritis, carditis, corea, etc.)?

1. La primera proposición es incuestionablemente cierta y aceptada de manera general.

2. No hay seguridad de que el nerviosismo predisponga a la fiebre reumática.

3. Debe admitirse la posibilidad de que, en casos poco frecuentes, la inestabilidad emocional se deba a la fiebre reumática, previamente a la aparición de la artritis, carditis, etc. Esto sería entonces una forma poco corriente de comenzar el reumatismo. Sin embargo, el reumatismo latente no es causa común de nerviosismo.

La angustia que enmascara la enfermedad física

Sucede a veces que la verdadera enfermedad física padecida por un niño nervioso queda oculta bajo los síntomas de angustia. No es sólo que el estado febril aumente el riesgo de que se produzcan trastornos emocionales, sino que, además, el niño puede sentirse tan alarmado ante el dolor que le aqueja, o ante el hecho de estar enfermo, que los síntomas de alarma que de ello resultan pueden llegar a enmascarar la verdadera enfermedad, sea ésta una afección cardíaca de tipo reumático, gripe, afecciones tuberculosas de la espina dorsal o las caderas, o poliomielitis.

Además, la angustia puede impedir que el examen físico sea completo, como sucede cuando el paciente se niega a que el médico emplee el bajalengua, con lo cual a éste se le escapa la existencia de una difteria; o cuando la negativa a desnudarse impide descubrir nódulos reumáticos, una enfermedad cardíaca, una inflamación del peritoneo, etc. Finalmente, sucede también que un niño nervioso parecerá lleno de vida y energía cuando en realidad su estado físico es tal que otro niño más normal tendría que guardar cama postrado y exhausto. La explicación de este hecho estriba en que la idea de enfermedad simboliza algo tan lleno de un sentimiento de culpabilidad que, para este niño en particular, el estar enfermo resulta imposible.

2. LA AGITACIÓN (1931)[1]

Son tres los tipos de agitación con que solemos encontrarnos los médicos: la producida por la excitación de la angustia, los tics y la corea. Debido a que esta última, menos común que las otras dos, lleva consigo el riesgo de conducir a la fiebre reumática y las afecciones cardíacas, es importante, a efectos de diagnóstico, establecer claramente la diferencia entre cada uno de los tres tipos. Un error puede hacer que el niño que no corre riesgo de padecer una enfermedad cardíaca se vea obligado a guardar cama cuando en realidad estaría mejor levantado y llevando una vida activa. Por el contrario, a veces sucede que un niño aquejado de corea es castigado en la escuela por culpa de una agitación que escapa a su control, o bien que se le haga participar en juegos y deportes justamente cuando el estado de su corazón haría aconsejable el máximo descanso. Ambos errores son deplorables.

Por suerte, cada tipo de agitación posee rasgos distintivos. Así, pues, dando por sentado un diagnóstico cuidadoso, los casos dudosos no tienen por qué ser frecuentes.

Desasosiego común debido a la angustia

El desasosiego común no tiene ninguna base física, ninguna relación con la corea y, por consiguiente, con la afección cardía-

---

1. De *Clinical Notes on Disorders of Childhood*, Londres, Heinemann, 1931.

ca de tipo reumático, y por lo general lo mejor es no aplicarle ningún tratamiento y, en la medida de lo posible, no hacerle caso. Normalmente, este desasosiego común no se presenta como una novedad, sino que es, por decirlo así, parte integrante de la naturaleza del niño o niña. Por esta razón, recurriendo sólo a su historial, es posible distinguirlo de la corea.

A veces su comienzo sigue a algún acontecimiento tan excitante o ansiógeno que el pequeño se vio incapaz de asimilarlo. Es decir, la idea subyacente bajo el hecho produjo unos sentimientos que el pequeño encontró intolerables. Tal acontecimiento o incidente puede resultar demasiado súbito o inesperado (por ejemplo, cuando de improviso un fuerte soplo de viento abre las ventanas o cierra las puertas de golpe, produciéndose una gran confusión); también puede suceder que una gran sensación de temor o rabia se vea suscitada por determinado incidente, como puede ser el enterarse sin querer de algo sobre la sexualidad, ver a los padres juntos en la cama, presenciar una discusión entre personas mayores, el nacimiento de un hermano o hermana, la visión de un hombre con una pierna paralizada, descubrir que alguien lleva una dentadura postiza, etc. (La corea también puede empezar después de producirse algún incidente semejante que genere angustia, o después de un gran esfuerzo mental, en época de exámenes, por ejemplo.)

Los niños presos de excitación y desasosiego sienten la necesidad imperiosa de hacer algo en todo momento, o bien de ir a alguna parte. La excitación conduce inmediatamente a un aumento del desasosiego (al igual que sucede en el caso de la corea). Mientras que los movimientos coreicos se adueñan del pequeño, los del niño preso de angustia forman parte de su esfuerzo para dominar dicho sentimiento. El niño constituye «un quebradero de cabeza», está desasosegado, comete alguna diablura si durante un momento no tiene otra cosa que hacer y se comporta de forma imposible en la mesa, ya sea comiendo como si alguien fuese a arrebatarle la comida, o mostrando una gran propensión a volcar los vasos, etc., hasta el punto de que todo el mundo se siente aliviado cuando pide permiso para retirarse.

Existen variaciones para todos los gustos: hay niños que, insoportables en casa, en la escuela valen su peso en oro; otros acuden al médico enviados por el maestro, quien lo cree aquejado de corea, mientras que los padres no se han percatado de ninguna anormalidad.

En estos casos, la angustia es la condición oculta, y por lo general suele haber otras pruebas de que es así. Entre los demás síntomas, el más corriente es el aumento de la urgencia y frecuencia de la micción. También la defecación puede adquirir un carácter más apremiante, con o sin cólico; o bien cabe que se produzcan fuertes cólicos sin más, que causen palidez y postración que, no obstante, desaparecen en seguida. El sueño suele ser inquieto. Puede ser que también se observe una aparente falta de necesidad de dormir, de tal manera que el pequeño es el último en acostarse y el primero en levantarse por la mañana. El sueño puede verse trastornado por terrores nocturnos, aunque esto no es tan característico de los niños «excitables» como lo es de los que son «nerviosos», ya que estos niños son superexcitables más que nerviosos ante la gente, los objetos, la oscuridad, la soledad, etcétera. Por supuesto, a menudo ambas cosas se entremezclan.

Un niño de éstos hace amigos, se pasa todo el día jugando como un loco y a menudo es feliz, si bien se muestra irritable cuando se le restringen las actividades. Al hacer esta descripción uno se acuerda de muchísimos niños entre los cinco y los diez años, que son delgados y nervudos, impacientes y de mente despierta.

MOVIMIENTOS REPETIDOS: LOS TICS

Es también una experiencia cotidiana encontrarse con niños físicamente sanos que hacen movimientos repetidos o convulsivos: parpadear, mover bruscamente la cabeza, encogerse de hombros. Sucede que determinado movimiento, que tal vez originariamente tenía alguna finalidad, se ha convertido en algo obsesivo. El hecho de que sea el mismo movimiento el que se repita exactamente cada vez nos hace descartar el diagnóstico de corea y de desasosiego o agitación común. El tic puede continuar cuando el niño se ve aquejado de corea, y también es posible que los niños excitables tengan tics. Evidentemente, conviene investigar las condiciones locales —examinar los ojos, por ejemplo, si se trata de un caso de parpadeo—, pero la anormalidad reside en la necesidad de ejecutar repetidas veces el mismo movimiento, hasta el punto de que, suponiendo que se logre su desaparición, lo más probable es que algún otro ocupe su lugar. El mejor tratamiento consiste en no hacer caso del tic. Puede que persista, pero en tal caso los diversos tratamientos que suelen recomendarse no hubiesen surtido ningún efecto.

LA COREA

Nada resulta más fácil que el diagnóstico de un caso corriente de corea para una persona que esté familiarizada con el cuadro clínico de esta enfermedad. El niño da muestras de una agitación incesante producida por una serie de movimientos involuntarios de diversos músculos; ninguno de tales movimientos se repite, ni hay ninguna parte del cuerpo que permanezca totalmente inmóvil. El habla se hace difícil y termina por ser ininteligible; el andar se convierte en un ejercicio peligroso y el simple hecho de permanecer tumbado en posición supina se convierte en una tarea extenuante. La inestabilidad emocional se manifiesta alternativamente por medio de sonrisas convulsivas y llanto incontrolable.

Cuando se ordena al pequeño que saque la lengua y luego se le permite esconderla nuevamente, se producen las respuestas explosivas características de esta afección. Si cuando el niño trata de mantenerse cogido a los dedos del médico, éste le obliga a mover el antebrazo de manera que la palma de la mano se vuelva alternativamente hacia arriba y hacia abajo, el niño coreico tiende a desasirse y volver a asirse cada vez que la mano cambia de posición. El niño que no padece de corea es capaz de mantener su presa continuamente durante los movimientos pasivos del antebrazo. El niño coreico, a menos que sus convulsiones le impidan siquiera empuñar un lápiz, trazará sobre el papel una línea que pone dos cosas en evidencia: la irregularidad de su control y el exceso de compensación. Si un niño coreico obedece la orden de presentar las manos, con los dedos bien extendidos y separados, lo típico es que las manos se doblen por las muñecas y los dedos aparezcan hiperextendidos. En el supuesto de que sus movimientos convulsivos sean más pronunciados en un lado del cuerpo, entonces es en este mismo lado donde la citada posición de las manos y los dedos se hará más marcada.

Los movimientos coreicos poseen además una característica singular que escapa a toda descripción, de tal modo que la corea típica es una de esas enfermedades que pueden diagnosticarse con sólo ver al paciente. A decir verdad, el momento ideal para hacer el diagnóstico en el hospital suele ser cuando se está examinando a otro paciente mientras el niño coreico, que todavía no está cohibido, espera su turno.

La corea es una enfermedad física de los tejidos cerebrales estrechamente asociada con la irritación reumática de la garganta, la artritis y la carditis. La naturaleza del cambio de tales tejidos debe de ser de un tipo más cercano al edema que a la reacción inflamatoria, toda vez que jamás produce un síntoma o signo permanente.

Es posible confiar en el restablecimiento del enfermo coreico, y a veces la aspirina ayuda a acelerarla. El único peligro estriba en la carditis reumática asociada a esta afección. La mayoría de los ataques de corea no ofrecen complicación, pero tienden a reproducirse periódicamente y, a la larga, en su lugar o asociada con ella se presenta una artritis reumática o una carditis. Es un tanto insólito que la carditis venga a complicar la corea de un niño que no padezca, ni haya padecido, inflamación reumática de las articulaciones.

Característicamente, la corea empieza en un día dado, con paresia del brazo y la pierna de un lado del cuerpo asociada con movimientos involuntarios de los mismos miembros. Al principio cabe la posibilidad de que una u otra cosa, la paresia o los movimientos, se presenten independientemente. *Es poco común que los movimientos sean simétricos al principio*, si bien generalmente se generalizan al cabo de unos pocos días. Una vez localizados, los movimientos jamás afectan a la extremidad superior de un lado y a la inferior del otro y es muy poco frecuente que se observen movimientos en, por ejemplo, el brazo derecho, sin que haya señales de movimiento en la pierna del mismo lado.

La paresia se hace más evidente a causa de la falta de coordinación; asimismo, el esfuerzo voluntario produce un efecto que es tan retardado como explosivo. Cuando no se intenta realizar ningún movimiento voluntario, la totalidad del cuerpo o las partes principalmente afectadas se hallan en constante movimiento. Siempre que le es posible, el niño, como avergonzado de hacer movimientos sin fin determinado, procura convertirlos en movimientos intencionales.

> Por regla general, a duras penas se consigue tener las extremidades quietas durante un momento. Continuamente ejecutan una serie de movimientos de extensión junto con asombrosas contorsiones. Los hombros permanecen alzados unas veces y hundidos otras, la cabeza inclinada hacia un lado, y hacia abajo, girando en mayor o menor grado. También los músculos faciales participan, los ojos se cierran y abren alternadamente, la frente se arruga y vuelve a recuperar su tersura rápidamente, las comisuras de los labios se tuercen hacia uno u otro lado... (Henoch, 1889, pág. 197).

Durante la corea el niño reacciona de manera exagerada ante todo incidente emocional, y se dan muchos casos en que la inestabilidad emocional persiste durante meses o años después de desaparecida la corea. El mismo cambio mental se observa en algunos casos de fiebre reumática, incluso sin movimientos coreicos.

Hay otros detalles que, aunque no ayuden a efectuar el diagnóstico, resultan interesantes. La corea afecta a tres niñas por cada niño, sin que parezca haber una razón para semejante favoritismo. Por el contrario, la agitación común se observa con mayor frecuencia en los niños que en las niñas. La corea es ligeramente estacional, mientras que la agitación común y los tics no lo son. La corea tiene relación con determinadas zonas geográficas o urbanas y con la posición social, mientras que las otras dos afecciones citadas son ubicuas.

En algunos casos, los ataques de corea se repiten sin llegar a producir artritis reumática o carditis. En el caso de cierta niña, la enfermedad empezaba exactamente el día de su cumpleaños, hecho que se repitió durante varios años sucesivos. Diríase que con el tiempo se podrá sacar, de entre cien casos de corea auténtica, un porcentaje de casos en los que no haya riesgo de manifestaciones reumáticas. Sin embargo, actualmente no es posible hacerlo, por lo que todos los niños afectados de corea deben ser tratados como posibles casos de enfermedad cardíaca.

No existe ningún tratamiento para la corea, exceptuando el reposo en cama y la evitación de tensiones emocionales. En la sala del hospital puede que sea conveniente aislar la cama por medio de biombos, aunque no debe hacerse si el niño se siente angustiado por parecerle que se le aísla como castigo. En casa, debe buscarse una habitación en la que los demás niños no puedan irrumpir y causar la consiguiente excitación. Es mucho lo que puede lograrse con cuidados prestados con comprensión y serenidad; durante la convalecencia, al igual que en toda enfermedad larga, al niño hay que buscarle algo con que ocupar los dedos y el cerebro. Algunos niños no soportan el reposo, ya que en cama no pueden utilizar los mecanismos a que suelen recurrir para dominar la angustia producida por sus pensamientos. No hay que olvidar que para tal niño la presencia de un padre o una madre excesivamente cariñosos puede llegar a ser indirectamente, a causa de los estímulos, una forma de tortura, en cuyo caso cabría esperar que el niño se recuperase con mayor rapidez lejos de casa. No obstante, es a este padre o madre demasiado cariñosos a quienes les es imposible tolerar el alejamiento del niño, siquiera sea por su propio bien.

El tratamiento a base de drogas no es satisfactorio, como demuestra el gran número de medicamentos recomendados.

Sin tratamiento, la corea acaba por desaparecer casi siempre. La única complicación seria es la enfermedad cardíaca, y para ésta no se sabe de ningún tratamiento salvo el reposo.

Examen del diagnóstico

Si bien casi siempre el diagnóstico de corea puede hacerse con facilidad, no es nada raro que se confundan con esta enfermedad otros tipos de agitación. Por este motivo conviene, aun a riesgo de reiteración, resumir los detalles que diferencian los diagnósticos.

En un caso típico de agitación corriente, el desasosiego forma parte de la naturaleza del niño. Es la totalidad del pequeño la que resulta afectada. Asociado a los movimientos, suele haber un aumento de la frecuencia y premura de la micción. Por el contrario, el examen cuidadoso del historial del comienzo de una verdadera corea revelará, por lo general, que, en una fecha concreta, un niño que hasta entonces había sido más o menos normal empezó a dar muestras de desasosiego. Casi siempre, al principio, se observa que los movimientos afectan más a las extremidades de un lado que a las del otro. A menudo se registra una paresia asociada, siempre en el brazo y la pierna que más se mueven. Es decir, la paresia y los movimientos van aparejados. Normalmente, la micción no se ve afectada.

Al cabo de unos días, cuando el niño guarda cama en el hospital o bajo vigilancia médica, estas peculiaridades pueden resultar mucho menos evidentes y es igualmente posible que la unilateralidad y la paresia hayan desaparecido.

Los pormenores sobre la aparición de tics no revisten importancia a efectos de diagnóstico. Cabe que los movimientos hayan empezado de repente, después de un susto o a resultas de un cambio de temperamento. Los espasmos habituales resultan especialmente molestos para quienes se ven obligados a presenciarlos.

Así, pues, suele ser posible diagnosticar corea basándose exclusivamente en el historial. Si éste no es corriente pero los movimientos son característicos, el diagnóstico de corea debe ser puesto en tela de juicio. El diagnóstico de la agitación corriente suele ser fácil, pero en muchos casos esta agitación es tan parecida a la coreica que únicamente un meticuloso examen del historial del caso permite un diagnóstico correcto. La presencia de algún signo cardíaco que haga sospechar una posible carditis reumática, sea antigua o reciente, es a menudo la responsable de que se imponga una limitación innecesaria y desafortunada de la actividad de un niño que padece de angustia pero no de corea.

Es necesario poner de relieve aquí que el término «precoreico» no tiene ningún significado a la vista de los conocimientos actuales. La agitación corriente no predispone directamente a la corea, ni existe relación alguna entre los tics y esta enfermedad. Es cierto que a veces la corea está relacionada con una tensión excesiva (la proximidad de los exámenes, por ejemplo), y que puede ser provocada por un susto, pero no se conoce bien el eslabón que une la corea con el esfuerzo que hace el niño para salir bien parado de la prueba o con su reacción ante el susto. Sin embargo, sigue siendo cierto que la corea es una enfermedad física del cerebro que, de forma indiscriminada, se presenta en niños normales, en niños excitables y en niños nerviosos. En un diagnóstico diferencial, hecho hoy en día, debe considerarse inexistente una relación entre los tics, la agitación corriente y la corea.

No es fácil confundir con la corea los movimientos atetósicos asociados con ciertas enfermedades del sistema nervioso central. La encefalitis letárgica aguda y epidémica, por el contrario, puede empezar en forma de una corea generalizada que, desde el punto de vista clínico, resulta totalmente indistinguible de la corea normal.

El siguiente caso sirve de ilustración de una secuencia nada común: trauma-corea-carditis reumática y artritis.

> Lily estuvo bien hasta que a los ocho años experimentó dos sustos en una misma semana: fue atropellada por una bicicleta y, en otra ocasión, tuvo miedo de regresar a casa porque un hombre o una mujer la perseguían (probablemente era obra de su imaginación, pero no por ello menos ansiógena). Más o menos sobre las mismas fechas empezó a dar muestras de falta de firmeza, especialmente en el brazo y la pierna del lado izquierdo. Presentó adelgazamiento y palidez. Transcurridas unas semanas, una vez se quejó de dolor en las manos.
> Desde que había tenido los dos sustos se la veía triste y, además, hablaba a veces de una manera extraña: las palabras no acababan de salirle. Su sueño era normal con la excepción de que pataleaba y había una leve agitación de las extremidades. Anteriormente nunca había sido nerviosa ni se había visto atacada de terrores nocturnos.

Historial previo: Había padecido sarampión y, en cierta ocasión, una inflamación de las amígdalas. No había padecido dolores del crecimiento. No se le habían extirpado las amígdalas.

Historial familiar: Era uno de los ocho hijos del matrimonio; uno de ellos había sufrido de fiebre reumática.

Al examinarla, aparte de una temperatura moderadamente alta (38°C), no se encontraron otros factores positivos. Los movimientos eran los característicos de la corea, si bien leves, y el estado del corazón era totalmente normal.

Curso de la enfermedad: Los movimientos mejoraron rápidamente, pero siguieron siendo más evidentes en el lado izquierdo que en el derecho. Al permanecer echada en la cama, el cuello se le ponía rígido, probablemente debido a una artritis reumática. Las amígdalas eran muy pequeñas y sanas; a decir verdad, en el primer examen, parecía que se las hubiesen extirpado.

Al cabo de tres meses la niña parecía estar bien y su corazón seguía sin verse afectado.

Pasaron cuatro meses sin examen, pero en seguida volvió por haber caído enferma, aparentemente a causa de un dolor de cabeza producido por el sol. Esta vez volvía a presentar movimientos definidos, pero no había inflamación ni dolor en las articulaciones; su temperatura era de treinta y ocho grados y parecía estar enferma. Los síntomas cardíacos era los siguientes: pulso agitado; choque de punta dentro de los límites normales (a 1,27 cm hacia la izquierda del quinto espacio); en una habitación silenciosa la continuación del segundo sonido podía oírse como un soplo muy bajo a la izquierda del esternón. Esta aparición de un soplo diastólico hizo necesario diagnosticar una endocarditis activa de las válvulas aórticas que causaba una insuficiencia aórtica.

Después de quince semanas de tratamiento institucional, la niña volvió a estar bien con la salvedad de que su corazón seguía dando muestras de insuficiencia aórtica. No había hipertrofia demostrable.

Pese a todos los cuidados, los movimientos volvieron a producirse y, si bien no pasaron de leves, se registró un nuevo síntoma en el corazón: un murmullo diastólico medio que se oía en el ápice cuando se examinaba a la paciente acostada. Puede que esto tuviera que ver con la insuficiencia aórtica, pero se tuvo en cuenta la posibilidad de una incipiente estenosis mitral.

Transcurridos veintiún meses desde el primer ataque de corea, se manifestó en la niña una fiebre reumática latente, con inflamación de los tobillos. Durante siete meses estuvo sometida a tratamiento en varias instituciones y se restableció.

Treinta y dos meses después del primer ataque se produjo un nuevo ataque de corea. Esta vez el corazón presentaba signos de hipertrofia, estenosis mitral avanzada y regurgitación aórtica, y, en vista de la corea activa, hubo que suponer que había también una carditis activa.

Esto ejemplifica el curso que la enfermedad es susceptible de tomar a pesar de todos los cuidados y vigilancias posibles.

El siguiente caso es un ejemplo del destino que por lo común espera al niño aquejado de agitación:

Doris me fue enviada originariamente cuando tenía cinco años. Me la envió un inspector médico de escuelas. La causa era «reumatismo», lo cual constituye siempre una buena razón para someter a un niño a revisión y observación periódicas.

Historial previo: Escarlatina en dos ocasiones, extirpación de las amígdalas y vegetaciones adenoideas a los tres años.

Historial familiar: La madre había padecido fiebre reumática dos veces y, al parecer, su corazón había resultado afectado. Doris tiene una hermana de ocho años y un hermanito de seis meses.

Notas sobre el caso: La niña es feliz y animada, come bien, pero es propensa a los «dolores del crecimiento» en los muslos y las piernas, así como a frecuentes «resfriados». Nunca ha tenido inflamación en las articulaciones. El hecho de que la pequeña admita sufrir dolores es suficiente justificación para realizar una investigación meticulosa.

La madre se queja también de que la niña está desasosegada y hace muecas. No hay ninguna fecha para la aparición de estos síntomas diversos; por así decirlo, han crecido junto con la niña.

El interrogatorio rutinario a los padres saca a relucir los siguientes hechos: la pequeña duerme bastante bien, con la salvedad de que habla mientras duerme, pero de día está muy nerviosa y constantemente sobreexcitada. La excitación le induce a hablar incesantemente y su agitación va en aumento. De hecho, nunca se está quieta y, asociado con esto, como de costumbre, se registra un aumento de la urgencia y frecuencia de la micción (aunque no es incontinente).

La agitación hallada al examinar a la niña concuerda con este desasosiego angustioso y no es de carácter coreico. No se encuentran signos físicos de enfermedad y el corazón es normal. Cuando se le ordena acostarse, la pequeña tiene que vencer el fuerte desagrado que la idea le produce, hecho que se traduce en un fuerte latir del corazón.

Notas suplementarias: Me enteré de que la agitación había sido diagnosticada como corea en un hospital hacía poco tiempo, pero la agitación que persiste después de la corea es tan característica que con toda confianza mandé el siguiente informe: la niña está físicamente sana; padece de angustia y posiblemente esto es la explicación de los dolores y de la agitación.

A veces no la dejaban ir a la escuela, por verla pálida, o porque se desmayaba, y otras veces a causa de una enfermedad febril, acompañada de parestesias en una mano. Cada vez, después de guardar cama unos días, volvía a sentirse bien. Los niños aquejados de angustia suelen tener este tipo de enfermedad sin signos físicos.

La siguiente vez que tuve noticias de ella fueron en el sentido de que, en otro hospital, se le había diagnosticado como un caso de corea, lo cual parecía ir en contra de mi diagnóstico. Sin embargo, cuando volví a verla, comprobé que su agitación, que no era coreica, no había experimentado ningún cambio. Luego fue internada en un hospital como caso de eritema nudoso. No obstante, se da la circunstancia de que, en su caso, la aparición de magulladuras sobre la piel de las espinillas y de otras partes es una afección propia de su familia, ya que su hermano y su hermana la sufren también. Por tanto, el diagnóstico de «eritema» había sido falso. En cierta ocasión, llegó a registrarse una hemorragia subcutánea, y las protuberancias que se formaron al coagularse la sangre habían sido calificadas de «nódulos reumáticos». Se comprobó que el corazón estaba dilatado, y al caso se le colocó la etiqueta de «reumatismo activo y carditis». Con este diagnóstico me la volvieron a enviar, pero yo la encontré exactamente como la había encontrado desde la primera vez que la viera. El estado de su corazón había permanecido normal.

De hecho, esta niña no es un paciente reumático, ni padece corea.

Posdata (1957)
La fiebre reumática y la corea han pasado a ser enfermedades mucho menos comunes desde que escribí este artículo. La incidencia de la agitación angustiosa corriente, así como la de los tics, no ha variado.

SEGUNDA PARTE

1. APETITO Y TRASTORNO EMOCIONAL (1936)[1]

En la literatura psicoanalítica y psicológica existe un consenso general con respecto a que las alteraciones del apetito son comunes en las enfermedades psiquiátricas, pero lo cierto es que tal vez no se reconozca toda la importancia del comer. Así, resulta raro encontrar la palabra «gula» en los escritos psicológicos; y, sin embargo, ésta es una palabra que tiene un significado muy definido, que une lo físico con lo psíquico, el amor con el odio, lo que resulta aceptable para el ego con lo que es inaceptable. La única obra psicoanalítica que yo conozco en la que la palabra «gula» forma parte inherente del tema es la titulada *Love, Hate and Reparation*, de Melanie Klein y Joan Riviere (conferencias 1936, publicado en 1937).

Hace tiempo que debiera haberse comentado la relación entre el apetito y la gula. Me atrevo a sugerir que en el ser humano la gula jamás aparece de forma manifiesta, ni siquiera en los niños, y que, cuando aparece como síntoma, constituye siempre un fenómeno secundario que entraña angustia. A mi modo de ver, la gula es algo tan primitivo que en modo alguno podría aparecer en el comportamiento humano salvo en forma latente y formando parte de un complejo de síntomas.

Mi punto de vista se ha visto profundamente influido por la costumbre de tomar nota minuciosamente de los casos que pasaban por mis manos, ya que ello me ha permitido ver claramente

---

1. Leído ante la Sección Médica de la Sociedad Psicológica Británica, 1936.

la continuidad clínica de los trastornos del apetito tal como se presentan en la primera infancia, en la niñez, en la adolescencia y en la edad adulta. Llevo ya varios años enseñando que la observación atenta pone de manifiesto que no hay ninguna línea que divida claramente las siguientes afecciones: la anorexia nerviosa de la adolescencia, inhibiciones de la función nutritiva propias de la niñez, los trastornos del apetito en la niñez que tienen relación con ciertos momentos críticos, y las inhibiciones de la función nutritiva de la infancia, incluso de la primera infancia. Como ejemplo de crisis citaría las siguientes: el nacimiento de un hermanito o hermanita, la pérdida de la primera niñera, el abandono del primer hogar por mudanza, la primera comida con ambos padres, los intentos de inducir a la autonutrición, la introducción de alimentos sólidos o incluso simplemente de alimentos espesados, la reacción angustiosa ante los mordiscos a los senos.

Efectuando un agrupamiento general, estos casos se incluyen entre los de dificultades nutritivas de los niños pequeños, en un extremo de la escala, y los de melancolía, adicción a las drogas e hipocondría en el otro extremo. Dicho de otro modo, vemos que la función de comer puede verse afectada tanto en cualquier tipo de enfermedades, como en la salud.[2]

El análisis de niños de mayor edad, así como de adultos, nos proporciona una visión muy clara de las múltiples maneras en que el apetito se ve envuelto en la defensa contra la angustia y la depresión. Así, pues, no podemos hacer más que inferir que la psicología del niño pequeño y del niño no es tan simple como parece al comienzo, y que incluso hay que concederle al pequeño, incluyendo el recién nacido, una estructura mental[3] bastante compleja.

---

2. A menudo las madres dicen de sus hijos que se muestran inhibidos en lo que respecta al deseo de comida, que, pese a eso, mostrarán gran apetencia por las medicinas. Más de una vez me han dicho esto en relación con niños menores de un año, y otras muchas veces acerca de niños de mayor edad.
3. Por aquel entonces no era frecuente buscar las causas de la enfermedad psicológica en el pequeño. Por consiguiente, mi opinión resultó un tanto original y resultó también turbadora para aquellos analistas capaces solamente de ver la angustia de castración y el complejo de Edipo. En mis escritos posteriores me he dedicado a desarrollar el tema del pequeño, cuyo desarrollo emocional puede ser sano o deformado en cualquier edad, incluso antes del nacimiento. En la actualidad (1956) existe entre los psicoanalistas una aceptación general de la opinión según la cual existe una psicología del niño recién nacido.
   Si bien durante todo el tiempo sufrí la influencia de Melanie Klein, en este campo específico seguí sencillamente la pista que me había proporcionado la cuidadosa recopilación de datos en innumerables casos.

En la apreciación de la función oral, lo primero es el reconocimiento del instinto oral: «Yo quiero chupar, comer, morder. Disfruto chupando, comiendo, mordiendo. Me siento satisfecho después de chupar, comer, morder».

Luego viene la fantasía oral: «Cuando tengo hambre pienso en comida, cuando como pienso en introducir comida en mi cuerpo. Pienso en lo que me gusta conservar dentro de mí, y pienso en lo que quiero eliminar y pienso en librarme de ello».

En tercer lugar hallamos una forma más complicada de relacionar este tema de la fantasía oral con el «mundo interior». Existe una tremenda elaboración de las dos partes de la fantasía que acabo de bosquejar; a saber, las ideas de lo que sucede dentro de uno mismo y, junto a esto, las ideas de cuál es el estado del interior de la fuente de suministro, o sea, del cuerpo de la madre. «También pienso en lo que sucede en la fuente de suministro. Cuando estoy muy hambriento pienso en robar e incluso destruir la fuente de suministro y entonces sufro por lo que tengo dentro de mí y pienso en los medios de sacarlo de mi interior, con tanta rapidez y tan completamente como sea posible.»

Esta clase de fantasía oral puede deducirse observando a los pequeños mientras juegan con algún objeto. Espero poder demostrarlo.

Es esta elaboración sin límite lo que constituye un «mundo interior». En este sentido, la palabra «interior» se refiere principalmente al vientre y, de modo secundario, a la cabeza, las extremidades y cualquier otra parte del cuerpo. El individuo tiende a colocar dentro del cuerpo las incidencias de la fantasía, identificándolas con las cosas que tienen lugar dentro del cuerpo.

Normalmente, este mundo interior es un mundo vivo, lleno de movimientos y sentimientos o sensaciones. Cuando se le tiene temor, es posible mantenerlo inactivo. En la enfermedad cabe controlarlo en demasía o alguno de sus elementos es susceptible de hacerse con el control del individuo.

A mí me parece que esta parte de la fantasía oral no está suficientemente reconocida como tal. Y el hecho de que insista en que se tenga en cuenta se debe a que, en mi calidad de pediatra, me veo constantemente en la necesidad de comprenderla. No hay caso de ruidos hidroaéreos, en un niño, ni de vómitos o diarrea, de anorexia o de constipación que pueda explicarse plenamente sin hacer referencia a las fantasías conscientes o inconscientes que el niño se forma acerca del interior de su cuerpo.

Podemos confinar la atención a la enfermedad *física* dentro del cuerpo, pero ningún estudio de la reacción del niño ante su enfermedad física puede ser completo sin tener en cuenta la fantasía que el niño se forma con respecto a su interior. Debe de ser muy gracioso para un niño comprobar que su médico da claras muestras de saber menos que él acerca de su interior. La mayoría de los médicos prefieren atenerse a la simple idea del dolor sin contenido de fantasía, pero no por ello deja de ser cierto que a menudo los niños, cuando se les pregunta acerca de sus molestias internas, dan una descripción de su mundo interior. Así, un chiquillo nos dirá que dentro de él se libra una guerra entre los españoles y los ingleses y que ambos bandos luchan con espadas. Otro nos cuenta su fantasía de que en su interior, sentado alrededor de una mesa, se halla un grupo de gentes diminutas que esperan que les llegue la comida. Un niño de cuatro años me dijo que, después de comer, podía oír el ruido de platos que hacían los hombrecitos que tenía dentro. Otro dijo que dentro de su madre había una hilera de niños sentados en una valla y que, cuando su padre derribaba a uno de ellos con una palanca, entonces se producía un nacimiento.

A veces, algún artista capaz de pintar un cuadro normal y corriente nos dará una visión de su interior en forma de tripas.[4] El resultado es terrible para la mayoría de la gente, que sólo ve allí fragmentos de intestinos y demás, ante lo cual hasta el espectáculo de una carnicería resulta tranquilizador. Uno es capaz de admirar el valor de tal artista, incluso cuando a uno le inquiete el vuelo de la fantasía hacia la anatomía.

A mi modo de ver, el siguiente incidente ilustra la forma en que, a través del ejercicio del sentido del humor, se obtiene el reconocimiento de la fantasía en torno al mundo que hay dentro del vientre.

Primer caso. Una madre trajo a su hijo al hospital y, al tratar de informarme que el niño padecía una malformación del pene (hipospadia), la señora dijo: «Dijo el médico que parecía que le hubiesen hecho la circuncisión antes de nacer. Me asusté mucho, se lo digo yo». La piel del chico era excepcionalmente oscura y yo le pregunté a la madre si se trataba de algo reciente o bien de algo natural en el chico. Resultaba evidente que siempre se había sentido turbada por aquella pigmentación y trató de eludir la pregunta diciendo que era debido a las vacaciones de verano (cosa que a todas luces era falsa), etc. Por fin dijo: «Oh, ya me acuerdo. Nació así. El médico dijo que parecía que hubiese tomado mucho el sol». En-

---

4. Pensaba en ciertos cuadros surrealistas, en algunos de los cuales aparecían crudos detalles anatómicos.

tonces le dije: «Pues al parecer se lo pasó muy bien, de una u otra forma».

Las fantasías sobre el embarazo sirven para ocultar otras fantasías de índole más cruda acerca del verdadero interior, al mismo tiempo que aportan un alivio a los temores suscitados por los elementos destructivos. Tanto es así que a veces el niño tiene dificultad en deshacerse de ellas. Pero lo cierto es que el útero no es el interior. Los chicos adoptan esta defensa con tanta frecuencia como las chicas. La madre queda embarazada, luego la hinchazón decrece y, mire por dónde, aparece un nuevo ser humano, diminuto y bonito.

Segundo caso. Trajeron un chiquillo al hospital porque le dolía el vientre. A menudo se me pide que examine a algún niño que se queja de unos dolores no localizados aún. El sujeto de este caso todavía no había decidido dónde debía sufrir el dolor, aunque éste tenía que ver con sus entrañas. A decir verdad, el chiquillo ni siquiera había decidido sufrir un dolor, aunque algo sí tenía. Este algo estaba relacionado con el hecho de que la madre había dado a luz recientemente. El pequeño creía que llevaba una criatura dentro. Tenía que ser un varón. No deseaba perderla, sino que prefería conservarla dentro de sí. El hecho tenía que ver con el amor de su padre.

Esta clase de fantasía naciente es bastante fácil de comprobar, pero no creo que el niño salga ganando mucho por el hecho de que el médico consiga desvelarla. Además, por supuesto, en ciertos casos sería decididamente pernicioso que se forzase el secreto o secretos interiores del pequeño. Sin embargo, el material de la fantasía se halla presente, en espera de que alguien lo descubra.

He aquí otro caso en el que dejé que una niña me contara sus fantasías con respecto al cuerpo.

Tercer caso. Mi ayudante me pide consejo sobre una niña de siete años llamada Heather. Desde los dos años la pequeña tiene el hábito de rascarse los genitales, por lo que éstos se hallan constantemente inflamados e irritados. Recientemente sólo se ha rascado en la escuela, pero los maestros se han quejado. Se ha comprobado que no hay cistitis ni infestación parasitaria. Tampoco hay síntomas de ninguna otra enfermedad física. ¿Podría tratarse de algo psicológico?

Le digo a mi amigo que, efectivamente, podría ser, y me muestro de acuerdo en ver a la niña y a su madre, una señora un tanto represora. Dispongo solamente de unos cuantos minutos, pero tengo que hacer algún diagnóstico. Me encuentro ante una niña sana y bonita, regordeta a pesar de su deficiente apetito, una niña que no es infeliz, ni inquieta, aunque sí algo meditabunda. Encuentro que se la cuida bien en su casa. Es hija única y sus padres son personas de una agresiva respetabilidad, de manera que a Heather no la dejan salir a la calle, y muy raras veces viene alguien a jugar con ella en casa. No obstante, en la escuela Heather tiene sus propias amigas. Hay que indagar más allá de estos detalles, pese a su importancia, para hallar la causa de que se rasque compulsivamente los genitales.

Hago salir a la madre de la habitación y me encuentro con que Heather me cuenta de buen grado cosas sobre una serie de pesadillas que consigue mantener a raya permaneciendo con los ojos constantemente abiertos. La niña declara que es capaz de dormir con los ojos abiertos. Resulta claro que no sólo tiene sueños de angustia sino que también se ve acosada por alucinaciones visuales que son en parte horribles y en parte hermosas. Su felicidad, según dice, consiste en encontrar en las cosas que ve suficiente belleza como para equilibrar lo que en ellas hay de malo. Lo principal es que ve unas cosas marrones que salen de agujeros. Está ansiosa por dar detalles de estas formas grotescas y malas, así como de estos extraños animales. Hay también un hada con un nombre fantástico. «Es hermosa, todo está bien cuando ella está presente, es muy alta; su verdadero nombre es Heather.» Parecía casi sorprendida de darse cuenta de su propia existencia real; se encontraba más a gusto en el mundo de las hadas.

A la pequeña le parece que los genitales están llenos de estas grotescas formas marrones y constantemente se ve forzada a rascarse para sacarlas de allí.

Me aventuro a preguntarle una cosa: ¿Cómo se te meten dentro? «Pues», dice la pequeña, «entran con mi comida. Verá, es que me gustan mucho las salchichas y el hígado y por eso casi todos son de color marrón.»

No hay que forzar mucho la imaginación para deducir que, en su fantasía inconsciente, la pequeña se ha comido a personas buenas y malas, así como pedacitos de persona, y que, de acuerdo con el amor y el odio que en ellos hubiera, se ha visto enriquecida o abrumada, respectivamente, por los objetos, intensamente dulces o aterradoramente grotescos, que entraban en su mundo interior. Disfrutaba a costa del mundo de hadas, del de sus devaneos, de reconocer la maldad que, según ella la sentía, tenía que ser eliminada de sus genitales rascándose.

Su síntoma es, en efecto, el reconocimiento de la maldad y le permite mantenerse en contacto con la belleza de su mundo de hadas.

Una vez ilustrado el significado que para mí tiene la fantasía oral y la especial elaboración de la fantasía referente a las entrañas, les relataré algunos casos clínicos para que vean cuán frecuentemente el apetito hace acto de presencia en la práctica de la pediatría.

No hace falta que me recuerden que el valor de todas mis observaciones depende de mi capacidad para conocer la acción y los límites de la enfermedad física (infección, desnutrición, etc.). De mi seguridad de que tengo en cuenta la posibilidad de una enfermedad física depende mi derecho a intervenir en el aspecto psicológico. En este sentido, sugiero que el estudio de la psicología se ha visto oscurecido por nuestra falta de control sobre la enfermedad física y por nuestra ignorancia de la dieta alimenticia, de tal manera que antes era mucho más difícil observar los factores psicológicos de lo que es hoy en día. Los conocimientos y la práctica de la medicina han aportado nuevas condiciones, y hoy sabemos que en algo menos de la mitad de los casos que acuden a los consultorios externos de los hospitales de niños, no hay enfermedad física alguna. Por consiguiente, actualmente es casi imposible dejar de observar trastornos emocionales y anomalías en el desarrollo de la personalidad.

Asimismo, el psicoanálisis ha hecho su aparición en la escena con su voluntad de explorar y evaluar el inconsciente. Así, pues, gradualmente hemos llegado al estudio de la psicología de la criatura y del niño en desarrollo.

Casos ilustrativos

La elección de casos tiene una dificultad. En efecto, el elegir casos parece que tratara de indicar que las alteraciones del apetito en los casos de trastorno psicológico merezcan ser relatados como tales alteraciones, mientras que, en realidad, en lo que quiero hacer hincapié es en el hecho de que la alteración del apetito es algo sumamente común. Muy raro tiene que ser el historial de un niño enfermo (o, a decir verdad, incluso el de un niño normal) para que no aparezcan síntomas relacionados con la nutrición.

Por supuesto que entre los pacientes no hospitalizados que examina un médico se cuenta un porcentaje bastante elevado de casos en que el niño es llevado a consulta por dar claras muestras de falta o exceso de apetito, o por existir una amplia gama de extravagancias en lo que se refiere al apetito. Cada vez resulta más claro que muchos de estos niños están físicamente sanos y que, pese a ello, pueden sentirse enfermos. Existen, además, diversos tipos de vómitos, desde el menos común, de índole histérica, hasta el muy frecuente ataque bilioso, que a veces, con la ayuda de las ideas preconcebidas del médico, pasa a organizarse en vómitos cíclicos con postración periódica. Existen luego muchísimos grados de intolerancia a las grasas, desde la alergia a la leche, hasta la enfermedad celíaca y así sucesivamente.

Mi objetivo aquí es llamar la atención sobre los detalles de la alimentación que tan a menudo resultan interesantes en casos que nos son traídos por cualquier otra razón: trastornos de comportamiento, inhibiciones de las dotes intelectuales, fracasos en el adiestramiento de acuerdo con las normas aceptadas, inquietud común de tipo angustioso, fobias, estados de angustia, fases depresivas, etc.

Como es natural, me resulta imposible dar una ilustración de cada uno de estos tipos de casos. Las siguientes tres descripciones de niños muestran, respectivamente, un caso de gula sintomática, otro de paso de la inhibición a la compulsión y un tercer caso de inhibición de la gula.

Cuarto caso. Escojo en primer lugar a una chica que actualmente se halla en los inicios de la pubertad. Tiene una hermana mayor. Su dificultad reside en el carácter. Desde el principio ha sido incapaz de permitir que su hermana mayor tuviera amistades. Las dos hermanas se llevan muy bien entre sí, pero sus relaciones se han visto estropeadas, y se verán aún más, por esta compulsión que la hermana pequeña siente por quitarle a la otra toda persona, joven o adulta, masculina o femenina, que llega a significar algo para la mayor.

Cuando la hermana mayor contaba de seis a ocho años, esta tendencia de la pequeña resultaba graciosa para todos cuantos la veían. Sin embargo, poco a poco se ha creado una situación en la que existe una seria amenaza para una camaradería que, de todos modos, no podrá venirse abajo sin que ambas partes sufran algún daño.

No es sorprendente que la gula o voracidad de la chica codiciosa no se halle constreñida a las personas. Además, esta chica come en exceso, de un modo que claramente constituye una defensa contra la angustia, y a veces engorda de un modo nada saludable. Todo intento de ponerla a dieta trae consigo una inquietud y una acrimonia temperamental que contrastan agudamente con lo que parece su manera natural de ser.

La hermana presenta una tendencia complementaria al ascetismo. Es de tipo depresivo, lo cual también la hace contrastar con su bulliciosa y voraz hermana pequeña. Asimismo, atraviesa fases en las que da muestras de poco entusiasmo por la comida, con tendencia a dejar parte de todo lo que se le ofrece.

Quinto caso. Seguidamente describiré brevemente el caso de un muchacho que pasó de ser inhibido a ser glotón. Sobre Tom, de quince años de edad, se cierne la amenaza de expulsión de la escuela debido a su carácter poco satisfactorio. Un primer contacto con él hace pensar que se trata de un chico excepcionalmente decente, con un aplomo y un ritmo que hablan en su favor. Su coeficiente de inteligencia dicen que es de 120, y en la conversación parece ser un chico inteligente. Tiene un hermano y una hermana menores que él.

El carácter de Tom sufrió un cambio al pasar a la escuela secundaria, después de estudiar en una escuela primaria, cuando tenía trece años. En la preparatoria había sido un alumno popular, honrado y sincero.

Al ingresar en la escuela superior se convirtió en una clara molestia para todos. He aquí algunos extractos de los informes del director: «Al principio era insólitamente descuidado y desaseado; destruía el mobiliario, etc. (hacía agujeros en las sillas). Desatento en la escuela e incapaz de concentrarse. Problemas con diversos profesores. Los castigos no han surtido ningún efecto en él. El rector cree haber agotado todos los castigos de que dispone». (Este rector no es de los que recurren fácilmente al castigo, pero está claro que el muchacho no responde del modo acostumbrado a la comprensión ni a los castigos.)

Para abreviar, Tom padece dificultades de carácter que se le han desarrollado desde que salió de la escuela primaria. Los padres afirman que su actitud ha cambiado desde entonces. Antes, era extraordinariamente franco, mientras que ahora es inseguro y falaz. Asimismo, los padres están preocupados porque el muchacho celebró una orgía destructora en casa durante la cual estropeó con un cuchillo las paredes y el mobiliario de su propia habitación, lugar que siempre le había gustado mucho.

Lo interesante en este caso es que con el cambio de carácter se ha producido igualmente un paso de la inhibición a la gula. En el momento de cambiar de carácter, su cuerpo empezó a ser más lleno, mientras que antes había sido siempre más bien flaco. Empezó a dar muestras de haber adquirido un apetito más que saludable, con cierta compulsión a comer en exceso.

Su actual apetito podría pasar por normal, a no ser por su marcado contraste con su anterior actitud hacia la comida, constante desde la primera infancia hasta la finalización de la escuela primaria. Durante todos aquellos años no había demostrado interés por la comida y nadie había logrado jamás sobornarle a base de comida.

Para llegar al inicio de esta dificultad nutritiva hay que remontarse a otra dificultad registrada a los tres meses de edad, cuando era amamantado, y a la que siguieron seis meses de alimentación difícil, acompañada de constipación secundaria. A los nueve meses el pequeño pesaba solamente cuatro kilos. A partir de entonces no hubo ningún problema grave, pero el pequeño siguió siendo inapetente y de cuerpo poco desarrollado. Así, pues, cabe decir que la enfermedad de este muchacho empezó cuando tenía tres meses. La enfermera que lo cuidara a los tres años dice que comprobó que lo alimentaban los diversos miembros de la familia, cada uno de los cuales le administraba una cucharada por turno. Ésta era la única forma de hacerle comer lo necesario.

¡Cuán familiarizado está el pediatra con este panorama de dificultades nutritivas en la infancia, augurio de mayores problemas más adelante! La importancia de este caso, pese a la brevedad de su exposición, radica en que demuestra de qué manera la inhibición del apetito sirvió bien al muchacho durante un período de diez o doce años en su defensa contra la angustia. Por medio de sus síntomas se las arregló para ser una persona más o menos amable y sociable, ya que casi podía pasarse sin comer. Sin una creencia en su propia bondad y en la de los demás, sin embargo, le hubiera sido imposible desarrollar una vida plena, al menos vivir y seguir siendo cuerdo.

Ahora quiero llamarles la atención sobre la edad sumamente precoz en que el ser humano se ve capacitado para resolver el problema de la suspicacia convirtiéndose en suspicaz ante la comida. Es sumamente difícil comprender los primeros meses de la infancia, pero está claro que a los nueve y diez meses este mecanismo (es decir, dudar de la comida como medio para ocultar la duda del amor) puede ser utilizado plenamente.

En el siguiente caso les daré los detalles tal como fueron apareciendo en la consulta. Al finalizar la descripción, se hallarán ante un caso de trastorno de apetito.

Sexto caso. Simon me es traído cuando tiene ocho años. Con él viene su hermano Bill, muchacho regordete y sano que contrasta con la persona delgada y pequeña de Simon. Se trata de los dos únicos hijos de un profesional y su esposa, pareja que está mutuamente contenta de estar casada, que disfruta de buenas relaciones familiares y posición social y que, como es natural, está preocupada al ver el escaso desarrollo físico de uno de sus hijos, así como por sus demás síntomas: falta de apetito, estados de gran nerviosismo y excitación, pesadillas y otras características importantes que la madre va recordando gradualmente mientras yo preparo el historial del paciente.

Indudablemente, Simon es muy inteligente, y, en la escuela, va moderadamente bien. Sin embargo, en la escuela necesitaron seis meses para advertir que podía leer; también había otras formas en que no hacía justicia a su capacidad intelectual. Su poder de concentración es reducido. En la escuela dicen que su cerebro es excesivamente activo, que tiene mil pensamientos a la vez. Mientras aprende a ir en bicicleta está contemplando el paso de un avión. Primero hace las cosas, luego piensa en ellas, si es que llega a pensar.

Es honrado, generoso, afectuoso, sensible. En un punto discrepan los padres: para tratar de que sea normal, ¿hay que recurrir a medidas severas o seguirle la corriente y dejar que el tiempo diga?

Es lento en hacer las cosas, pero, si le da por ser rápido, lo es sobremanera, ya que es de naturaleza despierta. Por ejemplo, para vestirse es siempre muy lento a menos que, hallándose en un grupo, quiera hacerlo antes que los demás. En el aseo resulta también increíblemente lento. Su madre, que no tiene ninguna doncella a su servicio, preferiría arreglar por sí misma lo que él desordena, pero suele pensar que deben insistir en que sea él quien ordene algo sus juguetes. El chico es de los que sacan de la biblioteca veinte libros para encontrar uno, sin que se le pase por la cabeza la idea de devolver los otros diecinueve a su sitio. Simon dice: «¿Para qué guardarlos?», y parece que realmente no sabe la respuesta.

Admira y adora a su hermano, pero es capaz de sentirse celoso; si, por ejemplo, Bill está enfermo, Simon querrá que le ayuden más y más en todo cuanto hace, hasta que su hermano se restablezca.

A primera vista, sus juegos son de lo más normal, aunque no muy imaginativos. Es decir, sus juegos son siempre con barcos, marinos, construcciones. Lee cosas de cultura general: sobre plantas y animales; también lee cosas sobre grandes y maravillosos logros o descubrimientos. Dicho de otro modo, tanto en sus juegos como en sus lecturas, cabe constatar cierta huida de la fantasía a la realidad, si bien se trata de una realidad bastante romántica. La misma madre me parece una persona a la que la fantasía le asusta.

No faltan pruebas directas del temor a la fantasía: una vez le oyeron decir en sus plegarias: «Por favor, Señor, no dejes que tenga pesadillas». Sus pesadillas se relacionan principalmente con animales. De día se muestra especialmente cariñoso con los animales. A través de la labor analítica, hemos llegado a saber que las angustias referentes a los animales suelen tener algo que ver con los animales que muerden, y que, de hecho, los animales se presentan como alivio, ya que en la primera angustia correspondiente existe tan sólo una boca amenazadora. A los animales es posible domesticarlos, a las bocas, no.

Creo que la falta de temor del muchacho debe considerarse como síntoma, especialmente en vista de que dicha falta de temor le ha conducido a situaciones peligrosas. Sufrió tres accidentes de consideración. Cada uno de ellos fue en parte por culpa suya. Cuando era muy pequeño se metió un palo en el ojo, un poco más tarde se enredó en el mecanismo de una máquina de coser, y más adelante se cayó y tuvieron que darle unos puntos de sutura en la cabeza.

Lo que resulta notable en este chico es que desde que tenía un año sabe lo que quiere ser. Al menos, tenía un año cuando le dio por volar. A tal edad hubiese echado a volar sin miedo desde la mesa del comedor, poniendo en peligro su vida. Siempre se creyó capaz de volar como un pájaro, y antes de saber nadar, se zambullía en el agua desde un lugar alto, también sin miedo alguno. Por parte de los padres no ha habido ningún intento de convertirle en una persona valiente; a decir verdad, desde que tenía un año, los padres han considerado que esta valentía era un síntoma.

Recientemente ha volado en un avión, de manera que el deseo apremiante de volar tomó forma precisa en la ambición de ser aviador, cuando apenas si es capaz de esperar. De esta manera su síntoma se ha metamorfoseado en vocación. Creo que ésta es una forma sumamente inestable de «normalidad».

Los padres han padecido una constante angustia ante la falta de algunos temores corrientes y necesarios en su hijo. Se dan cuenta de que esta ausencia relativa del sentido de la realidad hace que la vida de Simon esté en peligro permanente.

Sabemos, en teoría, que la angustia no está ausente en este caso. Podríamos pecar de simplistas diciendo que el niño teme tener miedo. Pero hay algunos mecanismos complejos en juego y un planteamiento claro de su estado psicológico ocuparía más espacio del que dispongo. Cabría decir que Simon vive dentro de su propio mundo interior, donde el control es mágico y, al volar desde la mesa del comedor, siente tantas ganas de morir como las de una persona normal que vuela en sueños.

Es interesante observar que, si bien al principio me dijeron que *nunca* daba muestras de temor, más adelante la madre recordó que, cuando el pequeño tenía de seis semanas a dos meses, le daba tal pavor oír crujir el papel que resultaba imposible deshacer un paquete en la misma habitación donde él se hallaba. Se ponía a chillar y, sencillamente, le resultaba imposible soportarlo. Por aquel entonces la madre presintió que la intensidad de su temor era anormal, de manera que se tomaron todas las precauciones posibles para evitar que aquel trauma volviera a suceder.

Aprovecharé que estoy hablando de la primera infancia para mencionar que el chico empezó muy pronto a demostrar qué personas le agradaban y qué personas le desagradaban, y que esta característica ha perdurado hasta ser uno de sus rasgos más marcados. Vemos, así, que, aunque le caían bien la mayor parte de quienes le rodeaban odiaba a una doncella que entró al servicio de la familia cuando él contaba cuatro meses; y siguió odiándola hasta que se marchó, cuando el pequeño tenía dieciséis meses. No había en la doncella nada especialmente notable que explicase esta circunstancia. Simplemente la odiaba, del mismo modo que luego ha odiado o amado a otras personas, sin ninguna justificación constatable desde el punto de vista del observador. La división del mundo en dos categorías, a saber, «lo que me gusta» y «lo que no me gusta», siempre ha sido más subjetiva que objetiva.

Se supone que Simon es tan feliz como su hermano, pero uno no tarda en ver que en esta felicidad hay algo de irrealidad. El niño es inquieto y constantemente necesita distracciones y cambios. Su irritabilidad es aún más manifiesta al lado de su hermano, que siempre da muestras de poseer un carácter más plácido.

A los dos años se observó que Simon era zurdo. Se le permitió que siguiese siéndolo.

Simon habla mucho. Casi puede decirse que, a menos que esté leyendo, se pasa la mayor parte del tiempo hablando. Recientemente empezó a morderse las uñas; de manera compulsiva también empezó a gruñir cuando lee, está sentado, come y así sucesivamente. Cuando lee en voz alta en la escuela también gruñe, si no se lleva compulsivamente las manos al rostro.

Hay una característica que podré explicarles mejor con algunos ejemplos. Os enfadáis con Simon y le ordenáis que se acueste temprano. El chico responde que sí, que se siente cansado, y que va a la cama como si estuviera la mar de satisfecho. En otro orden de cosas, un día le diréis que le están prohibidas las chocolatinas. Él contesta que muy bien, pues no se siente demasiado bien aquel día, con lo cual, una vez más, no habréis logrado comunicarle el concepto de castigo.

Otra característica: Le pedís a Bill que os ayude, y él gustosamente hará lo que se le mande. Simon, por el contrario, se da cuenta de antemano de lo que os hace falta y pide permiso para hacerlo, pero al cabo de medio minuto ya no tiene idea de lo que está haciendo y os lo encontraréis haciendo otra cosa.

Hace un año no quería ir a la escuela, lo cual representaba una inhibición. Cuando se le obligaba a ir, vomitaba automáticamente. Me parece que los vómitos representaban una necesidad inconsciente de librarse de cosas malas, pero pronto empezó a valerse de los vómitos para controlar a su madre. Le resultaba muy fácil provocarse el vómito. La madre quedaba reducida a amenazarle con mandarle a la cama y ver los resultados de la amenaza. A la larga terminó por llevarle a la escuela para que vomitase allí. Después de ello el chico fue capaz de acudir a la escuela.

Ahora llegamos a la *alteración o trastorno del apetito*. El más constante de los síntomas del muchacho ha sido la ausencia del deseo normal de comer. Cabe decir que nunca ha sido glotón. No hay ningún tipo de alimento del que pueda decirse que realmente le gusta, nada que le pueda ser ofrecido a modo de obsequio.

Come chocolatinas, pero se olvida de ellas y, antes que comer, siempre preferiría jugar por ahí. Para la edad que tiene, su hermano goza de un apetito normal, incluso grande. «Cuando salimos de excursión Bill come hasta cansarse, pero Simon sólo se come un bocadillo y hay que mirarle si se quiere que empiece un segundo.» Su interés se dirige a otras cosas.

El contraste entre los dos hermanos se observa desde la infancia y, desde el punto de vista de la madre, «resulta curioso, ya que Simon empezó muy bien mientras que Bill, que ahora es más plácido y generalmente normal, empezó mal». Lo cual me lleva a la principal declaración hecha por la madre: que Simon fue «absolutamente normal» hasta que lo destetaron a los nueve meses. (Por supuesto que nosotros sabemos que no era absolutamente normal; hubo, por ejemplo, la angustia ante el crujir de papel.) Simon disfrutaba del pecho y se desarrolló física y mentalmente sin causar problemas hasta que lo destetaron. El hecho no le importó durante dos meses, cuando a un menor contacto con el pecho se le dio comida como compensación. Pero cuando le quitaron por completo del pecho, cambió sin recuperarse jamás. Ésta es una historia con la que estará familiarizado cualquiera que trate con niños. El destete es uno de los diversos momentos críticos de la primera infancia.

Así, pues, a la afección de Simon podríamos llamarla «inhibición de la gula», efecto secundario del trauma del destete, que a su vez fue efecto secundario de una anterior angustia infantil de índole e intensidad psicóticas.

A todo esto podría añadir unas cuantas observaciones sueltas. Cuando Simon tenía dieciocho meses, él y su madre fueron a pasar unos días a casa de su tía, cuyo hogar no era feliz, estaba mal llevado y brillaba por lo poco práctico de sus costumbres. El hogar de Simon sí era feliz, un hogar donde la rutina era objeto de reverencia. El pequeño reaccionó muy mal al hecho de tener que esperar a que le sirviesen la comida (primera experiencia en este sentido) y empezó a tartamudear y a morderse las uñas. El tartamudeo cesó al regresar a su casa. Siguió mordiéndose las uñas, aunque no tanto como lo hacía durante aquellas vacaciones.

Habría que decir que Simon fue un niño increíblemente sucio hasta los diecisiete meses. Tan pronto como fue capaz de rechazar claramente algo, empezó a negarse a utilizar el orinal y cuando tuvo edad suficiente hacía las necesidades en el suelo. Su madre no hizo ningún intento por producir un cambio por medio de medidas especiales. Un día el mismo Simon dijo: «¡Ah, niño cochino!». Después de aquello jamás volvió a ensuciar.

Hasta hace poco Simon era un niño cochino para comer. Se trataba de un síntoma que sorprendía a la gente, pues desaparecía en las ocasiones especiales. Recientemente Simon pasó algunas semanas lejos de casa, comió como cualquier otro niño, sin dejar caer ni una migaja y sin ni siquiera mancharse la corbata. Pero, al volver a casa, volvió a ser tan sucio como de costumbre. Cuando se le dijo que no le permitirían ir a una fiesta por ser tan cochino, el niño dijo: «Oh, pero si no voy a serlo si voy a una fiesta». Sin embargo, Simon no se dio cuenta de cuán ilógico parece esto a ojos de su madre. Su madre le dijo: «El domingo vendrá gente a comer a casa y tú te sentarás en la otra mesa», a lo cual contestó: «No haré ninguna porquería en la mesa el domingo». Y no la hizo. Pero la madre añadió que se había comportado de un modo odioso y que ella se alegró cuando volvió a hacer porquerías para mostrar un carácter más dulce. Simon tiene un amigo bastante aburrido al que desprecia y que no le cae bien. Cuando le preguntaron qué le gustaba de ir a casa de su amigo, respondió que «daban un té estupendo», como si quisiera decir: «Él no importa nada y podría comérmelo sin remordimientos». Esto demuestra la forma en que su principal síntoma, la inhibición de la gula, síntoma que de hecho le había conducido a un estado próximo al raquitismo, forma parte de la relación del muchacho con la gente de sus mundos externo e interior, mundos que para él no siempre aparecen claramente delineados.

En el caso de Simon vemos de nuevo la gran importancia de la inhibición de la gula, que en este caso concreto data del destete; y, del mismo modo que al principio la actitud hacia la comida equivale a una actitud hacia una persona, la madre, más adelante los síntomas relacionados con la nutrición varían según la relación del chico con diversas personas.

Ejemplos de personas adultas

Si bien he dado ejemplos de niños, lo mismo podría ilustrarse con pacientes adultos. He aquí un ejemplo:

Séptimo caso. Un hombre y una mujer me consultan debido a dificultades matrimoniales. Entre una gran cantidad de detalles importantes encuentro lo siguiente: «Un hombre puede odiar a los niños del mismo modo que otro odiaría a los gatos, y puede sentirse incómodo cuando uno de ellos entra en la habitación donde él está». Esto lo dijo el mismo marido. Su reacción ante el embarazo de su esposa consistía en dar muestras de gran antagonismo y no fue hasta pasados varios años que sintió cariño por la criatura, un niño. Le hubiese resultado más fácil tolerar a una niña. A este respecto diré que en su familia paterna había otro hijo, un hermano nacido cuando el sujeto tenía dos o tres años. Es evidente que él nunca llegó a afrontar satisfactoriamente el nacimiento de un hermano y que, para él, el de su propio hijo constituía una repetición de semejante acontecimiento. Esto hace que su enfermedad —depresión paranoide— se remonte a su primera infancia. Con su actual actitud hacia la comida, este hombre demuestra cómo era de niño. Es vegetariano y tiene la impresión de que su esposa lo obliga a comer carne porque no lo comprende. Constantemente hace que su esposa le obligue a comer aquello que él cree que no quiere. Desde luego, se pone furioso si ella aparenta indiferencia y no le obliga a comer carne. Es a la hora de las comidas cuando se comporta de una manera extraña. Si la doncella se ha olvidado de colocarle una silla, él se queda de pie, y toma su comida de pie, haciendo una «digna protesta», sin sentido del humor, y esto delante de su hijo.

Por la descripción que su madre hizo de él, tenemos la confirmación de que su actual actitud hacia la comida constituye un regreso a la actitud que en su infancia demostró hacia la nutrición.

La inhibición de la gula que presenta este hombre, inhibición que ha persistido desde la infancia, a menudo se desglosa en unos actos sintomáticos de glotonería que le afligen tanto a él como a su esposa. Cuando, por ejemplo, su hijo fue puesto a dieta de leche por padecer un fuerte sarampión, hubo que reservar una leche especial para él. Mi paciente, el padre del niño, solía beberse en secreto esta leche especial, sustituyendo la leche bebida por otra de tipo corriente. Cuando su hijo era pequeño y sufría de desnutrición, el padre, también secretamente, solía aguar la leche. Tiende siempre a esconder el mejor de los pasteles, el mejor de los dulces, lo mejor de cualquier cosa relacionada con la comida o la bebida, ya que para él es compulsivo reservarse lo mejor de todo.

Lo que falta en este caso es la gula normal, aceptable para el yo y que tanto alivia la tensión instintiva.

La clínica para pacientes ambulatorios

En los seis casos que se describen seguidamente, la brevedad es la norma y en ellos incluyo solamente lo necesario para dar una idea de la procesión de todas las mañanas.

En primer lugar quiero relatar lo que sucede cuando un bebé se halla sentado en el regazo de su madre y sólo la esquina de mi mesa me separa de ambos.

Un niño de un año de edad se comporta del siguiente modo. Ve el bajalengua[5] y no tarda en poner la mano sobre él, aunque lo

---

5. En mi clínica estaba siempre disponible un cubilete de metal lleno de bajalenguas esterilizados y de objetos brillantes dispuestos en ángulo recto.

más probable es que una o dos veces pierda su interés por tal objeto antes de llegar a cogerlo propiamente. Mientras hace esto no aparta los ojos de mi rostro o del de su madre, tratando de calibrar nuestras respectivas actitudes. Más tarde o más temprano, termina por cogerlo y metérselo en la boca. Ahora empieza a disfrutar de la posesión del bajalengua y, al mismo tiempo, empieza a dar patadas y a mostrar una ansiosa actividad corporal. Todavía no está preparado para que se lo quiten. Pronto deja caer el bajalengua al suelo; al principio puede que esto parezca un acto fortuito, pero, al serle restituido, acaba por repetir la equivocación y al final lo arroja al suelo con la intención, claramente comprobable, de que se quede allí. Lo contempla y frecuentemente el ruido que el objeto hace al chocar con el suelo constituye para él una nueva fuente de placer. Si le doy la oportunidad, tratará de arrojarlo repetidas veces. Ahora deseará estar en el suelo con el bajalengua.

En líneas generales, cabe decir, sin temor a equivocarse, que las desviaciones de esta media de comportamiento indican desviaciones del desarrollo emocional normal y a menudo resulta posible poner en correlación tales desviaciones con el resto del cuadro clínico. Hay, como es lógico, diferencias según la edad. Los niños mayores de un año tienden a acortar el proceso de incorporación (meterse el bajalengua en la boca) y a interesarse más y más en las posibilidades que para jugar ofrece dicho instrumento.

Octavo caso. Una madre nos trae a su bebé, de aspecto totalmente saludable, para hacer una medición rutinaria, tres meses después de la primera consulta. El bebé, Philip, tiene ahora once meses y la visita de hoy es la cuarta que me hace. Su fase difícil ya ha pasado y el pequeño está bien, tanto física como emocionalmente.

Como no hay ningún bajalengua disponible, el pequeño coge el cubilete que los contiene, pero su madre se lo impide. Lo interesante es que inmediatamente alarga la mano en busca de algo, recordando visitas anteriores.

Coloco un bajalengua a su disposición y, en el momento en que él lo coge, su madre dice: «Esta vez hará más ruido que la última». Y tiene razón. A menudo las madres aciertan al decirme lo que va a hacer su pequeño, demostrando, por si hiciera falta, que el panorama que nos hacemos en los consultorios externos no se halla alejado de la vida real. Claro que el bajalengua va a parar a la boca y luego, no demasiado después, empieza a golpear la mesa o el cubilete con él. El cubilete recibe numerosos golpes, mientras el niño me mira a mí, demostrando bien a las claras que yo tengo parte en el asunto. En cierto modo el pequeño está expresando su actitud hacia mí. A unos cuantos metros de distancia, en la misma sala, hay otras madres sentadas con sus pequeños, y el estado de ánimo que impera en la sala se ve determinado por el estado de ánimo del pequeño. Una de las madres que esperan dice: «Parece el herrero del pueblo». Al niño le encanta tener tanto éxito y a sus juegos les añade un elemento de exhibicionismo. Así, pues, muy dulcemente, acerca el bajalengua a mi boca y le encanta ver cómo yo, siguiéndole la corriente, finjo que voy a comérmelo, aunque en realidad no llego a tocarlo con los labios; el pequeño comprende perfectamente que le sigo la corriente. Se lo ofrece también a su madre y entonces, con un gesto magnánimo, se vuelve y se lo ofrece a su público. Luego vuelve su atención al cubilete y prosiguen los golpes.

Al cabo de un rato se comunica a su modo con otro de los pequeños que esperan, pequeño al que escoge de entre unas ocho personas adultas y niños que hay al otro lado de la habitación. Para entonces todo el mundo está de un humor excelente y la clínica funciona muy bien.

Su madre le permite bajar al suelo, donde él recoge el bajalengua y empieza a jugar con él al mismo tiempo que, poco a poco, se va acercando al otro pequeño con quien acaba de comunicarse por medio de ruidos.

Habrán advertido ustedes que no sólo estaba interesado en su propia boca, sino también en la mía y en la de su madre. Creo que tiene la impresión de haber alimentado a todos los presentes en la sala. Esto lo ha hecho con el bajalengua, pero no hubiese podido hacerlo de no haber tenido la impresión de haberlo incorporado de la forma que he descrito.

Esto es lo que a veces se denomina «poseer un buen seno interiorizado», o simplemente «tener confianza en una relación con el pecho bueno, basándose en la experiencia».

Lo que quiero destacar en este sentido es esto: cuando en el hecho físico de coger el bajalengua, el pequeño juega con él y lo deja caer, al mismo tiempo, físicamente, lo incorpora, lo posee, y se libra de la idea del mismo.

Lo que hace con el bajalengua (o con cualquier otro objeto) entre el momento de cogerlo y el de dejarlo caer es como una película del pequeño fragmento de su mundo interior que está relacionado conmigo y con su madre en aquellos instantes y, partiendo de ahí, podemos hacer conjeturas sobre las experiencias de su mundo interior en otros momentos y en relación con distintas personas y cosas.

Para la clasificación de una serie de casos se puede utilizar la siguiente escala: en el extremo normal de la misma están los juegos, que constituyen una sencilla y placentera dramatización de la vida del mundo interior; en el extremo anormal de la escala se hallan los juegos que contienen una negación del mundo interior, en cuyo caso los juegos son siempre compulsivos, excitados, impulsados por la angustia y más bien una explotación de los sentidos que una actividad feliz.

Noveno caso. El siguiente niño, David, tiene dieciocho meses y su comportamiento presenta una característica especial. Su madre lo trae junto a mí y lo sienta en su regazo, al lado de la mesa. El pequeño no tarda en buscar el bajalengua que yo he puesto a su alcance. Su madre sabe lo que el niño hará, ya que ello forma parte de su problema. La buena señora dice: «Lo arrojará al suelo». El niño coge el bajalengua y rápidamente lo arroja al suelo. Repite el acto con todo lo que hay a su alcance. Ausentes se hallan la primera fase de tímida aproximación, así como la segunda, la de metérselo en la boca y jugar con él. Éste es un síntoma con el que todos estamos familiarizados, pero en este caso es patológico en cierto grado y la madre ha hecho bien en traerme al pequeño por ello. Le permite que baje en busca del objeto, que lo recoja y lo deje caer de nuevo, mientras sonríe en un intento artificial de ser tranquilizado mientras se contorsiona hasta alcanzar una posición en que tiene los antebrazos apretados contra las ingles. Mientras hace todo esto va mirando a su alrededor con expresión esperanzada, pero las demás personas que hay en la sala están haciendo todo lo posible para distraer la atención de sus propios hijos, ya que para ellas semejante espectáculo tiene algo que ver con la masturbación. El pequeño se encuentra acompañado, pero nadie puede darle la tranquilidad que tan desesperadamente necesita. Así que aquí le tenemos en el suelo, arrojando el bajalengua a lo lejos, contorsionándose para alcanzar esa posición tan peculiarmente suya y sonriendo de una manera que indica un intento desesperado de negar la congoja y el sentimiento de verse rechazado. Observen de qué manera este pequeño se crea para sí mismo un medio ambiente anormal.

Me veo obligado a omitir los detalles de su desarrollo; sólo diré que desde sus primeros tiempos tiene tendencia a la diarrea y a evacuar después de cada comida. Además, cuando tenía un año, de ello hace seis meses, empezó a mostrar los dos síntomas, los apretujones compulsivos a las ingles y una compulsión muy marcada a arrojar al suelo todo lo que cae en sus manos.

¿No resulta razonable sugerir que, de una manera u otra, hay una relación entre esta defecación «de sobremesa» y el síntoma consistente en arrojar cosas al suelo, especialmente en vista de que la experiencia psicoanalítica nos ha familiarizado con esta clase de relación entre lo físico y lo psicológico?

Naturalmente que la defecación después de comer sucede alguna que otra vez en todos los niños, y que el que se convierta en síntoma es una cuestión de grado.

Este caso ilustra la relación que se puede establecer entre acontecimientos físicos y psicológicos, así como la carencia relativa de riqueza en el mundo interior que puede acompañar a la inhibición de la fantasía oral y a la consiguiente ausencia de goce de cualquier clase de retención.

No es mi propósito discutir aquí la interesante e importante cuestión de las causas o la causa de esta angustia ante los objetos físicamente incorporados o físicamente devorados. Únicamente diré que en ella está involucrada la fantasía referente al interior. La parte principal de tal fantasía jamás es consciente y, antes o después, lo que haya sido consciente pasa a ser reprimido o, alternativamente, la fantasía permanece y el eslabón entre ella y la experiencia funcional se pierde.

En este niño existe una negación del mundo interior que afecta a sus relaciones exteriores y, junto a esto, existe una explotación, impulsada por la angustia de la sensualidad. Pero la sensualidad no es oral, es decir, el pequeño se sostiene el pene y se empuja las ingles, mientras su interés bucal permanece en suspenso.

He aquí un niño en el que ha cambiado su actitud hacia lo que se le ofrece.

Décimo caso. Norman tiene dos años. Su madre ya me lo ha traído tres veces antes de esta visita y hoy ha venido simplemente porque yo le pedí que viniese después de las vacaciones de verano. Norman presenta una mejoría general, ha perdido sus temores, y se muestra dispuesto a aceptar casi todos los alimentos que su madre le ofrece.

El niño ha atravesado una fase de dificultades en su desarrollo emocional, y se ha recuperado sin tratamiento alguno de mi parte, más que mi dirección del caso y el haber compartido la responsabilidad con su madre.

Al cumplir un año y siete meses empezó a adelgazar y en los meses siguientes se cayó muchas veces. Su sueño empeoró y tendía a despertarse temprano. Uno de los síntomas más marcados era que, a los diecinueve meses, dejó de ser un niño totalmente confiado para mostrar mala disposición para con los extraños, incluyendo a su abuela materna, en la que anteriormente había confiado plenamente.

Comía lo suficiente si era la madre quien lo alimentaba, pero por aquel entonces se hizo suspicaz hacia todo alimento *nuevo*, aunque se lo administrase la madre.

Durante esta fase y a pesar de mi técnica de aproximación, el pequeño lloraba cuando yo lo examinaba. Coloqué un bajalengua sobre la mesa, a su alcance, pero el pequeño se volvió hacia la madre y no volvió a mirarlo. Cuando le ofrecí una bobina de papel no la cogió y su madre dijo: «Ya sabía que no cogería nada en el estado en que se encuentra ahora».

Este cuadro clínico no presentó ningún cambio durante un mes, pero en la visita de hoy su madre puede informarme que se ha producido el inicio de un regreso a la normalidad en todos los aspectos. Ahora el pequeño duerme bien y se ha vuelto más confiado. Se muestra bastante satisfecho de estar conmigo y cuando le ofrezco una bobina de papel virtualmente me la quita de las manos, poniendo cara de estar muy complacido, y procede a investigarla mientras se lo llevan de mi presencia.

Habrán observado de qué manera, durante el período de suspicacia, la actitud del niño hacia la comida se vio alterada, al igual que su actitud hacia la bobina de papel que le ofrecí. Su madre me dijo que ya sabía que en su estado actual no cogería nada. Pero cuando se recuperó me arrebató de las manos la bobina y se puso a investigarla la mar de satisfecho, como hubiese hecho cualquier otro niño.

Decimoprimer caso. He aquí un niño de dos años que padece una inhibición nutritiva. Por lo general nunca ha sido un niño glotón. Nunca cogió la costumbre de ingerir alimentos sólidos o de alimentarse por sí mismo. También permanece en vela mucho rato. Sus juegos son pobres de imaginación, faltos de riqueza y fantasía. Lo más habitual es que juegue con el martillo y los clavos de su padre, o que cave en el jardín. A los dieciocho meses pasó una fase en la que se comía el barro. A su madre le pareció que debía enseñarle a no hacerlo. Si quiero describirles un niño pequeño, debo mostrarles algo de sus intereses orales. La relación del pequeño conmigo es bastante neutra. Su actitud hacia el bajalengua nos da la clave de sus sentimientos. He aquí las notas que he tomado: «Ve el bajalengua y lo deja en paz»; lo toca «por equivocación», por decirlo así, mientras juega con las manos; entonces, cuando juega con las manos, se vuelve hacia otro lado; luego, de pronto, vuelve al bajalengua y me mira con curiosidad, como queriendo medir mi actitud y rápidamente se vuelve de nuevo y se da una palmada en los muslos; mira el objeto y con la boca hace un ruidoso gesto de estar chupando algo; durante un largo rato mordisquea el borde superior de su jersey y luego, en relación con algo que observa en mí, se acurruca en el seno de su madre; se retuerce; ahora coge el bajalengua con la mano haciendo un rápido movimiento y en un santiamén ya lo ha golpeado contra la mesa, dejándolo luego en ella, tendido (antes estaba en posición vertical). Como si se sintiera alarmado por su acción, parece dejarlo definitivamente, pero más tarde vuelve a tocarlo de una manera angustiosa.

He aquí, pues, el cuadro de un conflicto en el que intervienen el instinto oral y la fantasía.

Hay mucho que hacer siguiendo estas sencillas líneas y, según tengo entendido, Anna Freud lleva ya algunos años haciendo esta clase de observaciones. Ella misma me señaló que existe una interesante falta de correlación *directa* entre la inhibición de coger cosas y metérselas en la boca y la inhibición nutritiva propiamente dicha, y con esto me siento plenamente de acuerdo. La relación es indirecta, de un tipo que, debido a sus inesperadas características, tiene en reserva muchas cosas teóricamente importantes.

Así, puede que un niño se meta cosas en la boca cuando está a solas con su madre en casa y que, en cambio, no quiera hacerlo con mi bajalengua. Mi presencia hace entrar en escena un eslabón con la relación entre el niño y su padre, relación que, en el momento de la consulta, tal vez atravesara una fase difícil. Esta fase puede estar marcada por síntomas como el vómito o la constipación, o cualquier otra disfunción lo bastante seria como para hacer que el niño sea traído al hospital.

La aparición del padre en escena queda ilustrada por el siguiente incidente:

Decimosegundo caso. Un hombre está alimentando por vez primera a su hijo de catorce meses. Le está dando pescado. La madre reacciona de manera neurótica ante el hecho, se siente celosa y le dice a su marido: «No le des pescado, se va a enfermar». Por la noche el pequeño vomita y como resultas de ello contrae una interesante fobia que le dura varias semanas: le desagrada el pescado y también los huevos y los plátanos.

A modo de contraste, vean lo que hace el siguiente niño cuando viene a verme:

Decimotercer caso. Lawrence, de dos años y nueve meses, es el primero y único hijo de sus padres. Su aspecto es saludable. Tomó el pecho durante seis meses, luego fue destetado en un día, aunque tomó el biberón desde entonces. Fácilmente realizó la transición a los alimentos sólidos y a comer sin ayuda. Siempre ha sido un niño simpático y con buen apetito. No padece ninguna inhibición nutritiva, por lo que está gordete y come de todo.

Sentado en las rodillas de su madre, Lawrence se impone a nosotros y casi domina la relación triangular que se da en la consulta. Se pasa el rato hablando en voz muy alta, con cierta vacilación en la dicción que forma parte de la técnica de dominio. Alarga la mano en busca del bajalengua, lo coge y lo hace suyo, luego lo mete en un cubilete cercano en el que hay otros bajalenguas, muchos, aparta el cubilete de sí y dice: «Ta». De nuevo coloco un bajalengua sobre la mesa y el interés del niño vuelve rápidamente; con gesto ansioso saca todos los que hay en el cubilete y declara: «Estoy jugando a los trenes». (La madre me dice que esto es más o menos lo que pasa durante las horas de la noche en que permanece despierto.) Ahora hace una procesión de bajalenguas a pares, construye lo que según él es un puente, los vuelve a colocar de muy distintas maneras. Los trenes se mueven, se cruzan, se unen, se separan, pasan túneles, cruzan puentes y de vez en cuando chocan. La fantasía está relacionada con la escena originaria. Estarán ustedes de acuerdo en que los detalles tendrían importancia si se tratase de comprender la angustia que turba el sueño del pequeño, le induce a tartamudear, y da color a sus juegos. El niño se divierte mucho y en casa siempre pueden dejarlo que juegue él solo. Toco uno de los bajalenguas y él dice: «No lo toque, por favor», con lo que indica la aguda necesidad de controlar personalmente lo que en un instante podría convertirse en un desastre susceptible de acabar con el mundo. Le es imprescindible dominar para retener el control.

Aquí no hay inhibición del apetito, pero hay angustias especiales que es necesario afrontar, angustias acerca de la relación entre sus padres interpretada en los términos de la fantasía del niño.

Los juegos de Lawrence con los bajalenguas ponen de manifiesto la índole de sus fantasías. Son las mismas angustias que son afrontadas *en su fuente* por las inhibiciones de la gula que hemos visto en tantos otros de los ejemplos que he dado. La inhibición equivale a pobreza de la experiencia instintiva, pobreza de desarrollo de un mundo interior y la consiguiente falta relativa de angustia normal ante los objetos y las relaciones interiores.[6]

Resumen

En el historial de todos los tipos de casos psiquiátricos es posible encontrar trastornos del apetito, trastornos que pueden ser claramente entrelazados con los demás síntomas.

6. Véase un comentario ulterior sobre este tipo de observación en el capítulo 2 de esta segunda parte.

El contacto clínico directo con niños pequeños proporciona un cúmulo de oportunidades para la observación y la terapia, así como para la aplicación de los principios aprendidos mediante el análisis de niños y de adultos.

La teoría de la enfermedad psiquiátrica debe ser modificada con el objeto de dar cabida a un hecho: que en numerosos casos el historial de una anormalidad se remonta a los primeros meses, incluso a las primeras semanas.

2. LA OBSERVACIÓN DE NIÑOS EN UNA SITUACIÓN FIJA (1941)[1]

Durante cerca de veinte años he observado niños en mi clínica del Paddington Green Children's Hospital y en un gran número de casos he tomado nota minuciosa de la forma en que se comportan en una situación dada, que sea fácilmente organizable dentro de la rutina diaria de la clínica. Espero poder reunir y presentar gradualmente los numerosos puntos de interés práctico y teórico que pueden extraerse de semejante labor. Sin embargo, en el presente trabajo quiero limitarme a describir la situación fija y a indicar en qué medida puede ser usada como instrumento para la investigación. De modo incidental cito el caso de un niño de siete meses que en el curso de una observación sufrió un ataque de asma y se sobrepuso a él, lo que tiene un considerable interés psicosomático.

Deseo, en la medida de lo posible, describir el marco de la observación y qué es lo que se me ha hecho tan familiar: lo que yo llamo «la situación fija» en que penetra cada uno de los niños que es traído a mi consulta.

En mi clínica, las madres y sus hijos esperan en el pasillo, fuera de la sala, bastante grande, donde yo trabajo. La salida de una madre y su pequeño es la señal para que entre la siguiente. Prefiero que la sala sea grande porque es mucho lo que hay que observar y hacer desde que la madre y el niño aparecen en la

---

1. Basado en un trabajo leído ante la Sociedad Psicoanalítica Británica, el 23 de abril de 1941, *Int. J. Psycho-Anal.*, vol. XXII, 1941.

puerta hasta que llegan junto a mí (la puerta se halla en el otro extremo de la sala). Cuando la madre llega a mi lado ya he establecido, con mi expresión facial, contacto con ella y probablemente también con el niño. Asimismo, si no se trata de un paciente nuevo, he tenido tiempo para recordar el caso.

Si se trata de un niño pequeño, de un bebé, le pido a la madre que tome asiento ante mí, con la esquina de la mesa entre ella y yo. Ella se sienta con el pequeñín en las rodillas. De forma rutinaria, coloco en el borde de la mesa un bajalengua reluciente y en ángulo recto. Invito a la madre a colocar al pequeño de tal manera que si lo desea pueda coger el bajalengua. Por regla general, la madre entiende lo que pretendo y me resulta fácil explicarle poco a poco que durante un rato ella y yo evitaremos en lo posible intervenir en la situación, de forma que lo que suceda pueda atribuirse a la espontaneidad del pequeño. Como podrán imaginarse, la capacidad o la incapacidad de la madre para seguir esta sugerencia demuestra en cierto modo cómo es en su propia casa. Si se muestra angustiada por la posibilidad de una infección, que sienta rechazo moral a meterse cosas en la boca, que tenga proclividad a actuar atropellada o impulsivamente, todas estas características salen a relucir.

Tiene gran valor saber cómo es la madre, pero por regla general ésta sigue mi sugerencia. He aquí al niño, pues, sentado en la rodilla de su madre, ante una nueva persona (que da la casualidad de ser varón) sentada delante, mientras sobre la mesa se halla un reluciente bajalengua. Debo añadir que si hay acompañantes, a menudo debo poner más cuidado en la forma de colocarles, ya que su tendencia es la de sonreír al niño y hacer algo en relación con él: hacerle carantoñas; acariciarle o cuando menos demostrarle su cariño. Si algún acompañante es incapaz de acatar la disciplina que exige la situación, entonces de nada sirve que prosiga con la observación, pues inmediatamente se convertiría en algo innecesariamente complicado.

El comportamiento del pequeño

Inevitablemente, el bebé se siente atraído por ese objeto metálico que reluce y quizá se balancea. Si hay otros niños presentes, éstos saben muy bien que lo que ansía el pequeño es coger ese objeto. (A menudo les resulta insoportable contemplar los titubeos del pequeño si éstos son muy pronunciados, por lo que son ellos los que cogen el bajalengua y se lo meten en la boca al pequeño. De todos modos, esto es adelantarme a los acontecimientos.) Ya tenemos al pequeño sentado delante de nosotros, atraído por un objeto muy sugestivo. Ahora pasaré a describir lo que, a mi modo de ver, constituye la secuencia normal de acontecimientos. Opino que toda variante es significativa.

Primera fase. El bebé pone la mano encima del bajalengua, pero en este momento, en forma inesperada, descubre que la situación debe ser meditada. Se halla en un aprieto. O bien, con la mano apoyada sobre el bajalengua y el cuerpo completamente inmóvil, nos mira a mí y a su madre con los ojos muy abiertos, o bien, en ciertos casos, su interés se desvanece del todo y el pequeño esconde la cara en la blusa de su madre. Normalmente es posible controlar la situación, de tal modo que la madre no haga nada para tranquilizarle y resulta muy interesante observar cómo el pequeño, gradual y espontáneamente, vuelve a recobrar su interés por el bajalengua.

Segunda fase. Todo el rato, durante «el período de hesitación», como yo lo llamo, el pequeño mantiene el cuerpo quieto, pero no rígido. Paulatinamente se va envalentonando lo bastante para dejar que sus sentimientos se desarrollen, y entonces el cuadro cambia rápidamente. El momento en que esta primera fase da paso a la segunda es muy evidente, ya que la aceptación por el niño de la realidad de que desea el bajalengua se ve anunciada por un cambio en el interior de la boca, que pasa a ser fláccido, mientras la lengua cobra un aspecto grueso y flojo y la saliva fluye copiosamente. Al cabo de un rato el niño se mete el bajalengua en la boca y lo mastica con las encías, o parece imitar el modo en que su padre se fumaría una pipa. El cambio en el comportamiento del pequeño constituye un rasgo notable. La expectación y la inmovilidad se ven ahora sustituidas por la confianza en sí mismo, mientras que el cuerpo se mueve con soltura. Este segundo rasgo está relacionado con la manipulación del bajalengua.

Frecuentemente he hecho un experimento consistente en tratar de meter el bajalengua en la boca del pequeño durante el período de hesitación. Tanto si éste se ajusta a mi pauta de normalidad como si, por el contrario, difiere de ella en grado y características, he comprobado que resulta imposible meter el bajalengua en la boca del niño sin recurrir a la fuerza bruta. En ciertos casos en que la inhibición es aguda, todo intento que yo haga para acercar el bajalengua a la boca del niño da por resultado que éste se ponga a chillar, que se vea mentalmente afligido e incluso que presente un cólico abdominal.

Parece que ahora el bebé siente que el bajalengua está en su poder, del que ciertamente dispone para fines de autoexpresión. Da golpes sobre la mesa o contra el cubilete con él armando todo el ruido que le es posible armar; de lo contrario, lo acerca a mi boca o a la de su madre y se alegra mucho si nosotros *fingimos* que nos está alimentando. Decididamente lo que el pequeño desea es que *juguemos* a que nos da de comer y se enfada si somos lo bastante estúpidos como para meternos el objeto en la boca, ya que entonces el juego deja de ser tal.

En este punto podría decirles que jamás he hallado pruebas de que los pequeños se lleven un chasco debido a que, en realidad, en el bajalengua no haya comida ni sea comestible.

Tercera fase. Existe una tercera fase. En ella, el niño, ante todo, deja caer el bajalengua como por accidente. Si le es devuelto se alegra, vuelve a jugar con él y de nuevo lo deja caer, pero esta vez menos accidentalmente. Al serle devuelto otra vez, lo deja caer a propósito y disfruta una enormidad librándose agresivamente de él y en especial disfruta al oírlo tintinear cuando choca con el suelo.

El final de esta tercera fase[2] tiene lugar, bien cuando el niño desea reunirse con el bajalengua en el suelo o se lo mete en la boca y vuelve a jugar con él, o bien cuando se aburre de este objeto y quiere coger cualquier otro que esté a mano.

En cuanto a descripción de lo normal, esto es válido solamente para los niños de edad comprendida entre los cinco y los trece meses. Una vez cumplidos los trece meses, el interés del pequeño por los objetos se ha ampliado tanto que, si hace caso omiso del bajalengua y quiere coger el secante, por ejemplo, no puedo estar seguro de que haya una verdadera inhibición con respecto al interés originario. Dicho de otra manera, la situación se complica rápidamente y se acerca a la situación analítica corriente en el análisis de un niño de dos años, con el inconveniente, para lo relativo a lo analítico, de que, dado que el niño es demasiado pequeño para poder hablar, el material que nos presenta resulta difícil de comprender. No obstante, antes de los trece meses de edad, la no posesión de la facultad del ha-

---

2. Trataré de la importancia de esta fase y la relacionaré con las observaciones hechas por Freud en el chico del carrete de algodón (1920) hacia el final del presente trabajo (véase la pág. 97).

bla por parte del niño no constituye ningún problema en esta «situación fija».

Después de los trece meses, las *angustias* del niño siguen siendo susceptibles de aparecer reflejadas en la situación fija. Su *interés positivo* desborda la situación fija.

He comprobado que en la citada situación es posible llevar a cabo una labor terapéutica, si bien mi objetivo en el presente trabajo no radica en trazar las posibilidades terapéuticas de esta clase de labor. Les mostraré un caso que publiqué en 1931 y en el que afirmaba la creencia de que era posible realizar tal clase de labor. Los años subsiguientes han venido a confirmar la opinión que me formé por aquel entonces.

Se trataba del caso de una niña pequeña que llevaba seis u ocho meses acudiendo a mi consulta debido a una alteración nutritiva, probablemente iniciada por una gastroenteritis infecciosa. El desarrollo emocional de la niña se había visto turbado por esta enfermedad que la hacía sentirse irritable, insatisfecha y propensa al vómito después de ingerir alimentos. Dejó de jugar, y a los nueve meses, no sólo sus relaciones con la gente eran del todo insatisfactorias, sino que, además, empezaba a padecer convulsiones que, a los once meses, eran ya frecuentes.

A los doce meses, las convulsiones eran ya de mayor cuantía e iban seguidas de un estado soñoliento. Por aquel entonces empecé a verla con intervalos de pocos días, dedicándole veinte minutos de atención personal, de un modo bastante parecido a lo que hoy denomino «situación fija», pero colocándome a la pequeña sobre mis propias rodillas.

En una consulta tenía a la niña en las rodillas mientras la estaba observando. La pequeña hizo un intento furtivo de morderme los nudillos. Tres días más tarde la tenía otra vez sobre las rodillas, esperando ver lo que haría. Me mordió los nudillos tres veces, con tanta fuerza que casi me levantó la piel. Luego se puso a jugar arrojando bajalenguas al suelo. Así permaneció sin parar durante quince minutos, sin dejar de llorar como si verdaderamente fuese desgraciada. Al cabo de dos días la tuve en mis rodillas durante media hora. Había padecido cuatro convulsiones en los dos días anteriores. Al principio lloró como de costumbre. Volvió a morderme los nudillos con gran ensañamiento, sin que esta vez mostrase sentimientos de culpabilidad, y luego se puso a jugar a algo que consistía en morder los bajalenguas y arrojarlos a lo lejos. Mientras permaneció en mis rodillas empezó a ser capaz de disfrutar de sus juegos. Al cabo de un rato se puso a manosearse los dedos de los pies.

Más adelante, se presentó un día la madre y me dijo que desde la última consulta la pequeña era «una niña diferente». No sólo no había sufrido ninguna convulsión sino que por las noches dormía bien, y estaba contenta todo el día, sin bromuro. Al cabo de once días la mejoría persistía sin necesidad de medicación: ya habían transcurrido catorce días sin convulsiones, por lo que la madre pidió que la diese de alta.

Visité a la pequeña un año más tarde y comprobé que desde la última consulta no había tenido ningún síntoma en absoluto. Me encontré con una niña totalmente sana, feliz, inteligente y amigable, aficionada a jugar y libre de las angustias normales.

La fluidez de la personalidad infantil, unida al hecho de que los sentimientos y los procesos inconscientes se hallan tan íntimamente unidos en las primeras etapas de la infancia, permiten llevar a término algunos cambios en el curso de unas pocas entrevistas. No obstante, esta fluidez no significa forzosamente que el pequeño, que es normal cuando tiene un año, o el pequeño que a tal edad se ve favorablemente afectado por el tratamiento, se halla absolutamente fuera de peligro. Sigue presentando tendencia a la neurosis en una etapa posterior, así como a enfermar a causa de su exposición a malos factores ambientales. Sin embargo, si el primer año del pequeño transcurre sin contratiempos, los pronósticos son buenos.

DESVIACIONES DE LA NORMALIDAD

Ya he dicho que resulta significativa cualquier desviación de lo que he llegado a considerar como la norma de comportamiento en la situación fija.

La variación principal y más interesante la constituye la hesitación inicial, que o bien es exagerada o brilla por su ausencia. Un bebé determinado no mostrará ningún interés visible por el bajalengua, y dejará pasar un largo tiempo antes de que sea consciente de su interés o antes de reunir el valor suficiente para demostrarlo. Por el contrario, otro agarrará el bajalengua y se lo meterá en la boca en el espacio de un segundo. En uno y otro caso existe una desviación con respecto a lo normal. Si la inhibición es marcada, habrá un grado más o menos pronunciado de aflicción, la cual, a decir verdad, puede llegar a ser muy aguda.

En otra de las variaciones de la norma, el pequeño coge el bajalengua e inmediatamente lo arroja al suelo, cosa que repite tan pronto como le es devuelto por el observador.

Casi con toda seguridad hay una correlación entre éstas y otras variaciones de la norma y la relación del niño con los alimentos y las personas.

Aplicación de la técnica ilustrada por un caso

La situación fija que he descrito constituye un instrumento que cualquiera puede adaptar con vistas a la observación de un caso concreto. Antes de pasar a comentar la teoría del comportamiento normal del niño en esta situación, les contaré un caso a guisa de ejemplo. Se trata del caso de una pequeña que padecía asma. El comportamiento de la enfermedad, que apareció y desapareció en dos ocasiones cuando la pequeña estaba en observación, tal vez parecería fortuito de no haber sido por el hecho de que la niña estaba en observación de rutina y, también, por el hecho de que los detalles del comportamiento de la pequeña pudieron compararse con los del comportamiento de otros pequeños en la misma situación. Debido a la técnica empleada, fue posible comprobar que el asma, lejos de tener una relación incierta con los sentimientos de la niña, se relacionaba con cierta clase de sentimientos y con cierta fase claramente definida de una secuencia de acontecimientos que me es familiar.

Margaret, una niña de siete meses, me es traída por su madre porque la noche anterior a la consulta se la ha pasado respirando dificultosamente. De no ser por eso, la niña es muy feliz, duerme bien, y come de todo. Sus relaciones con ambos padres son buenas, especialmente con el padre, persona que trabaja de noche y, por tanto, ve mucho a su hija. La pequeña ya sabe decir «pa-pi», pero no «ma-mi». Cuando pregunto a quién se dirige cuando algo va mal, la madre me replica que acude a su padre, que es capaz de hacerla dormir. Tiene una hermana que le lleva dieciséis meses y que no padece ningún tipo de enfermedad. Las dos niñas juegan juntas y se quieren, si bien el nacimiento de la más pequeña suscitó ciertos celos en su hermana.

La madre explica que ella misma padeció asma al quedar embarazada de la pequeña, cuando la otra tenía solamente siete meses. Hasta un mes antes de la consulta la madre también se sentía mal, pero luego no volvió a padecer asma. Su propia madre, es decir, la abuela de la paciente, era propensa al asma, que empezó a sufrir también cuando empezó a tener hijos. La relación entre Margaret y su madre es buena y la niña toma el pecho satisfactoriamente.

El síntoma asma no se presenta de forma completamente imprevista. La madre relata que durante tres días la niña ha tenido el sueño agitado y que ha dormido solamente de diez en diez minutos, despertándose con gritos y temblores. Durante un mes se ha estado llevando los puños a la boca, hecho que últimamente ha pasado a ser un tanto compulsivo y angustioso. Durante tres días ha tenido una ligera tos, pero el ruido jadeante no se ha definido hasta la noche anterior a la consulta.

Es interesante fijarse en el comportamiento de la pequeña en la situación fija. Vean las notas detalladas que tomé entonces: «Puse un bajalengua formando ángulo recto con la mesa y la niña se interesó inmediatamente, lo miró, me miró durante largo rato con los ojos muy abiertos y suspirando. Esto continuó durante cinco minutos, sin que la niña fuese capaz de decidirse a cogerlo. Cuando finalmente lo hizo, al principio no acababa de decidirse a metérselo en la boca, aunque resultaba evidente que eso era lo que quería hacer. Al cabo de un rato, como si se sintiese tranquilizada al ver que nosotros seguíamos igual que antes, se dio cuenta de que podía cogerlo. Al acercárselo a sí misma me di cuenta de que se producía el habitual flujo de saliva; luego siguieron varios minutos dedicados a disfrutar de su experiencia bucal». Se comprobará que semejante comportamiento se ajustó a lo que yo llamo normal.

En la segunda consulta, Margaret alargó la mano para tomar el bajalengua, pero de nuevo vaciló, exactamente igual que en la primera visita, y de nuevo sólo gradualmente fue capaz de metérselo en la boca y disfrutarlo confiadamente. Su forma de ponérselo en la boca era más ansiosa de lo que había sido en la ocasión anterior, y además hacía ruiditos mientras lo mordía. Pronto lo dejó caer adrede y, al serle devuelto, jugó con él presa de excitación y haciendo ruidos, mirándonos a mí y a su madre, evidentemente satisfecha y pataleando. Jugó un rato y después arrojó el bajalengua al suelo, se lo volvió a meter en la boca cuando se lo devolvimos, agitó fuertemente las manos y luego empezó a mostrar interés por otros objetos que estaban a su alcance, incluyéndose el cubilete entre ellos. A la larga acabó por dejar caer el cubilete y, como parecía querer que la pusiéramos en el suelo, así lo hicimos, y le dimos el cubilete y el bajalengua. Levantó la vista con cara de estar satisfecha de la vida, sin dejar de jugar con los dedos de los pies, el bajalengua y el cubilete, pero no con estas dos últimas cosas a la vez. Al final alargó la mano hacia el bajalengua como si quisiera juntar ambos objetos, pero se limitó a empujarlo lejos del cubilete. Al devolvérsele el bajalengua llegó a golpear el cubilete con él armando gran estruendo.

(El aspecto más importante de este caso en relación con lo que estamos tratando se encuentra en la primera parte de la descripción, pero he querido leerles todas las notas pertinentes al caso debido al gran interés que todos sus detalles podrían tener en el supuesto de que se ampliase el tema del comentario. Así, por ejemplo, sólo de manera gradual llegó la niña a juntar los dos objetos.

Esto es muy interesante y resulta representativo de sus dificultades, así como de su creciente habilidad con respecto a la dirección de dos *personas* a la vez. Con el fin de que el presente tema quede lo más claro posible, dejo para otra ocasión el comentario de estos aspectos.)[3]

En este comentario del comportamiento de la pequeña en la situación fija no he dicho todavía en qué momento se le desarrolló el asma. La niña se hallaba sentada en el regazo de su madre, con la mesa entre ellas y yo. La madre sujetaba a la pequeña por el pecho, con las dos manos, sosteniéndole el cuerpo. Fue, pues, muy fácil ver en qué momento se produjo un espasmo bronquial. Las manos de la madre indicaban los exagerados movimientos del pecho de la niña, tanto en lo que hace a su profunda inspiración como su prolongada y dificultosa espiración; asimismo el ruido de esta última era claramente perceptible. La madre podía ver tan bien como yo cuándo le daba el asma a la pequeña. *En ambas ocasiones el asma se presentó en el momento en que la niña hesitaba antes de coger el bajalengua.* Puso la mano sobre el bajalengua y entonces, mientras controlaba su cuerpo, su mano y el medio ambiente, le vino el asma, que entraña el control involuntario de la espiración. En el momento en que cobró confianza acerca del bajalengua que estaba en la boca, cuando fluía la saliva, cuando la inmovilidad dio paso al disfrute de la actividad y cuando la actitud vigilante se vio sustituida por la confianza en sí misma, en ese momento, repito, el asma cesó.

Transcurrió una quincena sin que la niña volviese a tener asma, con la salvedad de los dos ataques que le dieron en las dos consultas.[4] Recientemente (es decir, veintiún meses después del episodio que he narrado), la niña no ha tenido más ataques de asma, si bien, por supuesto, es susceptible de tenerlos.[5]

Gracias al método empleado para la observación me es posible deducir ciertas conclusiones de este caso, referentes a los ataques de asma y su relación con los sentimientos de la pequeña. Mi deducción principal es la de que en este caso había una asociación más que íntima entre el espasmo bronquial y la angustia, suficiente para postular la existencia de una relación entre ambos. Gracias al hecho de que la niña estaba en observación en condiciones conocidas, es posible comprobar que para ella el asma iba asociada con el momento en que normalmente se producen las vacilaciones, y éstas implican conflicto

---

3. Me refiero a esto más adelante, en la pág. 93.
4. Pero la madre lo había re-desarrollado.
5. De nuevo la madre hizo hincapié en que ella, sin embargo, había padecido asma, como si creyera que debía padecerla si la niña no la tenía.

mental. Se suscita un impulso que de momento es controlado, y en dos ocasiones el asma coincide con este período durante el cual el impulso se halla controlado. Esta observación, especialmente si se ve confirmada por otras parecidas, constituiría una buena base para discutir el aspecto emocional del asma, en particular si se hace en conjunción con observaciones llevadas a cabo durante el tratamiento psicoanalítico de pacientes asmáticos.

Discusión de la teoría

Está claro, en primer lugar, que la hesitación es un signo de angustia, aunque aparezca normalmente.

Como dijo Freud (1926), «la angustia es *acerca* de algo». Así, pues, son dos las cosas que hay que discutir: lo que sucede en el cuerpo y en la mente en estado de angustia, y ese algo que suscita la angustia.

Si nos preguntamos por qué hesita el pequeño después del primer gesto impulsivo, creo que por fuerza estaremos de acuerdo en que ésta es una manifestación del superyo. En cuanto al origen de esto, he sacado la conclusión de que, hablando en términos generales, la hesitación normal del pequeño no puede explicarse haciendo referencia a la actitud de los padres. Pero esto no quiere decir que yo descarte la posibilidad de que el pequeño se comporte de esta manera porque haya aprendido a esperar que su madre desapruebe, incluso que se enfade, siempre que manosea o se mete en la boca algún objeto. La actitud de los padres sí influye considerablemente en ciertos casos.

He llegado a distinguir fácilmente cuáles son las madres que desaprueban con vehemencia que su pequeño toque cosas o se las meta en la boca, pero, en términos generales, puedo decir que las madres que acuden a mi clínica no impiden que se haga lo que ellas creen que es un interés infantil corriente. A decir verdad, entre estas madres las hay que incluso han acudido a mí porque el pequeño ha *dejado* de coger cosas y metérselas en la boca, fenómeno que ellas reconocen como síntoma.

Asimismo, a esta tierna edad, antes de que el pequeño cumpla los catorce meses, por ejemplo, existe una fluidez de carácter que permite supeditar cierta parte de la tendencia a prohibir que tiene la madre. Yo le digo a la madre que el pequeño puede hacerlo en el consultorio si así lo desea, pero añado que no le aliente a hacerlo. He comprobado que, en la medida en que los niños no se vean impulsados por la angustia, son capaces de ajustarse a este medio ambiente modificado.

Pero sea o no sea la actitud de la madre lo que determina el comportamiento del bebé, sugiero que la hesitación significa que el pequeño *espera* que su acto cause el enfado y tal vez la venganza de su madre. Para que el pequeño se sienta amenazado, incluso por una madre que esté verdadera y ostensiblemente enfadada, es imprescindible que en su mente infantil exista la noción de una madre enojada. Como dice Freud (1926): «Por el contrario, el peligro externo (objetivo), si ha de tener significación para el yo, es necesario que haya sido interiorizado».

Si la madre se ha enfadado de veras y el pequeño tiene motivos reales para esperar que ella demuestre su enfado durante la consulta, al verle coger el bajalengua, nos vemos conducidos hacia las fantasías aprehensivas del pequeño, justamente en el caso corriente en que el niño hesita pese a que la madre no sólo tolera tal comportamiento sino que incluso da por sentado que se producirá. El «algo» que provoca la angustia se halla en la mente del niño, es la idea de una posible severidad o castigo. Y todo lo que se encuentra en la mente del niño puede verse proyectado en esta nueva situación. Cuando no ha habido ninguna experiencia de prohibición, la hesitación entraña conflicto o bien la existencia, en la mente del pequeño, de una *fantasía* correspondiente al *recuerdo* que de su madre verdaderamente severa tiene el otro pequeño. En uno y otro caso, por lo tanto, en primer lugar el niño tiene que contener su interés y su deseo, y solamente es capaz de reencontrar su deseo en la medida en que su puesta a prueba del medio le dé resultados satisfactorios. Yo le facilito el marco para tal puesta a prueba.

Cabe deducir, pues, que el «algo» que da origen a la angustia reviste una importancia tremenda para el niño. Para comprender más ese «algo» será preciso valernos de los conocimientos obtenidos en el análisis de niños de edad comprendida entre los dos y los cuatro años. Cito esta edad porque, como lo ha comprobado Melanie Klein, y creo que todos los que hayan analizado niños de dos años, hay algo en la experiencia de tales análisis que no puede sacarse de los análisis de niños de tres años y medio o cuatro años y que, con toda seguridad, no se obtiene de los análisis de niños en período de latencia. Una de las características del niño de dos años es que las fantasías orales primarias, así como sus correspondientes angustias y defensas, son claramente discernibles al lado de una serie de procesos mentales secundarios y muy elaborados.

No todo el mundo acepta la idea de que los niños tengan fantasías, pero probablemente todos nosotros, los que hayamos analizado niños de dos años, habremos comprobado que es necesario postular el hecho de que un niño pequeño, incluso uno de siete meses, como el que padecía asma y cuyo caso ya he citado, tiene fantasías. Tales fantasías no están aún asociadas con el uso de palabras, pero están llenas de contenido y son ricas en emoción, y puede decirse que aportan los cimientos sobre los que se edificará toda fantasía posterior.

Estas fantasías del pequeño no sólo se refieren al medio externo, sino que también se refieren a la suerte y a la interrelación entre las personas y fragmentos de personas que, por medio de la fantasía, son transportadas al interior del pequeño —primero junto con la ingestión de alimentos y subsiguientemente a modo de procedimiento independiente— y que pasan a formar la realidad interior. El niño presiente que las cosas interiores son buenas o malas, del mismo modo que lo son las cosas externas. Las cualidades de bueno o malo dependen de la relativa aceptabilidad del objetivo en el proceso de ingestión. Éste, a su vez, depende de la fuerza de los impulsos destructores en relación a los impulsos amorosos, así como de la capacidad de cada niño para tolerar las angustias que se derivan de las tendencias destructoras. Asimismo, y relacionado con ambos factores, debe tenerse en cuenta la naturaleza de las defensas del niño, incluyendo el grado de desarrollo de su capacidad para ofrecer reparaciones. Todo esto podríamos resumirlo diciendo que la capacidad del niño para conservar la vida de aquello que ama y para retener su creencia en su propio amor ejerce una importante influencia en el grado de bondad o de maldad que le parezcan poseer las cosas que le son internas y externas; y esto, en cierto modo, cabe decirlo incluso del niño de escasos meses de edad. Además, tal como lo ha demostrado Melanie Klein, existe un intercambio constante entre la realidad interior y la exterior, así como una constante puesta a prueba de las mismas. La realidad interior se ve siempre edificada y enriquecida por la experiencia instintiva relacionada con los objetos externos y las aportaciones hechas por ellos (en la medida en que tales aportaciones puedan percibirse); y el mundo exterior es constantemente percibido, mientras que la relación del individuo con dicho mundo se ve enriquecida debido a que en este individuo existe un mundo interior dotado de vida.

La percepción y la convicción que se obtienen del análisis de niños pequeños es aplicable retroactivamente al primer año de vida, del mismo modo en que Freud aplicó a su comprensión de los niños lo que había comprobado en los adultos. Es más, no lo aplicó exclusivamente a la comprensión del paciente en su calidad de tal o cual niño, sino que lo aplicó a todos los niños en general. Resulta esclarecedor observar directamente a los niños y a nosotros nos es necesario hacerlo. En muchos aspectos, sin embargo, el análisis de un niño de dos años nos dice mucho más sobre el pequeño de lo que jamás podamos obtener de la observación directa de niños. No hay por qué sorprenderse: como sabemos, lo que hace que el psicoanálisis constituya un instrumento sin igual para la investigación radica en su capacidad para descubrir lo *inconsciente* que hay en la mente y enlazarlo con la parte consciente de la misma, obteniendo así algo semejante a la comprensión plena del individuo sometido al análisis. Esto es aplicable incluso al bebé y al niño pequeño, si bien la observación directa nos puede decir mucho si realmente sabemos cómo y qué buscar. El procedimiento apropiado es, evidentemente, valernos en cuanto podamos tanto de la observación como del análisis, y dejar que cada uno de estos métodos ayude al otro.

Quisiera ahora decir algo sobre la fisiología de la angustia. ¿Acaso el no señalar, o hacerlo sólo raramente, que la fisiología de la angustia no puede describirse en términos sencillos, por la sencilla razón de que es distinta según los casos y según el momento en que se presenta, no retrasa el desarrollo de la psicología descriptiva? La enseñanza es que la angustia puede caracterizarse por palidez, sudor, vómitos, diarrea y taquicardia. Sin embargo, resultó interesante comprobar en mi clínica que existen varias manifestaciones alternativas de la angustia, sea cual fuere el órgano o función que se esté estudiando. Durante el examen físico, si se lleva a cabo en una clínica cardíaca, al niño que padece angustia se le puede observar eretismo cardíaco. Tal vez se observen bradicardia o taquicardia extremas. Para comprender qué es lo que está pasando cuando se constatan estos síntomas creo que nos es preciso saber algo acerca de los sentimientos del niño y de sus fantasías y, por ende, acerca del grado de excitación y rabia que se mezclan entre sí, así como acerca de las defensas contra ambas.

Como es bien sabido, la diarrea no siempre es simple cuestión de fisiología. La experiencia analítica con niños y adultos demuestra que a menudo se trata de un proceso que acompaña a un temor inconsciente a cosas definidas, cosas que hay dentro y que perjudicarán al individuo si se mantienen allí. Puede que el individuo sepa que le teme a los impulsos, pero esto, aunque cierto, es sólo una parte de la historia, ya que es igualmente cierto que ese individuo teme inconscientemente a una serie de cosas específicas y malas que en alguna parte existen para él. Al decir «en alguna parte» me refiero a su interior o a su exterior, normalmente a ambos sitios. En ciertos casos, por supuesto, estas fantasías pueden ser conscientes hasta cierto punto y dar color a la descripción que de sus dolores y sensaciones hace el hipocondríaco.

Si examinamos la hesitación de un niño en nuestra consabida situación fija, podremos decir que los procesos mentales que subyacen a ella semejan a los que actúan a modo de trasfondo de la diarrea, si bien su efecto es contrario. He escogido la diarrea pero hubiese podido referirme a cualquier otro proceso fisiológico que pueda ser exagerado o inhibido según la fantasía inconsciente que esté afectando a aquel órgano o función concretos. De la misma manera, atendiendo a la hesitación del niño en la situación fija, cabe decir que incluso cuando el comportamiento del niño es una manifestación de temor, sigue habiendo lugar para la descripción de los mismos titubeos en términos de fantasía inconsciente. Lo que vemos es el resultado de que el impulso del pequeño a alargar la mano y coger se vea sujeto a un control que incluso llega a la negación momentánea del impulso. Ir más allá para describir lo que hay en la mente del pequeño no es cuestión de observación directa, pero, como he dicho, esto no quiere decir que en la mente del pequeño no haya nada que corresponda a la fantasía inconsciente que a través del psicoanálisis podemos demostrar que existe en la mente de un niño de mayor edad o de un adulto que hesite en una situación semejante.

En el caso que he citado especialmente como ejemplo de la aplicación de la técnica, el control incluye el de los conductos bronquiales. Sería interesante analizar la importancia relativa del control de los bronquios como órgano (el desplazamiento del control de, por ejemplo, la vejiga) y la medición de la espiración o de la inspiración en caso de no haber sido controlada. Cabe que el niño, al asociarla con una idea peligrosa, sienta que la expulsión del aire es algo peligroso. Esta idea, por ejemplo, puede ser la de deglutir. Para el pequeño, que se encuentra tan en contacto con el cuerpo de la madre y con el contenido de sus pechos, contenido que efectivamente toma, la idea de deglutir del pecho no es en modo alguno remota y el temor de penetrar en el cuerpo de la madre pudiera muy bien asociarse en la mente del pequeño con el de no respirar.[6] Como podrán ver, la idea de una respiración peligrosa o de un órgano respiratorio peligroso nos lleva una vez más a las fantasías del niño.

Lo que pretendo decir es que no puede haber sido pura casualidad que el niño ganase y perdiese el asma de modo tan claramente relacionado con el control de un impulso en dos ocasiones distintas y que, por consiguiente, resulta muy justificado que examine cada uno de los detalles de la observación.

Dejando aparte el caso especial del niño asmático y volviendo a la hesitación normal del niño que quiere coger el bajalengua, vemos que es en la mente del pequeño donde existe el peligro, y que éste sólo puede explicarse partiendo del supuesto de que tiene fantasías o algo equivalente.

Ahora bien, ¿qué representa el bajalengua? La respuesta a esta pregunta es compleja porque el bajalengua representa diversas cosas.

Que puede representar un pecho, es cierto. Resulta fácil decir que el bajalengua representa el pene, pero esto difiere mucho de decir que representa un pecho, ya que el niño, si bien está familiarizado con los pechos o el biberón, muy raramente tiene conocimiento real y basado en la experiencia de cómo es el pene de un adulto. En la inmensa mayoría de casos el pene tiene que ser la fantasía infantil de cómo debe de ser el pene del adulto. Dicho de otra manera, al hablar de un pene no quiero enunciar más que la posibilidad de que el pequeño tenga una fantasía en la que aparezca algo semejante a un pecho y al mismo tiempo diferente, ya que se trata de algo más propio de su padre que de su madre. Pensamos que, para forjarse su fantasía, el niño saca partido de sus propias sensaciones genitales y de la autoexploración corporal.

No obstante, creo que lo cierto es que lo que más adelante el niño conocerá como pene, antes lo ha sentido como una cualidad maternal, tal como puede ser la vivacidad, la puntualidad en darle de comer, la confiabilidad, etc., o, en su defecto, como

---

6. Ante algo que resulta especialmente maravilloso, a veces decimos: «Me quita la respiración». Ésta y otras exclamaciones parecidas, las cuales incluyen la idea de modificación de la fisiología del respirar, debe explicarse en cualquier teoría del asma que merezca respeto.

algo que hay en el pecho materno y que se iguala a la erección y aumento de volumen del pene, o algo que hay en su cuerpo y que se iguala con la postura erguida, o como cien cosas más respecto a su madre que no forman parte esencial de ella. Es como si, al acudir al pecho y beber leche, el bebé, en sus fantasías, meta la mano dentro, se tire de cabeza o irrumpa de cualquier otro modo en el cuerpo de su madre, según la fuerza y la ferocidad del impulso, para arrancar del pecho todo lo que contenga de bueno. En el inconsciente, este impulso de alargar la mano hacia dentro se ve asimilado con lo que más adelante se comprobará que es el pene.

Aparte de representar pechos y pene, el bajalengua sirve también para representar gente. La observación ha demostrado que el pequeño de edad comprendida entre cuatro y cinco meses puede ser capaz de captar personas enteras a través de los ojos, calibrar el estado de ánimo de una persona, su aprobación o desaprobación, o distinguir entre una persona u otra.[7]

Me gustaría señalar que al explicar el período de hesitación mediante la referencia a una experiencia real de la desaprobación de la madre, se da por supuesto que el niño en cuestión es normal o lo bastante desarrollado como para captar personas completas. De ningún modo es esto cierto en todos los casos, ya que hay niños que muestran interés y temor con respecto al bajalengua y que, sin embargo, son incapaces de formarse una idea de persona completa.

La observación cotidiana muestra que los niños cuya edad es inferior a la que estamos tratando —de cinco a trece meses— normalmente no sólo reconocen a la gente, sino que también se comportan de forma distinta ante diferentes personas.

En la situación fija, el niño que se halla en observación me da una serie de claves importantes con respecto al estado de su desarrollo emocional. Puede que en el bajalengua vea solamente un objeto que puede coger o dejar y al que no relacione con un ser humano. Esto quiere decir que en él no se ha desarrollado la capacidad para construir la persona completa partiendo del objeto parcial, o bien que ha perdido dicha capacidad. También puede comportarse de tal modo que demuestre que detrás del bajalengua me ve a mí o a su madre, y actúe como si el objeto formase parte de mí o de la madre. En tal caso, si coge el

---

7. Como Freud demostró, el carrete de algodón representaba a la madre del niño de dieciocho meses (véase pág. 97).

bajalengua, es como si tomase el pecho de su madre. Finalmente, cabe también que vea a su madre y a mí y considere que el bajalengua es algo que tiene que ver con la relación que hay entre su madre y yo mismo. En la medida en que éste sea el caso, al coger o dejar el objeto, el pequeño establece una diferencia en la relación de dos personas que representan al padre y a la madre.

Hay algunas fases intermedias. Por ejemplo, hay niños que evidentemente prefieren pensar que el bajalengua se relaciona con el cubilete, de donde lo sacan y donde lo meten repetidamente, con evidentes muestras de placer e interés, hasta de excitación. Al parecer, el interés por dos objetos a la vez les es más natural que el interés por el bajalengua en tanto que objeto que pueden coger de mí, alimentar con él a la madre o dar golpes con él en el cubilete que hay sobre la mesa.

Sólo por medio de la observación se puede hacer justicia a la riqueza de variaciones que cierto número de niños introducen en el sencillo marco que tan fácil es proporcionarles.

Si tiene capacidad para ello, el niño se encuentra tratando con dos personas a la vez, la madre y yo. Para esto se requiere un grado de desarrollo emocional superior al reconocimiento de una persona entera y en verdad que es cierto que muchos neuróticos jamás llegan a ser capaces de tener relación con dos personas a la vez. Se ha señalado que el adulto neurótico a menudo es capaz de sostener una buena relación con el padre o con la madre individualmente, pero que le es difícil hacerlo con ambos a la vez. Este paso en el desarrollo del niño, en virtud del cual llega a ser capaz de una relación con dos personas que para él revisten importancia (lo que, fundamentalmente, quiere decir con ambos padres), y que es capaz de sostener dicha relación simultáneamente, constituye un paso muy importante y en tanto no lo da el niño no puede ocupar satisfactoriamente su lugar en la familia o en un grupo social. Según mis observaciones, este paso importante se da por primera vez en el primer año de vida.

Antes de cumplir un año de edad, puede que al niño le parezca que está privando a otros de cosas que son buenas e incluso esenciales debido a la voracidad suscitada por su amor. Esta sensación corresponde a su temor, fácilmente confirmable por la experiencia, de que cuando él se ve privado del pecho, del biberón o del amor de su madre, otra persona disfruta más de la compañía de ésta. De hecho, esta persona puede ser el padre, o un hermanito recién nacido. Los celos y la envidia, que en esencia son orales en estas primeras asociaciones, incrementan la gula pero también estimulan los deseos y fantasías genitales, contribuyendo así a una extensión de los deseos libidinosos y del amor, así como del odio. Todos estos sentimientos acompañan a los primeros pasos que da el niño en pos de la instauración de relaciones con ambos progenitores, pasos que son también las fases iniciales de su situación edípica, la directa y la inversa. El conflicto entre el amor y el odio y el consiguiente sentimiento de culpabilidad, así como de temor a perder lo que es amado, conflicto que al principio se experimenta solamente en relación con la madre, se ve llevado más lejos en el marco de la relación del pequeño con ambos padres y, no mucho después, con sus hermanos y hermanas también. El temor y la culpabilidad espoleados por los impulsos y fantasías destructores del niño (factores a los que contribuyen las experiencias de frustración y de infelicidad) son los responsables de que el niño conciba la idea de que, si desea demasiado el pecho de su madre, priva a su padre y a los demás pequeños del mismo, mientras que, viceversa, si desea con exceso una parte del cuerpo de su padre, parte equivalente al pecho de su madre, priva a ésta y a los demás pequeños de la misma. Aquí radica una de las dificultades para la instauración de una relación feliz entre el niño y sus padres. Me es imposible tratar la complicada cuestión de la interrelación existente entre la gula del niño y las diferentes maneras en que éste puede controlarla o contrarrestar sus resultados restituyendo y reconstruyendo; con todo, es fácil ver que estas cosas se complican allí donde la relación del niño sea con dos personas en lugar de serlo solamente con la madre.

Se recordará que en el caso de la niña asmática[8] hice referencia a la relación existente entre los juegos del niño y su creciente habilidad para juntar el bajalengua y el cubilete, así como a la mezcla de deseos y temores relativos al control de una relación simultánea con dos personas.

Ahora esta situación, en la que el pequeño hesita entre satisfacer o no su gula sin suscitar ira y desaprobación en uno de los dos progenitores, como mínimo se ve ejemplificada, en la situación fija en que llevo a cabo mis observaciones, de un modo fácilmente comprobable por todos. En la medida en que el pequeño sea normal, uno de los principales problemas que se le plantean es el de controlar a dos personas a la vez. A veces parece que en esta situación fija soy testigo del primer éxito en este sentido. Otras veces veo reflejados en el comportamien-

---

8. Véase pág. 83.

to del pequeño los éxitos y fracasos que obtienen sus intentos para ser capaz de sostener una relación simultánea con dos personas en casa. A veces presencio la aparición de una fase de dificultades en este sentido, así como una recuperación espontánea.[9] Es como si los padres permitiesen al pequeño la satisfacción de deseos en torno a los cuales los sentimientos del niño entran en conflicto, como si tolerasen que el niño exprese sus sentimientos hacia ellos. En mi presencia el pequeño no siempre puede aprovechar mi respeto por lo que le interesa, o bien puede hacerlo sólo gradualmente.

La experiencia de atreverse a desear o a coger el bajalengua, cogerlo y hacerlo suyo sin que de hecho se altere la estabilidad del medio inmediato, actúa como una especie de lección objetal que tiene valor terapéutico para el niño. A la edad que estamos estudiando y durante toda la niñez tal experiencia no es sólo temporalmente tranquilizadora: el efecto acumulativo de experiencias felices y un ambiente estable y amistoso en torno al niño es la confianza en la gente que habita el mundo exterior, así como su sentimiento general de seguridad. También se ve reforzada la creencia del pequeño en las cosas y relaciones buenas que hay en su interior. Estos pequeños pasos encaminados a la solución de los problemas centrales se dan en la vida cotidiana del bebé y del niño pequeño, y cada vez que se resuelve el problema, algo viene a sumarse a la estabilidad general del sujeto, al mismo tiempo que se fortalecen los cimientos del desarrollo emocional. No sorprenderá, pues, que afirme que en el

9. He visto desde el principio hasta el fin la enfermedad padecida durante una quincena por una pequeña de nueve meses. Acompañando al dolor de oídos, y como secundario del mismo, presentaba un trastorno psicológico caracterizado no sólo por la falta de apetito, sino también por el cese total de todo acto de manosear objetos o metérselos en la boca, en casa. En la situación fija a la niña le bastaba con ver el bajalengua para dar muestras de aguda aflicción. Lo empujaba lejos de sí como si le diese miedo. Durante algunos días en la situación fija parecía haber un agudo dolor, como si indicase un cólico agudo en lugar de lo que normalmente es una hesitación, y hubiese sido cruel mantener a la pequeña durante más tiempo en aquella situación penosa. El dolor de oídos no tardó en desaparecer pero transcurrió una quincena antes de que el interés de la pequeña por los objetos se normalizase de nuevo. La última fase de la recuperación se produjo dramáticamente cuando la pequeña se hallaba conmigo. Ya era capaz de agarrar el bajalengua y de hacer furtivos intentos de metérselo en la boca. De repente se atrevió; lo aceptó plenamente con la boca y babeó. Su enfermedad psicológica secundaria había terminado y me contaron que al regresar a casa se la encontraron manoseando y metiéndose en la boca una serie de objetos, como solía hacer antes de que se presentase la enfermedad.

curso de mis observaciones soy también el responsable de la producción de cambios encaminados a la salud.

Experiencias completas

Lo que esta labor tiene de terapéutica radica, a mi modo de ver, en el hecho de que *se permita el decurso completo de una experiencia*. Partiendo de ello se pueden sacar conclusiones acerca de una de las cosas que contribuyen a formar un medio positivo para el pequeño. En la forma intuitiva de manejar al pequeño, la madre permite, como es natural, el decurso completo de las diversas experiencias, actitud que mantendrá hasta que el niño sea lo bastante mayor como para comprender el punto de vista de su madre. La madre odia entrometerse en experiencias tales como la nutrición, el sueño o la defecación. En mis observaciones, yo, de manera artificial, otorgo al pequeño el derecho de completar una experiencia que le resulta especialmente valiosa en tanto que lección objetal.

En el psicoanálisis propiamente dicho hay algo que se parece a esto. El analista deja que sea el paciente quien lleve la iniciativa, mientras él hace todo lo posible para permitirle moverse con libertad, ya que sólo fija el horario y la longitud de las sesiones, y esto lo hace respetar. El psicoanálisis difiere de esta labor con los niños en que el analista siempre anda a ciegas, tratando de abrirse paso entre la gran masa de material que le es ofrecida y procurando averiguar cuál es, de momento, la configuración de lo que él pueda ofrecerle al paciente, es decir, lo que él llama la interpretación. A veces el analista verá que le es valioso mirar más allá de semejante cúmulo de detalles para ver en qué medida el análisis en curso puede plantearse en los mismos términos en que podría plantearse la relativamente sencilla situación fija que les he descrito. Cada interpretación es como un objeto reluciente que excita la gula del paciente.

Nota de la tercera fase

De un modo más bien artificial he dividido la observación en tres fases. La mayor parte de mis comentarios se ha referido a la primera fase y a la hesitación que en ella denota la existencia de un conflicto. También la segunda fase nos presenta muchas cosas de interés. En ella el pequeño siente que tiene el bajalengua en su poder y puede someterlo a su antojo o emplearlo como una prolongación de su personalidad.[10] No voy a desarrollar este tema en el presente trabajo. En la tercera fase el niño practica su capacidad para librarse de este instrumento. Quisiera hacer un comentario sobre el significado que esto tiene. En esta tercera fase el niño cobra suficiente valor para arrojar el bajalengua al suelo y disfrutar librándose de él. Quisiera demostrarles qué relación parece tener esto con el juego descrito por Freud (1920), en el que el chico llegó a dominar sus sentimientos acerca de la partida de su madre. Durante muchos años estuve observando a los pequeños en esta situación sin ver, o sin darme cuenta, de la importancia de la tercera fase. El descubrimiento de la importancia de esta tercera fase tuvo mucho valor práctico para mí, ya que, así como el niño al que se da por terminada la visita en la segunda fase, se enfada por la pérdida del bajalengua, una vez que se ha llegado a la tercera fase es posible llevarse al niño sin que llore por dejar ese objeto.

Si bien siempre he conocido la descripción freudiana del juego con el carrete de algodón y siempre me he sentido estimulado por él a realizar una observación detallada de los juegos infantiles, sólo hace pocos años advertí la íntima relación entre mi tercera fase y los comentarios de Freud.

Ahora me parece que mis observaciones podrían considerarse como una extensión retroactiva de este comentario de Freud. Creo que el carrete de algodón, que representa a la madre del niño, se lanza para indicar el hecho de librarse de la madre, puesto que el carrete que había estado en poder del pequeño representaba a la madre *en su poder*. Ya familiarizado con la secuencia completa de incorporación, retención y abandono, ahora veo que el hecho de arrojar el carrete forma parte de un juego cuyo resto está implícito o ha sido jugado en una fase anterior. Dicho de otro modo, cuando la madre se aleja, no se trata para el niño de una mera pérdida de la madre externamente real, sino también de la puesta a prueba de la relación del niño con la madre *interior*. Ésta, en gran medida, refleja los propios sentimientos del pequeño y puede ser algo amoroso o aterrador, o bien algo que cambia velozmente de una a otra actitud. Cuando comprueba que es capaz de dominar su relación con la madre interior, incluyendo su agresivo abandono de la misma (Freud lo señala claramente), el niño es capaz de permitir la desaparición de su madre *externa* sin temer con exceso por su regreso.

10. Véase el capítulo 8 de la tercera parte.

En los últimos años he llegado a comprender especialmente (aplicando la obra de Melanie Klein) el papel que incluso en la mente del pequeño desempeña el temor a la pérdida de la madre o de los padres en tanto valiosas posesiones internas. Cuando la madre deja al niño éste siente que ha perdido no sólo una persona real, sino también su duplicado mental, ya que la madre del mundo externo y la que hay en el mundo interno siguen estando estrechamente ligadas entre sí en la mente del pequeño y son más o menos interdependientes. La pérdida de la madre interna, la cual para el niño ha adquirido la importancia de una fuente interior de amor, protección e incluso vida, refuerza en gran manera la amenaza de que se produzca también la pérdida de la madre real. Es más, el niño que arroja el bajalengua —y creo que lo mismo es aplicable al niño que juega con el carrete de algodón— no sólo se libra de una madre interna y externa que ha espoleado su agresividad y que está siendo expulsada —si bien es posible hacerla volver—, sino que, en mi opinión, exterioriza además a una madre interna cuya pérdida teme, con el fin de demostrarse a sí mismo que esta madre interna, que ahora se ve representada por el juguete que yace en el suelo, no ha desaparecido de su mundo interior, no ha sido destruida por el acto de incorporación, sigue siendo amistosa y dispuesta a prestarse a su juego. Y mediante todo esto el niño lleva a cabo la revisión de sus relaciones con las cosas y las personas que hay tanto dentro como fuera de sí mismo.

Así, uno de los significados más profundos de la tercera fase de la situación fija radica en que el niño se tranquiliza sobre la suerte de su madre interna así como sobre su actitud. El estado depresivo que acompaña a la angustia en torno a la madre interna se ve aliviado, con lo que se recupera la felicidad. Por supuesto, estas conclusiones nunca podrían sacarse mediante la simple observación, pero tampoco hubiese sido posible la profunda explicación freudiana sobre el juego con el carrete de algodón sin conocimientos obtenidos a través del análisis propiamente dicho. En el análisis de los juegos de los niños pequeños podemos ver que las tendencias destructoras que ponen en peligro a las personas que el niño ama en la realidad externa y en su mundo interior conducen al temor, a la culpabilidad y a la aflicción. Algo falta en tanto el niño no se dé cuenta de que mediante sus actividades de juego ha ofrecido reparaciones y devuelto la vida a las personas cuya pérdida teme.

Resumen

En el presente escrito he procurado describir un medio para observar objetivamente a los niños, medio que se halla basado en la observación objetiva de pacientes sometidos a análisis y que, al mismo tiempo, está estrechamente relacionado con una situación hogareña normal. He descrito una situación fija y he mostrado lo que yo considero una secuencia normal (es decir, sana) de acontecimientos en esta situación fija. En tal secuencia hay muchos puntos en que la angustia es susceptible de manifestarse o de estar implícita, y sobre uno de tales puntos, al que yo denomino «el momento de la hesitación», les he llamado la atención de un modo especial narrándoles el caso de una pequeña de siete meses que sufrió ataques de asma dos veces en dicha fase. He mostrado que la hesitación es indicio de angustia, así como de la existencia de un superyo en la mente del pequeño, y he sugerido que el comportamiento de un pequeño no puede ser explicado como no sea sobre el supuesto de que existen las fantasías infantiles.

Sería fácil inventar otras situaciones fijas que pusieran de manifiesto otros intereses infantiles y ejemplificasen otras clases de angustia infantil. Tal como yo lo veo, el marco que les he expuesto posee el valor especial de que puede utilizarlo cualquier médico, de manera que es posible confirmar o modificar mis observaciones; asimismo, dicho marcho aporta un método práctico mediante el cual se pueden demostrar clínicamente algunos de los principios de la psicología, sin causar, por añadidura, daño a los pacientes.

3. CONSULTAS EN EL DEPARTAMENTO INFANTIL (1942)[1]

Lo que sigue es un informe presentado a la Sociedad acerca de los casos que pasaron por el Departamento Infantil del Instituto de Psicoanálisis de Londres al cabo de un año. Lo que voy a decir, por consiguiente, no es directamente analítico, si bien creo que puede resultar de interés para los analistas.

Uno de los motivos por los que se fundó el Departamento Infantil fue proveer una clínica para los niños que son traídos a consulta en el Instituto. Resultó fácil prever las dificultades y desengaños que forzosamente comporta esta faceta del Departamento Infantil, y que se hallan claramente demostrados en mi descripción de la labor de este año. Estos casos concuerdan con los miles de ellos que llegan a mí en mi puesto de médico en un hospital infantil.

Durante un año me preocupé por cada uno de los casos y premeditadamente cedí tiempo propio para ello con el objeto de poder presentar este informe a la Sociedad.

Comprenderán ustedes que los casos sobre los que voy a informar son los que nos fueron remitidos al Departamento Infantil en el transcurso de un año, excluyendo la información de los que fueron derivados a los estudiantes para que los analizasen; estos últimos procedían de otras fuentes.

---

1. Leído ante la Sociedad Psicoanalítica Británica, el 3 de junio de 1942, *Int. J. Psycho-Anal.*, vol. XXIII, 1942.

Algunos casos nunca llegaron a la consulta. Por ejemplo, nos llamó un médico para decirnos que su hijita de tres años y medio últimamente tartamudeaba mucho. Se trataba de una hija única. Al parecer la pequeña demostraba gran apego a una de sus tías, la que la había cuidado mientras sus padres se hallaban de viaje. El dolor causado por la partida de la tía no empezó a manifestarse hasta el momento en que una amiguita de la pequeña abandonó el vecindario también. Fue entonces cuando la pequeña entró en un estado de depresión y empezó su tartamudez. Mis preguntas obtuvieron la respuesta de que el desarrollo emocional de la pequeña había sido normal hasta estos acontecimientos; asimismo, el hogar de la pequeña parecía ser razonablemente estable y cariñoso. Dado que la niña vivía demasiado lejos para traerla a analizar sin correr el riesgo de que se cansase físicamente, a la pregunta que me hizo su padre sobre la necesidad de un análisis contesté que, en mi opinión, resultaba normal que una niña de su edad mostrase síntomas violentos y que, en vista de que el desarrollo de su hija era satisfactorio en los demás aspectos, lo mejor sería hacer caso omiso del síntoma y no recurrir al psicoanálisis de momento. Al cabo de una semana el médico volvió a telefonearme, esta vez para decirme que el síntoma de la niña había desaparecido.

Probablemente habrá acuerdo acerca de que es erróneo ensalzar el valor que tendría el análisis, de ser aplicado, en un caso en que no es aplicable. Los padres que acuden a la consulta se sienten culpables del síntoma o enfermedad de sus pequeños y la forma en que se comporte el médico será el factor determinante de que tranquilamente vuelvan a hacerse cargo de la responsabilidad que está a su alcance o de que, por el contrario, presos de angustia, pasen dicha responsabilidad al médico o a la clínica. Evidentemente, es mejor que los padres retengan esa responsabilidad en la medida en que ello les sea posible, especialmente si no se puede dar al análisis la oportunidad de aliviar la enfermedad real del sujeto.

Primer caso. Ellen, de diez años, vive en Londres. Es hija única. Me resultó imposible recopilar un buen historial en menos de una hora, por lo que no pude evitar pasar cuatro horas separadas tratando el caso. He aquí algunos detalles:

Resulta que esta niña fue normal física, emocional e intelectualmente hasta el año de edad. Entonces, la madre abandonó a su marido llevándose a la pequeña; después de esto el padre solamente podía ver a la pequeña a intervalos. Cuando la pequeña tenía seis años y tres meses, un día, sin anunciarse, llegó el padre y se la llevó en su coche cuando la pequeña se hallaba camino de la escuela. La niña no se quejó y se alegró de que la llevasen otra vez a Londres. Después el padre empezó a dar pasos para obtener el divorcio. Cuando la niña tenía nueve años, el padre volvió a casarse; en esta ocasión había hecho una excelente elección. Por primera vez, el trasfondo hogareño de la pequeña era bueno desde el año de edad. Se me quejaron de que la niña era artificial. Era simpática, buena e inteligente. Lo malo era que «resultaba imposible sincerarse con ella», según dijo el padre. Además, era infantil para la edad que tenía y dijeron que, a juzgar por su estado de ánimo al levantarse, nunca se podía predecir lo que iba o no a suceder durante el resto del día. Los informes de la escuela mostraban altibajos y el motivo de la consulta era un incidente de robo que sobresalía de entre los insignificantes hurtos que suceden entre colegiales, tal vez por la ausencia de cualquier sentimiento de vergüenza. Resultaba fatal organizar algo en agasajo de la pequeña: fuese lo que fuese el agasajo, lo organizase quien lo organizase, el resultado era el fracaso, ya que la pequeña se volvía deprimida o irritable. Según sus padres, cuando se la cogía desprevenida, lo más usual era ver que se hallaba afligida. También eran poco fiables los estados de ánimo de su verdadera madre.

Superficialmente, la pequeña era muy feliz con su padre y especialmente con su excelente madrastra, a la que estaba muy apegada. Y pese a todo, fácilmente se echaba de ver que se dolía de la pérdida de su verdadera madre, que lo había sido todo menos una madre satisfactoria para la niña.

No fue posible realizar un análisis. Uno de los motivos fue que ninguno de los analistas capaces de llevarlo a cabo tenía vacantes en su clínica. Me temo que éste es un problema conocido también para todos ustedes. Asimismo, me vi influido por el valor que representaba el hecho de que la pequeña siguiera acudiendo a la escuela, donde robaba las chocolatinas, donde tenía algunas relaciones bastante buenas, al menos con el personal docente, y donde seguía siendo posible que siguiera progresando. En la escuela todavía la recibían bien, aunque la consideraban una niña problemática. Escribí a la escuela pidiéndoles que abandonasen todo intento de «curarla», de hacerla normal; bastaría con que se evitasen incidentes de mayor cuantía.

En lo que respecta a la posibilidad de analizar a un niño de esta clase nos enfrentamos con un problema muy especial. He sabido y sé del análisis de niños sumamente suspicaces, pero nada puede evitar el tremendo peligro de que el niño se niegue a venir al tratamiento al principio.

Debo estar preparado para volver a ver a esta pequeña a medida que se vayan produciendo nuevas crisis.

Caso segundo. Este caso se vio marcado por parecidas suspicacias. Norah, de trece años, vivía en Londres y me fue traída por su hermana, una chica muy inteligente, debido a que se negaba a ir a la escuela. Era la más pequeña entre varios hermanos y hermanas. Invité a Norah a que me hiciese algunas visitas. La niña venía y hacía algunos dibujos. Después de dos visitas me escribió la carta más bonita que pueda imaginarse; en ella manifestaba que no deseaba seguir visitándome. En este caso yo me había resistido a hacer interpretaciones, porque era consciente de que si lograba ver detrás de las suspicacias me vería forzado a proseguir el análisis. Y no me hallaba en situación de hacerlo.

Conociendo la aflicción de la niña, la mandé al Paddington Green Children's Hospital, y puse sobre su pista a la asistente social encargada de asuntos psiquiátricos. La asistente fue bien recibida y en el curso de diversas visitas regulares logró establecer mejor contacto que yo. A la larga, la asistente, ya convertida en valiosa amiga de la niña, se encontró ante otra versión de la infranqueable barrera que tan pronto se había alzado ante mí. Para que en este caso se hubiese podido llevar a efecto un análisis, el analista sin duda hubiese tenido que visitar a la niña diariamente, realizando la primera parte del análisis en casa del sujeto y en el curso de paseos y visitas a los museos. Naturalmente, esto no entra en las actividades de la clínica, si bien muchos de nosotros podemos aprovechar experiencias de este tipo, si mentalmente repasamos las cosas inesperadas que nos han sucedido en nuestra práctica privada.

La niña sacó grandes ventajas de las visitas de la asistente, pero no regresó a la escuela. Actualmente ha llegado a la edad de finalizar la escuela. Se las ha arreglado para pasar unas vacaciones lejos de casa y parece probable que empiece a trabajar.[2]

Fue posible descubrir gran cantidad de sentimientos y fantasías ocultas gracias a los comentarios que se hicieron sobre cuadros muy conocidos y gracias al estudio de los esfuerzos artísticos hechos por la propia niña; pero este rico mundo de sus fantasías era en realidad un mundo secreto e interior de la paciente, a la que le parecía peligroso siquiera permitir que la asistente (persona entrenada para no forzar la amistad) hiciese algo más que estar al tanto de su existencia.

Según mi experiencia, muchos de estos adolescentes que parecen casos imposibles en el momento de la consulta, acuden en busca de ayuda, incluso de análisis, cuando se independizan, a los dieciocho o veinte años, por ejemplo; y, aparte de esto, los niños que tratan de controlar los agudos problemas del inicio de

---

2. Más adelante: Norah está trabajando y las cosas le van bien. Parece haber superado con éxito su difícil fase de pubertad.

la pubertad son capaces de aprovechar el apoyo procedente de fuera de la familia, especialmente si ésta se halla en un equilibrio inestable.

Tercer caso. Maisie, de tres años. Éste fue un caso agudo. En Maisie se había desarrollado una extrema agitación así como la costumbre de balancearse de manera compulsiva y seriamente preocupante y una angustia neurótica relacionada con el hecho de que su madre estuviese llegando al final de su segundo embarazo. El nuevo bebé se retrasaba. Mi contacto con la pequeña se extendió hasta el parto. El nacimiento del bebé representó un gran alivio de la tensión. Lo lógico hubiese sido disponer el análisis de la pequeña al finalizar dicho período, pero resultó imposible encontrar a alguien que se hiciera cargo de la pesada tarea de acompañar diariamente a la niña. Por cierto que la niña sufría severamente la carencia de alguien que la sacase, aunque fuese a pasear.

La única ayuda que podía prestarle yo consistía en visitarla en su propia casa. Me fue facilitada la posibilidad de ver a la niña a solas y no utilicé ningún juguete. Me encontré con que la niña era maníaca hasta el extremo de ser casi inaccesible al principio, pero oía y tomaba nota de mis interpretaciones y a la larga llegó a valorar mis visitas.

Sus juegos se relacionaban claramente con el dominio de las fantasías de parto y, más tarde, de diversas fantasías conectadas con la relación entre sus padres. En cinco visitas realizadas en el transcurso de una quincena reuní una tremenda cantidad de material para las interpretaciones, las cuales, en el pleno sentido de la palabra, di haciendo uso de la transferencia desde el principio.

Es difícil calibrar los resultados. Naturalmente, no se buscaba ningún cambio en la personalidad permanente de la niña, pero tuve la satisfacción de ver que el caos que reinaba en el mundo de fantasías de la pequeña se organizaba, mientras que su comportamiento maníaco se transformaba en juegos, con una secuencia en todo ello, como sucede en un análisis satisfactorio. Las fantasías se expresaban claramente y se relacionaban con muchos aspectos de la angustia que en la niña se había desarrollado ante el embarazo de la madre, que daba la impresión de que jamás terminaría. La angustia acerca del posible daño que sufriría la madre era importante. Gran parte del material tenía algo que ver con la distinción entre el hombre «malo» que coloca a su madre en tal situación de peligro y el hombre «bueno» (su padre era médico) que la ayuda a salir del peligro.

Las fantasías en las que se incorporaba al analista tenían mucha fuerza y estaban en relación con la auténtica necesidad que de mí tenía constantemente la paciente.

Naturalmente, la niña se sintió aliviada al producirse el nacimiento y no tardó en establecer una relación normal con su hermanita. Sigue necesitando del análisis y, de haberse encontrado una persona que la acompañase a la clínica, yo hubiera tomado medidas para que se la analizase en calidad de caso agudo, aunque no necesariamente difícil en extremo.

Cuarto caso. Tommy, de doce años, vivía en Londres y, desde mi punto de vista, su estado era insatisfactorio. Este muchacho se presentó con una carta de una clínica preguntando si se le podía aplicar un tratamiento psicoanalítico. La respuesta fue que no, ya que, para que el muchacho pudiera ser sometido a tratamiento, hubiese sido necesario localizar a alguna persona o grupo de personas que le acompañasen diariamente desde un barrio muy alejado del mismo Londres. Además, se trataba de un claro caso psicótico, de tipo esquizofrénico, y, por consiguiente, lo único adecuado para él era un análisis de investigación a cargo de un experimentado analista de niños, y no era probable que se encontrase dicho analista con plazas para casos gratuitos.

Vi a la madre y al muchacho durante casi una hora. La madre se mostraba muy suspicaz y su inquina hacia toda clase de clínicas y hospitales se vio incrementada por la falta de resultados prácticos de la entrevista.

Cito una y otra vez esta clase de detalles porque de nada sirve pretender hacer lo que no podemos hacer. Resulta inútil que nos pidan que estudiemos un caso si la dirección cae en un barrio sumamente alejado, a no ser, claro está, que el viaje resulte fácil o el niño pueda asistir sin necesidad de que le acompañen. Y, además, por supuesto, raramente hay plazas. Asimismo, si las hay, es imposible poner en manos de un estudiante un caso tan difícil como sin duda iba a ser éste. Es por eso que resulta tan inútil el trabajo de consulta si no se tiene una amplia visión de los deberes de quien lo lleva a cabo.

Quinto caso. Este caso resultó igualmente inútil. Max, de nueve años, vivía en Londres. Se trataba de un refugiado alemán.

Tanto su padre como su madre tenían conocimiento del análisis y, naturalmente, al ver que el niño estaba afligido, decidieron someterle a análisis. Ciertamente al chico le hacía falta, pero, para poderle analizar, antes hubiese tenido que encontrar algún albergue o escuela donde pudiera alojarse. Los padres no habían sabido prever que iba a ser imposible superar esta dificultad y me temo que se llevaron un gran chasco. Si en algún momento futuro llegamos a disponer de cierto número de analistas especializados en la infancia, habrá que instalar algún albergue o institución parecida donde niños de todas las edades puedan llevar una vida más o menos familiar, y donde puedan recibir educación, mientras se hallan cerca de la clínica donde se efectúa el análisis.

El muchacho del que les estoy hablando había visto muchas veces cómo cambiaba su ambiente físico, y cada vez había reaccionado mal ante el cambio. Decían que no tenía capacidad de concentración, que tenía un carácter variable, mostraba suspicacias hacia la comida y los niños de su misma edad y no se sentía amado. Y luego estaba la cuestión de su condición de judío, lo que hasta entonces le habían ocultado. Los padres deseaban fervientemente que se le prestase ayuda. Hubiese deseado que la obtuviera. Tardé más de una hora en lograr su historial y en que la madre entendiese que yo no podía ofrecerle nada.

Sexto caso. Este caso fue algo menos insatisfactorio. La paciente se llamaba Tessa, tenía trece años y vivía en la periferia.

El padre de la niña me llamó pidiendo que la sometiéramos a psicoanálisis porque, contrariamente a lo que él había esperado, la niña no progresaba en la escuela. En una breve entrevista me formé la opinión de que la niña no estaba psiquiátricamente enferma. Existían, eso sí, algunas dificultades, incluyendo las esperanzas irrazonables del padre. Quería que la niña se hiciera médico para sacar adelante a la familia, pero a ella no le entusiasmaba la idea. Pasé el caso a un colega que examinó los detalles y que, tal como se le ha enseñado, aconsejó a los padres con respecto a la educación escolar de la niña. En aquellos momentos no había ninguna plaza para análisis y, de todos modos, no hubiese sido posible que la niña siguiese acudiendo a la escuela y, al mismo tiempo, a la clínica cada día.[3]

Séptimo caso. Este caso fue totalmente distinto. Se trata del de Queenie, de tres años, que vivía en Londres.

La niña me fue enviada por unos amigos míos familiarizados con el psicoanálisis. Se trataba de la hija de la mujer de la limpieza. Me la mandaban porque la pequeña empezaba a robar. Me la trajo la madre en persona, para ser sometida a tratamiento en mi consulta privada, dos o tres veces a la semana durante un período de seis meses. Esto le resultaba bastante difícil a la madre, que dejó de traerme a la niña durante su siguiente embarazo. En todo momento estuvo bien claro que en aquel caso las visitas diarias no iban a ser factibles, y que tampoco podría prolongar el tratamiento durante mucho tiempo. Sin embargo, seguí adelante, como si estuviese realizando el análisis, consciente de las limitaciones, pero no deseando dar de baja a la pequeña —que me había sido traída a la clínica— sin haber conseguido nada.

3. Al mirar hacia atrás, pienso que este padre tenía la intención de ponerse en contacto con el Instituto Nacional de Psicología Industrial, pero no conocía el nombre correcto.

A decir verdad, pude hacer una labor muy importante, ya que el material que me proporcionó la pequeña me permitió demostrar que en él había continuidad y orden y, al igual que en el verdadero análisis, obtuve resultados específicos de las interpretaciones. Los juegos con juguetes, dibujos y recortes me permitieron interpretar y demostrar que yo podía tolerar la envidia del pene y las ideas de ataques violentos lanzados contra el cuerpo de la madre, el pene del padre y los niños aún no nacidos. La pequeña me habló de juegos sexuales con su hermano. Los robos cesaron y la madre, como suele suceder, se olvidó de que alguna vez la niña había robado.

Se diría que había empezado un verdadero análisis y que se había hecho una labor suficiente sobre las reacciones de la niña ante los fines de semana y las vacaciones, etc.; suficiente, es decir, para que pudiese afrontar el final del tratamiento, cuando ya no fueron posibles más visitas. Aunque no fuese análisis, lo que hice solamente podía haberlo hecho un analista, con experiencia en análisis prolongados, sin prisas, en los que se puede dejar que sea el material mismo lo que va apareciendo ante los ojos del analista, que lentamente va aprendiendo a comprenderlo.

Octavo caso. Éste fue un posible caso analítico: Norris, de seis años, habitante de la periferia.

El padre y la madre del sujeto son médicos. Vino la madre para hablar de los problemas que habían surgido en el control del pequeño y, por supuesto, en ello empleó una hora. Al parecer, el padre había sido un hombre tímido toda la vida y esperaba encontrar en su hijo todas las cualidades que él no había tenido. Se había casado con una mujer realmente enérgica y el niño, el único del matrimonio, era tímido, casi tanto como su padre. Se hizo evidente que los padres hubiesen podido llevar bien al muchacho de haberse hecho a la idea de que era tímido. De hecho, la organización pasiva-masoquista del muchacho era casi patológica. Me hubiese gustado disponer el análisis, y, en realidad, todavía no es seguro que en este caso sea imposible el mismo. Pero, si bien confío en que podré enviar este caso a un analista, no me gusta hacer que los padres crean que en el análisis estriba su salvación. Los padres deben ajustarse a la situación sin pensar en el análisis, que solamente les ofreceré cuando sepa que está disponible. Me refiero a que debe evitarse dar la impresión de que sí, el psicoanálisis curará al paciente, es decir, hará de él lo que ustedes quieran, sin que ustedes tengan que hacer ningún esfuerzo. Todavía no he visto al niño.

En este punto estoy hablando conmigo mismo. Una vez, durante la consulta, me encontré con que siempre pensaba en que el psicoanálisis era el tratamiento superior. Ello me llevaba a sentirme satisfecho de haber aportado mi granito de arena cada vez que procuraba la aplicación del psicoanálisis. Pero el valor de las consultas es negativo a no ser que se prescinda completamente del análisis excepto en la medida en que sea factible aplicarlo. Si, además de lo que se aconseje y de otros beneficios obtenidos de la consulta, *se puede aplicar el psicoanálisis*, entonces tanto mejor. Decididamente, el siguiente caso resultó más satisfactorio, si bien ello dependió de mi capacidad para actuar inmediatamente. No sé cómo algún día resolveremos este problema de tener siempre una plaza vacante. Pero el material «al rojo» tiene interés especial por derecho propio. El analista que nunca dispone de espacio para atender a un caso agudo se pierde una serie de experiencias valiosas.

Noveno caso. Francis, de once años. Este chico fue atraído directamente a la clínica por su madre, que pedía ayuda urgentemente. El chico era violento y patológico en muchos aspectos. Asimismo, estaba afligido por su propio estado y pedía ayuda con frecuencia.

Dos horas fueron necesarias para la consulta originaria con la madre. La consulta revistió gran importancia. Comprobé que en el caso había dos personas enfermas: la madre al igual que el chico. Hay un cúmulo de detalles interesantes que podría darles con respecto a este caso, pero ello sería ir más lejos de lo que me propongo aquí.

Diría que tiene especial interés la forma en que la manía del muchacho estaba relacionada con la depresión de la madre: la intolerancia ante su depresión provocaba su manía. Con el objeto de ayudarla a ella tuve que empezar el tratamiento de su hijo sin pérdida de tiempo. Los resultados de las primeras semanas, durante las cuales el chico se comportó como un adulto preso de agitación, prefiriendo tumbarse en el diván en vez de dibujar o jugar, consistieron en un cambio de actitud hacia su verdadero padre. Volvió a creer en él, siguiendo a la interpretación directa de material edípico facilitado «al rojo» en términos de los juegos con su hermana. En su fantasía el padre sexual era malo y causaba daño en el cuerpo de su madre, de tal manera que la Gestapo actuó por cuenta del muchacho cuando se llevaron al padre a la fuerza; el muchacho se sintió fuertemente identificado con la Gestapo. Pronto me adoptó como padre «bueno», dispuesto a ayudar pero sin carácter de padre sexual, y me pidió que alguna vez viese a su madre, especialmente en vista de que ella parecía menos deprimida desde que yo había entrado en sus vidas. Vale la pena notar que el muchacho no me creía «enamorado de su mami», lo cual hubiese estado en consonancia con la pauta seguida por él con respecto a todos los hombres que le habían caído simpáticos antes de empezar el análisis.

No se desalienten cuando les diga que la depresión de la madre volvió a cobrar fuerza, tanto que dispuso que el muchacho se marchase a un pensionado. Esto, en semejantes circunstancias, constituyó un verdadero avance en la situación hogareña y significó que la figura del padre había regresado al hogar. El análisis se halla firmemente afianzado. El chico viene a verme siempre que hay alguna fiesta y aprovecha el tratamiento en toda la medida que permiten las circunstancias.

Décimo caso. Nellie, de diecisiete años.
Nellie tiene un hermano dos años menor que ella. Su padre era médico antes de morir. Tanto él como sus amigos la valoraban mucho. Pero cuando ella contaba cuatro años, el padre murió. A consecuencia de ello, la madre, el hermano y Nellie se mudaron a la ciudad, donde su vida cambió radicalmente, pues la mayoría de adultos eran mujeres y el centro de interés se desplazó hacia el hermanito. Tal vez el cambio de su medio, unido a la muerte del padre, fue demasiado para ella, ya que se produjo un detenimiento de lo que hasta entonces había sido un desarrollo intelectual y emocional satisfactorio. A los dieciséis años se vio aquejada de una enfermedad que iba acompañada por persistentes movimientos corporales: corea, según el diagnóstico de algunos médicos. Su propio médico, amigo de su difunto padre, dijo que no se trataba realmente de corea, debido a la existencia de obvias y antiguas dificultades psicológicas. Sin embargo, tras un minucioso interrogatorio, me vi obligado a decir que sí, se trataba de corea, lo cual simplificó el consejo que di a la escuela, ya que es más fácil decirle a un maestro que tolere la mala escritura debida a la corea que la debida a un trastorno emocional. Las principales afecciones, no obstante, no eran imputables a la corea; entre ellas se incluía la dificultad de hacer amigos. El maestro escribió: «Existe un alejamiento en vez de un acercamiento. Se trata de algo que no es la reserva normal de la adolescencia, ni una simple característica de una "introversión" normal». Vi varias veces a esta muchacha, a quien gustaba el interés demostrado por un nuevo médico; pero se sentía la mar de satisfecha con ser exactamente como era. Ninguna mejora produje en este caso, salvo señalar que la muchacha se hallaba todavía convaleciente de la corea.

No fue posible disponer el análisis. En el supuesto de que algún analista se mostrase dispuesto a hacerse cargo de ella, le aconsejaría que lo hiciese exclusivamente con fines de investigación. Sea como sea, este caso no es para un estudiante.[4]

---

4. Esta muchacha escribió diciéndome que se había podido matricular y que estaba estudiando para masajista. ¡Al parecer creía que su entrevista conmigo tenía algo que ver con su mejoría!

Decimoprimer caso. Nancy, de veinte años. Nancy vive en Londres y tiene alojamiento en uno de los condados adyacentes. Les cuento este caso porque, si bien Nancy tiene veinte años, clínicamente es una adolescente. Nancy vino a verme con un expediente de la escuela de magisterio. Tardé media hora en leerlo. Tuve que celebrar largas entrevistas con su madre y leer muchas cartas que la señora me escribió; asimismo, durante un período de seis meses, tuve que ver a la muchacha a intervalos, quizá unas diez veces en total. El padre de Nancy había fallecido cuando ella tenía seis años; la madre se había dedicado en cuerpo y alma al cuidado de sus dos hijos. Nancy tiene un hermano de diecisiete años, sano e inteligente.

Cabría decir, resumiendo, que Nancy era una muchacha dulce, limpia, muy bien vestida; una muchacha que se hallaba en un estado retardado de adolescencia. El ambiente de su hogar, por lo demás excelente, así como sus dificultades internas, hacían que para ella resultase difícil dar el siguiente paso de su desarrollo: reafirmarse. Lo mejor que la muchacha había hecho, psiquiátricamente hablando, había sido darle una patada a la chica que se alojaba con ella, condiscípula en la escuela de magisterio. Este «síntoma» se había visto tan desmesuradamente ampliado que, a causa de lo sucedido, la escuela había tomado la decisión de que no podía recomendarla como maestra, a menos que yo me mostrase deseoso de aceptar la responsabilidad. Yo me mostré de acuerdo. Suponían que Nancy podía ser peligrosamente imposible... tanto como para ¡golpear a un alumno!

Resultaba apresurado preguntarse si Nancy se replegaría para siempre de su agresividad impulsiva, estableciéndose en el camino que lleva a alguna especie de derrumbamiento, o bien afrontaría valerosamente lo que hay de desagradable en alguna parte de su persona al igual que lo hay en otra gente. Creo que la ayudé a emprender el segundo camino, pero para ello tuve que verla; y también tuve que ver a su madre repetidas veces con el fin de que dejase de escribirme denigrantes cartas en defensa de su perfecto retoño; lo que es más, tuve que encargarme personalmente de encontrarle alojamiento, es decir, un alojamiento que nada tuviese que ver con la escuela de magisterio, ya que la directiva de la escuela (que en realidad es una institución bastante «avanzada») ya estaba completamente convencida de que la muchacha era peligrosa. La verdad es que Nancy tiene todo lo que hace falta para ser una maestra excepcionalmente buena para niños pequeños, si puede soportar que su madre se sienta herida por vivir separadas.[5]

5. Más adelante, Nancy ha terminado su carrera académica sin más problemas, y ha empezado a trabajar en una buena colocación. Sus defensas se están organizando en una tendencia a explorar el espiritualismo, cosa que cuenta con fuertes precedentes en su familia.

Como es obvio, se trata de un caso analizable, pero no quiero ponerla en lista de espera. Le he hecho saber que existe el psicoanálisis y pienso que algún día se dedicará a enseñar en Londres y entonces solicitará que la psicoanalicen. La tragedia estriba en que en el momento en que lo solicite es posible que no pueda obtener psicoanálisis gratuito.

Decimosegundo caso. He aquí el caso de un pequeño al que pude prestar ayuda pese a que no pudo acudir a que le analizase. Se trata de Keith, de tres años y medio, que vive en la periferia. Keith me es mandado por un pariente suyo, amigo mío y médico. Este médico tiene algo de psicólogo y, según él, está claro que la madre del pequeño (una mujer de raza aria que se casó con un judío perteneciente a una familia muy cerrada) había descuidado algo a su hijo. Una vez que hube examinado el caso, llegué a la conclusión de que se estaba produciendo un choque entre dos formas distintas de educar a los niños. Resultó que la madre necesitaba apoyo desesperadamente. El hecho de poder relatarme los acostumbrados detalles del historial constituyó una ayuda inmediata para ella. Debo decir que la preparación del historial nunca es posible en menos de una hora.

Había sido fácil amamantar al pequeño (seis meses) y también al principio había sido fácil adiestrarle. Las dificultades surgieron al empezar a darle alimentos sólidos. Intelectualmente, el niño siempre fue adelantado. De bebé había sido pasivo, se contentaba con estar tumbado y sonreír. Casi nunca lloraba, contrastando con su hermano menor (nueve meses) que se comporta normalmente. Los problemas del niño son los siguientes: no duerme, ni siquiera dándole somníferos; chilla de rabia; es negativo desde los dos años; constantemente pesado a la hora de comer, desde que, como he dicho, empezaron a darle sólidos; no tiene «agallas» para enfrentarse a otros pequeños, con lo que cualquier niño que trate con él se convierte en un matón; incapaz de aceptar un «no» por respuesta; además, no pueden dejarle a solas con el bebé, debido a unos celos que no se manifestaron hasta transcurridos unos ocho meses del nacimiento de su hermano.

Vi a este chico una vez por semana, ya que fue imposible el análisis. Mientras pudieron traérmelo, me comporté exactamente como si estuviese sometido a un análisis. El pequeño presentó material analizable relacionado con el control, en su mente, de su padre y de su madre. A consecuencia de mi labor mejoraron sus relaciones con la madre, llegó a ser verdaderamente demostrativo con ella y, por primera vez, dijo: «Te quiero, quiero besarte». También empezó a dormir como no lo había hecho desde los dos años, y resistió bastante bien el hecho de que su padre ingresara en el ejército. Cuando su madre se encontró con que no podía seguir viniendo, yo la apoyé en la idea de abandonar el tratamiento, ya que la alternativa hubiese consistido en decirle a la familia de su marido que el pequeño necesitaba más cuidados de los que ella podía darle, lo cual, una vez más, hubiese socavado su confianza en sí misma. Si, en este caso, hubiese dicho que lo único que cabía aplicar era análisis, me hubiera perdido una buena oportunidad terapéutica. Y, de haber limitado mi labor a aconsejar a la madre, no hubiera podido comprobar la nueva capacidad del pequeño para decirle que la quería, capacidad que nace del tratamiento. El factor adverso y externo lo constituía la fuerte, aunque no patológica, homosexualidad del padre, que este niño no pudo soportar hasta que, jugando, demostró la hostilidad que sentía por el padre. La expresó por medio de un juguete, un muñeco, que simulaba extraer de su ano, al mismo tiempo que hacía un esfuerzo premeditado para hacerme entender lo que quería decir: llamando «papi» al muñeco. Así, jugando, se libró de su «papi» homosexual y entonces mejoraron sus relaciones con su padre y su madre verdaderos.

También ayudé algo a la siguiente muchacha:
Decimotercer caso. Gertie, de diecisiete años y habitante de Londres.

La muchacha me fue enviada por la directora de una escuela secundaria. Se me indicó que la muchacha no había alcanzado un nivel académico satisfactorio, que no tenía atractivo ni amigos; que era terriblemente solitaria. Era capaz de contestar lúcidamente a las preguntas que le hicieran, pero tenía dificultades de habla. Durante un tiempo había estado sometida a tratamiento en otra clínica, pero en vano. Todo esto me lo dijeron por teléfono los de la escuela.

Empleé mi buena hora en completar el historial que me dio la madre, quien había criado con éxito a su hijo (cuatro años mayor que Gertie). La madre ya estaba nerviosa mientras duró el embarazo que culminó con el nacimiento de Gertie; una vez nacida la niña, la madre no pudo evitar preocuparse por ella. Deseaba destetarla, pero el médico clínico (probablemente obrando con desatino en este caso) la persuadió de que siguiera dándole el pecho, cosa que la madre hizo durante nueve meses completos.

Los primeros signos de inteligencia aparecieron normalmente, de manera que es imposible calificar a la chica de retrasada debido a algún defecto de sus tejidos cerebrales. Durante el rato que pasé tomando el historial, la madre recordó que a los cinco años la pequeña le había atizado un golpe en la cabeza a su hermano, haciéndole sangrar; la madre creía que posiblemente aquél había sido un punto crucial. A partir de entonces el desarrollo intelectual de la niña había perdido su ritmo normal. Su familia es inteligente.

Gertie me dijo que «le daban miedo los médicos» y en verdad que había visto a muchos de ellos. Hicimos la siguiente lista de cosas que había que curar: granos, tendencia a las llagas, transpiración excesiva, malas notas en los exámenes, torpeza al hablar y al escribir, dificultad en hacer amigos, dificultad de saber qué trabajo hacer, así como las preocupaciones hipocondríacas de la madre.

Al parecer su necesidad más inmediata era que un médico le dijese con firmeza, delante de su madre, que lo mejor para ella era no ver a un médico más. Así lo hice. Al cabo de un mes Gertie vino a visitarme y me dijo que había aceptado un empleo, estaba haciendo amigos y empezaba a sentir más confianza en sí misma.

De haberla puesto en lista de espera para un análisis, hubiese sido un mal médico. Quisiera que me entendiesen bien. Creo que no hay ninguna terapia comparable al análisis. Pero, como en este caso el análisis no fue factible, la alternativa era hacer lo que hice: actuar de forma completamente independiente de la existencia del psicoanálisis y hacer que la chica no siguiese ninguna clase de terapia.

El siguiente caso me vino de un médico después de haber visitado yo una clínica de puericultura.

Decimocuarto caso. Se trata de un chico de diez años que vive en uno de los condados próximos a Londres. Este chico necesita ayuda urgentemente; él es consciente de esta necesidad. Sin embargo, sólo podría ser analizado de haber una casa donde pudiera alojarse y desde la que pudiera asistir a la clínica. Espero que algún día exista tal casa, ya que, gracias a los recientes avances del psicoanálisis, actualmente es posible investigar los casos de enfermedad mental en los niños.

Me costó una hora hacerme con un buen historial de este caso, así como otra hora para establecer contacto con el chico, contacto que me era necesario con el fin de formarme una idea sobre su inteligencia, desarrollo emocional, enfermedad, y su pronóstico. He visto al muchacho una docena de veces, pues él me ha suplicado que así lo hiciese, debido a la enorme angustia psicótica que le aqueja.

Este problema tuvo origen en su difícil nacimiento, que se produjo con un mes de retraso, de modo que al nacer era un feto gigante, cianótico y con maceraciones en la piel. Creyeron que estaba muerto, pero, ante la sorpresa del médico, el bebé sobrevivió. El médico dijo a los padres: «Bien, ya tienen un bebé, y menudos problemas les va a causar», lo cual fue un pronóstico muy exacto. A los cinco años se le declaró deficiente mental en un famoso hospital para niños. De hecho, no está retrasado desde el punto de vista intelectual, pero sí está enfermo de una manera que entorpece sus relaciones. En la escuela le tienen por un chico algo raro; le aprecian bastante.

Es propenso a los ataques de pánico cerval sin ninguna causa externa que los justifique; sufre períodos de mal humor incontrolable en los que aparece un cúmulo de ideas alocadas. Así, por ejemplo, una vez vino a verme con un tanque en las manos. No quiero decir que llevase un tanque de juguete o que llevase en la cabeza la idea de un tanque; lo que quiero decir es que sentía realmente que tenía un tanque en las manos. Constantemente trataba de librarse de él, estrujándose las manos entre las piernas, haciéndolas pasar a través de sus muslos, estrechamente apretados. Hizo un dibujo describiendo cómo se sentía. Asimismo, durante una larga temporada, siempre que iba al lavabo a defecar, le parecía que determinado ladrillo se desprendía de la pared y se movía de un lado a otro.

Los demás detalles de este caso quedarían fuera de lugar aquí, pero me pareció que convenía hacer algo más que ver simplemente al chico durante la consulta. Mientras sigo viendo a este paciente —cosa que primero hacía cada semana, aunque ahora ya he podido aumentar el intervalo a un mes— él se ve capaz de evitar causar problemas en la escuela, al mismo tiempo que los accesos de pánico son menos severos. Esto no se debe a nada específico que haya hecho yo.

El chico es listo para los trabajos de carpintería y costura; le encanta la idea de hacerse granjero. Estudia con gran detenimiento los grabados de aeroplanos que ve en los libros y los signos indican que será un adulto excepcionalmente interesante e inquieto, notablemente brillante.

Tal como dije al comenzar este informe, mi objetivo ha sido relatarles una serie de consultas. No hay nada especialmente interesante en la serie, salvo que comprende todos los casos enviados al Departamento durante un período de tiempo y, probablemente, indica qué tipo de casos cabría esperar si se hiciera un intento de ampliar el alcance del Departamento y establecer un consultorio.

Puede que parte de este material no analítico haya sido de interés para los analistas. Mi opinión personal es que precisamente a los analistas es a quienes interesa de verdad el material no analítico. Por ejemplo, cuando una madre va juntando las piezas hasta darnos una visión casi completa del desarrollo emocional de su hijo o hija. ¿Quién si no el analista es probable que le aporte lo que necesita: reconocer que todas las piezas encajan hasta formar un todo?

Asimismo, hay muchos destellos de percepción, por parte de padres y pacientes, que vienen a recordar al analista el material pacientemente recopilado a fuerza de trabajos analíticos. Me atrevería a ir más lejos y decir que de la consulta terapéutica he aprendido mucho de valor para el análisis, al igual que me ha sucedido con el estudio de otros tipos de material no analítico. Entonces aparece una consideración de índole práctica: el objetivo primordial de la consulta en el Instituto, según creo, es la aportación de casos idóneos para los estudiantes, o para los analistas de adultos que deseen pasar al campo del análisis infantil. Nunca he esperado que se cumpliera tal objetivo y creo que mis temores se han visto confirmados por el presente informe. Se trata de una cuestión que deberemos ir resolviendo paulatinamente, pero a mí me parece posible que el lugar apropiado donde buscar casos «buenos» para los estudiantes sea el departamento pediátrico de un hospital.

Existen dos puntos de vista posibles. Según uno de ellos, nos cabe la alternativa de alentar a un inmenso número de casos a que invadan el Instituto, reteniendo un porcentaje de ellos por ser adecuados a fines pedagógicos, dejando que los demás se cansen de estar en la lista de espera, su única esperanza. El otro punto de vista estriba en que haya alguien que vea y trate constantemente gran número de casos psiquiátricos de toda clase; de esta manera podríamos responder a las presiones sociales y de vez en cuando, de acuerdo con los requisitos, encontraríamos casos adecuados para el programa de adiestramiento de analistas.

En el caso de los niños, es posible que el segundo método sea de hecho el único aconsejable, ya que, la mayor parte de las veces, los adultos que nos traen a los pequeños son personas normales y sanas; y, si todo lo que se hace es poner al pequeño en la lista de espera, el adulto se va a buscar consejo en otra parte. Incluso una quincena de espera es lo suficientemente larga para desalentar a padres o tutores. Una serie de niños colocados en lista de espera y abandonados allí sería una fuente incesante de mala voluntad y en todo momento entorpecería seriamente la relación de la Sociedad con el mundo ajeno a ella.

Por lo que puedo ver, pues, si bien seguirá siendo necesario que alguien se ocupe de atender a las consultas del Instituto como se ha venido haciendo siempre, no dejará de ser igualmente necesario recurrir a otras clínicas en busca de buen material analítico para fines docentes, especialmente debido a que la mejor forma de empezar a enseñar el análisis de niños consiste en disponer de un pequeño de tres años que no esté demasiado enfermo.

No estaría quizá fuera de lugar confeccionar una lista de condiciones que hubiera que cumplir cuando yo trate de darle a un estudiante un paciente infantil. Tengo que encontrar un niño de la edad y el sexo que se requieran, que pertenezca a un grupo de diagnóstico dado y cuya enfermedad se ajuste a un grado determinado, cuya madre esté realmente preocupada, pero sin caer en la hipocondría, por el trastorno del pequeño, cuyo domicilio no caiga demasiado lejos de la clínica; las circunstancias externas deben ser tales que la madre pueda dedicar dos o tres horas diarias a uno solo de sus hijos; la fe de los padres en el médico debe ayudarles durante el período en que las esperanzas son escasas, a juzgar al menos por los cambios observables en los síntomas del paciente; y el estado o posición social de la familia debe permitir a la madre que cada día se gaste el dinero en trenes y autobuses.

Sólo en una pequeña proporción de casos se cumplen estas exigencias. Actualmente, de los casos que acuden a la clínica, no es dado esperar nada que se parezca a las necesidades pedagógicas que se buscan y dudo que alguna vez logremos que así sea.

Observarán que hay un tono de frustración en mis palabras. Lo admito. Yo siempre procuro que el paciente sea analizado, a sabiendas de que ninguna de las otras cosas que se hagan se acerca o es comparable a los resultados del análisis. Al mismo tiempo soy plenamente consciente de que muy raramente el análisis es aplicable y disponible. A menudo el paciente no puede ser traído a la clínica, salvo resolviendo gran número de complejas circunstancias externas; y generalmente cuando sería posible tratar un caso dado, éste resulta inadecuado para el estudiante. Hay que recordar, además, que incluso es muy de vez en cuando que se me pide siquiera un solo niño para ser analizado. A veces pasan tres meses sin que se me pida un solo caso.

Así, pues, mi sentimiento de frustración debe suscitar su comprensión. Está claro que la única solución estriba en que se adiestre a más analistas para que aprendan a llevar a cabo el análisis de niños. Esto lo anhelamos todos y también todos sabemos que es precisamente en este punto donde resulta difícil cambiar las cosas y que del apresuramiento no podemos esperar ningún bien.

Posdata (1957)

Desde la fecha en que fue redactado este informe hasta ahora no ha existido ninguna clínica infantil en el Instituto y, por consiguiente, no hay ninguna lista de espera. Cuando hace falta un niño para su análisis por parte de un estudiante, se le busca en alguna otra clínica.

Por fortuna dos cosas han cambiado durante estos dos decenios: actualmente hay numerosas clínicas a las que recurrir cuando nos encontramos con una vacante para el análisis infantil; y, además, actualmente son treinta los analistas que prosiguen estudios en el campo del análisis de niños, en lugar del puñado de dos a seis que había antes.

4. PSICONEUROSIS OCULARES DE LA INFANCIA (1944)[1]

Resulta fácil decir que un niño valora su vista, o teme la ceguera, y pese a ello, no saber ver la inmensidad de las esperanzas y temores que ello implica. El hecho de que existan oftalmólogos especializados en niños demuestra que hay un reconocimiento general de que éstos requieren un cuidado especial. El conocimiento de la anatomía, fisiología y patología del ojo de poco servirá al experto en medicina clínica que no sepa establecer contacto con su paciente infantil. Por otra parte, la habilidad para comunicarse con el niño depende mayormente de que el oculista comprenda los sentimientos del niño y crea en sus esperanzas, suspicacias y temores. El niño es muy rápido en darse cuenta de si el doctor cree o no en él y, por lo general, permite que se le examine, incluso coopera útilmente en el examen. Así, pues, el doctor que crea en los sentimientos infantiles es un buen psicólogo.

Si se tiene siempre en cuenta esta idea es posible realizar buena terapia con la mera aplicación de los métodos comunes de atención. Por el contrario, si no se la tiene en cuenta, se puede dañar al paciente. Como ejemplo palmario de ello citaré el caso de una amiga mía cuya infancia se frustró a causa del comentario hecho por un cirujano oculista que la visitó cuando era pequeña. El oculista le dijo a su madre, en presencia de la pequeña: «La niña padece retinitis pigmentosa y pro-

[1]. *The Transactions of the Ophthalmological Society*, vol. LXIV, 1944.

bablemente quedará ciega cuando sea mayor». Por supuesto, tal pronóstico resultó equivocado, pero lo importante fue que el oculista no supo ver la importancia que tenía decir aquello delante de la niña. La niña se pasó la infancia esperando quedar ciega de un momento a otro y se obligó a sí misma a leer todo lo que caía en sus manos mientras ello le era posible; constantemente ponía a prueba sus ojos. Ahora, a los cincuenta años de edad, mi amiga empieza a creer que, pese a lo que dijo el oculista, tal vez escape de la ceguera. Como es natural, los niños creen ser custodios de sus ojos, así como de cualquier otra parte del cuerpo, y, si no logran mantener sanos los ojos, sienten que su custodia ha fracasado.

La totalidad de mi aportación podría ceñirse a explicar cómo debe llevarse un caso corriente, pero debo también hablar de la enfermedad psicológica y de cómo la misma afecta a los ojos. Deseo principalmente llamar la atención sobre los casos corrientes.

Es necesario describir tres grupos de síntomas psicológicos. El primero consiste en el grupo de síntomas manifestados por niños cuya personalidad goza de una estructura satisfactoria. En el otro extremo se halla el grupo de síntomas asociados con los defectos de la estructura de la personalidad, ya sean defectos primarios o el resultado de la destrucción de unos progresos ya realizados. Entre uno y otro grupo se encuentra el de los síntomas que se apiñan alrededor de la depresión. Hay que notar que los tres grupos coinciden en muchos aspectos, por lo que me es imposible tratarlos de una manera claramente definida.

PSICONEUROSIS

Un niño cuyo desarrollo emocional haya tenido lugar normalmente de buen principio y cuya estructura de la personalidad sea satisfactoria es, pese a ello, susceptible de padecer síntomas de todos los tipos, incluso graves. Puede que algunos de ellos se relacionen con los ojos. Como ejemplo podría citar el hábito de frotarse los ojos. Como es bien sabido, este hábito puede verse originado por una blefaritis, después del sarampión o alguna otra enfermedad infecciosa; sin embargo, siempre hay que añadir alguna causa emocional y, en ciertos casos, es posible que todo dependa de factores psicológicos. Debo hacerles una advertencia: me da cierto miedo describir cuestiones psicológicas ante un auditorio formado por médicos, ya que, al parecer, los médicos deben *tratar y curar* todo tipo de síntoma. Pero, en psicología, eso equivale a una trampa, un engaño. Uno debe ser capaz de darse cuenta de los síntomas sin tratar de curarlos, pues cada síntoma tiene su valor para el paciente y muchas veces es mejor dejar al paciente con su síntoma. En todo caso, uno debe ser capaz de describir las cuestiones psicológicas sin que se vea inmediatamente forzado a contestar a esta pregunta: ¿Cómo se cura lo que está describiendo? Someter al paciente a un útil tratamiento suele exigir mucho trabajo, o bien compartir una pesada carga; es ilógico, pues, atacar el síntoma, a no ser que se reconozca y trate el conflicto mental subyacente. Por ejemplo, un niño estará deprimido y se sentirá solo; el hecho de que se frote los ojos representa la explotación de la irritación de los ojos, propia del estado normal de somnolencia, a modo de defensa natural del pequeño contra una serie de sentimientos intolerables. También puede suceder que alguien esté sobreexcitando al pequeño, por lo que éste se ve obligado a responder con gran variedad de exageraciones de las sensaciones normales, incluyendo, tal vez, ardor en los párpados.

Creo conveniente citar el hecho de que las gafas afecten al buen parecido natural de la gente. No sólo a muchos niños les preocupa tener que llevar gafas, sino que, además, un buen número de ellos espera, como castigo a su deseo de parecer demasiado guapos, verse obligados a usarlas. Las gafas, ni más ni menos que los aparatos que se llevan en la boca, las tablillas o la ropa, pasan a formar parte de la personalidad del pequeño. Hay mucho que decir sobre las gafas como fetiche, aunque, como es obvio, esto es más propio de adultos. A veces cabe hallar perversiones con importante participación de ojos y gafas en las reacciones infantiles ante las gafas o el examen de los ojos.

Vayamos ahora al ojo en sí. La complicada función del ojo transcurre fácilmente cuando el pequeño se vale de él de manera normal. Mas ¿qué sucede si (inconscientemente) se utiliza el ojo *en vez de otro órgano del cuerpo?* ¿Qué sucede si el ojo reemplaza a un órgano en el que haya tejidos eréctiles y, por consiguiente, sea susceptible de cambiar al ser excitado? En tal caso el ojo no sólo es el órgano de la vista, sino que se convierte también en una parte excitable del cuerpo. Entonces puede que surjan los síntomas. El principal cambio se produce en un suministro de sangre desproporcionado con respecto al necesario para su funcionamiento, lo que produce cansancio de los ojos. Temores propios de otras partes del cuerpo se ven dramatizados en los ojos y los niños se valen de las gafas para ocultar sus ojos excitados que, por consiguiente, se destacan en el rostro. La ceguera histérica va asociada con el sentimiento de culpabilidad producido por la vista, especialmente cuando el ojo, además de ver, también controla. No creo que necesite recordarles que no cabe esperar que el paciente sea consciente de lo que está pasando, por lo que de nada sirven las explicaciones o el imaginar que bastará la fuerza de voluntad para superar los síntomas histéricos. El tratamiento psicológico de un caso semejante incluiría la investigación de las causas del desplazamiento del interés desde el órgano normalmente excitable al ojo, que en sí mismo no es excitable. La parálisis de acomodación es capaz de dramatizar muy fácilmente la represión de los recuerdos visuales, especialmente cuando persiste el intento de controlar la situación aterradora originaria. He comprobado que gran parte de los síntomas oculares menores, parpadeos y cansancio que no tienen ninguna causa definida en defectos de refracción, se relacionan con el sentimiento inconsciente de culpabilidad suscitado por la contemplación de cosas que se suponía eran tabú.

Depresión

Llegamos ahora a la depresión y al papel que la misma desempeña en la aparición de trastornos visuales. En los niños, al igual que en los adultos, la depresión se manifiesta como estado anímico y, clínicamente, casi siempre bajo la forma de agitación angustiosa o de negación de la depresión mediante una actividad y vivacidad forzadas. Junto a esto, al igual que en las fases depresivas de los adultos, son observables actos de autodestrucción, deliberados o accidentales, así como preocupaciones hipocondríacas acerca del cuerpo o alguna parte del mismo. Lejos de ser una enfermedad rara, la depresión constituye un estado muy común en los niños así como en los adultos; ni siquiera es forzosamente anormal: la preocupación hipocondríaca enlaza con la preocupación de tipo corriente. El aspecto normal de la depresión estriba en que uno debe ser *capaz* de preocuparse por su propio cuerpo, disfrutando de él cuando está bien y queriendo que sane cuando está enfermo. El aumento de lágrimas propio de la tristeza es asimismo valorable fisiológicamente, de modo que los ojos secos propios de la desaparición de la tristeza predisponen a la infección e irritación conjuntivales.

La hipocondría también hace su aparición en el departamento oftalmológico, al igual que en todas partes, y es muy importante que el médico esté al tanto de lo que sucede. En primer lugar, debe ser capaz de distinguir entre la hipocondría de la madre y la del niño. Muchos niños llevan gafas, o al menos se les examinan los ojos a menudo, a causa de la enfermedad hipocondríaca de sus madres. No existe una clara línea divisoria entre la hipocondría materna y la natural preocupación que a la madre inspira la vista de su pequeño. Así, pues, el médico debe estar capacitado para tener en cuenta la preocupación de la madre y, cuando sea posible, le dirá: «Comparta su responsabilidad conmigo, visíteme cada tanto; en estos momentos la vista de su hijo es normal». Si el médico le dice a la madre hipocondríaca: «Creo que los ojos del pequeño están bien, *pero* debemos hacerle una reacción Wasserman, y un contaje de glóbulos sanguíneos y un Mantoux, y creo que el niño debería ver a un psicólogo», la madre, lejos de tranquilizarse, se convencerá de que la misión de su vida estriba en preocuparse por la salud de su hijo. La hipocondría del propio niño debe ser tratada aún con mayor cuidado; la regla más sencilla es la de que el niño debe conocer la verdad. En la mayoría de los casos el médico puede decirle al chico lo que ha averiguado, así como decírselo a la madre; decirle qué se propone hacer, cómo va a vigilar la aparición de cosas nuevas. La verdadera tranquilidad es fruto de la declaración de lo que es cierto, y no de palabras más o menos tranquilizadoras, que para el niño entrañan la existencia de un peligro. Mientras que la gran mayoría de los niños que visitan al oculista son capaces de aceptar la afirmación de que sus ojos están bien o solamente necesitan gafas, hay algunos que no pueden ser tranquilizados y presienten que se les oculta algo. En tales casos hay que recurrir a un enfoque bastante especial cuya descripción no sería apropiada ahora, aunque el tema reviste tremenda importancia.

Es fácil que se pasen por alto las actividades suicidas de la depresión infantil y, sin embargo, son muy reales. El niño siente que en él hay algo malo o perverso. No le es fácil separar los fenómenos físicos de los corporales y, de esta manera, vomita o sufre diarrea o, por el contrario, deja que le vayan sucediendo accidentes, o bien se cae, se echa té caliente encima o se frota los ojos cuando están llenos de arena hasta que se produce un arañazo que se infecta. A veces el ojo toma parte en el intento del individuo para asegurarse contra la depresión, de una manera que como mejor se describe es equiparando la convergencia con el hábito de chuparse el pulgar. El pulgar representa el pecho o el biberón que el niño angustiado o solitario necesita tener en la boca o cerca de ella. Del mismo modo el niño se tranquiliza recobrando la posición de los ojos que, en la primera infancia, permiten al niño ver con todo detalle el pecho y el rostro de su madre, justo a unas pulgadas de la boca, ni tragado ni desaparecido.

A este estado de cosas se le podría describir como un compromiso entre la visión subjetiva y la percepción objetiva. No hay en modo alguno estrabismo en todos los casos, pero los ojos participan seriamente mediante la tensión correspondiente a una compulsión que a menudo conduce a sentir la apremiante necesidad de leer. Una paciente mía que contrajo miopía cuando tenía unos once años, describe del siguiente modo su técnica para dormir: cuando al fin se dispone a dormirse coge un libro que le es muy conocido y lo coloca muy cerca de sus ojos, donde pueda leerlo sin tener que usar sus gruesas gafas. Entonces se pone a leer y releer las conocidas líneas hasta que deja de darse cuenta de que está despierta. Naturalmente, nunca tiene tiempo de apagar la luz. Al despertarse le es necesario leer antes de estar completamente despierta, del mismo modo que lee antes de dormirse, sólo que esta vez lo que hace es alucinar el libro y la página, el tema del libro y la letra. Al despertar se sorprende al ver que el libro verdadero está en el suelo o sobre la cama. Creo que es probable que en este caso la convergencia y la acomodación próxima deben ser mantenidas al menos durante el sueño ligero.

Me interesa todo lo que se refiere al descanso de los ojos durante el sueño. Creo que son muchas las personas que hacen trabajar mucho a los ojos mientras duermen y que, para descansarlos, contemplan un objeto cuando se hallan despiertas. En cualquier caso, resulta notorio que los niños a que me estoy refiriendo someten sus ojos a una verdadera esclavitud; cualquier intento que se haga con el fin de impedirles leer con el libro pegado a los ojos es probable que fracase y les induzca a sentirse frustrados y perdidos. Puede que esta condición empiece cuando el niño es todavía muy pequeño, pero, por otra parte, también puede surgir al empezar la pubertad o cualquier otra fase de la vida. No hay ninguna otra afección de la vista que exija tanto del oculista.

PSICOSIS

El estrabismo constituye un tema que es necesario examinar desde un ángulo psicológico. Tengo pruebas fehacientes de que el estrabismo puede obedecer a causas puramente psicológicas, y creo que la mayoría de los oftalmólogos estarán de acuerdo conmigo. No obstante, cuando se trata de describir los mecanismos reales *no piso terreno firme*. Ya he mencionado el estrabismo interno, mantenido por medio de la acomodación próxima como recordatorio de la anterior relación con el pecho materno y en calidad de consuelo, al igual que el hábito de chuparse el pulgar. Existe una variedad de estrabismo, generalmente de tipo externo, en la que el problema reside al parecer en que los dos ojos no funcionan con un mismo objetivo, lo cual está asociado con una división de la personalidad. Es como si el individuo, por medio de la falta de coordinación visual, dramatizase la escisión del yo. Para ilustrar este factor citaría el ejemplo de una señora sumamente inteligente, directora de una gran escuela, que utilizaba los dos ojos por separado, ya que padecía un estrabismo externo. El ojo izquierdo representaba sus buenas relaciones con el padre, persona que solamente hablaba inglés, mientras que su ojo derecho tenía que ver con sus relaciones con la madre, la cual solamente sabía hablar francés. Los padres de dicha señora tenían muy poco en común, por lo que la paciente se desarrolló de forma muy distinta en relación con uno y otro. Era zurda y se interesaba muchísimo por los niños zurdos que acudían a su escuela. Su mano izquierda representaba su lado práctico y la identificación con el padre. Su sentir religioso se hallaba completamente asociado con la madre y, siempre que firmaba o escribía algo relacionado con la religión, la señora solamente podía hacerlo con la mano derecha. Este caso ejemplifica lo que sucede cuando existe una clara división de la personalidad. Pero a menudo se registra una falta de integración más grave y en tales casos creo que uno de los ojos se identifica con la parte más fuerte de la personalidad, mientras que el otro, irremisiblemente errático, representa las otras partes. Un estrabismo externo que no se deba claramente a causas físicas es difícil de curar a menos que se produzca una reintegración de la personalidad. Esta integración puede producirse espontáneamente; también puede suceder que un niño, sometido a la influencia de otra personalidad fuerte, logre algún tipo de integración que posibilite la desaparición del estrabismo, al menos temporalmente. No hay que perder de vista este factor cuando se estudia la vertiente física del tratamiento de alguna forma de estrabismo. Por supuesto, no es que esté despreciando o criticando la vertiente física, sino que estoy llamando la atención sobre la parte psicológica.

Un tercer tipo psicológico de estrabismo, susceptible de aparecer muy temprano, es al parecer el que acompaña las fases de introversión aguda: el estrabismo interno es una dramatización de alguna preocupación referente a los fenómenos internos, o a la realidad del mundo interior. En tales casos, una de las alternativas consiste en mirarse al espejo, cosa que hacen con gran frecuencia algunos niños introvertidos.

El ojo como símbolo

Convendría no olvidar que, desde el punto de vista del psicólogo, el ojo no se limita a ser un órgano de la vista. Así como en los fenómenos corporales las cosas son absorbidas por la boca y expulsadas por medio de los órganos excretores, en la edificación de la personalidad esta absorción y excreción son realizadas por medio de todos los órganos del cuerpo: los ojos, la piel, las orejas, la nariz, etcétera. Es siempre mucho lo que entra por los ojos, que, además, representan un órgano de excreción. Todo el mundo ha visto cómo un amigo desaparece en el interior del autobús que acaba de tomar y, en cierto sentido, todo lo que vemos sale de nosotros mismos para proyectarse en el objeto. Ya he hablado de una muchacha que, al despertar, alucinaba la página de un libro. Hay personas que leen el periódico para informarse, pero también hay muchas que esperan del periódico que exponga ante sus ojos las cosas que ellas ya están pensando o sintiendo. De hecho, no puede decirse que hagan mucho caso de la información que el periódico les facilita, excepto a modo de ligera corrección de su imaginación.

El averiguar en qué medida los músculos y tejidos intrínsecos del ojo participan en las imágenes visuales corrientes sería tema de investigación, al igual que en qué medida toman parte en la actividad alucinatoria. Tal vez este problema ya haya sido resuelto, pero yo no tengo noticia de ello.

5. REPARACIÓN CON RESPECTO A LA ORGANIZACIÓN ANTIDEPRESIVA DE LA MADRE (1948)[1]

El concepto de posición depresiva es generalmente aceptado como valioso para su aplicación en la labor analítica así como en el intento de describir los progresos de un desarrollo emocional normal. En nuestros análisis nos es posible alcanzar el sentimiento de culpabilidad en relación con los impulsos e ideas agresivas y destructivas, y podemos observar la aparición de la necesidad apremiante de hacer reparaciones a medida que el individuo va siendo capaz de explicar, tolerar y sostener el sentimiento de culpabilidad. Existen otras raíces del espíritu creador, pero la reparación aporta un importante eslabón entre el impulso creador y la vida que lleva el paciente. La consecución de la capacidad para hacer reparaciones referentes a la culpabilidad personal es uno de los pasos más importantes en el desarrollo del ser humano sano. Actualmente nos preguntamos cómo hacíamos nuestra labor analítica antes de saber aprovechar conscientemente esta sencilla verdad.

No obstante, clínicamente, nos encontramos con una falsa reparación que no se halla específicamente relacionada con el sentimiento de culpabilidad del propio paciente. A ésta es a la que quiero referirme. Esta falsa reparación se manifiesta a través de la identificación del paciente con la madre y su factor dominante no lo constituye la culpabilidad del propio pacien-

---

1. Leído ante la Sociedad Psicoanalítica Británica, el 7 de enero de 1948. Revisado en agosto de 1954.

te, sino la defensa organizada por la madre con el fin de combatir la depresión y la culpabilidad inconsciente.

Puede ser que al extender de esta manera el título del trabajo ya haya dicho bastante. Ciertamente, no creo que la idea sea original o que requiera una laboriosa ampliación. Sin embargo, trataré de ilustrar brevemente lo que quiero decir.

Durante veinticinco años ha desfilado ante mí una verdadera procesión de material en el Departamento de Pacientes Externos del hospital. En el transcurso de los años no se observan grandes cambios en la pauta general. Hay un tipo de niño o niña que recuerdo muy bien desde el principio. Se trata de una criatura especialmente deliciosa y cuyo talento supera frecuentemente la media. Si se trata de una niña o una muchacha, lo más seguro es que vaya bien vestida y sea limpia. Lo importante en ella es una vivacidad que inmediatamente influye en el humor del médico, haciendo que se sienta más alegre. Uno no se sorprende al saber que la chica se dedica al baile, o dibuja, pinta o escribe poesía. Incluso es posible que mientras espera su turno escriba uno o dos poemas. Cuando le pido que dibuje algo, sé positivamente que el dibujo será de alegres colores, lleno de detalles interesantes, con figuras dotadas de tal animación que parecerán vivas, en movimiento. También es muy fácil que en el dibujo haya un fuerte elemento humorístico.

La madre nos la ha traído porque en casa la paciente se muestra irritable, caprichosa, desafiante a veces, o bien francamente deprimida. Tal vez hayan sido muchos los médicos que no hayan sabido ver o creer que se trata de una persona deliciosa. La madre me habla de una serie de achaques y dolores de los que su hija se queja, y que, en uno u otro momento, se han diagnosticado como reumatismo, aunque lo cierto es que son hipocondríacos.

A principios de mi carrera un día se presentó un chiquillo solo en el hospital y me dijo: «Por favor, doctor, mamá se queja de un dolor en mi estómago». Esto me llamó la atención sobre el papel que puede desempeñar la madre. Es también un hecho cierto que el niño del que se supone que está padeciendo un dolor, a menudo todavía no ha decidido dónde se encuentra dicho dolor. Si uno puede cogerle antes de que su madre haya indicado qué es lo que ella espera, se encontrará con un niño desconcertado que dice sencillamente que el dolor está «dentro». Lo que quiere decir es que siente que algo no va bien o que debería no ir bien.

Es probable que, en el Departamento de Pacientes Externos, obtenga una visión particularmente clara de este problema, ya que dicho departamento es en realidad una *clínica para el control de la hipocondría en las madres*. No existe una divisoria marcada entre la franca hipocondría de una mujer deprimida y la verdadera preocupación que por su hijo siente una madre. Es necesario que la madre sea hipocondríaca para notar en su hijo los síntomas que los médicos buscan constantemente para atrapar la enfermedad a tiempo. El médico que no sepa nada de psiquiatría o de las defensas antidepresivas, que no sepa que los niños se deprimen, se arriesga a decirle a la madre que hace mal cuando se preocupa por los síntomas del niño y a no saber ver los problemas psiquiátricos muy reales que existen. Por otra parte, el psicoanalista que acaba de descubrir su comprensión de la depresión infantil se expone a pasar fácilmente por alto las ocasiones en que es la madre quien está más enferma que el hijo. Observando numerosos casos de éstos continuamente durante períodos de diez e incluso veinte años, he podido comprobar que la depresión del niño puede ser el reflejo de la depresión de la madre. El pequeño utiliza la depresión materna como válvula de escape propia, lo cual le proporciona una restitución y reparación falsa en relación con la madre y esto, a su vez, obstaculiza el desarrollo de una capacidad personal para la restitución, ya que ésta no tiene nada que ver con el sentimiento de culpabilidad del propio niño. En cualquier grupo de estudiantes prometedores hay algunos que no triunfan debido a una reparación con respecto a la depresión de la madre en vez de con respecto a una depresión personal. Si bien en apariencia existe un talento especial e incluso al principio se logran éxitos, persiste una inestabilidad asociada con la dependencia del pequeño con respecto a la madre. Es posible que se desarrolle o no un matiz general de índole homosexual. En un libro sobre ballet, Arnold Haskell dice: «Convendría recordar que todo bailarín tiene madre». Ciertamente, estos niños a quienes me estoy refiriendo tienen sus madres y sus padres. Por supuesto que no siempre se trata de la madre: hay muchos adolescentes, de uno y otro sexo, que en apariencia poseen una gran capacidad para trabajar provechosamente y que, sin embargo, inesperadamente fracasan; ello sucede cuando el éxito obtenido en su trabajo es robado por las necesidades del padre, de la madre o de ambos. Entonces, cuando el adolescente trata de instaurarse una identidad personal, la única salida la ofrece el fracaso. Esto es especialmente aplicable en el caso del chico de quien se espera que siga exactamente los pasos de su padre y que, sin embargo, nunca será capaz de lanzar un desafío al control por parte del padre.

Se verá que, en casos extremos, estos niños se enfrentan a una tarea que nunca puede ser cumplida. En primer lugar, su tarea consiste en afrontar el estado de ánimo de la madre. Si lo logran, no hacen más que crear un ambiente en el que pueden *empezar sus propias vidas*. Resulta fácil comprender que esta situación puede ser explotada por el individuo a modo de huida de la aceptación de la responsabilidad personal que forma parte esencial del desarrollo individual. Cuando, a través del análisis, al niño se le ofrezca la oportunidad de excavar hasta dar con su sentimiento de culpabilidad, entonces el estado anímico de la madre (o del padre) se presenta también para ser afrontado. O el analista se da cuenta de cuándo aparecen los signos de esto en la transferencia, o el análisis fallará irremisiblemente, debido a su éxito. Lo que les estoy describiendo constituye un fenómeno más bien obvio.

Lo que suele observarse es que la madre (o el padre) del niño posee una personalidad dominante. Creo que en tanto que analistas desearemos decir que el niño vive dentro del círculo de la personalidad de sus padres y que este círculo presenta rasgos patológicos. En el caso típico de la deliciosa muchacha de la que antes les hablaba, la vivacidad de la muchacha constituye la respuesta a la necesidad de la madre de recibir ayuda con respecto a la atonía y negrura de su mundo interior.

En gran número de casos no se registra una condición tan extrema, de manera que las actividades reparadoras del pequeño *pueden* ser personales aunque exista la constante amenaza de que la madre robe el éxito del pequeño y, por tanto, la culpabilidad subyacente. En tales casos no es difícil obtener éxitos clínicos sorprendentes desplazando activamente al padre o a la madre al principio de la psicoterapia a que sometemos al pequeño. En un caso favorable resulta posible tomar partido por el niño en contra de los padres y *al mismo tiempo* ganarse y conservar la confianza de éstos.

Fui requerido por una escuela de magisterio para que viese a una estudiante sobre la que se cernía la amenaza de expulsión. De sopetón la muchacha le había propinado un puntapié en el tobillo a una condiscípula. Me encontré con una muchacha que padecía una depresión materna que debía soportar toda la vida y que, al finalizar su carrera, por fin había alcanzado a ver el problema: ¿su propia vida o la de su madre? Me las compuse para que la madre creyese en mí mientras de hecho me interponía entre ella y su hija. A ésta volvieron a admitirla en la escuela, terminó bien sus estudios y emprendió una serie de tareas lejos de casa. Las cosas le han ido muy bien y actualmente ocupa un lugar de responsabilidad entre el profesorado. Se trataba de un caso límite y sin mi intervención la muchacha no hubiese podido evitar el fracaso y derrumbarse o, en su defecto, escenificar un éxito falso, después de abandonar toda esperanza de llegar a tener una existencia independiente del estado anímico, fuertemente organizado, de su madre viuda.

Los más espectaculares éxitos que se obtienen en la labor profesional del analista se dan en este tipo de casos. Aquí encontrará una lección el psicoanalista que al empezar su carrera se vea fácilmente inducido a engaño al creer que el éxito en el inicio del tratamiento se debe a sus interpretaciones, cuando lo verdaderamente importante es que el analista habrá desplazado a un padre o una madre que son buenos pero están deprimidos. A pesar del éxito inicial, lo corriente es que las dificultades surjan más adelante, incluyendo el descubrimiento de su propio sentimiento de culpabilidad por parte del paciente. Inicialmente lo que importa es que el analista no se deprima y que el paciente se encuentre a sí mismo, ya que al analista no le hace falta alguna que el paciente sea bueno o limpio o complaciente; ni siquiera necesita enseñarle nada. Éste puede avanzar a su propio ritmo. Puede fracasar si lo desea; se le da tiempo y una especie de seguridad local. Estos detalles externos de la dirección del caso constituyen los requisitos previos para que el paciente haga el descubrimiento de su propio amor con la inevitable complicación de la agresión y la culpabilidad, lo único que da el sentido de la reparación y la restitución. En el caso extremo, el paciente acudirá al análisis sin apenas haber empezado la tarea de afrontar su propia culpabilidad, o bien sin todavía haber llegado a su misma agresión, propia del amor primitivo. Y eso a pesar de que el mundo ha tenido buen concepto de él.

Los que trabajan con grupos se preocupan mucho por esta relación del paciente con un estado anímico ambiental. En algunos casos se puede establecer una útil comparación entre el estado de ánimo del grupo, sobre el cual el paciente ejerce alguna forma de control, y el estado de ánimo de su madre cuando él era pequeño y no ejercía control alguno sobre aquél. Lo único que podía hacer cuando era pequeño era aceptar el estado anímico de su madre, viéndose atrapado en las defensas antidepresivas de la madre. En otros casos, el estado anímico del grupo resulta impenetrable para el paciente debido a que éste siente una necesidad demasiado fuerte de defender y luchar por su propia individualidad.

El grupo puede constituirlo una familia. Diría que resulta claramente valiosísimo para la vida familiar que la posición depresiva haya sido alcanzada personalmente por los individuos, de manera que el estado de ánimo de la familia también pueda ocupar su lugar, siendo un factor común en la vida de los individuos que la componen. Esto es lo mismo que toda forma de compartir una cultura. Evidentemente, resulta patológico, o empobrecedor para la familia o el grupo, que un individuo no pueda compartir o participar en las actividades reparadoras del grupo. Y, al contrario, resulta un grave empobrecimiento para la vida del individuo si éste solamente puede tomar parte en actividades que de modo muy específico sean de grupo, es decir, colectivas. En el primer caso, cuando es incapaz de compartir, el individuo debe instaurar su propio enfoque personal antes de poder compartir. En el segundo caso, cuando el grupo es necesario, parece que al principio el individuo coopera útilmente, pero a la larga esta cooperación se derrumba; en cierto modo sigue en la posición del niño que se ve atrapado en el mundo interior de su madre, con la consiguiente pérdida de responsabilidad personal.

A mí me parece que existe una aplicación práctica de estas ideas en la Sociedad Psicoanalítica. Me refiero especialmente a la opinión expresada por Glover (1945, 1949). Glover opina que ciertos analistas (Melanie Klein y sus discípulos) proceden a describir ciertas fantasías como si se tratase de las fantasías de sus pacientes, cuando lo probable es que dichas fantasías sean las del propio analista. Todo analista es consciente de la tarea de desenmarañar sus propias fantasías de las de sus pacientes, pero, por lo general, se reconoce que son los psicoanalistas quienes están en mejores condiciones para tener en claro esta cuestión. Resulta para mí muy difícil creer que las ideas que aparecen regularmente en mi trabajo, tanto el analítico como el otro, son ideas subjetivas. Sin embargo, reconozco que, a no ser que las ideas puedan ser subjetivas, es imposible observarlas objetivamente (véase Whitehead: «El material y las condiciones de las que el investigador clínico debe forjarse un conocimiento ordenado constituyen un desafío constante a su capacidad para el pensamiento conceptual así como para sus dotes de observación»). Reviste importancia, sin embargo, averiguar a qué obedece el comentario que, al igual que el de Glover, sostiene que las fantasías de que damos cuenta son subjetivas y que en verdad no residen en nuestros pacientes. Primeramente, hay que formularse la siguiente pregunta: ¿ha sido mal planteado el análisis de la posición depresiva, de tal manera que las ideas resultan inaceptables debido al modo en que han sido presentadas? (véase Brierley, 1951). Por ejemplo, ¿ha recibido el debido reconocimiento la necesidad de que todo sea descubierto de nuevo por cada analista? En cualquier caso, es imprescindible que se distinga claramente entre el valor de las ideas y el sentimiento con respecto a ellas suscitado por la forma en que han sido presentadas.

Sea como fuere, seguimos con la necesidad de considerar el problema al lado de la idea propuesta en este escrito.

Es legítimo exigirme que, si pretendo describir la fantasía de mis pacientes, sepa que a veces ellos producen realmente *la clase de cosas que a ellos les parece que a mí me gusta oír*. Esto es más cierto cuanto más inconscientes son mis expectativas. Así, recientemente, un paciente estaba completamente convencido de que a mí me gustaba el material anal y, desde luego, presentó gran cantidad de dicho material en mi honor. Transcurrió algún tiempo antes de que esto saliera a la luz y antes de que el paciente alcanzase sus propios y verdaderos sentimientos anales. De la misma manera, los pacientes presentan, así como ocultan, fantasías relativas al mundo interior porque sienten la necesidad de aliviar mi supuesta depresión, o la necesidad de empeorarla. En la transferencia se ha revivido una depresión paterna o materna. Yo debo ser capaz de darme cuenta de ello. Cuando afirmo ser realmente objetivo acerca de las ideas que los pacientes sienten en torno a su propio interior, así como acerca de la contenida sostenida por los objetos buenos y los objetos malos, o por las fuerzas internas, debo ser capaz de distinguir entre aquello que es presentado para mí y aquello que verdaderamente es personal, es decir, propio del paciente. Creo que los analistas jungianos tienden a recibir sueños «de tipo jungiano», mientras que los freudianos muy raramente reciben estas elaboradas formaciones místicas.

En este grupo científico poseemos un fondo común de teorías y ofrecemos un grupo o margen para la actividad reparadora concerniente a un fondo común de culpabilidad. Cada uno de sus miembros se ve afectado por el estado de ánimo de la Sociedad y es libre de hacer su aportación a la necesidad apremiante de reparación que siente el grupo, necesidad relacionada con las angustias depresivas del grupo. Pero esta restitución colectiva debe siempre estar al servicio de lo que es más importante: que cada individuo llegue a su propia culpabilidad personal, así como a sus angustias depresivas personales. Cada uno de los miembros de nuestra Sociedad debe lograr su *propio* crecimiento a su *propio* ritmo, y debe desarrollar su *propio* sentido de la responsabilidad basado verdaderamente en su preocupación por sus propios impulsos amorosos y sus consecuencias.

RESUMEN

La necesidad individual de reparación puede estar relacionada menos con el sentimiento personal de culpabilidad que con el sentimiento de culpabilidad o de depresión anímica del padre o de la madre. La aportación que el individuo realiza a un grupo se ve afectada por el éxito o fracaso relativo que dicho individuo consigue en la instauración de una culpabilidad antes personal que paterna o materna como raíz de las actividades de reparación y los esfuerzos constructivos.

6. LA ANGUSTIA ASOCIADA CON LA INSEGURIDAD (1952)[1]

Seguidamente voy a leerles mi comentario a la cuestión suscitada por el doctor C. F. Rycroft en su escrito titulado «Algunas observaciones sobre un caso de vértigo» (Rycroft, 1953). En su escrito, Rycroft hace dos afirmaciones que me gustaría comentar. Se trata de las siguientes:

«En mi trabajo anterior hablaba con cierto detalle de las implicaciones teóricas de la capacidad (del paciente) para alucinar objetos y al mismo tiempo darse cuenta de su carácter ilusorio. Aquí sólo deseo mencionar que ello demuestra muy claramente tanto la profundidad de su regresión a una etapa anterior a la firme instauración de la prueba de la realidad, como el estado incompleto de la regresión, ya que parte de su yo siguió siendo capaz de poner a prueba la realidad y de contribuir activamente al análisis».

La otra afirmación: «El vértigo es una sensación que se manifiesta cuando el sentido del equilibrio se ve amenazado. Para el adulto es una sensación que, generalmente, aunque no siempre, va asociada con las amenazas que se ciernen sobre el mantenimiento de la postura erecta, habiendo, por tanto, una tendencia a pensar en el vértigo exclusivamente en términos de tales angustias relativamente maduras como son el temor a caerse,

---

[1]. Leído ante la Sociedad Psicoanalítica Británica, el 5 de noviembre de 1952.

el miedo a las alturas, olvidándose que los niños, mucho antes de poder ponerse en pie, experimentan amenazas a su equilibrio y que algunas de sus primeras actividades, como el aferrarse a algo o agarrar algún objeto, representan intentos para mantener la seguridad de sentirse apoyados por la madre. A medida que el pequeño aprende a arrastrarse y luego a andar, la función de apoyo de la madre va trasladándose crecientemente al suelo; ésta debe ser una de las principales razones de que inconscientemente se equipare la tierra a la madre y de que los trastornos neuróticos del equilibrio se remonten tan a menudo a conflictos relacionados con la dependencia de la madre».

A mí me parece que sería útil desarrollar esta idea, la de la función materna de proporcionar un sentimiento de seguridad, y me gustaría que el doctor Rycroft preparase otro escrito sobre el tema, al cual, como es evidente, ha prestado atención ya que nos remite a Alice Balint, Hermann y Schilder.

Convendría tener en cuenta que aquí existe una relación de vital importancia entre el bebé y la madre, que, sin embargo, no constituye una derivación de la experiencia instintiva, ni una relación objetal suscitada por la experiencia de un instinto, sino que antecede a ésta al mismo tiempo que se desarrolla concurrentemente con ella, mezclándose las dos.

No estamos lejos de la conocida observación en el sentido de que la más precoz de las angustias es la que se asocia al sentirse sostenido de un modo inseguro.

Los analistas, incluyendo aquellos que ven en el bebé un ser humano desde el nacimiento, hablan a menudo como si la vida del pequeño empezase junto con la experiencia instintiva oral y la aparición de la relación objetal propia de la experiencia instintiva. No obstante, todos sabemos que un niño tiene la capacidad para sentirse muy mal como consecuencia del fracaso de algo que pertenece por entero a otro campo, es decir, el de los cuidados infantiles. El énfasis de la señorita Freud sobre las *técnicas* del cuidado infantil nos lleva a esta misma cuestión. Cuando menos ésta es mi opinión. Me parece que existe la urgente necesidad de que insistamos en el análisis del significado de la angustia cuando su causa reside en un fallo de la técnica de cuidado infantil; por ejemplo, la falta del apoyo vivo y continuado propio del ejercicio de la maternidad.

Sabemos que este tema puede hacernos retroceder hasta el mismísimo momento del parto, es decir, hasta el momento en que el feto está dispuesto a ser parido: más o menos en la trigesimosexta semana de vida intrauterina.

La pregunta que deseo hacer es ésta: ¿Puede decirse algo sobre esta angustia, o es simplemente algo físico, sin más? El caso de Rycroft parece que, a primera vista, apoyaría la opinión de que esta angustia precoz es simplemente cuestión de canales semicirculares y fisiología. Sin embargo, nos queda espacio suficiente para suponer que tal vez pudieran descubrirse más cosas. El hecho del vértigo fisiológico es indisputable y, sin embargo (como sucede en los mareos en la mar), lo fisiológico puede ser explotado en ciertas circunstancias. ¿Cuáles, de hecho, son tales circunstancias?

En vez de responder sencillamente a esta pregunta prefiero dar una respuesta parcial.

A mi modo de ver, hay ciertos tipos de angustia de la primera infancia que se ven impedidos por los buenos cuidados. Estos tipos pueden ser estudiados con provecho. Creo que todos los estados que un buen cuidado infantil evita, se agrupan naturalmente bajo la palabra «locura» cuando se presentan en un adulto.

Un ejemplo sencillo nos lo daría el estado de no integración. Con un buen cuidado infantil este estado es el natural, sin que nadie se preocupe por ello. El buen cuidado produce un estado de cosas en el que la integración empieza a convertirse en un hecho y existe ya una persona. En la medida en que esto sea cierto, también lo es que la ausencia de cuidados conduce a la desintegración y no al retorno a la no integración. La desintegración es percibida como una amenaza porque (por definición) hay alguien que siente la amenaza. Asimismo es una defensa.

Los tres tipos principales de angustia resultantes del fracaso de la técnica del cuidado infantil son: la no integración, que se transforma en un sentimiento de desintegración; la falta de relación entre la psique y el soma, que se transforma en un sentimiento de despersonalización y, finalmente, el sentimiento de que el centro de gravedad de lo consciente se desplaza desde el núcleo a la cáscara que lo envuelve, desde el individuo al cuidado, a la técnica.

Con el objeto de que esta última idea quede clara debo examinar el estado de cosas existente en este estado precoz de la vida humana.

Empecemos con la relación bicorporal (Rickman, 1951) y, partiendo de ella, retrocedamos a la relación objetal cuya naturaleza sigue siendo la de una relación bicorporal, pero el objeto es parcial.

¿Qué es lo que precede a esto? A veces damos vagamente por sentado que con anterioridad a la relación bicorporal existe una relación unicorporal; pero esto es una equivocación, y muy evidente si examinamos el asunto de cerca. La capacidad para sostener una relación unicorporal *sigue* a la de una relación bicorporal, a través de la introyección del objeto. (Implícitamente existe un mundo externo para el cual la relación es de carácter negativo.)

¿Qué es entonces lo que precede a la primera relación de objeto? Por lo que a mí se refiere, he sostenido una prolongada lucha con este problema. Empezó cuando (hace unos diez años) me encontré a mí mismo diciendo ante esta Sociedad, con cierta excitación y acaloramiento, lo siguiente: «*No existe nada que pueda ser denominado "bebé"*». Me sentí alarmado al oírme pronunciar estas palabras y traté de justificarme señalando que si me muestran ustedes un bebé ciertamente me mostrarán también a alguien que cuida del mismo, o, cuando menos, un cochecito de niños que acapara la vista y los oídos de alguien. Lo que vemos es una «pareja de crianza», por decirlo así.

Hoy, de manera menos extrema, diría que con anterioridad a las relaciones objetales el estado de cosas es como sigue: la unidad no la constituye el individuo sino la organización ambiental-individual. El centro de gravedad del ser no empieza en el individuo, sino que se halla en la organización total. Mediante un cuidado satisfactorio, la técnica, el sostenimiento y el control general, la cáscara se ve absorbida gradualmente y el núcleo —que durante todo el rato nos ha dado la impresión de ser un bebé humano— puede empezar a ser un individuo. El principio es potencialmente terrible debido a las angustias que he mencionado y debido al estado paranoide que sigue muy de cerca a la primera integración, así como a los primeros momentos instintivos, llevando al bebé, tal como hacen, un significado completamente nuevo de las relaciones objetales. La técnica satisfactoria del cuidado infantil neutraliza las persecuciones externas e impide los sentimientos de desintegración y de pérdida del contacto entre la psique y el soma.

Dicho de otro modo, sin una técnica satisfactoria de cuidados infantiles, al nuevo ser humano no se le ofrece ninguna oportunidad. Con la citada técnica el centro de gravedad del ser en la organización ambiente-individuo puede alojarse en el centro, en el núcleo más que en la cáscara. El ser humano que ahora estará desarrollando una entidad partiendo del centro puede quedar localizado en el cuerpo del bebé, pudiendo así empezar a crear un mundo externo al mismo tiempo que adquiere una membrana limítrofe y un interior. De acuerdo con esta teoría, al principio no existía un mundo externo aunque *nosotros en tanto observadores* pudiéramos ver a un pequeño dentro de un medio. Lo engañoso que esto puede ser queda demostrado por el hecho de que a menudo creemos ver un pequeño cuando a través del análisis nos enteramos más tarde de que hubiéramos debido ver un medio que falsamente se desarrollaba hasta convertirse en un ser humano, escondiendo dentro de sí un individuo en potencia.

Sin apartarme de esta línea dogmática deseo hacer un comentario sobre la condición clínica que popularmente se denomina «histeria». El término «neurosis» viene casi a cubrir el mismo terreno.

Es normal que el pequeño sienta angustia si se produce un fallo en la técnica de los cuidados infantiles. Al principio de todo, el pequeño, sin embargo, entraría en un estado de no integración, o perdería contacto con el cuerpo, o pasaría a ser la cápsula en lugar del contenido, *sin dolor*.

Inherente al crecimiento, entonces, se encuentra el dolor, la angustia referente al fracaso en el cuidado del infante. En estado de salud, el medio (cuya dirección es asumida por la madre o la niñera) sufre un desajuste gradual tras empezar con una adaptación casi perfecta.

Existe un estado de cosas en el cual se teme enloquecer, es decir, se teme una *ausencia de angustia ante la regresión* a un estado no integrado, a una falta del sentimiento de vivir en el cuerpo, etc. Lo que se teme es que no haya angustia, es decir, que haya una regresión de la que sea imposible volver.

La consecuencia de esto es una repetida puesta a prueba de la capacidad para la angustia y un alivio temporal siempre que se sienta angustia, cuanto más fuerte mejor (Balint, 1955).

El análisis del histérico (en el sentido popular) es el análisis de la locura que es temida pero no alcanzada sin la provisión de un nuevo ejemplo de cuidados infantiles, unos cuidados mejores en el análisis que durante la infancia del paciente. Pero, les ruego que tomen nota, el análisis llega, debe llegar, a la locura, aunque el diagnóstico siga siendo de neurosis y no de psicosis.

¿Estaría de acuerdo el doctor Rycroft en que este paciente podría tanto recordar sus primeras experiencias infantiles de vértigo fisiológico como *además* explorar estos recuerdos como defensa contra las angustias asociadas con el fracaso de la técnica de cuidados infantiles, angustias que al paciente (aunque no está loco) le parecerían amenazas de locura?

7. LA TOLERANCIA DE SÍNTOMAS EN PEDIATRÍA. HISTORIA DE UN CASO (1953)[1]

El tema de este trabajo, que el título anticipa, podría conducirnos por dos caminos. Solamente hablaré de uno de ellos, ya que es posible que sea el que se espera que siga. Me refiero al hecho de que los procesos corporales naturales que tienden a la salud y a la resolución de la enfermedad se han visto más que oscurecidos por la reciente avalancha de avances en el campo de la quimioterapia. Resulta en verdad difícil que el médico de nuestros días sepa por experiencia lo que hace que un niño con neumonía no reciba mayor ayuda que aquella que hace treinta años constituía el único tratamiento: buenos cuidados. Hoy en día, y todos estaremos de acuerdo en ello, ni siquiera debe permitirse que un divieso siga su propio curso. Me parece que en las mejores escuelas de medicina el programa de estudios incluye un recordatorio de que en los días previos a la penicilina, los niños sobrevivían a las enfermedades y que incluso en nuestros días es el niño y los tejidos vivos quienes en definitiva permiten la restauración de la salud, no los antibióticos.

No he seguido este importante camino porque el tema ha sido desarrollado con gran competencia por médicos que, al dirigirse a los estudiantes de medicina, han recordado los viejos

---

1. Alocución presidencial a la Sección de Pediatría de la Real Sociedad de Medicina, 27 de febrero de 1953, *Proceedings of the Royal Society of Medicine*, vol. 46, n.° 8, agosto de 1953.

y malos tiempos, y que, desde el punto de vista pedagógico, han comprendido que los tiempos fatídicos tuvieron sus puntos favorables. Mi tema seguirá otro camino que, a la larga, me parece que demostrará su pertinencia, ya que también se refiere a la tendencia natural a la salud y al empleo que nosotros, los médicos, podemos hacer de dicha tendencia. En el campo psicológico el principio según el cual existe una tendencia natural a la salud o la madurez del desarrollo tiene especial significación. Cabría decir que gran parte de las enfermedades físicas se deben a una invasión por parte del medio o a una deficiencia ambiental, no tratándose de meros trastornos del desarrollo. En contraste, siempre puede describirse el trastorno psicológico en términos propios del desarrollo emocional, ya sea retardado o deformado o privado de alcanzar la madurez propia de la edad alcanzada por el pequeño. Así, pues, en la medicina psicológica existe un vínculo aún más estrecho entre lo normal y lo anormal que el que existe entre la fisiología y los procesos patológicos de los tejidos y las funciones. De hecho, cuando hay solamente un trastorno fisiológico, entonces la enfermedad suele ser de carácter psicogénico.

Cuando me hallaba pensando en la relación entre la pediatría y la psiquiatría infantil se me ocurrió que dicha relación entraña no sólo una diferencia entre uno y otro cambio, sino también una diferencia de actitud emocional entre los que adoptan una u otra forma de enfocar los casos. El pediatra considera que el síntoma es un reto a su arsenal terapéutico, esperando que ello sea cierto siempre. Si el niño padece dolor, entonces cuanto antes se haga el diagnóstico y se elimine la causa tanto mejor. Por contra, el psiquiatra de niños ve en el síntoma una organización de extrema complejidad, una organización producida y mantenida por el valor que tiene. El niño necesita el síntoma debido a algún obstáculo surgido en su desarrollo emocional.

(Para que mis argumentos resulten más claros será de utilidad dar por sentado que nuestro pequeño enfermo físico está psiquiátricamente sano, mientras que nuestro pequeño enfermo psiquiátrico goza de excelente salud corporal. Si bien muy a menudo las cosas no suceden de este modo, resulta justificado que ahora hagamos esta simplificación.)

El psiquiatra, por tanto, no se dedica a curar los síntomas, sino que reconoce en ellos una llamada de auxilio que justifica una investigación en toda regla de la historia del desarrollo emocional del pequeño en relación con el medio y la cultura en que el niño se halla inmerso. El tratamiento va dirigido a aliviar al niño de la necesidad de lanzar su llamada de socorro. Existe, como ya he indicado, un grado de artificialidad en este planteamiento de contrastes. Los mejores médicos del cuerpo también investigan las causas y, cuando ello es posible, echan mano de la tendencia natural a recobrar la salud, empleándola como su principal terapia. Pero incluso los médicos físicos que toleran los síntomas físicamente determinados y que buscan las causas originarias cuando se enfrentan a una enfermedad física tienden a hacerse alérgicos a los síntomas ante un síndrome de etiología psicológica. Sienten la necesidad acuciante de curar en el mismo momento en que se ven enfrentados a un síntoma histérico de conversión, o una fobia que en apariencia carece de sentido, o una sensibilidad a los ruidos que parece propia de locos, o un ritual obsesivo, una regresión en el comportamiento, un trastorno del estado anímico, una tendencia antisocial o una inquietud que connota un desesperado estado de confusión en el núcleo de la personalidad del niño.

Estoy convencido de que la intolerancia de los síntomas se presenta simplemente porque el pediatra físico no está muy enterado de la ciencia denominada «psicología dinámica» (psicoanálisis para mí); y, sin embargo, sólo por medio de dicha ciencia cabe hallar sentido a los síntomas. Viendo que esta ciencia, que ya cuenta sus buenos cincuenta años, es tan amplia como la fisiología, cuando menos, e incluye todo el estudio de la personalidad humana en desarrollo dentro de su marco, no resulta sorprendente ver cómo el médico recién graduado, cansado, atiborrado de datos pediátricos, retrocede asustado ante la perspectiva de una asignatura más y le da el esquinazo a estas nuevas enseñanzas, las únicas que califican para la práctica de la psicoterapia.

Hay que dejar que el problema del doble adiestramiento se resuelva por sí solo con el tiempo; mientras tanto debemos esperar y recibir con agrado los dos tipos de enfoque, el físico y el psicológico, y debemos procurar asimilar la aportación que cada uno de ellos es capaz de hacer a la pediatría.

Por desgracia ahora me veo forzado a limitar el tema de mi alocución, tema que, tanto en profundidad como en extensión, podría ser casi infinito. He decidido hablar de la enuresis, si bien les confieso que me resulta muy difícil dejar de lado tantas cosas que resultarían tan interesantes para mí mismo como para un auditorio de pediatras.

Hay clínicas dedicadas a la enuresis que son dirigidas por pediatras y por lo general el objetivo manifiesto de tales clínicas estriba en la curación del síntoma. Las madres y los niños les están agradecidos. Nada hay que decir en contra de tales clínicas, salvo que arrinconan por completo la etiología, la enuresis como síntoma significativo de algo, como una persistente relación infantil que tiene valor en la economía emocional del pequeño. En la mayoría de los casos, la curación del síntoma no hace ningún daño y en los casos en que la curación *podría* hacer daño, el niño, a través de procesos inconscientes, se las compone para resistirse a la curación o para adoptar una señal alternativa de SOS, una señal que traiga consigo el traslado a otro tipo de clínica.

Mientras que estas clínicas pediátricas son transitorias, los psiquiatras de niños se encuentran constantemente con los síntomas de la enuresis; a menudo el síntoma es claramente visible en calidad de fenómeno secundario o subsidiario, un fragmento del enorme problema del ser humano que trata de desarrollarse hasta alcanzar la madurez a pesar de todos los obstáculos.

Citaré un solo caso de entre los cientos de ejemplos que podría darles. Espero que con la descripción de este único caso quede demostrado de qué manera apareció la enuresis en el transcurso de una enfermedad psíquica.

Elijo el caso de un muchacho al que no era posible aplicarle el psicoanálisis y cuya curación, sin embargo (suponiendo que curación pueda llamársele), dependió, en parte, de tres sesiones psicoterapéuticas.

Durante las tres sesiones, el muchacho estuvo constantemente dibujando. A mí me fue posible tomar notas excepto en los momentos más críticos, cuando los sentimientos estaban tan tensos que tomar notas hubiese redundado en perjuicio del chico.

El caso, nada infrecuente, se presta aún más a su exposición como ejemplo debido a que el tratamiento del chico corrió principalmente a cargo de los padres, que pudieron reparar el hogar que había resultado destruido por la guerra. Espero que en esta parte de la historia, en la que la labor la hicieron los padres, sepan ver un tipo de enfermedad y de recuperación que ustedes mismos habrán observado en aquellos de sus pacientes que hayan podido utilizar un período de enfermedad física a modo de oportunidad para efectuar un crecimiento retardado de la personalidad. El muchacho en cuestión tuvo suerte: pudo obtener lo que le hacía falta sin necesidad de recurrir a ninguna enfermedad física.

Ejemplo: un caso de enuresis

Philip, de nueve años, era uno de los tres hijos de una buena familia. Durante la guerra el padre había permanecido ausente durante mucho tiempo; al finalizar el conflicto se retiró del ejército y se puso a reconstruir su hogar, empezando por dedicarse a la agricultura en pequeña escala. Los dos muchachos asistían a una conocida escuela preparatoria. En octubre de 1947 el director de la escuela escribió a los padres diciéndoles que se veía obligado a aconsejarles que sacasen de ella a Philip porque, si bien él, el director, jamás había considerado que en el chico hubiese algo anormal, había averiguado que Philip era la causa de una epidemia de robos que se estaba produciendo en la escuela. El director dijo: «Puedo solucionar fácilmente la epidemia si Philip se va», y, con mucho tino, comprendió que Philip estaba enfermo y que no podría responder sencillamente a ningún tipo de tratamiento correctivo. A resultas de esta carta, que causó un gran *shock* a los padres, éstos consultaron a su médico de cabecera, quien, siguiendo la recomendación de un psiquiatra, me remitió a mí el caso.

La consideración de estos detalles demuestra cuán precaria es esta cuestión de mandar al psiquiatra a un niño con una enfermedad psíquica antes de haberse producido algún daño. Casi fue cosa de casualidad que yo pudiera prestarle ayuda desde el comienzo y antes de que hubiese habido tiempo para adoptar una actitud moral con respecto a la delincuencia del muchacho, y antes de que la intolerancia del síntoma se hubiese desarrollado hasta el extremo de producir una terapia de pánico.

Ante todo quise ver a la madre, y en el transcurso de una larga entrevista pude tomar nota de la siguiente y detallada historia: la historia en cuestión resultó ser correcta en casi todo, si bien hubo un detalle importante sobre el que no supe la verdad hasta que celebré una entrevista con el muchacho.

Me enteré de que el padre y la madre gozaban de la capacidad de formar y mantener un buen hogar, pero que los trastornos de la guerra habían provocado una seria ruptura que afectó más a Philip que a su hermano. La hermana pequeña se estaba desarrollando de un modo que a todas luces era normal y se veía capaz de sacar todos los beneficios de su reparado hogar. Los padres sentían inclinación por el espiritualismo pero me hicieron ver claramente que en modo alguno trataban de imponer su modo de pensar a los hijos. La madre sentía aversión por la psicología y manifestó no saber nada de ella. Esto resultó valioso para mi forma de llevar el caso, ya que tuve oportunidad de apoyarme en los sentimientos de la madre y en su comprensión intuitiva de la naturaleza humana en vez de hacerlo en sus lecturas y reflexiones esporádicas.

El hermano fue amamantado durante cinco meses y su personalidad fue franca desde el comienzo. Philip le admiraba mucho.

El parto de Philip fue muy difícil. La madre lo recuerda como una larga lucha. El líquido amniótico empezó a salir diez días antes del parto y, según el punto de vista de la madre, el parto se inició y se interrumpió dos veces antes de que el muchacho naciese realmente, bajo los efectos del cloroformo. Philip fue amamantado durante seis semanas; no se produjo ninguna pérdida inicial de peso y la transición al biberón se efectuó sin problemas. Fue un bebé de los que suelen llamarse huesudos hasta los dos años, momento en que la guerra empezó a interferir en su vida. A partir de aquella edad el chico dejó de gozar de cuidados en el hogar y se convirtió en un pequeño más bien quieto y silencioso, quizá demasiado fácil de llevar. Tuvo que compartir su vida de párvulo con niños extraños y toscos. Por aquellos días se convirtió en un niño demasiado propenso al catarro y en él se desarrolló la incapacidad para sonarse la nariz. La tendencia catarral se ha mantenido y no se vio afectada favorablemente por la extirpación de las amígdalas, que sufrió a los seis años. La madre sufre de asma y cree que de vez en cuando el niño también la ha padecido levemente. La madre cuidaba de Philip la mayor parte del tiempo, si bien con ayuda de una niñera, y no tardó en darse cuenta de la diferencia que había entre los dos muchachos. No sólo era Philip menos sano debido al catarro, sino que, además, su coordinación era deficiente.

Entre los dos y los cuatro años de edad Philip y su hermano estuvieron lejos de casa con su madre; luego regresaron al hogar originario. Sin embargo, el hogar, que había quedado deshecho cuando Philip contaba dos años, no se recompuso hasta que el padre se retiró del ejército, no mucho antes de la fecha de la consulta. Los efectos del pequeño quedaron forzosamente desparramados, sin que en ningún momento pudiera disponer de todos ellos a la vez, por lo que cualquier objeto estaba expuesto a perderse. En comparación con el hermano, Philip no era un niño demostrativo. No obstante, era afectuoso con su madre y con su hermana. El niño parecía un extraño a ojos de la madre y los efectos que poseía eran cosas muy privadas para él. Las dificultades, sin embargo, no se manifestaron hasta que cumplió seis años. En lo que respecta al adiestramiento fisiológico, el pequeño nunca presentó problema alguno; tampoco lo fue la incontinencia nocturna.

A la edad de seis años, cuando, según me recordó la madre, le fueron extirpadas las amígdalas, al regresar a casa traía consigo el reloj de la enfermera. Durante los siguientes tres años robó otro reloj y también dinero, que siempre gastaba. Robó otros objetos, que siempre sufrían desperfectos. No carecía de dinero propio y en él se desarrolló la pasión de la bibliofilia. Tratándose de un chico muy inteligente y aficionado a la lectura, realmente leía los libros que se compraba, pero la misma compra de los libros revestía importancia para él. En su mayoría eran libros pequeños cuyos temas giraban en torno a polillas, tipos de hierbas, perros, etcétera; es decir, libros de tipo clasificador. Observaron que llegaba a pagar quince chelines por un libro sobre barcos, un libro de tamaño reducido, sin que al parecer el precio le pareciese caro. Junto con estos síntomas los padres habían observado un cambio en el carácter del chico, pero les resultaba difícil describirlo. Los padres quedaron realmente consternados cuando tuvo lugar el siguiente incidente: hospedado en casa de un amigo, de regreso al hogar para las vacaciones, robó un libro de matrículas de automóvil propiedad de los dueños de la casa. No trató de ocultar el libro y los padres atribuyeron el robo a su indudable amor por todo tipo de documentos. Recordando, pudieron informar que por aquellos días el pequeño empezó a mostrarse desaliñado. Es más, fue perdiendo el interés por sus pertenencias con la salvedad de nuevos libros; junto a esto se registró un aumento en los deseos de regalarle cosas a su hermana, por la que sentía gran afecto. Esto sucedió en el período comprendido entre los seis a los ocho años y el momento en que me fue traído a consulta.

Al nacer la hermana (Philip tenía seis años) la madre dijo que al principio el chico se mostró consternado y abiertamente celoso, pero pronto le tomó afecto a la pequeña y reemprendió unas buenas relaciones con la madre, aunque no tan buenas, de todos modos, como las de antes del nacimiento de la niña. Por aquel entonces el padre empezó a descubrir que sus hijos eran personas interesantes, en parte porque ahora tenía una hija y principalmente porque cada vez podía pasar más tiempo en el hogar. Por cierto que la madre me dijo que tanto ella como el padre ansiaban que su segundo hijo fuese niña. Cuando el que nació fue Philip tardaron algún tiempo en adaptarse a la idea de que habían tenido otro chico. Al cabo del tiempo, el nacimiento de la pequeña representó un gran alivio para la familia y liberó a Philip de un vago sentimiento de que, de alguna forma, querían que fuese distinto de lo que realmente era. Tomé nota especial de que el asunto de las amígdalas, que aparentemente había provocado el cambio de personalidad en el niño, había tenido lugar poco tiempo después de nacer la pequeña y más tarde pude descubrir que el nacimiento de la niña fue el mayor de los trastornos. En aquel tiempo (Philip tenía ya ocho años) se mostró asustadizo ante cualquier cosa susceptible de inducir a los demás a reírse de él. En este sentido la madre dijo que una vez había sufrido una hinchazón en la cara a causa de la picadura de un insecto. Antes que exponerse a que se rieran de él, Philip daba muestras de gran cansancio y se quedaba en cama. A modo de defensa contra las posibles burlas el muchacho cultivó el arte de la imitación y de esta forma fue capaz de hacer reír a voluntad. También hizo acopio de un fondo de historietas divertidas, con lo que se protegió aún más de la mofa ajena. Mientras me contaba todo esto la madre se sintió triste al darse cuenta de lo perdida que se había sentido al tratar con Philip en contraste con lo fácil que le había sido comprender a los otros dos pequeños. La señora poseía el don de establecer contactos con los niños normales, pero no con los enfermos. Esta comprobación tuvo importancia para mí, ya que deseaba contar con la cooperación de la madre. Más adelante le describí lo que el niño necesitaba de ella, empleando términos propios de las necesidades de un niño normal, no de las necesidades de un caso psiquiátrico; le expliqué que al muchacho iba a serle necesario que le permitieran retroceder, volver a ser un niño en sus relaciones con ella, utilizando de esta manera su hogar recuperado. Así evitamos tener que instruirla, en contra de sus deseos, en los principios de la psicopatología.

El sueño era siempre difícil a causa de la obstrucción nasal. Philip solía despertarse para recabar la ayuda de su madre y era probable que se valiera de esta dificultad física, sin saberlo, con el fin de obtener la presencia de su madre por la noche. De no haber sido por la obstrucción nasal, la madre hubiese tenido que acudir a él por algún otro motivo, como las pesadillas, algún tipo de fobia, etc. Philip padecía fobia a ser herido y después de la operación les cogió fobia a los médicos.

Cuando pregunté qué pasaba cuando se excitaba, si se ponía enfermo o se limitaba a dar saltos de un lado para otro, la

LA TOLERANCIA DE SÍNTOMAS EN PEDIATRÍA   149

madre dijo: «Cuando una espera que se excite se tranquiliza, se abstrae y sin cesar se pregunta qué puede hacer, qué puede hacer». La madre se había fijado en que para el chico era importante poder pasar a solas un rato cada día. Philip sabía aprovechar las distracciones y, por ejemplo, cuando le llevaron a Suiza pronto aprendió a esquiar, aunque más por la fuerza de voluntad que por una habilidad natural.
   La madre me informó que el chico padecía mayor urgencia y frecuencia de la micción, hecho que ella relacionaba con la obstrucción nasal. En la escuela al chico se le consideraba sano, y la obstrucción nasal parecía ser menos evidente. Junto con la madre visitamos a un otorrinolaringólogo, quien nos dio sus valiosos consejos de especialista, pero también recomendó una multitud de cosas destinadas a aliviar los síntomas de los que había que liberar al muchacho.
   En la escuela creían que Philip era un chico inteligente pero perezoso. El director dio un mal informe de él, pero en una carta me dijo que nunca había pensado que el muchacho fuese anormal en ningún aspecto hasta que empezó a robar. La pereza no era cosa nueva para el director, que esperaba que el muchacho acabase rectificando su conducta. Creo que este detalle pone de relieve de qué manera una escuela verdaderamente buena es capaz de pasar por alto la existencia de una enfermedad psiquiátrica.
   A Philip le gustaba el campo. Poseía un galgo propio, hecho que demostró tener gran importancia y desempeñar un papel importante en su curación. Mientras tenía problemas en la escuela Philip escribió una carta en la que no había ninguna señal de aflicción.

Resumen del caso

   Esta historia que la madre pudo contarme demostraba que el muchacho había empezado bien su vida pero que existía un contratiempo en el desarrollo emocional del chico, contratiempo que databa de la edad de dos años. En defensa contra la inseguridad ambiental el muchacho había adoptado un repliegue y una relativa falta de coordinación. A los seis años comenzó la degeneración de la personalidad, degeneración que era progresiva y llevada hacia una sintomatología de mayor importancia a los nueve años, motivo por el que me fue traído.

La forma en que llevé el caso

Aunque no había visto al paciente, pude empezar a tomar medidas para la dirección del caso. Estaba claro que el psicoanálisis quedaba fuera de lugar, ya que un viaje cotidiano a Londres, incluso un viaje semanal, hubiese constituido un contratiempo para el aprovechamiento que el muchacho podía hacer de su restituido hogar, que había de ser, precisamente, el que llevaría la mayor carga de la terapia.

Le dije a la madre que el muchacho iba a necesitar de su ayuda ya que estaba claro que algo había perdido a los dos años, algo que necesitaría buscar retroactivamente. La señora me comprendió en seguida y dijo: «Pues si tiene que convertirse en un niño, que venga a casa, y mientras usted me ayuda a comprender lo que pasa sabré cómo arreglármelas». Quedó demostrado que no se trataba de una simple bravata y a la larga fue ella quien se llevó el mérito de haber ayudado al niño a superar una enfermedad mental. El hogar fue el hospital mental que le hacía falta a aquel paciente, un asilo en el verdadero sentido de la palabra.

En términos técnicos, el muchacho efectuó una regresión. Retrocedió en su desarrollo emocional de una forma que más tarde les describiré, y después reemprendió el camino hacia adelante. Fue en el momento más profundo de tal regresión cuando empezó a orinarse en la cama, hecho que constituye el eslabón entre este caso y el tema principal de mi alocución.

Mi siguiente tarea consistió en ver al muchacho. La entrevista me era necesaria no sólo para averiguar qué lugar ocuparía yo en la dirección del caso durante los meses siguientes (mayormente por teléfono) sino también porque el muchacho estaba preparado para el *insight* que obtuvo en aquella hora y media y que, aun no tratándose de psicoanálisis, representó la aplicación por mi parte de una serie de conocimientos adquiridos en mi labor psicoanalítica.

La primera entrevista con Philip

No hubo ninguna dificultad inicial. El paciente era un muchacho atractivo e inteligente, algo retraído, que no daba grandes muestras de estar haciendo observaciones objetivas sobre mí. Evidentemente, estaba preocupado por sus propios asuntos y ligeramente divertido. Su hermana le acompañó y él se

LA TOLERANCIA DE SÍNTOMAS EN PEDIATRÍA   151

comportó de manera natural con ella, dejándola tranquilamente con su madre mientras él y yo entrábamos en la sala de juegos. Adopté una técnica idónea para estos casos, una especie de prueba proyectiva en la que yo también participo. Las figuras que van del número 1 al 8 son una muestra de los dibujos. Se trata de un juego en el que yo primero hago un garabato y el paciente lo convierte en algo; luego es él quien traza el garabato y yo quien lo transforma en algo.

1. *Mi* garabato (fig. 1). El paciente le dio la vuelta y rápidamente dijo que era un mapa de Inglaterra, añadiendo una línea que faltaba en la región de Cornualles.

Inmediatamente comprendí que se hallaba en un estado sumamente imaginativo y que yo obtendría unos resultados muy personales, ya que de aquel garabato se hubiese podido sacar casi cualquier cosa.

2. *Su* garabato. Yo me retrasé adrede en convertirlo en algo, dándole así ocasión de desplegar una vez más su capacidad imaginativa. Inmediatamente el paciente dijo que se trataba de una cuerda lanzada al aire y se puso a indicar el aire mediante una serie de trazos finos que se entrecruzaban con el grueso trazo que representaba la cuerda.

3. De nuevo fue *él* quien dibujó el garabato (fig. 2) y yo rápidamente lo convertí en una cara que según él era un pez. También esto fue indicio de que él estaba preocupado por su reali-

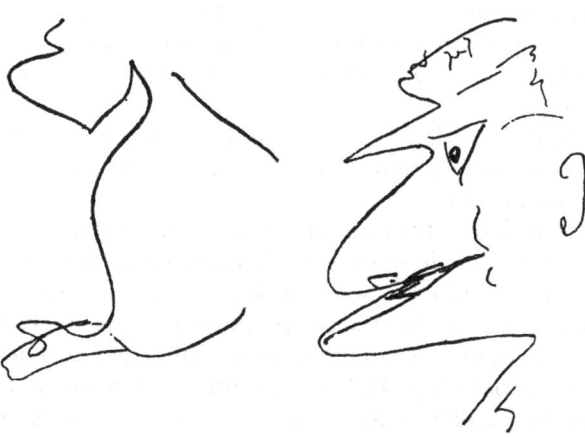

FIG. 1
Mi garabato. Su modificación.
Su comentario: Inglaterra.

FIG. 2
Su garabato. Mi modificación.
Su comentario: un pez.

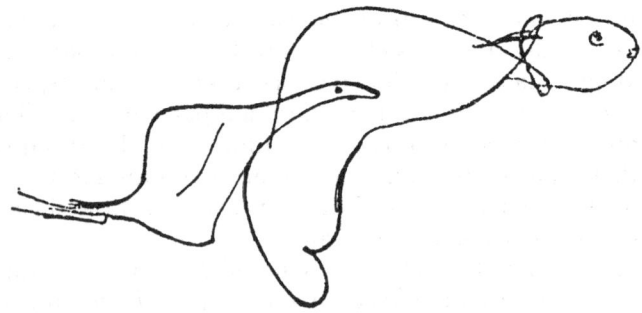

Fig. 3
Mi garabato. Su modificación. Su comentario: una leona marina con su cachorro.

dad personal o interior, sin denotar una excesiva preocupación por la objetividad.

4. *Mi* garabato (fig. 3). Fue sorprendente presenciar la forma en que sin pérdida de tiempo vio en él una leona marina con su cachorro. Los acontecimientos subsiguientes demostraron que era justificable colegir de su dibujo que el muchacho sentía una poderosa identificación maternal; y también que la relación madre-niño revestía especial importancia para él. Lo que es más, este dibujo tiene belleza y no por el garabato en sí sino por el uso que él hizo del mismo.

5. *Su* garabato. Antes de que pudiera interpretarlo el chico lo convirtió en un grupo de escaladores unidos mediante una cordada. Esto era propio de sus recientes experiencias en Suiza.

6. *Su* garabato de nuevo. Él lo interpretó como un remolino pequeño con olas y agua. Para él esto estaba del todo claro, aunque no para mí.

7. *Su* garabato otra vez, que él convirtió en una bota dentro del agua, algo que de nuevo era absolutamente personal. Yo ya me había percatado de que el muchacho estaba en un estado de casi sonambulismo, lo cual me preparó para los rasgos psicóticos sobre los que más adelante tendría algo que aprender.

8. *Mi* garabato (fig. 4). Inmediatamente el paciente lo transformó en lo que él llamaba el señor polichinela con lágrimas en la ropa.

El muchacho ya había llegado a un estado de gran creatividad y me dijo: «Hay diez lágrimas en su ropa porque ha estado haciendo algo con un cocodrilo, algo muy feo, probablemente

LA TOLERANCIA DE SÍNTOMAS EN PEDIATRÍA   153

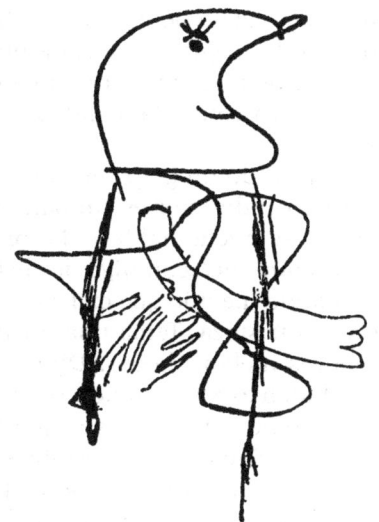

FIG. 4
Mi garabato. Su modificación.
Su comentario: polichinela
con lágrimas en la ropa.

FIG. 5
Dibujo n. 9. El brujo.

molestándolo, y si uno molesta a los cocodrilos corre el peligro de que se lo coman».
9. Ahora me estaba hablando de material onírico por lo que yo me hallaba en situación de investigar sus sueños. Le hablé de las cosas pavorosas que podían ocurrirle en sus pensamientos, ante lo cual hizo el dibujo número 5, al que le llamó «brujo». Sobre esto había una larga historia. El brujo se aparecía al dar la medianoche en la escuela. Al parecer, por las noches Philip se quedaba acechando al brujo largo tiempo. Este brujo gozaba de un poder absoluto y mágico. Tenía la facultad de enterrarte y convertirte en algún objeto. Este brujo resultó ser una importante clave en el entendimiento de la compulsión de robar.
Para entonces el muchacho estaba deseoso de contarme sus sueños. Se hallaba con su madre en un coche. El coche se deslizaba pendiente abajo. Al final de la pendiente había un terraplén y el coche marchaba tan velozmente que no había ninguna posibilidad de detenerlo. En el momento crítico se producía el acto de magia, de magia buena: el coche saltaba por encima del terraplén sin precipitarse en él.
Expresé en palabras lo que entrañaba el sueño y su forma de narrármelo. Le dije que le asustaba el hecho de que en el

sueño hubiese tenido que recurrir a la magia buena ya que ello significaba su necesidad de creer en la magia y, si existía una magia buena, por fuerza tenía que existir también una magia mala. Lo malo era su incapacidad para afrontar la realidad y su necesidad de recurrir a la magia.

Me contó otro sueño. Le había atizado un golpe en el estómago al director de la escuela, «pero el director es simpático» —dijo—; «es un hombre con quien se puede hablar». Le pregunté si a veces estaba triste y él se comunicó conmigo desde lo más profundo de su naturaleza cuando me dijo que ciertamente sabía cuál era el significado de la tristeza. Tenía una forma propia de denominarla: «momentos melancólicos». Dijo que el peor sentimiento de tristeza lo había experimentado mucho tiempo antes y entonces me contó lo de la primera vez que se había visto separado de su madre. Al principio yo no estaba seguro de qué edad tenía a la sazón. Él me dijo lo siguiente: «Mamá se fue. Mi hermano y yo tuvimos que arreglárnoslas solos. Fuimos a vivir con nuestros tíos. Lo horrible que allí me sucedía era que a veces veía a mi madre en la cocina, con su vestido azul, y cuando corría hacia ella de pronto me encontraba con que se transformaba en mi tía, vestida con un vestido de distinto color».

Me contó que a menudo alucinaba a su madre, recurriendo a la magia pero sufriendo constantemente el *shock* de la desilusión. Yo le hablé de lo horrible que resulta encontrarnos con que no son reales las cosas que creíamos que lo eran.

10. Él dibujó un espejo y se apartó del tema de las alucinaciones dándome una explicación científica acerca de los espejos. Su tío era quien se la había dado. «Uno ve unos hermosos árboles azules cuando lo cierto es que no hay ningún árbol.»

También me dijo que era muy aficionado a las cosas bellas. «Mi hermano, en cambio, no piensa más que en barcos y en navegar, y esto es muy distinto. Amo la belleza, los animales, y me gusta dibujar.» Le señalé que la belleza del espejo estaba vinculada con sus sentimientos con respecto a la madre, hecho que yo había deducido partiendo del color azul del espejo y del vestido de la madre.

Al llegar aquí, mis notas resultaban menos claras, toda vez que la situación se había hecho muy tensa y el chico se había puesto sumamente serio y pensativo. Espontáneamente me habló de su depresión o de lo que él llamaba «momentos melancólicos». Resultó que el peor de tales momentos lo había experimentado cuando tenía casi seis años y entonces me fue posible ver la importancia que había tenido el nacimiento de su hermana. Al decirme que su madre se había ido se refería a que había ingresado en una clínica de reposo para tener el hijo allí. Fue entonces cuando él y su hermano se alojaron en casa de los tíos y, así como su hermano había superado fácilmente la prueba, Philip apenas si consiguió que no se rompiera el hilo de la experiencia. No sólo alucinaba sino que también necesitaba que le dijesen exactamente lo que debía hacer; y su tío, al darse cuenta de ello, había adoptado deliberadamente la actitud propia de un sargento y, dominando la vida del pequeño, había contrarrestado el vacío resultante de la pérdida de la madre. Había otra cosa que le mantuvo activo: su hermano, que resultó una gran ayuda para él, constantemente decía: «Esto terminará; terminará».

Conmigo se le ofreció al muchacho la primera oportunidad de su vida para hablar de la dificultad real experimentada entonces: aceptar el hecho de que su madre era capaz de tener un bebé, cosa que le hacía sentirse tremendamente celoso de ella. El dibujo de la leona de mar con su cachorro demostraba lo mucho que había idealizado la relación madre-hijo. El hecho de que el bebé hubiese sido una niña había representado un gran alivio para él.

Philip dijo: «Me pasaba todo el rato pensando que todo terminaría pronto, o si no me sentía enfermo». Una vez, en la escuela, se había sentido nostálgico, lo cual constituía otra forma de melancolía o depresión, y acudió al director. Dijo: «El director lo probó todo, pero no pudo ayudarme». Entonces comparó al director conmigo y dijo abiertamente que, mientras el director solamente había sido capaz de decirle «arriba ese ánimo», yo había podido darle cierta comprensión, de la que tenía gran necesidad.

Entonces pudimos volver al brujo y resultó que éste llevaba el abrigo de su tío el soldado, el que había dominado su vida y de esta manera le había salvado de la vaciedad de la depresión. Me dijo que la voz del brujo era exactamente igual a la de su tío. Dicha voz seguía dominándole en la escuela, diciéndole que robase, cosa que él se sentía obligado a hacer. Si titubeaba la voz le decía: «No seas cobarde; acuérdate de tu nombre. En nuestra familia no hay cobardes». Entonces me habló del principal episodio, motivo de su expulsión. Un compañero le había dicho: «Caramba, no tiene tanta importancia lo que has hecho; cualquiera hubiese podido robar algunas libras y cosas así. No es como si hubieses robado algún veneno del botiquín del ama de llaves». Después de aquello la voz del brujo le dijo que debía robar veneno del botiquín del ama de llaves, y así lo hizo con una consumada habilidad. Fue cuando le hallaron en posesión de drogas peligrosas cuando lo expulsaron, pero ello no le produjo ningún sentimiento de vergüenza, toda vez que había obedecido a la voz y no se había comportado como un cobarde. Es más, yo añadiría que al robar se hallaba en camino de encontrar a la madre que había perdido, pero éste es otro tema que ahora no podemos desarrollar.

He tratado de hacerles una descripción fiel de la entrevista pero no puedo transmitirles la importancia de algo que aconteció y que fue muy real para ambos.

Ya empezaba a sentirme agotado y con ganas de terminar cuando él se sentó para hacer un último dibujo (fig. 6).

11. Tras dibujar en silencio dijo que se trataba de su padre en una barca. Por encima de la barca vuela un águila que lleva un conejito.

Está claro que Philip no sólo estaba dibujando con el fin de «clausurar» la entrevista, sino que también lo hacía para dar prueba de su progreso. Empecé a interpretarlo verbalmente. Dije que el águila que estaba robando un conejito representaba su propio deseo o sueño en el momento de mayor aflicción: robarle la hermanita a su madre. Al principio de todo él había sentido celos de la madre por poder dar a luz un hijo del padre, y también sentía celos de la hermanita, ya que él mismo sentía la aguda necesidad de ser un bebé y disfrutar de una segunda oportunidad de valerse de su madre en un estado de dependencia.

Fig. 6

Dibujo n. 11. Su padre en una barca; sobre la barca hay un águila y el águila lleva un conejito.

(Como es natural, empleé un lenguaje adecuado a su capacidad de comprensión.) El muchacho aceptó el tema y dijo: «Y he aquí a papá, totalmente despreocupado». Recordarán ustedes que su padre había estado fuera de Inglaterra. El hecho de que su padre estuviera lejos luchando por su patria revestía ahora gran importancia para Philip, y fanfarroneaba al respecto en la escuela. Sin embargo, en lo que hace a sus necesidades infantiles, el padre estaba descuidando la apremiante necesidad que el chico sentía de tener un padre junto a él, un padre amistoso, fuerte, comprensivo, un padre que se hiciese responsable. De no haber sido por su tío y por su hermano, Philip se hubiera hundido cuando la relación con su madre se vio interrumpida por la separación y por los celos que hacia ella sentía. Al llegar aquí el chico ya estaba dispuesto a marcharse.

Segunda entrevista

Volví a verle al cabo de una semana; no hará falta que les haga una relación detallada. Sin embargo, les mostraré su dibujo (fig. 7), por medio del cual anunció que el brujo y su voz habían desaparecido a raíz de la primera entrevista. En este dibujo, que representa la casa del brujo, yo me hallo en dicha casa armado con una escopeta, mientras el brujo emprende la retirada. El humo indica que la esposa del brujo está en la cocina preparando la comida. Yo entro en ella y despojo a la mujer de su magia. Recordarán la necesidad del muchacho de encontrar a su madre en la cocina: la alternativa la representaban la bruja y el caldero, y los mágicos encantamientos de la mujer de la primera infancia, tan terribles cuando se piensa en ellos retrospectivamente, debido a la absoluta dependencia del pequeño. Esto presenta ya cierto sabor de fantasía, de funcionamiento a un nivel menos profundo; y en verdad que estaba ausente el ambiente tenso de nuestra primera entrevista. Yo ya había salido del círculo íntimo del mando personal y mágico del chico; ahora era una persona que le escuchaba y le hablaba de sus fantasías.

Dos dibujos más:

En uno se ve al brujo recorriendo los pasillos de la escuela. Después de hacerlo, el chico me dijo otra vez lo de la alucinación de la madre que se transformaba en la tía cuando Philip trataba de poner a prueba lo que estaba viendo. Había también un detalle de importancia por cuanto la vela que transportaba el brujo correspondía a una erección genital así como a ideas de *fellatio* y de cabello en llamas. Tuve que disponerme a aceptar aquello, junto con la magia y cualquier otra cosa que surgiese, o de lo contrario me convertiría en un estorbo, ya sea por un excesivo despliegue de pudibundez o ceguera o por la activa introducción de mis propias ideas. Pero aquello no iba a ser un análisis, por lo que debía evitar darle al muchacho la interpretación de su inconsciente reprimido.

El último dibujo de la segunda serie (fig. 8) vuelve a representar al brujo. Esta vez el brujo está siendo objeto de mofa. Es un dibujo «gracioso». Se recordará que formaba parte de la enfermedad del chico el dar por sentado que los demás se burlasen de él. El objeto de mofa ya había sido expulsado de la casa (él mismo), y en lugar del brujo se hallaba la idea, sumamente subjetiva, que de mí se hacía el paciente. Yo era sencillamente una persona que encajaba y comprendía, y que verbaliza el material del juego. Al verbalizar, hablo con un ser consciente y reconozco, en su personalidad total, el LUGAR DESDE EL CUAL, el punto central de su ENTIDAD, sin el cual no hay ÉL.

FIG. 7
La casa del brujo.

FIG. 8
Retrato «gracioso» del brujo.

He seleccionado las figuras del número 1 al 8 de entre un total de catorce dibujos.

La tercera entrevista

Empezó con un dibujo en el que se ve a su enemigo dejando caer un cuchillo sobre su galgo. El enemigo es el hijo del tío que tan importante papel desempeñó en su vida durante la depresión y cuya voz y abrigo militar suministraron los detalles del brujo al que el pequeño había recurrido para contrarrestar su «melancolía». El primo en cuestión era odiado debido al fuerte cariño que Philip sentía por el padre del primo, es decir, su tío. El tercer intervalo hizo que la entrevista adoptara el tono de la hora de recreo. Yo me limité a permanecer sentado contemplando a Philip, que ejecutaba un complejo trazado con los raíles de mi tren de juguete. Todas las otras veces que volvió a la consulta se limitó a jugar con el tren; ya no hice más psicoterapia. A decir verdad, no debía hacerla a menos que estuviese preparado para que el tratamiento pasara a convertirse en un tratamiento psicoanalítico, con sus sesiones diarias dispuestas de manera que se prolongaran durante un período de uno, dos o tres años. En el caso de Philip jamás se llegó a pensar en el psicoanálisis como tratamiento.

La enfermedad en el hogar

Llego ahora a la enfermedad que el chico tuvo que padecer y durante la cual los padres le dieron asilo. La enfermedad puede describirse brevemente. A este niño le hizo falta mi ayuda personal, pero hay muchos otros casos en los que es posible prescindir de la sesión terapéutica, en los que toda la terapia puede llevarse a cabo en el hogar. Lo único que se pierde es el hecho de que el muchacho adquiera *insight*, y en modo alguno puede decirse que esta pérdida sea grave.

Philip fue aceptado en casa como caso especial, como niño enfermo al que era necesario permitirle que enfermase aún más. Con esto quiero decir que había habido una enfermedad controlada a la que debía permitírsele desarrollarse por completo. El niño debía recibir lo que todo niño tiene derecho a recibir al principio: un período durante el cual el medio ambiente debe adaptarse activamente a sus necesidades.

La situación era la siguiente: gradualmente Philip fue replegándose y haciéndose dependiente. La gente decía que el pequeño vivía en un mundo de hadas. Su madre dijo que por la mañana, más que levantarse, lo que hacía Philip era cambiar el estado de hallarse en cama por el de hallarse fuera de ella, y eso sencillamente porque alguien le vestía. Ésta es la forma no científica de decir que el muchacho se hallaba en estado de sonambulismo. Varias veces la madre trató de alentarle a que se levantase solo, pero el chico empezó a llorar casi en seguida de aflicción, por lo que la madre abandonó sus intentos. Durante las comidas el pequeño disponía los cubiertos a su alrededor y comía solo, aunque la familia se hallaba igualmente sentada a la mesa. Se comportaba de manera aparentemente incivilizada: comía grandes trozos de pan tras haberse tragado la mermelada primero. Comía mecánicamente cuanto se le ofrecía; parecía como si no le importase la comida y nunca llegaba el momento en que sentía que ya había comido lo suficiente. Durante toda la comida adoptaba un aire de preocupación.

Empezó a bajar la pendiente de manera constante, cada vez menos capaz de vivir en su cuerpo o de interesarse por su aspecto; pero no perdió el contacto con el disfrute del cuerpo, ya que se pasaba horas y horas contemplando a su perro galgo.

Su forma de andar perdió coordinación y, al llegar al punto más bajo de la regresión, progresó hasta adoptar una técnica de andar parecida a los saltos a la pata coja sobre una cuerda, con los brazos moviéndose como las aspas de un molino; en caso contrario, lo que hacía era avanzar dando tumbos, como impelido por alguna fuerza bruta que habitase en su ser. Lo que ciertamente no hacía era caminar. Mientras así iba progresando empezó a emitir unos ruidos que su hermano llamaba «resoplidos de elefante». En ningún momento se hicieron comentarios sobre sus numerosas rarezas y excentricidades, ni sobre sus extrañísimas pautas de comportamiento. A él iba destinada la nata de la única vaca que poseía el padre y, en sentido figurado, para él era la crema del hogar.

A veces salía de tal estado durante una o dos horas, cuando, por ejemplo, sus padres daban un cóctel; luego volvía rápidamente a su estado.

Una vez asistió a una fiesta del pueblo, donde se puso de manifiesto la extraña actitud que adoptaba con respecto a las chicas. Bailó un poco, pero sólo con una extraña y gorda criatura a la que llamaban «el galeón» y que en el pueblo creían que era deficiente mental. Durante aquel período una novela de misterio que daban por la radio se convirtió en una auténtica obsesión, haciendo que su vida girase en torno a ella y a la contemplación del perro. Entonces se llegó al fondo. Siempre estaba cansado. Experimentaba una creciente dificultad para levantarse. Por primera vez desde la infancia empezó a orinarse en la cama. Por fin he llegado al síntoma que me hizo escoger este caso como ejemplo. La madre le hacía levantarse cada madrugada, entre las tres y las cuatro, pero casi siempre se mojaba igualmente. El chico dijo que soñaba tan vivamente que creía hacerlo en el orinal. Asimismo, por aquel entonces cogió gran afición al agua, bebiéndola en exceso. Al respecto dijo: «Es tan divertido, tan deliciosa, tan buena para beber».

Todo esto transcurrió durante unos tres meses.

Una mañana quiso levantarse. El hecho señaló el principio de su gradual restablecimiento, en el que no se registró ningún retroceso. Los síntomas fueron esfumándose y al llegar el verano de 1948 el chico se hallaba en condiciones de volver a la escuela. Sin embargo, la vuelta fue aplazada hasta que empezase el curso, en otoño, un año después de que comenzase la fase aguda de la enfermedad.

Después de la primera entrevista psicoterapéutica, nunca más volvieron a aparecer el brujo y la voz, ni los impulsos de robar.

Al regresar a la misma escuela Philip recuperó fácilmente lo que había perdido, y no tuvo ninguna dificultad en borrar la mala reputación que con sus robos se había forjado. El director no tardó en escribir la consabida carta preguntando a qué venía tanto ajetreo si el muchacho era perfectamente sano y normal. Al parecer había olvidado que era él quién le había expulsado un año antes.

A los doce años y medio Philip ingresó en una conocida escuela particular, una de las más duras, y a los catorce dijeron que medía ya más de un metro sesenta, era de físico robusto y de naturaleza varonil, siempre al aire libre y con buena mano para los deportes habituales en tales escuelas. Dijeron que, desde el punto de vista académico, superaba en un año a los muchachos de su edad.

RECAPITULACIÓN

Comprendo el punto de vista del pediatra que, no ocupándose específicamente de la psicología, debe hacer caso omiso del significado de los síntomas y tratar de curarlos. Pero lo que sí les pido a estos médicos es que les concedan a los psicólogos el mérito que se merecen por su punto de vista, del mismo modo que el psicólogo se lo concede al pediatra por sus conocimientos especiales de la fisiología infantil, de la bioquímica de la pérdida de líquidos, de los grupos sanguíneos, y el diagnóstico precoz de los tumores cerebrales. Las dos disciplinas deberían producir diferentes clases de pediatras, cada una de ellas con un saludable respeto por la otra.

Si en este caso, a consecuencia de la enuresis, se hubiese consultado a un pediatra, ¿qué opinión se hubiese formado éste de haber iniciado su intervención en el momento en que se registraba la máxima regresión del chico? De ordinario, la madre no sabría qué estaba sucediendo, y el pequeño tampoco. En el caso de Philip existía un marco excepcionalmente bueno para que la enfermedad se desarrollase en toda su extensión y llegase a su fin natural. Hubiese sido inútil tratar de curar la enuresis de Philip sin afrontar la necesidad regresiva que había tras ella.

8. UN CASO ATENDIDO EN EL HOGAR (1955)[1]

No todos los casos de la psiquiatría infantil interesan directamente al asistente social. Si les presento el caso de Kathleen es porque, a pesar de que el caso lo llevé yo mismo, su tratamiento no fue primordialmente a base de psicoterapia. El peso del caso lo cargó la madre, toda la familia a decir verdad, y su afortunado desenlace fue el resultado de la labor llevada a cabo en casa de la pequeña durante un año. Fue necesario que yo llevase la dirección del caso, por lo que, durante unos meses, cada semana tuve que ver a la madre y a la niña durante veinte minutos.

En la primera entrevista pude sacar una conclusión bastante definida acerca de la psicopatología de la afección, así como formarme una opinión provisional sobre la habilidad de los padres para ayudar a la niña a superar su enfermedad.

La niña me fue enviada con el fin de que yo gestionase su ingreso en una residencia, ya que a los que antes habían intervenido en el caso no se les había ocurrido que, bajo ciertas condiciones, la curación podía producirse espontáneamente con el tiempo. Lo importante fue que, al hacer un minucioso historial del caso durante la primera entrevista, pude trazar un gráfico de la sintomatología, y partiendo del mismo constaté que el punto culminante de la enfermedad ya había sido alcanzado, por lo que se registraba una tendencia hacia la mejora en el

---

1. *Case Conference*, vol. 2, n. 7, noviembre de 1955.

momento en que la entrevista se llevó a efecto. En el gráfico aparecía un punto máximo constituido por una aguda angustia *neurótica* seguida de una creciente aflicción; luego la enfermedad sufría una alteración de carácter que convertía a la niña en una enferma *psicótica*. La fase neurótica aguda aparecía a raíz de una historia que la niña había oído de labios de su hermana durante un período en que ya habían empezado los trastornos debido a que tenía que actuar de dama de honor en la boda de su tía favorita. En general, el período de agudos trastornos psicóticos correspondía a las fechas de la boda.

Me pareció interesante que la niña hubiese comenzado a mejorar y, examinando el hecho detalladamente, descubrí que la familia se había convertido en una especie de hospital mental, adquiriendo por sí misma una organización paranoide en la que encajaba perfectamente aquella niña paranoide y replegada. Al principio la pequeña solamente se las arreglaba para ir tirando cuando estaba en contacto real con su madre, pero para el momento de la consulta, ya existía alrededor de la madre un círculo limitado dentro del cual la niña se sentía libre de cualquier aflicción aguda. Comprobé que la madre, persona no instruida ni demasiado inteligente, pero sí excelente administradora de su hogar, mostraba interés por saber por qué ella y la familia se encontraban en un estado tan curioso y anormal. De hecho mantuvo el ambiente de hospital mental hasta que la niña alcanzó un nivel que permitió que paulatinamente el hogar recobrase la normalidad. El restablecimiento gradual del hogar se produjo cuando la pequeña perdió su organización defensiva paranoide. Obtuve la cooperación de las autoridades locales incluso cuando les pedí que nadie visitase la casa y durante un año entero me hice cargo de toda la responsabilidad, simplificando así la tarea de la madre.

Así, pues, lo que hizo que la niña volviese a la normalidad o a la casi normalidad fue antes la dirección del caso que una psicoterapia directa. Se hizo algo de labor directa con la niña en las visitas semanales, las cuales, sin embargo, fueron necesariamente breves, ya que a la sazón no tenía ninguna vacante para un caso digno de tratamiento. Lo que se hizo durante aquellos breves contactos no fue la parte principal del tratamiento, ni una parte esencial del mismo; fue sólo agregado útil.

Trataré de describir detalladamente el caso.

Kathleen tenía seis años cuando me la envió el psiquiatra de la clínica de puericultura del condado. En su nota el psiquiatra me decía: «Recientemente se ha vuelto negativa; habla consigo misma y se queda mirando fijamente al vacío y, aunque se niega a separarse de ella, rehúsa cooperar con su madre».

Pude aprovechar el informe que presentara un asistente social psiquiátrico de la localidad cuando recopilaba los siguientes datos, después de haber visto yo a la madre:

La madre: Parece estable. Actualmente está desesperadamente angustiada y no tiene idea de cómo llevar al paciente.

El padre: Vive y goza de buena salud.

Los hijos: Pat, de once años, brillante y hablador. La paciente, de seis años. Sylvia, de veinte meses: una niña muy atractiva.

Kathleen había sido amamantada durante tres meses; luego pasó fácilmente al biberón y a los sólidos sin problema. Tampoco tuvo dificultad alguna para comer sola. Empezó a utilizar palabras alrededor de los doce meses y no tardó en hablar. Comenzó a andar a los dieciséis meses; el hábito del aseo se instauró normalmente. La madre pudo comparar el desarrollo infantil de la pequeña con el de los otros dos hijos: no era retardada.

No se había registrado ninguna enfermedad física de importancia. Había sufrido una operación del pulgar, en el hospital, sin que la experiencia la hubiese aterrorizado. Recientemente se había quejado de dolores de cabeza y había estado algo pálida. En la infancia había sido un poco más chillona de lo normal; los padres siempre habían tenido que tratarla con un poco más de cuidado que a los otros dos. Comprobaron que la niña necesitaba una adaptación más estrecha. Dicho de otro modo, era del tipo sensible. Se observó que le era necesario ver cómo sus preguntas recibían rápida respuesta, de lo contrario era propensa a las rabietas. Siempre estaba en tensión y necesitaba ser llevada con tacto. Era posible decir, sin embargo, que no sobrepasaba los límites normales: inteligente, feliz, capaz de jugar y capaz de establecer buenos contactos.

Cuando fue a la escuela, a los cinco años, no le gustó mucho pero se mostró bastante razonable. Era agradable y amigable y «sabía afrontar la depresión a base de reflexiones». Su trabajo alcanzaba el nivel requerido hasta que empezó a dar muestras de ir mal, unas pocas semanas antes de la consulta.

A la niña le gustaba ayudar a su madre en casa; las tareas domésticas se le dieron bien desde más o menos los cuatro años. Disfrutaba jugando con su hermanita; mostraba gran empeño en conservar sus libros en buen estado y le molestaba que su hermanita se los desordenase o arrancase las páginas. Sentía afecto por sus muñecas. Le gustaba mucho asistir a la escuela dominical. Parecía sentir afecto por su hermanita y le gustaba hacer cosas para ella. Kathleen pertenece a una familia corriente de clase trabajadora. El padre se dedica a la compra y venta de chatarra y los negocios le van bien. Empezó con un pequeño terreno, luego adquirió una casa rodante como vivienda de la familia y a la larga pudo permitirse la adquisición de una cabañita y un automóvil, igualmente pequeño. La madre es una señora simpática, no muy inteligente, pero capaz de dirigir su vida con sensatez, sin tratar de hacer más de lo que puede hacer. Procede de una familia de inteligencia limitada; por parte del padre hay un tío epiléptico.

Unas pocas semanas antes de la primera consulta, Kathleen debía hacer de dama de honor en la boda de su tía preferida. La boda se alzaba como una amenaza en los días en que se produjo la aparición de la enfermedad. La niña solía decirle a su tía: «Es mi boda y no la tuya». No lo decía solamente en plan de broma, y a decir verdad, aquello señaló la aparición de la enfermedad. Era capaz de verse a sí misma en el lugar de su tía, pero no de enfrentarse a la boda en posición de observadora. Por aquel entonces también empezó, primero de forma atenuada, a padecer manía persecutoria que la inducía a procurar que todo el mundo estuviese constantemente risueño pues temía algo desagradable en sus rostros. Al cabo de poco tiempo ya no bastaba con que la gente sonriera. Luego, con mayor rapidez, se produjo un cambio marcado, hasta tal punto que su maestra se dio cuenta de que durante las últimas semanas no prestaba atención cuando le hablaban, ni siquiera cuando la llamaban varias veces por su nombre. Se quedaba sentada mirando fijamente al vacío, totalmente preocupada. Una o dos veces, al llegar a la escuela, se había negado a quitarse el sombrero y el abrigo. Sus dibujos con lápices de colores eran más bien descuidados y a veces en lugar de escribir trazaba garabatos; también escribía mal algunas letras, cosa que no había sucedido anteriormente.

Brote agudo

Al llegar a este punto, su hermana de once años, que se veía igualmente afectada por la próxima boda, hizo algo que repercutió claramente en el conflicto de Kathleen. Le contó una historia fantástica. Kathleen sentía afecto por su tía y se identificaba con ella por medio del lado femenino de su personalidad; pero, al mismo tiempo, tenía que hacer frente a otra vertiente de su personalidad a la que resultaba mucho más difícil llegar: su identificación con el *hombre* de la boda. Kathleen lo conocía y también sentía afecto por él. Partiendo de su propia identificación con su madre y del amor por su padre, la pequeña hubiese podido afrontar todo aquello de haber ido bien las cosas. Digamos que tenía dos sueños potenciales: uno de ella misma en el papel de dama de honor, identificada con la novia; y otro en el que la vertiente masculina de su naturaleza rivalizaba con el novio. En esta rivalidad había un elemento de muerte, por lo que fue algo muy serio para ella que su hermana (que se hallaba igualmente atrapada en semejante conflicto) le contase una historia fantástica que había oído por la radio y en la que se hablaba del asesinato de un hombre mientras ríos de sangre corrían por el suelo de la habitación.

Sus defensas contra la angustia y el conflicto suscitados por la boda habían estado funcionando bien; su identificación masculina se había visto reprimida. Ahora, sin embargo, se cernía la amenaza de que irrumpiesen los intolerables sueños en los que rivalizaba con el hombre, por lo que se veía obligada a organizar nuevas defensas de índole más primitiva. Empezó a dar muestras de replegamiento y paranoia. La reorganización requirió tiempo y el efecto inmediato de la historia contada por su hermana se tradujo en una angustia manifiesta y muy severa. Hubo, pues, un período preliminar de enfermedad neurótica aguda; la niña se mostraba muy asustada a la hora de acostarse; preguntaba repetidas veces si había sangre en el suelo; constantemente decía: «Mami, mami, ¿vendrá él a asesinarme? ¿No me pasará nada? ¿Vas a vigilar la puerta?». Finalmente lograban tranquilizarla y hacer que se durmiese.

Después de este período de aguda angustia la pequeña se recuperó y durante un tiempo estuvo bastante normal, pero más o menos una semana más tarde, al regresar un día de la escuela, empezó a decir cosas extrañas acerca de un hombre que había querido meterla en el agua. Dijo que todos los niños que se metían en el agua con aquel hombre salían con vestidos nuevos. Se había convertido en un caso psicótico.

A partir de entonces, nunca fue ella misma, y cuando la boda era ya inminente se agravó considerablemente, tanto que a uno le hace pensar más en una enfermedad propia del hospital mental que en una psiconeurosis. Se quedaba sentada mirando distraídamente al vacío, negándose a contestar. Una mañana miró a su amiga y hermana y pareció horrorizarse; se puso a gritarle a la madre: «Que se los lleven». Dijo que tenían unas caras horribles y feas y que no podía soportar aquella visión. Se encontraba claramente alucinada. Una vez, en la calle, exclamó: «Que se lleven a toda esta gente. No dejéis que se acerquen». Se convirtió en una niña totalmente envuelta en preocupaciones. Si le pedían que hiciese alguna cosa sencilla, no parecía comprender y montaba en una especie de rabia, diciendo: «¿Dónde? ¿Qué quieres decir? Me hacéis vagar de un lado a otro y otra vez me hacéis perder el tiempo». Con frecuencia rompía a llorar y empleaba un lenguaje muy soez, mientras mostraba aspecto de estar muy aterrorizada. A menudo se doblaba sobre sí misma como si se viera atacada por un dolor muy fuerte y le decía a su madre: «Me estás hablando al estómago, me estás haciendo daño». A menudo decía que odiaba a su madre y que quería marcharse. A veces hablaba de un hombre: «Él y yo lo haremos. Me voy a vivir con él en un *bungalow* y vosotros no vais a venir. Él me tomará». A veces, al escuchar la radio, identificaba alguna voz y decía que era la del hombre en cuestión. Parecía estar viéndole, y se quedaba mirando fijamente al espacio, como alucinada, llorando y exclamando: «Ha sido él». Si le daban dulces o caramelos los conservaba en la mano como si no estuviera segura de lo que debía hacer con ellos.

Dejaron de interesarle los juegos, fuesen de la clase que fuesen, y había regalado sus muñecas. No le importaba que su hermana pequeña garabatease sus libros. No quería salir a jugar con su patinete. Seguía a su madre a todas partes, sin querer perderla de vista. Cada noche lloraba al acostarse y deseaba que el padre o la madre se quedase a su lado. No podía soportar que se mencionase el nombre de su escuela, y al oírlo se tapaba la cara con las manos. Cuando tenía que salir con su padre hacía ocho intentos sin acabar de decidirse y finalmente, afligida, corría hacia su madre. Después se negaba rotundamente a separarse de su madre. Mientras estaba muy cerca de su madre, no estaba demasiado mal, pero era incapaz de conciliar el sueño si su madre no se quedaba una o dos horas sentada junto a ella. Incluso entonces se levantaba a las dos de la madrugada y se metía en la habitación de la madre, donde permanecía inquieta y sin sueño. Se habían terminado las pesadillas. (Antes de la enfermedad siempre había dormido de un tirón.)

Durante cierto tiempo no fue capaz de soportar el ver a su hermana mayor. Sin embargo, se valía de la hermana menor para representar un aspecto normal de sí misma, algún sitio donde seguir adelante mientras padecía la grave enfermedad, del mismo modo que otros pacientes similares se valen de un gato, perro o pato. Mientras que anteriormente había amado a sus muñecas, que guardaba cariñosamente en su propio lecho, ahora las había alejado de sí y dejaba que la pequeñita jugase con ellas. En su cariño por la pequeñita se había mezclado una cierta angustia, ya que la paciente no cesaba de acariciar el rostro de su hermanita preguntando si estaba bien. Esto ponía de mal humor a la pequeña.

También había dejado por completo de dibujar con lápices de colores. No había rastro de incontinencia, si bien la madre siempre había tenido que estar alerta para llevarla corriendo al lavabo al menor síntoma. La escuela dominical, que antes le gustaba mucho, se había convertido en algo imposible, ya que no quería abandonar a su madre. Una vez fue con su madre a la iglesia, pero se hartó antes de que finalizase el culto. No podía soportar a la gente.

El curso de la enfermedad aguda

El examen cuidadoso de los detalles demostró que el trastorno empezó como una exageración de la susceptibilidad corriente que va asociada con la excitación que producen los preparativos de una boda. El súbito auge de la angustia manifiesta se produjo a continuación de la historia radiofónica. Se recuperó algo de esto pero, transcurrida otra semana, se desarrolló la fase psicótica de la enfermedad, fase que duró hasta después de la boda. Poco a poco, después de una o dos semanas, la severidad de la enfermedad tendió a atenuarse y esta mejoría, si bien leve y gradual, se mantuvo firmemente hasta que la niña se restableció al cabo de un año completo.

Yo entré en escena en el momento de producirse la leve mejoría, después de la peor fase de la enfermedad, y me vi obligado a preguntarme por la causa de aquella mejoría. ¿Sería porque la boda ya se había celebrado o porque estaba sucediendo alguna otra cosa beneficiosa? Yo ya me había formado la opinión de que era poco probable que hiciese ingresar a la pequeña en una residencia, ya que no era cosa fácil que lograse hallar para ella plaza en un sitio donde pudiera quedarse hasta el total restablecimiento. También me había preguntado cómo sería el hogar de la pequeña; pude comprobar que su hogar se había convertido en un hospital mental para la niña. Los padres habían dispuesto que nadie llamase a la puerta, toda vez que a la niña le asustaban mucho las llamadas. Le dijeron al lechero que dejase la leche en la entrada del jardín en vez de hacerlo en los peldaños de la puerta principal. El cartero y el carbonero recibieron instrucciones parecidas. Ni siquiera a los parientes les estaban autorizadas las visitas; y así sucesivamente. Toda la familia estaba involucrada en el caso. ¿En qué residencia se habría obtenido todo esto?

Tuve que preguntarme a mí mismo si yo podía ofrecer algo mejor que lo que se le estaba ofreciendo en casa. Decidí que no. Le expliqué a la madre la importancia de lo que ella estaba haciendo y le pregunté si sería capaz de continuarlo. Me dijo: «Ahora que usted me ha explicado lo que estoy haciendo, puedo seguir adelante. ¿Cuánto tiempo durará?». Tuve que responderle que no lo sabía pero que podía estar segura de que transcurrirían unos meses.

De manera que contribuí a la tarea de la madre escribiendo a las autoridades locales, a quienes rogué que nadie, ya fuese de la clínica o de la escuela, visitase la casa. Recibí una cooperación completa. A medida que la niña fue recuperándose, la primera *persona grata* fue el asistente social de la escuela, cuyo reciente fallecimiento, por cierto, ha dejado un gran vacío en la familia, tanto era el apego que habían cobrado por aquel hombre. Dentro de este sistema paranoide artificial la niña pudo dejar ir gradualmente su propio replegamiento paranoide. En vez de poder soportar la vida solamente cuando estaba junto a su madre, empezó a ser capaz de comportarse de modo bastante normal dentro de un círculo de pocos metros con respecto a la madre. Resultó notable la forma en que los demás niños, así como los adultos, se adaptaron a las necesidades de la pequeña. El círculo dentro del cual la niña se sentía segura fue agrandándose ininterrumpidamente hasta llegar a tener el mismo o más volumen que toda la casa.

Cómo se mantuvo el contacto

Si bien ello se contradecía con el concepto de la casa en cuanto a sistema cerrado, durante todo aquel tiempo la madre traía la niña a consulta una vez a la semana para que yo sostuviera un breve contacto con ella. Cada semana le explicaba a la madre lo que iba acaeciendo y le daba a la niña la oportunidad de ser negativa. La pequeña rehusaba entrar en mi sala de juegos. Se comportaba de manera desordenada y desafiante y la mayor parte del tiempo lo pasaba junto a su madre, pataleando, escupiendo, maldiciendo y empleando palabrotas. Era ni más ni menos que una especie de animal salvaje. A veces decía: «Cierra el pico, te voy a romper la cabeza»; o bien: «No. No. No». Es difícil describir la violencia con que me repudiaba. Después de varias visitas la pequeña se permitió a sí misma un rápido recorrido por la sala de juegos antes de marcharse. De esta forma supo que había juguetes y, al cabo de muchas semanas, incluso se permitió tocar uno de ellos. Una vez, si bien rehusó el carrete de papel que yo le ofrecía, al llegar a la calle alzó la vista hacia mi ventana y, al lanzarle yo un carrete, lo recogió y se lo llevó a casa. Las visitas a mi consultorio las aceptaba la niña como una excursión fuera de casa, la única que le era posible tolerar. Paulatinamente, en el transcurso de numerosas entrevistas breves, fue acercándose a los principios de una aceptación de mi persona.

Hubo un largo intervalo durante el cual, debido a las vacaciones, no vi ninguna vez a la pequeña. Transcurrido el mismo, comprobé que la niña había mejorado tanto que no proseguí las entrevistas; aconsejé a los padres y a la escuela, así como a los asistentes sociales, que dejasen que el restablecimiento siguiera su curso lenta y naturalmente.

Una vez se registró un episodio importante. La niña tenía que pasar unos días en casa de su tía, la casada. Ésta no pudo tenerla en su casa y durante unas pocas semanas se produjo un regreso a la enfermedad en forma de síntomas. Todos los síntomas eran reconocibles, pero al cabo de breves semanas volvió a producirse una mejoría espontánea.

Antes de que pasaran quince meses desde la irrupción de la enfermedad, la niña volvía a asistir a la escuela. Los maestros dijeron que era evidente que se había retrasado un poco, pero pudieron aceptarla y tratarla casi igual que antes.

Dos años más tarde

Casi dos años después, cuando tenía ocho años, la pequeña le dijo a su madre: «Quiero ver al doctor Winnicott y llevar conmigo a mi hermanita». Se concertó la visita y, al entrar en mi despacho, resultó evidente que la pequeña sabía qué encontraría allí y se puso a enseñarle los juguetes a su hermana. Anteriormente me hubiese sido imposible decir con toda seguridad que la niña se había fijado en los juguetes. La hermanita se puso a jugar a un juego totalmente distinto, normal, y yo dividí mi atención entre las dos pequeñas. El juego de Kathleen consistía en la construcción de una larguísima calle empleando las numerosas casitas de juguete que por aquel entonces tenía en mi consultorio. Resultaba claro que estaba pidiendo una interpretación y yo pude explicarle que lo que estaba haciendo era vincular el pasado con el presente, mi casa con la suya, integrando las experiencias pretéritas con las actuales. Para eso había venido y también para hacerme saber que se había valido de la hermana pequeña para el aspecto normal de ella misma. Poco a poco, durante su restablecimiento, su ser normal lo había sacado de la hermanita, con la cual había reemprendido unas relaciones normales.

Supe que inmediatamente después del percance que representó el hecho de que su tía no pudiera tenerla en casa, a la madre le había parecido que *tenía* que hacer algo para alejar a la pequeña de ella, pues entre ellas se había desarrollado una relación que tenía su base en el control de la enfermedad más que en el hecho de que ella fuese la madre. Resultaba imposible romper del todo aquella relación. Así, pues, la madre decidió correr el riesgo de mandar a la niña a casa de otros parientes. Al volver de sus vacaciones, Kathleen parecía estar normal, dormía bien, jugaba y compartía, al mismo tiempo que era menos propensa a las rabietas de lo que lo había sido antes de la enfermedad.

Seguimiento ulterior del caso

Hace poco pedí que me visitasen en plan de amistad. La madre accedió gustosamente y se presentó con los tres pequeños. La mayor de las hermanas, que ya tiene diecinueve años, es inteligente, instruida, tiene un buen empleo y viste con mucho gusto.

Sylvia, que ahora cuenta nueve años, se está desarrollando bien.

Kathleen, a los trece años y medio, da una impresión razonablemente normal, pero es más bien concentrada y no posee la vivaz inteligencia de su hermana mayor. Se alegró mucho de

verme y se puso a hablar de la vida dando muestras de madurez. En la escuela las cosas le han ido bien, pero no se le dan bien las sumas.[2] Por lo demás, su media es la normal más o menos. Me entero de que es apreciada aunque no tenga muchos amigos. Ya se ha inscrito para que la enseñen a hacer bordados y los maestros dicen que todo les hace pensar que lo hará y que lo hará bien.
Y así es cómo puede decirse que se ha restablecido. Yo presté ayuda a mi manera. Fueron los padres quienes hicieron lo principal y para ello no les hizo falta saber muchas cosas. Bastó con que sintieran que valía la pena realizar una adaptación especial de manera transitoria y de acuerdo con las necesidades de la pequeña.

Consideraciones teóricas

Permítanme que compare la enfermedad neurótica con el desarrollo psicótico. Ciertos conflictos existentes entre su identificación por la vertiente masculina (homosexual) no eran accesibles a su conciencia psicológica, por lo que no pudo dar con una relación satisfactoria entre su ser masculino y el hombre que iba a ser su tío. De ahí el trauma en potencia de la boda. La historia fantástica había hecho que este conflicto saliese al exterior, haciéndole padecer una grave angustia. En esa fase la psicoterapia personal hubiese podido servir. A medida que la boda se iba acercando, la niña desarrolló una defensa más fuerte: psicosis, replegamiento y preocupación por el cuidado de ella misma dentro de ella misma. Esto la colocó en una posición vulnerable, ya que no le quedaba tiempo para contender con el mundo externo. Dicho de otro modo, se hizo paranoide.
Mi intervención fue solicitada cuando ya se hallaba instaurada esta organización más psicótica de defensa. De haber estado en situación de darle a la pequeña un tratamiento más profundo, en vez de dejar que viniese a escupir en mi consultorio, se hubiese creado paulatinamente el mismo ambiente de hospital mental que de hecho se había creado en el hogar. Pero no me fue necesario aplicarle tal tratamiento. Los padres aportaron un marco dentro del cual la niña podía permanecer. La

---

2. Un test de inteligencia realizado a la edad de trece años y diez meses dio un coeficiente de inteligencia de 91.

paciente podía identificarse con su propio hogar (modificado) porque éste adquiría la forma de sus propias defensas.

Resumen

Acabamos de ver un caso de psiquiatría infantil en el cual una familia de clase obrera fue capaz de ayudar a su hija a superar una enfermedad psicótica de quince meses de duración. Se vieron ayudados por un mínimo de atención personal al paciente, así como por la dirección del caso. El tiempo real que dediqué a aquel caso no fue de más de unas horas distribuidas a lo largo de varios meses.

Quizás este caso sirva de ayuda al asistente social en su intento de comprender qué sucede cuando los niños hacen un uso positivo de unos padres adoptivos o de una escuela-residencia (véase Clare Britton, 1955).

TERCERA PARTE

1. LA DEFENSA MANÍACA (1935)[1]

Refiriéndome a mi caso particular, la creciente comprensión del concepto que Melanie Klein denomina actualmente «la defensa maníaca», ha coincidido con una profundización de mi apreciación de la realidad interior. Hace tres o cuatro años lo que yo hacía era contrastar la «fantasía» y la «realidad», lo cual hacía que mis amigos no iniciados en el psicoanálisis me dijesen que estaba empleando la palabra «fantasía» de una manera que difería del empleo ordinario que del término se hace. A sus objeciones yo replicaba que el mal uso del término resultaba inevitable, ya que (como sucede en el empleo psicoanalítico de la palabra «angustia») la invención de una nueva palabra hubiese sido más difícil de justificar que el hecho de remozar un término ya existente.

Gradualmente, sin embargo, me voy dando cuenta de que uso la palabra «fantasía» más en su sentido normal y he llegado a comparar la realidad externa no tanto con la fantasía como con la realidad interna.

En cierto modo lo que les estoy diciendo es una sutileza, ya que, si se respetara suficientemente la «fantasía», tanto la consciente como la inconsciente, no haría falta ningún esfuerzo para pasar a utilizar el término «realidad interna». Y, con todo, puede que haya para quienes, tal como me sucede a mí, el cam-

---

[1]. Leído ante la Sociedad Psicoanalítica Británica, el 4 de diciembre de 1935.

bio de la terminología entrañe una profundización de la creencia en una realidad interior.[2] La conexión entre este prolegómeno y el título de mi escrito, «La defensa maníaca», estriba en que forma parte de la defensa maníaca de uno mismo el ser incapaz de dar plena importancia a la realidad interior. Existen fluctuaciones en la capacidad personal para respetar la realidad interior, fluctuaciones que se relacionan con la angustia depresiva que hay en uno mismo. Su efecto consiste en que en ciertos días se nos presenta un paciente que emplea principalmente defensas de tipo maníaco y que nos ofrece un material que al principio escapa a la interpretación. Y sin embargo, las notas tomadas durante la visita de las asociaciones nos parecerán completamente comprensibles al día siguiente.

Esta nueva comprensión nos induce a replantearnos la «Huida hacia la realidad» (Searl, 1929) en calidad de huida de la realidad interna más que de la fantasía. La realidad interna misma debe describirse en términos de fantasía y, sin embargo, no es sinónimo de la fantasía, ya que se utiliza para denotar la fantasía que es personal y organizada, así como históricamente relacionada con las experiencias, excitaciones, placeres y dolores físicos de la infancia. La fantasía forma parte del esfuerzo que realiza el individuo para afrontar la realidad interior. Cabe decir que la fantasía[3] y los sueños diurnos o devaneos constituyen manipulaciones omnipotentes de la realidad externa. El control omnipotente de la realidad entraña la fantasía acerca de esta realidad. El individuo llega a la realidad externa a través de las fantasías omnipotentes elaboradas dentro del esfuerzo para alejarse de la realidad interior.

En el último párrafo de su escrito («La huida hacia la realidad», 1929) la señorita Searl escribe: «... en peligro (el niño), quiere conservar los padres idealmente amados y amantes siempre consigo, sin temor alguno a la separación; al mismo tiempo quiere destruir en el odio a los padres poco cariñosos y severos que le dejan expuesto a los horribles peligros de las tensiones libidinales insatisfechas. Es decir, en la fantasía omnipotente el niño devora tanto a los padres amantes como a los severos...».

---

2. El término «realidad psíquica» no implica ningún emplazamiento de la fantasía; el término «realidad interior» presupone la existencia de un interior y de un exterior y, por consiguiente, una membrana limítrofe perteneciente a lo que yo llamaría el «psiquesoma» (1957).

3. Actualmente emplearía el término «quimeras» (1957).

Pienso que lo que aquí se omite es el reconocimiento de la relación con los objetos que se presiente hay en el interior. Diríase que aquello con lo que nos encontramos no es meramente una fantasía de incorporación de los padres buenos y malos, sino que nos encontramos con el hecho, del cual el pequeño es mayormente inconsciente, de que por las mismas razones que han funcionado dentro de las relaciones del niño con los padres externos, se producen ahora ataques sádicos *dentro del niño*, ataques dirigidos contra los padres buenos o que se quieren mutuamente (debido a que, al ser felices juntos, son causa de frustración), ataques contra los padres a los que el odio transforma en «malos», defensa contra los objetos «malos» que ahora amenazan al yo también y, asimismo, intentos de salvar lo «bueno» de lo «malo», de emplear lo «malo» para contrarrestar lo «malo» y así sucesivamente.

Las fantasías omnipotentes no constituyen tanto la realidad interior misma como una defensa contra la aceptación de dicha realidad. En tal defensa uno encuentra una huida hacia la fantasía omnipotente, al igual que el paso de unas fantasías a otras y, siguiendo este orden, una huida hacia la realidad externa. Es por eso que creo que no se puede comparar ni contrastar la fantasía con la realidad. En el libro de aventuras corriente, extrovertido, a menudo vemos cómo el autor lleva a cabo la huida hacia los sueños diurnos de la infancia y cómo más tarde se vale de la realidad externa en esta misma huida. El autor no es consciente de la angustia interior depresiva de la que ha escapado. Ha vivido una vida llena de incidentes y aventuras que le es posible narrar exactamente. Pero la impresión que queda en el lector es la de una personalidad relativamente poco profunda, por esta misma razón: que el autor aventurero se ha visto obligado a basar su vida en la negación de la realidad personal interior. Uno se aparta con alivio de tales autores para coger otros capaces de tolerar la angustia depresiva y la duda.

Resulta posible investigar el aminoramiento de la defensa maníaca en el comportamiento y en las fantasías de un paciente durante su análisis. A medida que las angustias depresivas se atenúan a consecuencia del análisis, mientras aumenta la creencia en unos objetos interiores «buenos», la defensa maníaca se hace menos intensa y menos necesaria, y, por consiguiente, menos evidente.

Debería ser posible eslabonar la aminoración de la manipulación omnipotente, del control y de la devaluación con la normalidad, y, en cierto grado, la defensa maníaca que todos empleamos en la vida cotidiana. Por ejemplo, uno se encuentra en un *music-hall*; en el escenario aparecen las bailarinas, adiestradas para dar sensación de vivacidad. Cabría decir que nos hallamos ante la escena originaria, ante el exhibicionismo, ante el control anal, la sumisión masoquista ante la disciplina, el desafío del superyo. Más tarde o más temprano uno añade lo siguiente: he aquí la VIDA. ¿No será acaso que lo principal de la función consiste en negar la muerte, defenderse contra las ideas depresivas de una «muerte interior», mientras la sexualización ocupa un plano secundario?

¿Y qué decir, por ejemplo, de la radio que se tiene encendida interminablemente? ¿Y del vivir en una ciudad como Londres, con su incesante ruido, sus luces que nunca se extinguen? Cada uno de estos ejemplos ilustra la tranquilización contra la muerte interior —tranquilización que se lleva a cabo a través de la realidad—, y un empleo de la defensa maníaca que puede ser normal.

Igualmente, para explicarse el hecho de que en nuestra prensa exista una columna dedicada a la Corte debemos postular la presencia de una necesidad general de ser tranquilizados contra ideas de enfermedad y muerte en la familia real y entre la aristocracia, esta tranquilización nos puede ser proporcionada mediante la publicación fidedigna de los hechos. Pero no hay seguridad posible contra la destrucción y desorganización de las figuras correspondientes en nuestra realidad interior. De «Dios salve al Rey» no basta con decir que queremos salvar al rey del odio inconsciente que sentimos por él. Podríamos decir que en nuestra fantasía inconsciente llegamos a darle muerte, y deseamos ponerle a salvo de nuestra fantasía, pero esto extiende demasiado la palabra «fantasía». Prefiero decir que en nuestra realidad interior el padre interiorizado es constantemente asesinado, robado, quemado y despedazado, y nosotros agradecemos la personalización de este padre interiorizado por un hombre real a cuya salvación podemos contribuir. El duelo de la Corte es una orden obligatoria que rinde tributo a la normalidad del suelo. En la defensa maníaca el duelo no puede ser experimentado.

En estas columnas dedicadas a la vida de la Corte se da cuenta y se predicen los movimientos de la aristocracia y aquí, tenuemente disfrazado, puede apreciarse el control omnipresente de personajes que representan a los objetos interiores.

Lo cierto es que apenas es posible hablar *en abstracto* sobre si tales dispositivos constituyen una tranquilización normal a través de la realidad o si, por el contrario, son una defensa maníaca anormal. Sin embargo, lo que *sí* puede decirse y comentarse es el uso de la defensa con el que nos encontramos durante el análisis de un paciente. En la defensa maníaca la relación con un objeto externo se utiliza con la finalidad de aminorar la tensión en la realidad interna. Pero es característico de la defensa maníaca que el individuo no pueda creer plenamente en la vida que niega a la muerte, ya que el individuo no cree en su propia capacidad para el amor objetal, pues la compensación es solamente real cuando la destrucción es reconocida.

Puede ser que parte de nuestras dificultades para ponernos de acuerdo sobre un término que denomina lo que de momento se llama «defensa maníaca», tenga que ver con la naturaleza de la misma defensa maníaca. Uno no puede dejar de observar que, en el habla popular, no solamente se emplea la palabra «depresión», sino que además se emplea en su sentido exacto. ¿Es que no es posible ver en esto la introspección que acompaña a la depresión? El hecho de que no exista ningún término popular para la defensa maníaca podría engarzarse con la ausencia de autocrítica que clínicamente la acompaña. Por la misma naturaleza de la defensa maníaca, deberíamos dar por sentada nuestra incapacidad para conocerla directamente por medio de la introspección, en el momento en que esa defensa está operando.

Es justamente cuando estamos deprimidos cuando *nos sentimos* deprimidos. Es precisamente cuando la defensa maníaca actúa en nosotros cuando *menos probable es que sintamos* como si nos estuviéramos defendiendo contra la depresión. En tales momentos es más probable que nos sintamos alborozados, felices, ocupados, excitados, de buen humor, omniscientes, «llenos de vida» y que, al mismo tiempo, estemos menos interesados que de costumbre en cosas serias y en lo horrible que es el odio, la destrucción y las muertes.

No deseo sostener que en los análisis del pasado[4] no se hayan alcanzado las fantasías inconscientes más profundas, las cuales (siguiendo a Freud) llamo aquí «realidad interior». Al estudiar la técnica psicoanalítica se nos enseña a interpretar *dentro de la transferencia*. El análisis completo de la transferencia proporciona el análisis de la realidad interna. Pero la comprensión de esta última resulta necesaria para una clara comprensión de la transferencia.

---

4. Es decir, en el psicoanálisis antes de Klein.

Características de la defensa maníaca

Ha llegado el momento de hacer un examen más minucioso de la defensa maníaca. Sus características son la manipulación omnipotente o bien el control y la devaluación despectiva; se organiza con respecto a las angustias propias de la depresión, la cual es el estado de ánimo resultante de la coexistencia del amor y la voracidad o gula por una parte y el odio por otra dentro del marco de las relaciones entre los objetos interiores. La defensa maníaca se manifiesta de diversas maneras distintas aunque interrelacionadas; a saber:

Negación de la realidad interior.
Huida desde la realidad interior a la realidad exterior.
Mantenimiento en «animación suspendida» de la gente que hay en la realidad interior.
Negación de las *sensaciones* de depresión —es decir, la pesadez, la tristeza— por medio de sensaciones específicamente opuestas: ligereza, buen humor, etc.
El empleo de casi cualquier par antitético en la tranquilización contra la muerte, el caos, el misterio, etc., ideas que pertenecen al *contenido* de fantasía de la posición defensiva.

Negación de la realidad interior. Ya me he referido a esto al explicarles mi propia demora en reconocer las fantasías inconscientes más profundas. Clínicamente, no vemos tanto la negación como la elación relacionada con ella, o bien un sentimiento de irrealidad acerca de la realidad externa, o el despreocupamiento por las cosas serias.

Vale la pena citar aquí un tipo de reconocimiento parcial de la realidad interior. Cabe encontrarnos con un reconocimiento sorprendentemente profundo de ciertos aspectos de la realidad interior en personas que, sin embargo, no reconocen que la gente que habita en ellas forman parte de ellas mismas. El artista siente como si el cuadro fuese pintado por alguien que actúa desde su interior; el predicador siente como si Dios hablase a través de él. Muchas personas que llevan vidas normales y valiosas no se sienten responsables de lo mejor que hay en ellas. Se sienten orgullosas y felices de ser el agente de una persona amada y admirada, o bien de Dios, pero niegan su paternidad en cuanto al objeto interiorizado. Creo que se ha escrito más acerca de los objetos interiorizados «malos» y repudiados que acerca de la negación de las fuerzas y objetos internos «buenos».

Existe una aplicación práctica de esto, pues en el análisis del tipo más satisfactorio de paciente religioso resulta útil trabajar con el paciente como si existiese una base mutuamente acordada sobre el reconocimiento de la realidad interior, dejando que el reconocimiento del origen personal del Dios del paciente venga automáticamente como resultado de la aminoración de la angustia debida al análisis de la posición depresiva. Resulta necesariamente peligroso que el analista crea que el Dios del paciente es un «objeto de la fantasía». El empleo de esa palabra haría que el paciente sintiese que el analista está subvalorando el objeto «bueno», cosa que en realidad no hace el analista. Me parece que algo parecido sería aplicable al análisis del artista en lo que se refiere a su fuente de inspiración, así como al análisis de la gente interiorizada y de los compañeros imaginarios a quienes nos pueden presentar nuestros pacientes.

Huida desde la realidad interior a la realidad exterior. Existen varios tipos clínicos de esta huida. Hay el paciente que hace que la realidad exterior exprese las fantasías. Hay el paciente que sueña despierto, manipulando omnipotentemente la realidad, pero a sabiendas de que se trata de una manipulación. Existe el paciente que explota cada uno de los aspectos físicos posibles de la sexualidad y de la sensualidad. El paciente que explota las sensaciones corporales interiores. De los dos últimos, el primero, el masturbador compulsivo, aplaca la tensión física por medio de la satisfacción que procura la actividad autoerótica así como por medio de las experiencias compulsivas de índole homosexual y heterosexual; el segundo, el hipocondríaco, llega a tolerar la tensión física mediante la negación del contenido de fantasía.

Animación suspendida. En este aspecto de la defensa, en el cual el paciente controla a los padres interiorizados, manteniéndoles entre la vida y la muerte, la realidad interior peligrosa (con sus objetos «buenos» amenazados, sus objetos «malos» y sus fragmentos de objetos, y sus peligrosos perseguidores) es reconocida (inconscientemente) en cierta medida y afrontada. La defensa es insatisfactoria debido a que el control omnipotente de los padres interiorizados «malos» impide también todas las buenas relaciones, y el paciente se siente muerto por dentro y ve el mundo como un lugar incoloro. Mi segundo caso es ejemplo de esto.

Negación de ciertos aspectos de los sentimientos de depresión

Utilización de pares antitéticos para la tranquilización. Estas dos características pueden examinarse conjuntamente. Como ejemplo de lo que quiero decir les daré algunos pares antitéticos explotados corrientemente en las fantasías omnipotentes y en la realidad exterior controlada omnipotentemente por los pacientes que se hallan en un estado de defensa maníaca. Algunos se emplean más corrientemente al servicio de la obtención de seguridad o confianza por medio de la realidad exterior, de manera que la omnipotencia y la devaluación se evidencian relativamente poco.

Vacío	·· Pleno
Muerto	·· Vivo, en crecimiento
Quieto	·· En movimiento
Gris	·· Coloreado
Oscuro	·· Claro, luminoso
Invariable	·· Constantemente cambiante
Lento	·· Rápido
Dentro	·· Fuera
Pesado	·· Ligero
Hundimiento	·· Alzamiento
Bajo	·· Alto
Triste	·· Gracioso, feliz
Deprimido	·· Alegre, dominante
Serio	·· Cómico
Separado	·· Unido
Separándose	·· Uniéndose
Informe	·· Formado, proporcionado
Caos	·· Orden
Discordancia	·· Armonía
Fracaso	·· Éxito
En pedazos	·· Integrado
Desconocido y misterioso	·· Conocido y comprendido

Aquí las palabras clave son «muerto» y «vivo», «en movimiento», «en crecimiento».

Depresivo-ascensivo

Deseo dedicar unos minutos a una de estas defensas que me interesa especialmente.

Mientras buscaba una palabra capaz de describir las defensas totales contra la posición depresiva me encontré con la palabra «ascensivo». Me la sugirió el doctor J. M. Taylor como antítesis de «depresivo» y resulta mejor que la palabra «animado» que, en los informes bursátiles, suele emplearse como antítesis de «depresivo».

Me parece a mí que esta palabra, «ascensivo», es susceptible de ser utilizada provechosamente para llamar la atención sobre la defensa contra un aspecto de la depresión que se ve entrañado en términos como «pesadez de corazón», «profundidad de desánimo», «esa sensación de hundimiento», etc.

Basta con pensar en las palabras «grave», «gravedad», «gravitación» y en las palabras «leve», «levedad», «levitación»; cada una de estas palabras tiene un doble significado. Gravedad denota seriedad, pero también se utiliza para describir una fuerza física. Levedad denota devaluación y chistosidad así como falta de pesadez física. En los juegos infantiles he comprobado siempre que los globos, los aeroplanos y las alfombras mágicas llevan consigo un significado de defensa maníaca, a veces de un modo específico y otras veces de manera incidental. Asimismo, la alegría, lo que los ingleses llamamos «tener la cabeza ligera»,[5] es síntoma común de una fase depresiva en ciernes, se trata de una defensa contra la pesadez: la cabeza, como si estuviera llena de gas, tiende a levantar al paciente por encima de sus problemas. En este sentido es interesante tomar nota de que al reír nos demostramos a nosotros mismos y a nuestros compañeros que poseemos mucho aire, para dar y vender, mientras que al suspirar y sollozar demostramos una falta relativa de aire mediante nuestros restringidos intentos de absorber aire.

La palabra «ascensivo» trae a primer plano la importancia de la Ascensión en la religión cristiana. Creo que alguna vez debería haber descrito la Crucifixión y la Resurrección en términos de castración simbólica con la subsiguiente erección, a pesar de la ofensa corporal. De haberle ofrecido esta explicación a un cristiano, éste hubiera protestado, no sólo debido a la negación general del simbolismo sexual inconsciente; cuando menos, parte de la indignación resultante hubiese estado *justificada*[6] por el hecho de haberme olvidado yo de la importancia depresivo-ascensiva del mito. Cada año el cristiano prueba las

---

5. Véase elación.
6. Esta idea ha sido expresada por Brierley (1951, capítulo 6).

profundidades de la tristeza, el desánimo, la desesperanza, en las experiencias del Viernes Santo. El cristiano medio no puede retener la depresión tanto tiempo, y así pasa a una fase maníaca el Domingo de Pascua. La Ascensión señala la recuperación de la depresión.

Muchas personas encuentran que la tristeza ya está lo bastante a mano como para que encima venga la religión a complicar las cosas. Tales personas son incluso capaces de tolerar la tristeza sin el apoyo que proporciona la experiencia compartida. Pero a veces me ha sorprendido, al oír cómo el analizado despreciaba la religión, que estén manifestando una defensa maníaca en la medida en que no logran reconocer la tristeza, la culpabilidad y la inutilidad, así como el valor que tiene el alcanzar esto que es propio de la realidad interior personal o psíquica.

La defensa maníaca y el simbolismo

El tema que he elegido es ciertamente susceptible de un amplio tratamiento. Una cuestión que me interesa muchísimo es la relación teórica entre los fenómenos de la defensa maníaca y el simbolismo. Por ejemplo, la salida del sol tiene una significación fálica, es decir, de erección. Esto es obvio, pero no se trata de lo mismo que su significación ascensiva o contradepresiva. En los juegos y las fantasías los globos se utilizan como símbolo del cuerpo o de los pechos de la madre, de la hinchazón del embarazo, de la erección, del flato; *asimismo*, se emplean como símbolos contradepresivos. En lo que respecta a los sentimientos, son contradepresivos, sea cual sea el objeto al que desplacen.

El caerse tiene una significación sexual o pasivo-masoquista; tiene *además* una significación depresiva; y así sucesivamente.

Puede que una mujer envidie al hombre, desee ser hombre, odie ser mujer, porque, siendo ella propensa a la angustia depresiva, ha llegado a identificarse con el hombre que tiene una erección y, de esta manera, con la defensa maníaca ascensiva.

Éstas y otras relaciones entre las defensas maníacas y el simbolismo sexual habrá que dejarlas para un estudio posterior.

Ejemplos clínicos

Me sería fácil darles ejemplos que vinieran al caso empleando el material que cada uno de los diez pacientes que tengo a mi cuidado me han proporcionado esta semana o cualquier otra semana.

He seleccionado fragmentos de cuatro casos. Los primeros dos pacientes son de tipo asocial, el tercero padece una grave obsesión y el cuarto es un depresivo.

El primero, Billy, tiene cinco años y ha venido a mi consulta durante cuatro cursos trimestrales. Cuando por primera vez acudió a mí tenía tres años y medio, estaba inquieto y se interesaba principalmente por el dinero y los helados; era codicioso en extremo sin que al mismo tiempo fuese capaz de disfrutar lo que adquiría. Había comenzado a robar dinero y creo que sin el análisis hubiese sido un delincuente, especialmente en vista de que vive en un hogar donde él es el único hijo de unos padres que se llevan mal entre sí. En las primeras fases del análisis su comportamiento fue consecuente con el diagnóstico: «asocial, delincuente en potencia».

A modo de ilustración de los cambios que se han operado durante el análisis cito tres ejemplos, escogidos al azar, de los juegos del pequeño. Se produjo un intervalo de algunos meses entre la primera fase y la segunda, así como entre la segunda y la tercera.

En la primera fase, antes del primero de los tres juegos, hubiese resultado difícil decir que sus actividades constituían un juego, en el mejor de los casos el supuesto juego consistía en un feroz ataque contra los piratas.

En el primer juego el niño se coloca ante la boca de un cañón, que yo disparo. El muchacho se ve elevado y transportado por el aire por encima de los continentes hasta África. Durante el trayecto derriba a varias personas con un palo; y, una vez en África, sin descender de lo alto, hace frente a los nativos, que se hallan ocupados en distintas actividades, arrojándolos desde la copa de los árboles a un pozo y cortándole la cabeza al jefe.

Durante una hora en la que este juego fue el más dominante el niño se mostró tremendamente excitado. No me sorprendió, pues, que al coger el ascensor para descender del segundo piso, fuese a parar al sótano por error, quedándose allí aterrado. Aquel día le había seguido secretamente debido a su estado de exaltación, por lo que pude ayudarle a salvar su pequeña dificultad. El niño se quedó inmensamente tranquilizado al ver que yo me había dado cuenta de su estado anormal, por lo que había podido ayudarle cuando estaba en apuros.

Aquella sesión tuvo lugar después de una escena en su casa con su madre, escena que, desde luego, obedecía principalmente a su propia ambivalencia, que estaba saliendo al exterior. También señaló el punto culminante de su comportamiento «maníaco» y estaba relacionada en el tiempo con el análisis de la posición depresiva y con la llegada del sentimiento de tristeza y desesperanza. Con la llegada de la tristeza, por primera vez fue posible la restitución de los juegos constructivos.

El juego que me recordó al otro juego, el que acabo de describirles, tenía que ver con una serie de viajes en un aeroplano. Esto fue después de un intervalo de varios meses. De nuevo volamos hacia África, donde esperamos encontrarnos con enemigos. Contemplamos el mundo desde arriba y nos reímos de su insignificancia. Pero una de las características del viaje es una pasmosa serie de precauciones y medidas de seguridad. Disponemos de dos manuales sobre cómo llevar un aeroplano o un hidroavión. Tenemos dos motores y un helicóptero en caso de que los motores fallen, así como un paracaídas por cabeza. El tren de aterrizaje no sólo lleva las correspondientes ruedas, sino que también tiene un par de flotadores por si tenemos que amerizar. Llevamos abundantes provisiones y también un saco de oro por si se nos termina la comida o las piezas de recambio. Asimismo, de otras muchas maneras, nos aseguramos contra el posible fallo de nuestro intento de superar nuestros problemas.

En este segundo juego estaba clara la utilización de un mecanismo obsesivo; los perseguidores aumentaban de categoría, pasando a ser aviones de otra nacionalidad, susceptibles de convertirse en aviones aliados en caso de guerra con una tercera nación. (Esto se manifestó en juegos ulteriores.) La devaluación decreció y la omnipotencia aminoró; pero el hecho de estar arriba no había que explicarlo solamente mediante el hecho de que nosotros ocupásemos una posición que nos permitía arrojar excrementos al enemigo que estaba debajo, sino que retenía un sentimiento contradepresivo o ascensivo.

Les contaré un tercer juego para que lo comparen con los otros dos.

Nos construimos un barco con el que zarpamos rumbo a un país de piratas. En este juego (del que les doy solamente los detalles principales) nos olvidamos de nuestro objetivo, ya que hace un día muy hermoso. Nos quedamos haraganeando, tomando el sol en cubierta y disfrutando despreocupadamente de nuestra compañía. De vez en cuando nos zambullimos en el mar y nadamos un poco por ahí, perezosamente. Hay algunos tiburones y cocodrilos que de vez en cuando nos recuerdan su índole persecutoria, pero el muchacho tiene un arma de fuego que dispara incluso bajo el agua, así que no nos preocupan demasiado.

Admitimos a bordo a una niña pequeña a la que salvamos de ahogarse. Construimos unas montañas rusas para la muñeca de la pequeña. El capitán nos causa algunos problemas. Cada dos por tres las máquinas se paran porque el capitán, según nos permite ver una inspección, ha arrojado porquería entre los mecanismos. ¡Qué capitán! El capitán saca la porquería y nosotros seguimos gozando de la benevolencia del sol y del agua.

La comparación de este fragmento de juego con los otros dos juegos muestra una aminoración de la angustia de persecución (ya que en los anteriores los piratas habían sido una constante y grave fuente de preocupaciones), una conversión en «buenos» de los objetos «malos» (el mar solía estar rebosante de cocodrilos, aparte de ser enteramente malo), una creencia en la bondad y la amabilidad (el sol y la atmósfera general de vacaciones), una puesta en relación de la fantasía con las experiencias físicas (el fusil capaz de disparar debajo del agua), la capacidad de controlar la traición del capitán, que él mismo se encarga de reparar (extracción de la porquería de la maquinaria), las nuevas relaciones objetales (especialmente manifestadas en la inclusión de un nuevo objeto «bueno» bajo la forma de la niña, a la que se salva de perecer en el mar y a la que se hace feliz con una serie de subidas y bajadas controladas), así como una aminoración de la obsesiva toma de medidas contra riesgos. No es la devaluación la característica del juego.

La defensa maníaca hace su entrada en la medida en que los peligros son olvidados, pero el hecho de que haya cierto incremento en la bondad de los objetos internos hace que la defensa maníaca sea menos fuerte y traiga consigo los demás cambios. Existe una defensa maníaca por cuanto el muchacho afronta el peligro de una manera maníaca, abriendo fuego contra los perseguidores que hay dentro del cuerpo (bajo el agua); sin embargo, es observable una relación más sólida con la realidad externa: por ejemplo, en la relación que hay entre disparar debajo del agua y orinar en el baño.

Yo desempeño el papel de hermano imaginario, pero también el de madre.

Clínicamente, Billy ha cambiado y es un niño mucho más normal. En la escuela, progresa satisfactoriamente y disfruta de su relación con los demás alumnos y con los maestros. En casa no acaba de ser normal: sigue exigiendo dinero y es propenso a armar ruido y especialmente a tener momentos en que su comportamiento es irrazonable justo en el momento en que comienza la cena. Pero tiene una personalidad deliciosa, una creciente comprensión de las dificultades de sus padres, que siguen mostrándose fríos el uno para el otro. La madre está muy enferma, es depresiva y drogadicta.

David (de ocho años), otro niño asocial, acudió a mí al comenzar el presente trimestre. Su alternativa era verse expulsado de la escuela por su «obsesión sobre el sexo y la limpieza corporal», así como por ciertos actos vagamente definidos con respecto a ciertos chicos y chicas. Es el único hijo de un padre depresivo aunque dotado de talento, que a veces, sin razón aparente para ello, se queda en cama durante varios días seguidos, y de una madre que, según ella misma dice, es sumamente neurótica y está realmente preocupada por la situación del hogar. La madre me brinda un excelente apoyo.

Al igual que la mayor parte de los niños delincuentes, David es inmediatamente apreciado durante un breve período por todos aquellos que no tienen demasiado contacto con él. De hecho, desde que empezó el tratamiento, no ha habido ningún incidente desagradable fuera, pero me dicen que su compañía resulta pesada si se prolonga mucho. El niño necesita y pide que se le tenga ocupado. Es notable su conocimiento de los hechos de la realidad externa, aunque esto es típico del delincuente.

En una de las primeras sesiones me dijo: «Espero no estar cansándolo». Y esto, unido a que los padres me habían dicho que siempre acababa por cansarles, así como a mi experiencia de un caso parecido (tratado antes de entender gran cosa de todo eso de la realidad interior) hizo que me dispusiese a tratar un caso agotador.

Una vez, cuando en un seminario me hallaba describiendo el tratamiento de un joven delincuente, el doctor Ernest Jones comentó que del caso surgía un punto de aplicación práctica, a saber: ¿Es imposible evitar el agotamiento al tratar con un delincuente? Ya que, si así fuera, ello impondría una seria limitación al tratamiento de tales casos. Por aquel entonces, sin embargo, un niño delincuente había sido tratado por el doctor Schmideberg, sin que éste tuviese demasiadas dificultades en el manejo del análisis. Así, pues, creo que lo que pensaba el doctor Jones a la sazón era que el error estaba en mi técnica.[7]

La intención de dejarme agotado pronto se hizo sentir pero antes ya había sido posible llevar a cabo una buena parte del análisis. Los juguetitos principalmente le habían permitido a David darme y darse un verdadero cúmulo de fantasías, y muy detalladas además.[8]

Al cabo de unos pocos días David huyó de las angustias correspondientes a las fantasías profundas a un interés por el mundo de fuera, las calles vistas desde la ventana, y el mundo que había de mi puerta hacia afuera, especialmente el ascensor. El interior de la habitación se había convertido en su propio interior y, si tenía que tratar conmigo y con el contenido de mi habitación (padre y madre, brujas, fantasmas, perseguidores, etc.), tenía que disponer de los medios para controlarlos. Ante todo tenía que agotarlos, ya que temía no poder controlarlos; y yo creí que en esto demostraba cierta desconfianza hacia la omnipotencia. En aquella fase tuve pruebas de un impulso suicida. Junto con la necesidad de causar mi agotamiento se desarrolló el deseo de salvarme del mismo, de manera que cual capataz de esclavos ponía grandísimo cuidado en evitar que sus esclavos se agotasen. Me daba unos períodos compulsorios de descanso.

Pronto se hizo evidente *que era él quien se estaba agotando*, y el problema del cansancio del analista se resolvió gradualmente por la interpretación referente a su propio agotamiento en el control de los padres internalizados, que se agotaban mutuamente tanto como él.

Tuve la buena fortuna de que el Día del Armisticio, a las once de la mañana, el paciente estuviese en mi consulta. La cuestión de la celebración del Día del Armisticio le interesó mucho. No tanto porque su padre hubiese luchado en la guerra, como porque en el niño ya se había desarrollado el interés (antes del análisis y en relación con el análisis) por las calles y

---

7. Ahora veo que había un problema implícito y muy real en la observación del doctor Jones, y he desarrollado el tema. (Véase el capítulo 12 de la tercera parte.)
8. La introducción hecha por la señora Klein del empleo de unos cuantos juguetes diminutos fue un plan brillante, ya que dichos juguetes prestaron apoyo al niño en relación con la devaluación despreciativa y, además, hacen que el dominio omnipotente sea casi un hecho. El niño es capaz de expresar profundas fantasías por medio de los pequeños juguetes al principio del tratamiento y de esta manera empieza con cierta creencia en su propia realidad interior.

el tránsito, en cuanto a cosas que le daban una muestra no irremisiblemente incontrolable de la realidad interior.

Llegó a la consulta lleno del placer que le había producido comprar una amapola[9] que le ofrecía una señora y a las once se interesó por cada uno de los detalles de los acontecimientos que se desarrollaban en la calle. Luego vino el esperado espacio de dos minutos de silencio. En mi vecindario el silencio resultó especialmente completo, cosa que entusiasmó muchísimo al chico. Comentó que era hermoso. Durante dos minutos de su vida no se había sentido cansado, no había sentido la necesidad de agotar a sus padres, toda vez que había aparecido un control omnipotente impuesto desde fuera y cuya realidad era aceptada por todos.

Resultó interesante su fantasía en el sentido de que durante el silencio las señoras seguían vendiendo flores,[10] la única actividad permitida. Una omnipotencia más maníaca, interior, lo hubiese interrumpido todo (incluyendo lo bueno).

El análisis de la posición depresiva y de la defensa maníaca ha aminorado su enfebrecido placer en el análisis. Ha habido momentos de intenso cansancio, tristeza y desesperanza, e indirectamente ha dado muestras de sentimientos de culpabilidad. Por unas semanas desarrolló juegos, en los que yo tenía que asustarme mucho o sentirme culpable, y en los que sufría las más terribles pesadillas. Esta semana incluso él mismo ha jugado a asustarse muchísimo, y en el día de hoy estaba realmente asustado por algo. Me ilustró su resistencia haciendo que le enseñase a zambullirse, cosa que de hecho se niega a aprender, y yo tengo que decirle: «¡Me estás haciendo perder el tiempo! ¿Cómo voy a enseñarte a zambullirte si eres incapaz de estar de pie? Estoy muy enfadado contigo» y cosas por el estilo. Todo esto acaba por convertirse en una gran juerga; él me hace reír de buena gana y entonces se pone muy contento. Pero ahora es consciente de que todas estas bromas forman parte de las defensas contra la posición depresiva, y, actualmente, muy en especial contra los sentimientos de culpabilidad; al mismo tiempo, se está analizando gradualmente la defensa.

¿Cómo puede zambullirse al interior del cuerpo,[11] la reali-

9. Durante el Día del Armisticio (*Poppy Day*) en Inglaterra se venden amapolas de papel con fines benéficos (*N. del T.*).
10. Esto lo imaginaba el niño, pues en realidad no era cierto.
11. Ahora añadiría la idea de que el niño se enfrentaba con la depresión de su madre lanzándose de cabeza en el mundo interior de la misma (1957).

dad interior, a menos que pueda tenerse en pie, estar seguro de que vive, comprender lo que encontrará dentro?

El caso de David es ejemplo del peligro que corre el yo en manos de los objetos interiores «malos». El muchacho teme que los padres interiores, que constantemente se vacían el uno al otro, le vacíen y agoten a él.

David muestra la huida desde la realidad interior al interés por la superficie de su cuerpo, y por los sentimientos de dicha superficie y, partiendo de dichos sentimientos, a un interés por los cuerpos y sentimientos de otros niños. La marcha de su análisis ejemplifica también la importancia de la comprensión del mecanismo del control omnipotente de los objetos interiores, así como de la relación de la negación del cansancio, y los sentimientos de culpabilidad y la negación de la realidad interior.

Charlotte (de treinta años) lleva dos meses en análisis conmigo. Clínicamente se trata de un caso depresivo, con temores suicidas, pero también con cierto disfrute tanto del trabajo como de las actividades exteriores.

En los comienzos del análisis dio cuenta de un sueño que forma parte de su repertorio: llega a una estación de ferrocarril donde hay un tren, *pero el tren nunca arranca.*

La semana pasada tuvo el mismo sueño dos veces en una noche. Debo omitir muchos detalles, pero el punto esencial fue que en cada uno de los sueños Charlotte recorría de un extremo a otro el pasillo de un tren, buscando un vagón que tuviera uno de sus lados completamente desocupado, con el fin de poder tumbarse y dormir durante el viaje. Una tal señora X, por la que la paciente siente afecto (y que es comparable conmigo por cuanto se preocupa por ella, aunque se apresura a recomendarle algo para las hemorroides mientras yo no hago nada para tratarlas), le decía que buscase un lugar donde lavarse.

En el primer sueño Charlotte encontró el compartimiento que buscaba y en el segundo encontró el sitio donde lavarse. *En cada uno de los sueños el tren arrancó.* Fue este comentario fortuito lo que me hizo recordar el sueño repetido. Las hemorroides, que para aquel entonces ya se habían convertido en un rasgo clínico, llamaban la atención, desde luego, sobre la excitación y la fantasía anal, por lo que uno no se sorprende al ver que los viajes ocupan un lugar importante en el sueño. En aquella sesión la paciente describió de qué manera había atravesado el parque calzada con gruesos zapatos, lo cual la ayudaba a desprender sus sentimientos; también describió de qué modo había jugado con su sobrino, que la había inducido a hacer ejercicios gimnásticos en el suelo. Podría señalarles mi papel de madre en la transferencia, con la apremiante necesidad de la paciente, indirectamente expresada, de ensuciarme, darme patadas y pisotearme el cuerpo, etc. Pero creo que con eso hubiese pasado por alto algo muy importante de no haber señalado la aminoración de la defensa maníaca y los nuevos peligros inherentes al cambio. El tren que nunca echaba a correr por las vías era la representación de los padres omnipotentemente controlados, mantenidos en animación suspendida. Las palabras de Joan Riviere, «el ahogo de la defensa maníaca», describen la condición clínica que a la sazón temía la paciente. El hecho de que los trenes se pusieran en marcha indicaba la aminoración de este control de los padres interiorizados, y lanzaba una advertencia sobre los peligros inherentes a ello, así como sobre la necesidad de nuevas defensas en el supuesto de que el avance en aquella dirección sobrepasara al desarrollo del yo que el análisis estaba produciendo. Recientemente se había presentado material e interpretaciones referentes a la absorción de mi persona y de mi habitación, etc.

Dicho sencillamente, los trenes que se ponen en marcha están expuestos a los accidentes.

La búsqueda del lugar donde lavarse, dentro de este marco, estaba conectada probablemente con el desarrollo de la técnica obsesiva y todo lo que esto significa con respecto a la habilidad para tolerar la posición depresiva y para reconocer el amor y la dependencia objetal.

En la siguiente consulta la paciente se sintió responsable de las señales de patadas que había en mi puerta y de las huellas sucias del mobiliario, y quiso lavarlas.

Mathilda (de treinta y nueve años) lleva cuatro años sometida a análisis. Clínicamente era un caso serio de obsesión. Durante el análisis ha sido una depresiva con marcados temores suicidas. Psicológicamente ha estado enferma desde la primera infancia, sin que se acuerde de ningún período feliz. A los cuatro años no podían dejarla en la escuela diurna y desde más o menos aquellas fechas hasta fines de la infancia su vida se vio dominada por el temor a estar enferma.

La palabra «final» no podía ser pronunciada en ningún contexto durante el análisis y resultaba casi posible describir la totalidad del análisis como el análisis de su fin.[12] Justo en estos días se están estableciendo los primeros contactos reales, el interés y el deseo anal acaba de presentarse, después de haber estado profundamente reprimidos. Al comenzar la sesión que me propongo describir, perteneciente a la labor de la semana en curso, la paciente trató de hacerme reír, y ella misma se rió al pensar que, por la postura de mis manos, yo estaba reteniendo la orina. Con esta paciente, al igual que con otros, comprobé que este intento de reírse y hacerme reír era señal de angustia depresiva; el paciente puede hallar un gran alivio si uno reconoce rápidamente esta interpretación, incluso hasta el punto de romper a llorar en lugar de seguir riendo y haciéndose el gracioso. La paciente sacó lo que se llama una «Polyfoto» de ella misma. Su madre quería tener una foto suya y ella pensó que si tomaban cuarenta y ocho fotos pequeñas (como se hace por el método citado) una o dos de ellas serían buenas. Asimismo, este método corresponde a la esperanza de juntar los fragmentos de pecho, de los padres, de uno mismo.[13] Me pidió que escogiera la que me gustaba más y también que examinase todas las restantes de las cuarenta y ocho fotos. La paciente tenía intención de regalarme una. La idea consistía en que yo hiciese algo *fuera del análisis*, y cuando, en lugar de caer en la trampa (unos pocos días antes me había advertido sobre tales trampas), yo me puse a analizar la situación, ella se sintió desesperanzada, dijo que no le daría una foto a nadie, y que se suicidaría. Ya habíamos hablado mucho del tema de mirar como forma de dar vida, y yo iba a verme seducido a negar su muerte mirando y viendo.

Si yo no accedía, ella se sentía herida, lo cual se relacionaba con su extrema angustia referente a la fantasía de haber rechazado el pecho de la madre (haciendo que ésta se disgustara o sintiera herida) en contraposición a sentirse furiosa por verse frustrada por la madre. Al final de cada sesión analítica, lo más probable era que ella se sintiese despechada como si se tratase de la negativa a seguir administrándole el análisis, negativa contra la que ella se defendía haciendo hincapié en los poderes frustratorios del analista.

12. Esta paciente pudo abandonar el análisis al cabo de diez años de tratamiento regular.
13. Actualmente vería mucho más en este incidente, pero creo que actuaría como lo hice entonces.

Las interpretaciones sacaron a la luz el hecho de que ella consideraba el análisis como un arma en mis manos, y también que *sentía que era más real que yo mirase su foto* (una cuadragesimaoctava parte de ella misma) que la mirase a ella misma. La situación analítica, que la paciente lleva cuatro años proclamando como su única realidad, le parecía por primera vez, en aquel momento, irreal o cuando menos una relación narcisista, una relación con el analista que a ella le resultaba valiosa principalmente por el alivio que le proporcionaba, un tomar sin dar, una relación con sus propios objetos interiores. La paciente recordó que uno o dos días antes había pensado de pronto «cuán terrible era ser realmente una misma, cuán terriblemente solitario».

Ser uno mismo o una misma significa contener una relación entre padre y madre. Si ellos se aman y son felices juntos, suscitan odio y codicia en el solitario; y, si son malos, ladrones, crueles, pendencieros, lo son debido a la ira del solitario, ira enraizada en el pasado.

Este análisis ha sido muy largo, debido en parte a que durante los primeros dos años yo no comprendí la posición depresiva; a decir verdad, no fue hasta el año pasado que tuve el presentimiento de que el análisis marchaba realmente bien.

He citado el caso de Mathilda principalmente con el fin de ilustrar el sentimiento de irrealidad que acompaña a la negación de la realidad interior en la defensa maníaca. El incidente de la «Polyfoto» fue una invitación a que yo me viese atrapado en el asunto de su defensa maníaca en lugar de comprender su muerte, inexistencia, falta de un sentimiento de realidad de sí misma.

Resumen

He querido presentar ciertos aspectos de la defensa maníaca y de sus relaciones con la posición depresiva. Al hacerlo he lanzado una invitación a que se discutiese el término «realidad interior», y su significado en comparación con el significado de los términos «fantasía» y «realidad exterior».

El incremento de mi propia comprensión de la defensa maníaca, así como el mayor reconocimiento de la realidad interior, han significado un gran cambio para mi práctica psicoanalítica.

Confío en que el material de los casos citados les haya dado algún indicio de la forma en que la defensa maníaca es de un modo u otro un mecanismo que se emplea corrientemente y que debe estar constantemente presente en la mente del analista, al igual que cualquier otro mecanismo de defensa.

No basta con decir que ciertos casos dan muestras de defensa maníaca, ya que en todo caso la posición depresiva es alcanzada antes o después, por lo que siempre es de esperar que aparezca. Y, en cualquier caso, el análisis del final del análisis (que puede darse al principio) incluye el análisis de la posición depresiva.

Es posible que un buen análisis sea incompleto porque el final se haya presentado sin ser plenamente analizado; o es posible que un análisis resulte prolongado debido en parte a que el final, y el mismo resultado afortunado, se hagan tolerables a un paciente solamente cuando hayan sido analizados; o sea, después de completar el análisis de la posición depresiva, y el de las defensas que contra ella puedan emplearse, incluyendo la defensa maníaca.

El término «defensa maníaca» se ha forjado para cubrir la capacidad que tiene una persona para negar la angustia depresiva que es inherente al desarrollo emocional, la angustia que corresponde a la capacidad del individuo para sentirse culpable y también para reconocer la responsabilidad por las experiencias instintivas, y por la agresión en la fantasía que acompaña a las experiencias instintivas.

2. DESARROLLO EMOCIONAL PRIMITIVO (1945)[1]

El título del presente trabajo les permitirá ver inmediatamente que he escogido un tema muy amplio. Todo lo que puedo tratar de hacer es un planteamiento personal preliminar, como si escribiera la presentación de un libro. No pienso comenzar dando un resumen histórico para mostrarles el desarrollo de mis ideas a partir de las teorías ajenas, que no es ésa la modalidad de mi pensamiento. Lo que sucede es que voy recogiendo cosas, aquí y allá, me enfrento a mi experiencia clínica, me formo mis propias teorías y luego, al final de todo, pongo interés en ver cuáles son las ideas que he tomado de otros. Puede que este método sea tan bueno como otro cualquiera.

En lo que respecta al desarrollo emocional primitivo, es mucho lo desconocido o no adecuadamente entendido, al menos para mí. Cabría decir que la presente discusión debería aplazarse unos cinco o diez años más. Contra esto se halla el factor de que los malentendidos surgen continuamente en las reuniones científicas de la Sociedad y tal vez nos encontremos con que ya sabemos lo suficiente como para impedir algunos de tales malentendidos, mediante una discusión de estos estados emocionales primitivos.

---

1. Leído ante la Sociedad Psicoanalítica Británica, el 28 de noviembre de 1945, *Int. J. Psycho-Anal.*, vol. XXVI, 1945.

Interesado primordialmente por el paciente infantil, y por el niño, decidí que debía estudiar la psicosis en el análisis. He tenido como una docena de pacientes psicóticos adultos, la mitad de los cuales han sido analizados extensamente. Esto sucedió durante la guerra y podría decirles de paso que apenas me di cuenta de los bombardeos, ya que me hallaba inmerso en los análisis de los pacientes psicóticos, que, como es sabido, son notorios por la falta de interés que en ellos despiertan las bombas, los terremotos y las inundaciones.

Como resultado de esta labor, tengo muchas cosas que comunicar y alinear junto a las teorías en boga. Tal vez el presente escrito pueda considerarse el principio.

Escuchando lo que tengo que decirles, y criticándolo, ustedes me ayudan a dar el siguiente paso, que consiste en el estudio de las fuentes de mis ideas, tanto en la labor clínica como en los escritos publicados por los analistas. De hecho, me ha sido sumamente difícil mantener este trabajo limpio de material clínico, que, de todos modos, deseaba restringir con el fin de dejar tiempo para la discusión.

Ante todo debo preparar el camino. Permítanme que trate de describirles diversos tipos de psicoanálisis. Resulta posible efectuar el análisis de un paciente —que se preste a ello— teniendo en cuenta de modo casi exclusivo las relaciones personales que tiene con la gente, junto con las fantasías conscientes e inconscientes que enriquecen y complican estas relaciones entre personas enteras. Éste es el tipo originario del psicoanálisis. Durante los últimos dos decenios se nos ha enseñado a desarrollar el interés por la fantasía, y de qué modo la fantasía del propio paciente acerca de su organización interior y su origen en la experiencia instintiva reviste importancia como tal.[2] Se nos ha enseñado, además, que en ciertos casos es ésta, la fantasía del paciente con respecto a su organización interior, lo que reviste una importancia vital, de manera que el análisis de la depresión y de las defensas contra ella no puede ser llevado a cabo en base exclusivamente a la consideración de las relaciones del paciente con la gente real y las fantasías en torno a ella. Este nuevo énfasis en la fantasía que de sí mismo tiene el paciente abrió el amplio campo del análisis de la hipocondría, en la cual la fantasía del paciente en torno a su mundo interior incluye la fantasía de que éste se halla localizado dentro de su propio cuerpo. Se nos hizo posi-

---

2. Principalmente a través de la obra de Melanie Klein.

ble relacionar, dentro del análisis, los cambios cualitativos registrados en el mundo interior del individuo con sus experiencias instintivas. La cualidad de estas experiencias instintivas explicaba la naturaleza buena o mala de lo que está dentro, así como su existencia.

Esta labor constituyó una progresión natural en el psicoanálisis; trajo consigo una nueva comprensión pero no una nueva técnica. Rápidamente nos condujo al estudio y análisis de relaciones todavía más primitivas y son éstas las que deseo comentar en este escrito. La existencia de estos tipos más primitivos de relación objetal jamás ha sido puesta en duda.

He dicho que no hizo falta ninguna modificación de la técnica freudiana para llevar a cabo la extensión del análisis con vistas a enfrentarse a la depresión y a la hipocondría. No es menos cierto, según mi experiencia, que la misma técnica nos puede llevar a elementos aún más primitivos, siempre y cuando, por supuesto, tengamos en cuenta los cambios en la situación de la transferencia inherentes a tal trabajo.

Quiero decir con esto que un paciente que necesite el análisis de la ambivalencia en las relaciones externas tiene una fantasía de su analista y de la labor de éste que difiere de la fantasía del paciente deprimido. En el primer caso, el trabajo del analista es considerado como hecho por amor al paciente, mientras el odio es desviado hacia cosas odiosas. El paciente deprimido necesita que su analista comprenda que su labor constituye en cierta medida su esfuerzo para afrontar su propia depresión (la del analista), o acaso deba decir la culpabilidad y la aflicción resultantes de los elementos destructivos de su propio amor (del analista). Siguiendo en esta tónica, el paciente que recaba ayuda con respecto a su relación primitiva y predepresiva con los objetos, necesita que su analista sea capaz de ver el amor y el odio no desplazados y coincidentes que el analista siente por él. En tales casos, el final de la sesión, el final del análisis, las reglas y normas, todo esto se presenta como importantes expresiones del odio, del mismo modo que las buenas interpretaciones constituyen expresiones del amor y símbolos de la buena comida y de los cuidados. Sería posible desarrollar este tema extensa y provechosamente.

Antes de embarcarme directamente en la descripción del desarrollo emocional primitivo, me gustaría también dejar bien claro que el análisis de estas relaciones primitivas no puede ser emprendido salvo a guisa de extensión del análisis de la depresión. Es cierto que estos tipos de relación primitiva, en la medida en que aparecen en niños y adultos, pueden producirse en calidad de huida de las dificultades suscitadas por las siguientes fases o etapas, tras la clásica concepción de la regresión. Está bien que el analista estudiante aprenda primeramente a enfrentarse a la ambivalencia en las relaciones externas y con las represiones sencillas y que luego pase al análisis de la fantasía que el paciente tiene con respecto al interior y al exterior de su personalidad, así como el análisis de toda la gama de defensas contra la depresión, incluyendo los orígenes de los elementos persecutorios. Esto último lo puede encontrar con toda seguridad en cualquier análisis, pero para el analista sería inútil y perjudicial enfrentarse con relaciones principalmente depresivas a no ser que estuviera plenamente preparado para analizar la ambivalencia declarada. Igualmente cierto es que resulta inútil y hasta peligroso analizar las relaciones predepresivas primitivas, e interpretarlas a medida que van apareciendo en la transferencia, a menos que el analista esté bien preparado para hacer frente a la posición depresiva, a las defensas contra la depresión y a las ideas persecutorias que surgen al paso de la interpretación a medida que el paciente va progresando.

Debo hacer unos cuantos comentarios más a modo de preparación. Se ha comentado a menudo que, entre los cinco y los seis meses, se produce un cambio en los niños, lo que hace que para nosotros nos sea más fácil que antes referirnos a su desarrollo emocional en términos aplicables a los seres humanos de manera general. Anna Freud pone de relieve este particular y da a entender que, en su opinión, al niño pequeño le interesan más ciertos aspectos del cuidado que recibe que la gente en sí. Recientemente, Bowlby expresó la opinión de que, antes de los seis meses, los niños no particularizan, de manera que el hecho de que se les separe de la madre no les afecta del mismo modo en que lo hace después de los seis meses. Yo mismo he dicho en ocasiones anteriores que los pequeños llegan a ser «algo» a los seis meses, de modo que, mientras muchos niños de cinco meses agarran un objeto y se lo meten en la boca, no es hasta los seis meses que el niño corriente sigue este acto con el de dejar caer el objeto deliberadamente, como parte de sus juegos.

Al especificar que esto sucede de los cinco a los seis meses no pretendemos hacer alardes de exactitud. En el caso de que un bebé de dos o tres meses, incluso más pequeño, llegase a la fase de desarrollo que para los fines de esta descripción hemos fijado en los cinco meses, nada malo sucederá.

A mi modo de ver, la fase que estamos describiendo —y creo que uno puede aceptar tal descripción—, es una fase muy importante. En cierta medida es cuestión de desarrollo físico, pues el niño de cinco meses adquiere capacidad en la medida en que agarra los objetos que ve, y no tarda en poder llevárselos a la boca. Esto no lo hubiese podido hacer antes. (Por supuesto que quizás hubiese deseado hacerlo. No existe un paralelo exacto entre la habilidad y el deseo y sabemos que muchos avances físicos, tales como la habilidad para andar, a menudo se ven contenidos hasta que el desarrollo emocional pone en libertad al logro físico. Sea cual fuere el aspecto físico de la cuestión, existe también el lado emocional.) Podemos decir que en esta fase un bebé, en sus juegos, adquiere la capacidad para demostrar que comprende que tiene un interior y que las cosas proceden del exterior. Demuestra que sabe que se ve enriquecido por lo que incorpora (física y psíquicamente). Más aún, demuestra que sabe que puede librarse de algo cuando ha obtenido de este algo lo que de él desea. Todo esto representa un tremendo avance. Al principio solamente se alcanza de vez en cuando y cada uno de los detalles de este avance puede perderse en forma de regresión debida a la angustia.

El corolario de esto es que ahora el pequeño da por sentado que su madre también posee su interior, que puede ser rico o pobre, bueno o malo, ordenado o confuso. Así, pues, el pequeño empieza a preocuparse por la madre y su cordura y sus estados de ánimo. En el caso de muchos niños, a los seis meses existe una relación como la que hay entre las personas normales. Ahora bien, cuando un ser humano siente que es una persona relacionada con los demás, entonces es que ya ha viajado mucho desde su primitivo desarrollo.

Nuestra tarea consiste en examinar lo que sucede en los sentimientos y la personalidad del pequeño antes de esta fase que fijamos entre los cinco y los seis meses pero que, de todos modos, puede ser alcanzada antes o después.

Se nos plantea también esta pregunta: ¿Cuándo empiezan a suceder las cosas importantes? Por ejemplo, ¿hay que tener en cuenta al niño no nacido todavía? Y, si es así, ¿a qué edad después de la concepción hace su entrada la psicología? Yo contestaría que, si hay una fase importante entre los cinco y los seis meses, también la hay alrededor del momento del nacimiento. Para afirmar tal cosa me fundo en que hay grandes diferencias que son observables si el bebé es prematuro o posmaturo. Sugiero que al finalizar los nueve meses de gestación el pequeño está maduro para el desarrollo emocional, y que, si el bebé es posmaturo, habrá alcanzado esta fase en el vientre de su madre, por lo que uno tiene que tener necesariamente en cuenta sus sentimientos antes y durante el nacimiento. Por el contrario, el niño prematuro no experimentará demasiadas cosas de importancia vital hasta que haya alcanzado la edad en que debería haber nacido, es decir, algunas semanas después del nacimiento. Cuando menos esto ofrece una base para la discusión.

Otra pregunta es la siguiente: hablando desde el punto de vista psicológico, ¿es que algo *importa* antes de los cinco o seis meses? Sé que en ciertos círculos se cree sinceramente que la respuesta es «No». Esta opinión es digna de respeto, pero no es la mía.

El principal objetivo de este escrito es presentar la tesis de que el desarrollo emocional precoz del niño, antes de que éste se conozca a sí mismo (y por ende a los demás) como la persona completa que es (y que los demás son), es vitalmente importante: en verdad que aquí están las claves de la psicopatología de la psicosis.

Los primeros procesos del desarrollo

Hay tres procesos que a mí me parece que empiezan muy pronto: 1) la integración, 2) la personalización, y 3) siguiendo a éstos, la apreciación del tiempo y del espacio y de las demás propiedades de la realidad, en resumen: la comprensión.

Muchas cosas que tendemos a considerar definitivas desde el principio, han tenido, sin embargo, un origen y una condición a partir de la que se desarrollaron. Por ejemplo, muchos análisis van deslizándose hasta su completación sin que en ningún momento entre en cuestión el tiempo. Pero un chico de nueve años a quien le gustaba jugar con Ann, de dos años, se interesó vivamente por el nuevo bebé. Dijo: «Cuando nazca el bebé, ¿nacerá antes que Ann?». Su sentido del tiempo es muy poco firme. Asimismo, un paciente psicótico era incapaz de adoptar rutina alguna, puesto que, de hacerlo, no hubiese sabido si era martes, de esta semana o de la pasada, o de la próxima.

A menudo damos por sentada la localización del ser en el propio cuerpo, y, sin embargo, durante el análisis una paciente psicótica reconoció que de pequeña creía que su hermana gemela, que yacía en el otro extremo del cochecito, era ella misma. Incluso llegó a sorprenderse al ver que alguien cogía a la otra niña sin que ella cambiase de sitio. Su sentido del ser y de lo que no es el ser no estaba desarrollado.

Otra paciente psicótica descubrió durante el análisis que la mayor parte del tiempo vivía dentro de la cabeza, detrás de los ojos. Por los ojos solamente podía ver, como por las ventanas, y no se daba cuenta de lo que había a sus pies ni de lo que éstos hacían. Por lo tanto, tenía tendencia a meterlos en los socavones y a tropezar con las cosas. No tenía «ojos en los pies». No percibía su personalidad localizada en el cuerpo, al que sentía como una máquina compleja que debía manejar con cuidado y habilidad consciente. Otra paciente, a veces vivía en una caja situada unos veinte metros sobre el nivel del suelo, conectada con su cuerpo exclusivamente a través de un tenue hilo. Estos ejemplos de falta de desarrollo primitivo se nos presentan diariamente en el consultorio y son ellos los que nos recuerdan la importancia de procesos tales como la integración, la personalización y la comprensión.

Cabe deducir que, en su principio teórico, la personalidad no está integrada y que en la desintegración regresiva existe un estado primario al que conduce la regresión. Nosotros postulamos una no integración primaria.

La desintegración de la personalidad constituye una conocida afección psiquiátrica cuya psicopatología resulta sumamente compleja. El examen analítico de estos fenómenos, sin embargo, demuestra que el estado primario no integrado provee una base para la desintegración y que ese retraso o ausencia con respecto a la integración primaria predispone a la desintegración como forma de regresión, o como resultado de algún fracaso en los demás tipos de defensa.

La integración comienza en el mismo principio de la vida, pero en nuestra labor jamás podemos darla por sentada. Tenemos que tenerla en cuenta y vigilar sus fluctuaciones.

Un ejemplo de los fenómenos de la no integración nos lo da el conocido caso del paciente que procede a darnos todos los detalles del fin de semana y que se da por satisfecho al final si lo ha dicho todo, aunque al analista le parezca no haber hecho ninguna labor analítica. A veces esto debemos interpretarlo como la necesidad que siente el paciente de ser conocido con todos sus pelos y señales por una persona: el analista. Ser conocido significa sentirse integrado al menos en la persona del analista. Esto es lo corriente en la vida del pequeño. El pequeño que no haya dispuesto de una persona que recoja sus «pedacitos» empieza con un handicap su propia tarea de autointegración y tal vez no pueda cumplirla con éxito, o al menos no pueda mantenerla confiadamente. La tendencia a integrarse se ve asistida por dos series de experiencias: la técnica de los cuidados infantiles en virtud de los cuales el niño es protegido del frío, bañado, acunado, nombrado y, además, las agudas experiencias instintivas que tienden a reunir la personalidad en un todo partiendo desde dentro. Durante las veinticuatro primeras horas de la vida son muchos los niños que ya están bien metidos en la vía de la integración durante ciertos períodos. En otros, el proceso sufre un retraso, o se producen contratiempos, debido a la inhibición precoz del ataque codicioso. En la vida del niño normal hay largos períodos de tiempo en los cuales al niño no le importa ser una serie de numerosos fragmentos o un ser global, o no le importa si vive en el rostro de su madre o en su propio cuerpo, siempre y cuando alguna que otra vez se reúnan los fragmentos y sienta que es algo. Más adelante trataré de explicar por qué la desintegración resulta temible, mientras que la no integración, no.

En cuanto al medio ambiente, algunos fragmentos de la técnica de crianza, de las caras vistas, los sonidos oídos, los olores olidos, sólo gradualmente son reunidos en un ser al que se llamará madre. En la situación de transferencia durante el análisis de los psicóticos nos es ofrecida la prueba más fehaciente de que el estado psicótico de no integración tuvo un lugar natural en una de las fases primitivas del desarrollo emocional del individuo.

A veces se da por supuesto que, cuando está sano, el individuo está siempre integrado, así como que vive en su propio cuerpo, siendo capaz de sentir que el mundo es real. Sin embargo, hay muchos estados de salud mental que tienen una cualidad sintomática y se ven cargados con el miedo o la negación de la locura, de la posibilidad innata en todo ser humano de verse no integrado, despersonalizado, y de sentir que el mundo es irreal. La falta de sueño suficiente produce estos estados en cualquier persona.[3]

De igual importancia en la integración es el desarrollo del sentimiento de que la persona de uno se halla en el cuerpo pro-

---

3. A través de la expresión artística nos es dado esperar mantenernos en contacto con nuestro ser primitivo, de donde emanan los sentimientos más intensos e incluso unas sensaciones terriblemente agudas, y lo cierto es que la mera cordura equivale a la pobreza.

pio. También aquí es la experiencia instintiva y las repetidas y tranquilas experiencias del cuidado corporal lo que gradualmente va construyendo lo que podríamos llamar «personalización satisfactoria». Y, al igual que en la desintegración, también los fenómenos de despersonalización propios de la psicosis se relacionan con primitivos retrasos de la personalización. La despersonalización es algo corriente en los adultos y los niños. A menudo se oculta en, por ejemplo, lo que solemos llamar «sueño profundo» y en los ataques de postración que van acompañados por una palidez cadavérica: «Fulanito está ausente», dice la gente, y tienen razón.

Un problema que está relacionado con el de la personalización es el de los compañeros imaginarios de la niñez. No se trata de simples construcciones de la fantasía. El estudio del futuro de estos compañeros imaginarios (en el análisis) demuestra que a veces se trata de otros seres de un tipo sumamente primitivo. Me es imposible formular aquí un claro planteamiento de lo que quiero decir, aparte de que no es éste el lugar de explicarles este detalle. Sin embargo, diré que esta creación, muy primitiva y mágica, de compañeros imaginarios se emplea fácilmente a modo de defensa, ya que mágicamente deja a un lado todas las angustias asociadas con la incorporación, digestión, retención y expulsión.

Disociación

Del problema de la no integración surge otro: el de la disociación. Afortunadamente, la disociación puede ser estudiada en sus formas iniciales o naturales. A mi modo de ver, de la no integración nacen una serie de estados a los que luego se llamará «disociaciones», que aparecen debido a que la integración es incompleta o parcial. Por ejemplo, existen los estados de tranquilidad y los de excitación. Creo que de un niño no se puede decir que, al principio, sea consciente de que mientras siente una serie de cosas en la cuna, o disfruta del estímulo que su piel recibe cuando lo bañan, él es el mismo niño que otras veces chilla reclamando el alimento, viéndose poseído por una necesidad apremiante de coger algo y destruirlo a menos que le aplaquen con leche. Esto quiere decir que al principio el pequeño no sabe que la madre que él mismo está edificando a través de sus experiencias tranquilas es lo mismo que la potencia que se halla detrás de los pechos que pretende destruir.

Creo también que no existe necesariamente una integración entre un niño que duerme y un niño que está despierto. Esta integración se presenta con el tiempo. Una vez los sueños son recordados e incluso transmitidos a una tercera persona, la disociación disminuye un poco; pero hay personas que jamás llegan a recordar claramente sus sueños, y los niños dependen mucho de los adultos para llegar a conocer sus sueños. Es normal que los niños pequeños sufran pesadillas y terrores angustiosos. Cuando esto sucede, los niños necesitan que alguien les ayude a recordar lo que han soñado. Es siempre valiosa la experiencia que representa soñar algo y recordarlo, debido precisamente a la rotura de la disociación que ello representa. Por muy compleja que en el niño o el adulto pueda ser esta disociación, lo cierto sigue siendo que puede empezar en la alternancia natural de los estados de sueño y vigilia a partir del nacimiento.

De hecho, la vida despierta de un niño tal vez pueda ser descrita como una disociación que se desarrolla gradualmente a partir del estado de sueño.

Paulatinamente, la creación artística va ocupando el lugar de los sueños o los complementa y resulta de vital importancia para el bienestar del individuo y por ende de la humanidad.

La disociación es un mecanismo de defensa sumamente extendido que lleva a resultados sorprendentes. Por ejemplo, la vida en las grandes ciudades es una disociación de carácter muy serio para la civilización. Igual la guerra y la paz. Son muy conocidos los extremos de la enfermedad mental. Durante la niñez, por ejemplo, la disociación aparece en cosas tan corrientes como el sonambulismo, la incontinencia fecal, en alguna variedad de estrabismo, etc. Resulta muy fácil pasar por alto la disociación cuando se estudia una personalidad.

Adaptación a la realidad

Demos ahora por sentada la integración. Si así lo hacemos, nos encontraremos ante otro tema importantísimo: la relación primaria con la realidad externa. En los análisis ordinarios podemos dar por sentado —y así lo hacemos— este paso en el desarrollo emocional, paso que es extremadamente complejo y que, una vez dado, representa un gran avance en dicho desarrollo. Pero, de hecho, es un paso que nunca acaba de darse y de quedar consolidado. Muchos de los casos que consideramos inadecuados para el análisis, en verdad lo son siempre que no podamos afrontar las dificultades de la transferencia propias de la carencia esencial de una verdadera relación con la realidad externa. Si sometemos a análisis a los psicóticos, nos encontramos con que en algunos análisis casi toda la cuestión estriba prácticamente en esta falta esencial de auténtica relación con la realidad externa. Procuraré describir con los términos más sencillos este fenómeno tal como yo lo veo. En términos del bebé y del pecho de la madre (no pretendo decir que el pecho sea esencial en tanto que vehículo del amor materno), el bebé siente unas necesidades instintivas y apremiantes acompañadas de ideas predatorias. La madre posee el pecho y la facultad de producir leche, y la idea de que le gustaría verse atacada por un bebé hambriento. Estos dos fenómenos no establecen una relación mutua hasta que la madre y el niño *vivan y sientan juntos*. Siendo madura y físicamente capaz, la madre es la que debe ser tolerante y comprensiva, de manera que sea ella quien produzca una situación que con suerte puede convertirse en el primer lazo entre el pequeño y un objeto externo, un objeto que es externo con respecto al ser desde el punto de vista del pequeño.

Veo los procesos como dos líneas que proceden de distintas direcciones y son susceptibles de acercarse la una a la otra. Si coinciden se produce un momento de *ilusión* —un fragmento de experiencia que el niño puede considerar *o bien* una alucinación o una cosa perteneciente a la realidad externa.

Dicho de otra forma, el niño acude al pecho cuando está excitado y dispuesto a alucinar algo que puede ser atacado. En aquel momento, el pezón real hace su aparición y el pequeño es capaz de sentir que eso, el pezón, es lo que acaba de alucinar. Así que sus ideas se ven enriquecidas por los datos reales de la vista, el tacto, el olfato, por lo que la próxima vez utilizará tales datos para la alucinación. De esta manera el pequeño empieza a construirse la capacidad para evocar lo que está realmente a su disposición. La madre debe seguir dándole al niño este tipo de experiencia. El proceso se ve inmensamente simplificado si el cuidado del niño corre a cargo de una única persona que utiliza una sola técnica. Parece como si, desde el nacimiento, el niño estuviera pensado para ser cuidado por su propia madre, o en su defecto, por una madre adoptiva, y no por diversas niñeras.

Es especialmente al principio cuando la importancia de las madres resulta vital; y de hecho es tarea de la madre proteger al niño de las complicaciones que éste todavía no es capaz de entender, así como darle ininterrumpidamente el fragmento del mundo que el pequeño llega a conocer a través de ella. Solamente sobre estos cimientos es posible edificar la objetividad o una actitud científica. Todo fallo de la objetividad, sea cual fuere la fecha en que se produzca, está relacionado con algún fallo en esta fase de desarrollo emocional primitivo. Sólo en base a la monotonía podrá la madre añadir provechosamente riqueza.

Una de las cosas que suceden a la aceptación de la realidad externa es la ventaja que de ella puede sacarse. A menudo oímos hablar de las frustraciones reales impuestas por la realidad externa, pero no tan a menudo oímos referencias al alivio y a la satisfacción que da dicha realidad. La leche verdadera resulta satisfactoria en comparación con la leche imaginaria, pero no es esto de lo que se trata. La cuestión reside en el hecho de que en la fantasía las cosas funcionan por magia: la fantasía no tiene freno y el amor y el odio producen efectos alarmantes. La realidad externa sí tiene freno, puede ser estudiada y conocida, y, de hecho, la fantasía es solamente tolerable en plena operación cuando la realidad objetiva es bien conocida. Lo subjetivo posee un tremendo valor pero resulta tan alarmante y mágico que no puede ser disfrutado salvo paralelamente a lo objetivo.

Se verá que la fantasía no es algo que el individuo crea para hacer frente a las frustraciones de la realidad externa. Esto solamente puede decirse de las quimeras. La fantasía es más primaria que la realidad y el enriquecimiento de la fantasía con las riquezas del mundo depende de la experiencia de la ilusión.

Es interesante examinar la relación que con los objetos tiene el individuo en el mundo autocreado de la fantasía. A decir verdad, hay una gran variedad de grados de desarrollo y sofisticación en este mundo autocreado, según la cantidad de ilusión que se haya experimentado y, por ende, según la medida en que este mundo autocreado haya o no podido utilizar los objetos del mundo externo percibidos en tanto que material. Evidentemente, esto requiere un planteamiento más extenso dentro de otro marco.

En el estado más primitivo, que puede ser retenido en la enfermedad y hacia el que puede llevar la regresión, el objeto se comporta con arreglo a leyes mágicas. Es decir, existe cuando se desea, se acerca cuando se le acercan, duele cuando es dañado, y, finalmente, se esfuma cuando ya no se le necesita.

Lo último es lo más aterrador, aparte de ser la única aniquilación verdadera. El no querer, como resultado de la satisfacción, es aniquilar el objeto. Ésta es una de las razones por las que los niños no siempre parecen felices y satisfechos después de haber sido bien alimentados. Uno de mis pacientes llevó este temor consigo hasta la vida adulta y sólo el análisis pudo librarle de él. Se trataba de un señor que de niño había tenido una experiencia extremadamente buena con su madre y en su hogar.[4] Su principal temor lo representaba la satisfacción.

Me doy cuenta de que esto no es más que un esbozo del inmenso problema que representan los primeros pasos del desarrollo de una relación con la realidad externa y la relación de la fantasía con la realidad. Pronto deberemos añadirle las ideas de incorporación. Pero al principio es necesario establecer un *contacto* sencillo con la realidad externa o compartida, mediante las alucinaciones del niño y lo que el mundo presente, con momentos de ilusión para el niño, en los cuales él cree que las dos cosas son idénticas, lo cual nunca es cierto.

Para que en la mente del niño se produzca esta ilusión es necesario que un ser humano se tome el trabajo de traerle al niño el mundo de manera constante y comprensible, y, de una manera limitada, adecuada a las necesidades del pequeño. Por esta razón, el niño no puede existir solo, psicológica o físicamente, y al principio necesita verdaderamente que una persona le cuide.

La ilusión es un tema muy amplio que necesita ser estudiado y que aportará la clave del interés que los niños sienten por las burbujas, las nubes, el arco iris y todos los fenómenos misteriosos, así como su interés por la pelusa, hecho que resulta muy difícil explicar en términos de instinto directo. También aquí, en alguna parte, se halla el interés por la respiración. El niño nunca acaba de decidirse sobre si viene del interior o del exterior. Este interés aporta la base para la concepción del espíritu, el alma, el ánima.

La crueldad primitiva (fase de preinquietud)

Nos hallamos ahora en situación de examinar el tipo más precoz de relación entre el bebé y su madre.

Si uno da por sentado que el individuo se está integrando y personalizando y que ha hecho un buen comienzo en su com-

---

4. Citaré sólo otra razón por la que el niño no se satisface con la satisfacción. Se siente engañado. Tenía intención, como si dijéramos, de efectuar un ataque caníbal contra la madre y se ha visto rechazado con un narcótico: la alimentación. En el mejor de los casos lo que puede hacer es aplazar el ataque.

prensión, queda aún mucho camino para que llegue a establecer una relación, en tanto que persona completa, con una madre completa, así como que llegue a inquietarse o preocuparse por el efecto que sus pensamientos y actos surtan sobre ella. Tenemos que postular una relación objetal que al principio es cruel o despiadada. Puede que también ésta sea solamente una fase teórica, y ciertamente nadie es capaz de ser cruel, salvo en estado de disociación, después de la fase de la inquietud. Pero los estados crueles de disociación son comunes en la primera infancia y afloran a la superficie en ciertos tipos de delincuencia, de locura; asimismo, deben estar disponibles en la salud. El niño normal disfruta de una relación cruel con su madre, relación que principalmente se manifiesta en los juegos. El niño necesita a su madre porque sólo ella es capaz de tolerar tal relación cruel incluso en los juegos, toda vez que ello la daña y cansa realmente. Sin tales juegos con la madre, lo único que puede hacer el niño es ocultar un ser cruel al que dará vida en estado de disociación.[5]

Podría hablar aquí del gran temor a la desintegración en contraposición a la simple aceptación de una no integración primaria. Una vez alcanzada la etapa de la inquietud, el individuo no puede olvidarse del resultado de sus impulsos, ni de la acción que realizan algunos fragmentos de su ser, tales como la boca que muerde, los ojos que acuchillan, los chillidos penetrantes, los ruidos de la garganta, etc. Desintegrarse significa abandonarse a los impulsos, incontrolados por cuanto actúan por cuenta propia; y, además, esto evoca ideas de otros impulsos igualmente incontrolados (en tanto que disociados) dirigidos hacia sí mismo.[6]

LA VENGANZA PRIMITIVA

Volviendo media fase hacia atrás: es habitual, creo, postular una relación objetiva aún más primitiva en la cual el objeto actúa de manera vengativa. Esta fase precede a una verdadera relación con la realidad externa. En este caso el objeto, o el medio ambiente, es tan parte del ser como lo es el instinto

---

5. Existe en la mitología una figura despiadada —Lilith— cuyo origen podría estudiarse con provecho.
6. Los cocodrilos no sólo derraman lágrimas cuando no se sienten tristes —lágrimas de preinquietud—, sino que, además, representan fácilmente el ser primitivo y despiadado.

que lo evoca.⁷ En la introversión de origen precoz, y por ende de índole primitiva, el individuo vive en este medio circundante que es él mismo, y bien pobre que es su vida. No hay crecimiento porque no hay enriquecimiento a partir de la realidad externa.

Como ejemplo de la aplicación de estas ideas añadiré a este escrito una nota sobre el hábito de chuparse el pulgar (incluyendo el hábito de chuparse los dedos e incluso todo el puño). Este hecho puede observarse a partir del nacimiento y, por consiguiente, nos es dado suponer que tiene un significado que se desarrolla desde lo primitivo hasta lo sofisticado. Se trata de una costumbre que tiene su importancia, tanto en lo que tiene de actividad normal, como en calidad de síntoma de trastorno emocional.

Estamos familiarizados con el aspecto de este hábito que queda cubierto por el término «autoerótico». La boca es una zona erógena, organizada especialmente en la infancia, y el niño que disfruta chupándose el pulgar disfruta de un placer. Además, tiene ideas que le causan placer.

También el odio halla vía de expresión cuando el niño se daña los dedos al chupárselos con demasiado vigor o con demasiada insistencia; y en todo caso no tarda en morderse también las uñas con el fin de hacer frente a esta parte de sus sentimientos. También se expone a hacerse daño en la boca. Aunque no está del todo claro que todo el daño que puedan sufrir los dedos o la boca tengan que ver con el odio. Al parecer hay en ello un elemento según el cual algo tiene que sufrir para que el niño obtenga placer: el objeto del amor primitivo sufre al ser amado, aparte de ser odiado.

En la costumbre de chuparse los dedos, y especialmente en la de morderse las uñas, podemos ver un replegamiento del amor y del odio por causas tales como la necesidad de preservar el objeto externo de interés. Vemos asimismo un replegamiento hacia el ser, ante la frustración del amor por un objeto externo.

---

7. Esto es importante debido a nuestra relación con la psicología analítica de Jung. Nosotros tratamos de reducirlo todo al instinto, y los psicólogos analíticos lo reducen todo a esta parte del *self* primitivo que se parece al medio pero que surge del instinto (arquetipos). Deberíamos modificar nuestro punto de vista con el fin de abarcar ambas ideas y para ver (si es cierto) que en el estado teóricamente más primitivo el *self* tiene su propio medio creado por él mismo, y que tiene tanto del mismo *self* como de los instintos que lo producen. Éste es un tema que requiere desarrollo.

El tema no queda agotado con este tipo de enunciado, sino que merece ser estudiado más profundamente.

Supongo que cualquiera estaría de acuerdo en que el chuparse el pulgar es una forma de consolación, no un simple placer; el dedo o el puño sustituye al pecho de la madre, a ésta o a otra persona. Por ejemplo, un bebé de unos cuatro meses reaccionó ante la pérdida de su madre mediante la tendencia de meterse el puño hasta la garganta, de tal manera que hubiese muerto de no habérsele impedido a la fuerza dicho movimiento. Mientras que el hábito de chuparse el pulgar es normal y universal, extendiéndose hasta el empleo del chupete, así como, de hecho, a varias actividades de los adultos normales, también es cierto que dicho hábito persiste en las personalidades esquizoides, y en tales casos es extremadamente compulsivo. En uno de mis pacientes de diez años, este hábito se transformó en la compulsión a leer constantemente.

Estos fenómenos no tienen explicación como no sea sobre la base de que el acto es un intento de localizar el objeto (pecho, etc.), de sostenerlo a medio camino entre dentro y fuera. Esto es, una defensa contra la pérdida de objeto en el mundo externo o bien en el interior del cuerpo, es decir, contra la pérdida del control sobre el objeto.

No cabe ninguna duda de que el hábito normal de chuparse el pulgar tiene también su función.

El elemento autoerótico no siempre aparece como de primordial importancia y, ciertamente, el empleo del chupete y del puño pronto se convierte en una clara defensa contra los sentimientos de inseguridad y otras angustias de índole primitiva.

Finalmente, todo acto de chuparse el puño aporta una útil dramatización de la primitiva relación objetal en la cual el objeto es tanto el individuo como es el deseo de objeto, porque es creado partiendo del deseo, o es alucinado, y al principio es independiente de la cooperación de la realidad externa.

Algunos bebés se meten un dedo en la boca mientras maman; de esta manera (en cierto modo) se aferran a la realidad autocreada mientras aprovechan la realidad externa.

Resumen

He tratado de formular los procesos emocionales primitivos normales en la primera infancia y que aparecen regresivamente en la psicosis.

3. PEDIATRÍA Y PSIQUIATRÍA (1948)[1]

Como tema de mi alocución he escogido «Pediatría y psiquiatría» debido a la naturaleza de mi trabajo. Soy tanto un pediatra que se inclinó hacia la psiquiatría, como un psiquiatra que se ha aferrado a la pediatría. En una alocución pronunciada desde la presidencia es excusable, e incluso normal, que el orador eche mano de experiencias que le son muy propias. Mi posición, dado que trabajo en dos campos, debería calificarme para decir algo que tenga interés tanto para el médico de niños como para el médico que realiza su labor entre los dementes. Desde luego, resulta inevitable que la persona que trabaja en dos campos sacrifique cierto grado de pericia en ambos.

Las investigaciones que más o menos comenzaron con la labor de nuestro pionero, Sigmund Freud, han establecido que en el análisis de la psiconeurosis se comprueba de qué modo la infancia del paciente es el lugar donde buscaron cobijo los intolerables conflictos que llevaron a la represión y a la instauración de defensas, así como a la interrupción del desarrollo emocional del individuo, con formación de síntomas. Naturalmente, pues, se dirigió la investigación hacia la vida emocional de los niños. Pronto se averiguó que la reconstrucción que de sus conflictos infantiles —conflictos asociados con sus ideas y

---

1. Alocución dirigida desde la presidencia a la Sección Médica de la Sociedad Psicológica Británica, el 28 de enero de 1948, *Brit. J. Med. Psychol.*, vol. XXI, 1948.

experiencias instintivas— daban los pacientes adultos, podía ser observada en los niños, y ser observada claramente en el tratamiento analítico de niños. No pasó mucho tiempo antes de que empezasen a formularse preguntas sobre si la enfermedad más psicótica de los adultos no estaría relacionada con la experiencia de los niños. Paulatinamente se ha ido forjando una complejísima teoría sobre el desarrollo emocional del ser humano, de tal manera que, pese a nuestra terrible y al mismo tiempo excitante ignorancia, actualmente disponemos de útiles hipótesis para nuestra labor, es decir, hipótesis que funcionan realmente. Hoy en día tenemos a nuestro alcance suficiente material para tratar de formular cosas acerca de los niños que interesan por igual al psiquiatra y al médico de niños. Quisiera ser uno de los que tratan de decir estas cosas.

Así, pues, mi tesis consiste en que al investigador que trabaja en una u otra de estas especialidades le será de sumo provecho trabar conocimiento con su colega de la otra especialidad. Hay algo que debe darse por sentado, aunque quizá no todos lo acepten, a saber: que hay una base psicológica para el trastorno mental. Doy por sentado que se puede estudiar la psiquiatría en los casos en que los tejidos cerebrales gozan de buena salud. Naturalmente, si un cerebro está enfermo o físicamente trastornado, o lesionado, hay que esperar que se produzcan cambios mentales. Por mi parte, poco es lo que aprendería del estudio de la personalidad de un individuo con el cerebro afectado, mientras que es mucho lo que puede aprenderse del individuo que tiene el cerebro intacto, tanto como lo que aún no se comprende sobre el desarrollo emocional normal y sus extravíos.

Es de esperar que nadie me acuse de echar en el olvido la herencia biológica o la parálisis general de los locos, o la demencia senil, las lesiones cerebrales, la encefalitis, el delirio tóxico, el tumor cerebral o incluso la mejora sintomática que viene después de las convulsiones provocadas.

Permítanme un replanteamiento de mi idea: es posible establecer una trabazón clínica entre el desarrollo infantil y los estados psiquiátricos y, de modo semejante, entre el cuidado de los niños y el de los enfermos mentales.

Para dedicarse a la investigación es preciso tener ideas; toda línea de investigación tiene un punto de partida subjetivo. La objetividad viene después, a través de una labor planificada y de la comparación de observaciones llevadas a cabo desde ángulos distintos. Para hacer justicia a quienes se dedican a investigar el desarrollo emocional del niño, les daré una especie de catálogo de los diversos métodos de enfocar cualquiera de los detalles que se están investigando. Los siguientes métodos facilitan las observaciones que pueden compararse y ponerse en correlación:

1. La observación directa de la relación niño-madre. Ejemplo de este método lo tenemos en la obra de la doctora Middlemore (desgraciadamente interrumpida por la muerte) tal como se describe en el libro *The Nursing Couple*.
2. La observación directa y periódica de un niño desde poco después de nacer y a lo largo de un período de años. En el ejercicio general de la pediatría y en el departamento de enfermos externos del hospital, los padres asisten a la consulta cuando surgen problemas o cuando necesitan consejo.
3. Preparación del historial pediátrico. Yo mismo les he dado a las madres la oportunidad de contarme todo cuanto saben del desarrollo de sus pequeños. Esto lo he hecho en unos veinte mil casos. Siempre queda algo por aprender acerca de la preparación del historial, pero confío que con esta clase de experiencia vamos ganando penetración en la valoración de la descripción de la madre.
4. El ejercicio de la pediatría: típicamente, el control o dirección de la nutrición y excreción del pequeño. A lo largo del presente trabajo iré dando ejemplos del aspecto psicológico de los problemas nutritivos del niño. Cabría decir que en el caso corriente donde no hay ningún proceso de enfermedad el trabajo físico ya ha sido realizado por los fisiólogos y bioquímicos, y que los problemas prácticos son principalmente de índole psicológica.
5. La entrevista con el niño con el fin de hacer el diagnóstico. A menudo, en la primera entrevista se puede hacer una especie de tratamiento analítico en miniatura sin que ello cause ningún daño. Cuando, más tarde, el análisis se emprende, por lo regular se comprueba que hacen falta muchos meses para volver a cubrir el mismo terreno. En estas entrevistas el médico no está seguro del terreno que pisa, ya que está metido en un largo análisis, pero, por otra parte, logra *insight* en un gran número de casos y esto, en cierta medida, da equilibrio a la restricción del número de casos en su experiencia analítica. A propósito, en psiquiatría la entrevista con fines de diagnóstico solamente es fructífera cuando se trata de una entrevista terapéutica.
6. La experiencia psicoanalítica propiamente dicha. Esta experiencia nos proporciona una visión distinta de la infancia del pequeño según éste tenga de dos a cuatro años de edad o sea mayor, o esté cerca de la pubertad o en la adolescencia. Para el analista que se halle investigando los primeros

procesos del desarrollo emocional, el análisis de adultos bastante normales puede ser incluso más provechoso que el análisis de niños.
7. La observación, en el ejercicio de la pediatría, de las regresiones psicóticas que aparezcan, como suele suceder, en la niñez e incluso en la infancia.
8. La observación de los niños en un hogar adaptado para afrontar las dificultades, ya sean éstas un comportamiento antisocial, estados de confusión, episodios de índole maníaca, relaciones deformadas por la suspicacia, persecución, defectos mentales o convulsiones.
9. El psicoanálisis de los esquizofrénicos.
Este método lo sitúo en un grupo aparte porque creo que tales análisis están reservados a los analistas con experiencia. A mi modo de ver, el análisis de la enfermedad asociada con la depresión y las defensas contra ella entran actualmente en la clasificación de tratamientos rutinarios, y en modo alguno pueden denominarse «casos para la investigación». Lo mismo puede decirse de los casos de manía depresiva y de paranoia. Los esquizofrénicos, sin embargo, pertenecen a una clase distinta y su tratamiento tiene más de aventura de pioneros.

A estas alturas ya he aprendido a esperar que se produzca un malentendido a menos que se tomen las medidas necesarias para evitarlo. A menudo se me ha dicho que la idea de que los locos son como bebés, o como niños pequeños, sencillamente es falsa. ¿Me permiten que deje muy claro que no insinúo que los locos se comporten como niños en mayor medida que los neuróticos se parecen a niños mayores? Los niños sanos no son neuróticos (aunque pueden serlo) y los bebés normales no están locos. La relación entre la pediatría y la psiquiatría es mucho más sutil que todo esto.

La teoría que les propongo consiste en que en el desarrollo emocional de todo niño intervienen una serie de procesos complicados, y que la falta de completación o de progreso de tales procesos predispone al trastorno mental o al colapso. La completación de estos procesos forma la base de la salud mental.

Es la madre quien echa en la infancia los cimientos de la salud mental del ser humano. La madre aporta un medio dentro del cual se pueden producir unos procesos complejos pero esenciales para que el yo del niño pueda completarse. Tal vez sea muy útil comenzar por un estudio de una madre buena y corriente, en la medida en que nos sea posible ver lo que sucede en esta relación entre dos personas. Trataré de hacerlo, pero antes hay algo que debo decir sobre el *significado* de la madre real para el pequeño.

Se está plenamente de acuerdo en que a la larga el pequeño llega a sentirse persona completa, y a considerar que su madre también lo es; poco después de haber alcanzado esta fase, otras personas entran en su vida en calidad de tales, es decir, de personas, aunque no hace falta detenernos ahora en las complicaciones que trae consigo este estado de cosas. No existe un acuerdo general sobre a qué edad el niño percibe por vez primera a su madre como persona completa, inquietándose entonces por los resultados de los ataques reales e imaginarios que contra ella realiza cuando se encuentra bajo la influencia de la tensión instintiva. Por suerte, no hace falta resolver semejante rompecabezas, ya que de momento estamos examinando el cuidado de la madre en la fase anterior a aquella en que el niño es capaz de inquietarse.

Me parece comprender a qué se refiere la señorita Anna Freud (1947, pág. 200) cuando afirma:

«Este primer "amor" del niño es egoísta y material. Su vida está gobernada por sensaciones de necesidad y satisfacción, placer y malestar. La madre, como objeto, desempeña un papel en esta vida por cuanto proporciona satisfacción y elimina malestar. Cuando las necesidades del pequeño están satisfechas —por ejemplo, cuando se siente abrigado, cómodo, con agradables sensaciones gástricas—, retira su interés por el mundo objetal y se duerme. Cuando tiene hambre, está mojado y siente frío, o cuando se siente turbado por sensaciones intestinales, el niño se vuelve al mundo exterior en busca de ayuda. En este período la necesidad de un objeto se halla inseparablemente ligada con las grandes necesidades del cuerpo.

»A partir del quinto o sexto mes el niño empieza a prestar atención a la madre también en momentos en los que él no se halla bajo la influencia de las necesidades corporales».

La doctora Friedlander (1947, pág. 23) escribió:

«... durante las primeras semanas e incluso meses de la vida la relación del niño con la madre es más bien simple. La madre es el instrumento que satisface las necesidades corporales del pequeño. Cualquier persona que cumpla esta función provocará la misma reacción en el niño...».

No obstante, mi opinión es que al llegar al séptimo mes aproximadamente hay una gran proporción de niños que dan claras muestras de que de tanto en tanto establecen contacto con la mujer que es su madre.

Tratemos de estudiar la tarea de la madre. Si se pretende que el niño sea capaz de empezar a convertirse en un ser humano, a tener noticia del mundo que nosotros conocemos, a reunir sus fragmentos en un todo coherente, entonces sobresaldrán como de vital importancia los siguientes aspectos de la madre:

La madre existe, sigue existiendo, vive, huele, respira, su corazón late. Está *ahí* para que se la sienta en todas las formas posibles.

La madre ama de manera física, aporta un contacto, una temperatura corporal, movimiento, y tranquilidad de acuerdo con las necesidades del bebé.

La madre proporciona al bebé la oportunidad de realizar la transición entre el estado de tranquilidad y el de excitación, oportunidad que consiste en no presentarse súbitamente ante el pequeño con su alimento y la exigencia de una reacción.

Aporta alimentos idóneos en el momento propicio.

Al principio deja que el pequeño domine, deseosa (toda vez que el bebé es casi parte de ella misma) de permanecer a la expectativa para reaccionar.

De forma gradual, la madre introduce el mundo exterior y compartido, de forma adecuadamente graduada a las necesidades del pequeño, las cuales varían de día en día y de hora en hora.

Protege al niño contra coincidencias y conmociones (un portazo en el momento en que el bebé coge el pecho), tratando de que la situación física y emocional sea lo bastante sencilla como para que la comprenda el pequeño y, al mismo tiempo, rica en grado adecuado a la creciente capacidad del bebé.

La madre aporta continuidad.

Porque cree en el bebé en tanto que ser humano por derecho propio, la madre no precipita su desarrollo y de esta manera le permite entrar en posesión del tiempo y de un sentimiento de ir desarrollándose de forma interna y personal.

Para la madre el pequeño es un ser humano completo desde el principio, lo cual le permite a ella tolerar su falta de integración y su débil sensación de vivir en el cuerpo.

Si añado que la madre continúa existiendo a pesar de los ataques que recibe (por parte del niño, tanto como muestras de amor como de ira), me adelantaría demasiado, llegando a las funciones de la madre en relación con el pequeño que posee instintos y capacidad para inquietarse.

Si examinamos esta descripción, sin duda incompleta, podremos ver que, mientras que algunas funciones (tales como la provisión de alimentos adecuados) podría llevarlas a cabo cualquier persona, hay otras muchas cosas que solamente puede realizarlas quien posea el interés de una madre; más aún, la continuidad no puede aportarle una serie de cuidadores distintos; y en todo caso existe la continuidad real del detalle tal como lo observa el pequeño y que tal vez tiene su comienzo en un primer plano del pezón o del rostro y que incluye el olor y los detalles de la textura, etcétera. Asimismo, ¿cómo puede alguien que no esté en la posición de la madre, con su amor materno, conocer al pequeño lo bastante bien como para proporcionarle un enriquecimiento bien graduado, como para alentar su creciente capacidad sin, al mismo tiempo, engendrar confusión?

Creo que con esto hago un primer planteamiento del beneficio clínico que el pediatra saca del contacto con la psiquiatría. Si es verdad o incluso posible que la salud mental de cada individuo es fundada por la madre, los médicos y las enfermeras deberán imponerse como obligación primordial el no entrometerse. En lugar de enseñar a las madres cómo se hace lo que de hecho no se puede enseñar, los pediatras deben, antes o después, saber reconocer a una buena madre cuando la ven, asegurándose entonces que ella reciba todas las oportunidades para realizar bien su función. Es posible, de hecho seguro, que la madre cometa equivocaciones, pero si éstas le permiten actuar mejor en la siguiente ocasión, a la larga hay un beneficio.

Las madres no pueden desarrollarse si se las asusta para que hagan lo que se les manda. Ante todo deben encontrar sus propios sentimientos y mientras los buscan deben contar con apoyo —apoyo contra sus propios temores, supersticiones, sus vecinos, y, desde luego, contra los accidentes y enfermedades físicas que actualmente tienen curación e incluso tantas veces prevención—. Más adelante volveré a hablar de este apoyo sin ingerencia, pero si me estuviera dirigiendo a un auditorio de pediatras no exageraría al poner de relieve el gran peligro para la salud mental que existe cuando el niño recibe la afrenta de una cruda interrupción de los delicados y naturales procesos de la relación niño-madre.

El medio circundante tiene una importancia tal en esta fase precoz que uno se ve compelido a extraer la inesperada conclusión de que la esquizofrenia es una especie de enfermedad debida a la deficiencia ambiental, ya que un medio perfecto al principio puede capacitar al pequeño, al menos en teoría, para iniciar el desarrollo emocional o mental que le predisponga a un ulterior desarrollo emocional y por ende a la salud mental durante toda su vida. Que más adelante el medio ambiente no sea favorable es otra cuestión, limitándose a ser un factor adverso adicional dentro de la etiología general del trastorno mental.

La primera infancia

Permítanme que ahora les indique brevemente cuál es la tarea del pequeño bajo el feliz cuidado de una madre «buena». Queda entendido que la tarea que ocupa al pequeño (al menos a partir del nacimiento) jamás llega a ser una tarea completada; el logro o logros de las primeras semanas y meses deben perderse muchas veces y volver a ser ganados según las vueltas de la fortuna.

No es difícil ver que en el caso de todos los pequeños tienen que darse cuando menos estas tres condiciones:

1. El pequeño debe establecer contacto con la realidad.
2. La personalidad del pequeño debe quedar integrada, y la integración debe adquirir estabilidad.
3. El pequeño debe llegar a sentir que vive en lo que nosotros vemos tan fácilmente que es el cuerpo de dicho pequeño, pero que, al principio, el niño no percibe su especial significación del mismo modo que nosotros.

Tres cosas: contacto con la realidad, integración, sentido corpóreo.

En la naturaleza de estas tareas el psiquiatra advertirá fácilmente el reflejo de los síntomas que constituyen su constante preocupación: la pérdida del contacto con la realidad y del sentido de la realidad, la desintegración y la despersonalización.

Con el objeto de seguir alguno de estos temas con cierto detalle, me veré obligado a examinar solamente uno de ellos, y dejar de lado los otros dos.

La relación con la realidad externa

He decidido examinar la cuestión de la instauración del contacto con la realidad. Aun limitándome a este tema me veo obligado a poner atención en un solo ejemplo: el contacto que nace de la forma más primitiva del amor, la que llamamos «codicia» o «gula», y que persiste en forma de amor interesado. De igual significación es el contacto con la realidad en períodos tranquilos entre otros períodos de excitación, pero no debo alejarme demasiado de mi tema.

Tan pronto como es posible una relación objetal, se hace inmediatamente significativa la constatación de si se trata de un objeto exterior o interior al pequeño. Sin embargo, doy por sentado que existe una fase previa a ésta y en la cual no hay ninguna clase de relación. Me atrevería a decir que, al principio, hay un estado que podría describirse simultáneamente como de *independencia absoluta y dependencia absoluta*. No hay ningún sentimiento de dependencia y, por consiguiente, esa dependencia debe ser absoluta. Digamos que de este estado el niño sale turbado por la tensión instintiva que llamamos «hambre». Diría que el niño está dispuesto a creer en algo que podría existir, es decir, que se ha desarrollado en el niño la disposición a alucinar un objeto; pero esto es más bien una dirección de la expectativa que un objeto en sí. En este momento viene la madre con su pecho (digo «pecho» para simplificar la descripción), y lo coloca de tal modo que el niño lo encuentra. He aquí otra dirección, esta vez hacia el niño en lugar que desde él. Resulta difícil decir si el niño y la madre se adaptan o no. Al principio la madre deja que el niño domine, y si no logra hacerlo, el objeto subjetivo del niño no conseguirá que sobre él se superponga el pecho percibido objetivamente. ¿Acaso no deberíamos decir que al ajustarse al impulso del pequeño la madre permite a éste la *ilusión* de que lo que está ahí es algo creado por el pequeño? Como resultado no existe solamente la experiencia física de la satisfacción instintiva, sino que existe también una unión emocional y el principio de una creencia en la realidad en calidad de algo en torno a lo cual es posible tener ilusiones. Gradualmente, a través de la experiencia viva de una relación entre la madre y el bebé, éste se vale de los detalles percibidos para la creación del objeto esperado. En el curso del amamantamiento la madre podrá repetir este cometido un millar de veces. Puede que tenga tanto éxito en dar al pequeño la capacidad para la ilusión que la siguiente tarea no le ofrezca ninguna dificultad. Esta siguiente tarea estriba en desilusionarle de manera gradual, lo cual equivale al destete dentro de este marco primitivo que me interesa en el presente trabajo.

Algunas personas se sienten preocupadas al ver que en psicología no existe nada a lo que pueda llamarse «unión directa», y que solamente existe una ilusión de relación. Pero supongo que los psiquiatras estarán tan acostumbrados a la descripción que de la pérdida del contacto con la realidad hacen los pacientes que no pondrán objeciones a ello. Muchos de nosotros sabemos muy bien cómo aprovechar lo observado y esperado objetivamente, por lo que no nos hacen falta las alucinaciones, a menos que estemos cansados o débiles a causa del agotamiento físico. Para el pequeño, esta aplicación inteligente de la realidad compartida, que es otro de los aspectos de la objetividad, no está ni mucho menos establecida: al principio todo depende de la madre. La madre cumple su misión en este sentido mediante el simple hecho de dedicarse al pequeño, es decir, siempre y cuando los médicos, enfermeras y demás personas que la rodean le permitan, de modo general, actuar como a ella le gusta.

Aquí es donde el pediatra hace su entrada en escena, despejando el camino para el sentimiento innato que el pequeño despierta en la madre. Al aceptar la ayuda del psicoanalista, el pediatra, dicho sea de paso, extiende la utilidad del psicoanalista a un círculo más amplio que el de su labor analítica. Los médicos han hecho que para las madres sea muy difícil empezar bien esa función, una de las más importantes de las que deben cumplir. A menudo a una mujer le resulta sumamente difícil, cuando se dispone a dar a luz, estar segura de que se le permitirá adaptarse a su bebé a su manera, que es también la del bebé. Rápidamente pasaré a relatarles una excepción. El profesor Spence,[2] de Newcastle, insiste en que se ponga a todos los bebés sanos que hay en las clínicas de maternidad colocados bajo su supervisión en una cuna al lado de la madre. Ésta recibe la atención adiestrada que tanto necesita y disfruta de la confianza que inspiran unos médicos y enfermeras de primera. Asimismo, se espera de la madre que sea ella quien mejor juzgue la técnica de alimentación adecuada a las necesidades del pequeño. No hay una reglamentación sobre la alimentación regular, y la «pareja lactante» —recurriendo a la expresión acuñada por la desaparecida doctora Middlemore—, por lo general antes o después hallan una pauta conveniente de alimentación. Comparemos esto con los peores casos, nada difíciles de encontrar, de una casa de maternidad en la cual las cunas de los bebés se encuentran en un pabellón separado, incluso cuando están sanos. A la hora de comer se les traslada en un carrito, aprisionados en una especie de pañolón, y cuando llega el momento indicado la enfermera coloca al pequeño en el pecho de la madre, sorprendida, frustrada y a menudo asustada.

---

2. Posteriormente, profesor sir James Spence.

Esto se refiere únicamente a las fases iniciales de la experiencia nutritiva, pero es fácil comprobar que estas ideas son comunes a todas las fases posteriores. No obstante, si los principios son malos, la continuación será necesariamente más difícil. Más aún, clínicamente, los trastornos nutritivos de importancia pueden empezar en la fase inicial.

El pediatra, que toma el historial de los niños pequeños minuciosamente, no puede evitar la sorpresa al ver cuán comunes son las inhibiciones[3] nutritivas regulares o muy agudas. Se da cuenta de que es posible enumerar ciertos momentos críticos. (Yo mismo viví un caso grave con una pequeña de tres años a la que estaba analizando, una pequeña cuyas inhibiciones nutritivas habían empezado a los doce meses, en un día concreto, cuando la sentaron a la mesa para que comiese con su padre y con su madre, es decir, los tres juntos.) Un momento que parece indicado para la pérdida del deseo de comer es la próxima llegada de un nuevo bebé. En muchos casos esta pérdida comienza en la infancia. Existe la inhibición con respecto a la autonutrición, o se produce un cambio del deseo de comida a su rechazo en el momento del destete, de la retirada del biberón o de una persona especial, o en la introducción de alimentos sólidos, e incluso cuando se administran alimentos más espesos. La aparición de los dientes puede ir acompañada por el rechazo de los alimentos. Incluso en los niños muy pequeños se observa el rechazo de cualquier cosa que sea nueva; a veces, por el contrario, sólo interesa lo que es nuevo.

Sin embargo, algunas de las inhibiciones empiezan de buen principio. El niño y la madre nunca llegan a acoplarse. En este punto es posible considerar a la madre teóricamente responsable, aunque, por supuesto, no culpable.

Generalmente, si el amamantamiento resulta difícil, al niño se le alimenta con biberón. Existen muchísimas soluciones para los casos en que la leche del pecho es escasa o inadecuada. En un caso de dificultad, es una equivocación empeñarse en dar el pecho cuando la madre podría alimentar bien a su pequeño utilizando el biberón.

En estas cuestiones el pediatra estará perdido si no entiende lo que sucede entre bastidores en el desarrollo emocional del niño; además, necesita saber algo acerca de la psicología de las madres lactantes.

3. Véase la página 55.

Viene al caso describir aquí un problema frecuente en la alimentación infantil, tal como yo la veo. Quiero decir tal como la veo *ahora*, ya que he pasado por todas las fases que experimentan los médicos en el intento doloroso de tratar los problemas de nutrición con arreglo a principios físicos, alterando las cantidades, los intervalos, las proporciones de grasas, proteínas e hidratos de carbono, e incluso cambiando una marca de leche por otra. Tardé años en darme cuenta de que a menudo podía curarse una dificultad nutritiva aconsejando a la madre que durante unos cuantos días se adaptase completamente al pequeño. Tuve que descubrir que esta adaptación a las necesidades del pequeño causa tal placer a la madre que no puede efectuarla sin apoyo moral. Si esto es lo que aconsejo, debo pedirle a mi asistente social que visite a la madre diariamente, de lo contrario se acobardará ante las críticas y se sentirá demasiado responsable. Si lo que hace es obedecer una regla, puede echar la culpa a los demás de que las cosas salgan mal, pero tiene miedo de hacer lo que profundamente desea hacer. Por el contrario, si todo va bien, nunca olvida el hecho de que saliera de ella misma, sin ayuda, el hacer lo que el pequeño necesitaba.

Para esto no es imprescindible un talento especial. Lo único que hace falta es una apreciación justa de qué es lo que la madre y el niño están haciendo conjuntamente. Cuando se trata de un bebé humano nunca es adecuado pensar en términos de reflejos condicionados.

Quiero dejar bien claro que estoy describiendo la tarea del pediatra en el control de la nutrición del niño, sugiriendo que el pediatra trabajará a ciegas a menos que sepa lo que sucede entre bastidores. En dicho lugar dominan los procesos del desarrollo emocional, procesos cuya naturaleza puede hallarse «en estado de ruina» en el marco de la enfermedad esquizofrénica.

Es aquí donde se puede hablar de los juegos. El primer juego que se juega en el pecho es de gran valor por cuanto permite al bebé encontrar a la madre y comunicarse con ella de manera que esté preparada para actuar del modo correcto. Sin la oportunidad de jugar, el bebé y la madre se desconocen mutuamente. Cuán importantes son las manos para esto... A las doce semanas el pequeño a veces alimentará a su madre mientras esté tomando el pecho, poniéndole un dedo en la boca.

En su poema «Infancia» W. H. Davies dijo:

> Nacido al mundo con las manos apretadas,
> lloré y cerré los ojos;

en mi boca un pecho forzó la entrada,
para detener mis amargos lloros.
No distinguía —ni quería distinguir—
una mujer de un hombre;
hasta que vi una luz repentina,
y todos mis gozos comenzaron.

Desde aquella gloriosa hora mis manos se adelantaron,
y yo empecé a demostrar
que muchas cosas que mis dos ojos vieron
mis manos tenían poder para mover:
entonces mis dedos empezaron a moverse,
e igual hicieron los dedos de mis pies;
y alargando las manos con los dedos extendidos,
me reí, con los ojos abiertos.

PSIQUIATRÍA Y PUERICULTURA

Ya va siendo hora de que establezca el nexo entre esto y algo que interese al psiquiatra.

En el psicoanálisis de una señora (a quien las cosas le habían ido bien en la vida pero que acudió al tratamiento debido a su creciente descontento y su sentimiento de que nada significaba nada para ella) sucedió lo siguiente: Hubo una sesión en la que lo importante fue que me mantuve absolutamente quieto, sin decir una sola palabra. Durante la siguiente sesión sucedía lo mismo, sólo que al cabo de un rato busqué un cigarrillo. El resultado del insignificante movimiento que efectué fue casi desastroso, salvándose la situación solamente porque la paciente fue capaz de ver lo que sucedía. Partiendo de lo que había sucedido antes, ambos sabíamos que ella había vuelto a la relación niño-madre. Durante el período de silencio la paciente había estado tendida en el regazo de su madre. Justo en el momento de moverme la paciente estaba (mentalmente) alzando la mano, con lo cual hubiese llegado al pecho, la madre hubiese reaccionado y el amamantamiento hubiese empezado. Las dos se hubiesen adaptado. Fue esta misma experiencia la que inconscientemente estaba buscando la paciente. Al moverme, no obstante, rompí el hechizo y de pronto me convertí en la niñera. (Según el historial, la señora había sido amamantada durante un mes y luego la habían pasado a una niñera que le daba el biberón.) El hecho significó una interrupción de la marcha natural de las cosas. La niñera, aunque en muchos aspectos fuese mejor madre que la madre verdadera, porque no era depresiva, sin embargo tenía que levantarse, cuando llegaba la hora de alimentar a la pequeña, para coger o incluso preparar el biberón. Y entonces sucedía que cuando todo estaba dispuesto, la pequeña había perdido gran parte de su habilidad para «crear» el biberón, que pasaba a ser una cosa que se acercaba a ella y a la cual ella tenía que tratar de ajustarse.

Este tipo de caso me lleva a la descripción de otros estudios analíticos. Resulta muy difícil transmitir a quienes —tanto pediatras como psiquiatras— no practiquen el psicoanálisis, el sentimiento de convicción que hay que socavar hasta dar con la roca dura, con lo cual me refiero a que en nuestra labor uno ve cómo se reviven cosas verdaderas. Con todo, cada uno de nosotros solamente puede alcanzar unos cuantos tipos de experiencia y, por consiguiente, es inevitable tener que recurrir a la labor de nuestros colegas.

Llevo mucho tiempo luchando con un caso que ilustra lo que quiero decir por cuanto, para ayudar a esta paciente, debo estar preparado esperando que llegue. Se trata de una de dos hermanas mellizas. El distinto trato que, comparada con su hermana, recibió de su madre siempre ha constituido una fuente de agravio para ella. Como su hermana gemela era la más débil de las dos, la madre se volcó en ella, alimentándola, cuidándola, incluso llevándosela a su cama, mientras que a mi paciente, por ser grande y fuerte, la entregaba a una niñera. Ésta era la reconstrucción consciente. Sólo gradualmente ha aparecido en la transferencia la verdadera situación de la primera infancia. Esta paciente viene a mí desde un hospital psiquiátrico. Padece una marcada escisión de la personalidad, y durante las primeras dos décadas (aparte de la infancia) hizo un ajuste excepcionalmente bueno sobre la base del sometimiento. Después se derrumbó y empezó una larga búsqueda de su propio ser, así como una relación con el mundo que le pareciese real. Huelga decir que no sabía lo que estaba buscando y, en una fase de desesperación, se le desarrolló una artritis reumatoide con el objetivo inconsciente de quedar confinada en cama, desamparada, haciendo que de esta manera su familia se le sometiese. O quizá deba decir que se valió así de su artritis.

La esperanza de conseguir del análisis lo que necesitaba trajo consigo la necesidad absoluta de que, como ya he dicho, la esperara preparado. En cierta ocasión tuve que abrir la puerta yo mismo cuando ella llamó al timbre. Podrán imaginarse la infinidad de juegos que giraron en torno a este detalle. A veces me telefoneaba por el camino, pues de no hacerlo no podía creer en mi existencia. El motivo por el que tuve que tomarme la molestia de hacer todo esto, que resultaba muy pesado, era que, de no hacerlo, de nada en absoluto servía el verla; ella hubiese venido, hablado y se hubiera ido, pero sin la impresión de habernos encontrado. Por otra parte, cuando llevaba una larga temporada facilitándole un acceso directo, la cosa rendía sus frutos. Mucho es lo que ha sucedido en seis años, pero la base de todo ello residió siempre en permitirle el acceso directo. Por primera vez está pasando por una experiencia esencial, aunque ésta pertenezca a la infancia. El hecho aparece claramente en el detallado material, que no dispongo de tiempo para reproducir aquí. En este caso hay un fuerte elemento regresivo, ya que el trauma principal estaba relacionado más con la primera infancia que con la niñez, a saber, un largo período de rígido control a cargo de una niñera casi loca.

Por si se piensa que es el analista quien mete estas ideas en la cabeza del paciente, les daré un detalle perteneciente al tratamiento de un chico que en apariencia era deficiente mental, pero que en realidad era un caso de esquizofrenia infantil con regresión a una introversión fuertemente controlada. Cuando el chico acudió a mí, a los cinco años de edad, durante un período de dos o tres meses su visita consistió simplemente en acercárseme para volver a alejarse, poniendo a prueba mi habilidad para facilitar acceso y salida directa.

Paulatinamente, este chico se permitió sentarse en mi regazo, haciendo luego un contacto afectuoso. En la siguiente fase se me metía literalmente en la bata, actividad que pasó a la de deslizarse boca abajo hasta el suelo, pasando entre mis piernas. Durante la totalidad de este período fueron muy pocas las interpretaciones verbales que realicé. En la siguiente fase el chico sentía una necesidad tan fuerte de miel —estábamos en guerra y la miel escaseaba— que agotó todos los recursos hasta que por fin en vez de miel pudo aceptar malta y aceite, que comía vorazmente. Por aquel entonces todo lo cubría de saliva y utilizaba la cucharilla para fines destructivos. Si se le hacía esperar, la saliva formaba un pequeño charco ante la puerta. De todo esto nació un lento pero seguro desarrollo que anteriormente había cesado para convertirse en elemento negativo.

En esta experiencia me parecía estar viendo revivir a un chico alguna experiencia de la primera infancia y, partiendo de alguna necesidad que en él había, corregir su defectuosa presentación en el mundo, naciendo otra vez. Vi la sustitución de un medio por otro. Después de esto, el análisis mediante la interpretación verbal no sólo fue posible sino que se hizo agudamente necesario. Pero en la fase que he descrito mi misión consistió en aportar cierto tipo de medio, permitiendo así al muchacho hacer el trabajo.

Hay una aplicación directa de todo esto al cuidado de adolescentes. He aquí un caso típico. Un muchacho de dieciséis años, alumno de una escuela privada, le dice al médico de la escuela que insiste en ver a un psiquiatra. Finalmente se sale con la suya y sus padres me lo traen. Preparo un detallado historial con lo que los padres me dicen y en la entrevista con el muchacho le encuentro deprimido, blanduzco. En cerca de una hora no saco nada de él y no hago ningún esfuerzo para obligarle. Como compruebo más tarde, lo importante en esa entrevista es que yo no le urjo a reaccionar. Al despedirnos le digo que espero volver a verle alguna vez.

La siguiente vez que tengo noticias suyas es por teléfono. Me llama desde la escuela preguntando si puede verme al día siguiente, que es sábado. Sé que debo hacerlo, pues el gesto ha procedido de él, de manera que dejo todo de lado para atenderlo. Por teléfono mi respuesta inmediata es que sí, antes de decidir cómo voy a arreglármelas.

Estas condiciones hacen que el chico que entra en mi consultorio sea distinto. Me utiliza de manera muy considerable, y en una o dos horas hace un análisis en miniatura. A esto siguen resultados considerables, creo que más de lo que se hubiese obtenido en aquella fase por medio de varias semanas de análisis fijo. Durante las siguientes vacaciones me entero de que el muchacho ha dejado la escuela por propia iniciativa; se ha decidido a cursar una carrera y ha gestionado su ingreso en la universidad, ha buscado vivienda en Londres, donde podrá someterse a análisis durante un período adecuado, ya sea a mi cargo o al de algún colega mío. Creo que ésta es la forma en que debe comenzar un análisis semejante y que muchos tratamientos de adolescentes esquizoides fracasan porque se plantean sobre una base que olvida la habilidad del adolescente para «imaginar» —*crear* en cierto modo— un analista, un papel al que el verdadero analista pueda tratar de ajustarse.

Si esto es cierto, se desprende que las técnicas fijas para las entrevistas son contraproducentes, traicionan su propia finalidad, que, probablemente, es la de hacer un diagnóstico e iniciar un procedimiento terapéutico. La técnica fija desperdicia la capacidad del paciente para establecer alguna clase de contacto, y en un caso de tipo esquizoide esta oportunidad desperdiciada puede actuar a modo de terapia negativa, siendo susceptible de causar daño. En el análisis de una adolescente esquizofrénica tuve que adoptar un procedimiento durante cierto período largo, procedimiento en virtud del cual la veía o trataba su material analítico por teléfono, exactamente cuando ella llamaba. Si hacíamos algún compromiso definido, la claustrofobia se veía activada. Con esta condición hice una buena labor analítica. A la larga conseguimos fijar una fecha y hora regular. Sin embargo, de haberlas fijado a la fuerza demasiado pronto, a esta paciente le hubiese sido imposible establecer contacto conmigo de una manera que significase algo para ella. Durante un largo período hablamos principalmente del cuidado de los niños y de la forma de alimentarlos. A decir verdad, antes de acudir a mí, esta chica tenía niños a su cuidado, a los que daba la clase de control que necesitaba de mí y que su madre no había sabido darle. Su madre había actuado de un modo excelente salvo en una cosa: necesitaba que la tranquilizasen sobre sus actividades nutritivas. «Ninguno de mis hijos ha rechazado jamás algo que yo le ofreciese», solía decir, y, tratándose de una dietista experimentada, todos ellos crecían la mar de robustos, especialmente mi paciente. Pero hasta que acudió a mí esta chica apenas supo lo que era establecer contacto con la realidad por propia iniciativa.

Seguidamente deseo describir lo que me es dado ver de la base teórica de todo esto. En el caso favorable, la esperanza del pequeño choca con la realidad, y en este punto colocaría la palabra «ilusión». En caso de que alguien no acabe de entenderlo, vean la siguiente historia.

Recientemente, durante unos días de intenso calor, un analista se vio obligado a llevar a cabo una sesión analítica extra a la hora de comer. Se sentía cansado y quizás algo soñoliento, y tuvo la siguiente experiencia al mismo tiempo que seguía siendo un analista normal y competente.

A través de la ventana, en un tejado algo alejado, vio un hombre. Este hombre tendría unos cuarenta y cinco años y era más bien calvo. Acababa de comerse sus bocadillos y había dejado caer su periódico con los consejos para apostar en las carreras. Resultaba evidente que el individuo se había permitido echar un sueñecito.

Apenas consciente de todo aquello, el analista no se hubiese dado cuenta de nada de no haber habido una segunda parte.

Todos sabemos de qué manera el ruido continuo a veces pasa desapercibido hasta que cesa. Pues bien, lo inquietante de aquel caso era que aquel hombre no hacía ningún movimiento en absoluto. Al cabo de media hora el analista se percató de que el hombre hubiese debido despertarse, y entonces, de sopetón, ¡paf!, la cabeza del hombre se hinchó hasta adquirir el tamaño del adorno esférico de piedra que no había dejado de ser en todo el rato. El espectáculo del hombre cayendo dormido no había sido más que un indicio de que mi amigo deseaba dormir. No había logrado confinar sus alucinaciones a situaciones capaces de absorberlas.

Volviendo a lo que íbamos, en el caso favorable el impulso o la esperanza del pequeño choca con la realidad.

¿Cuáles son las consecuencias del fallo de la introducción del mundo compartido al pequeño?[4] En el extremo del fallo o fracaso estas dos líneas, puestas en un gráfico, serían paralelas. De su pobreza innata el niño crea, y el mundo opone una vana resistencia. Las líneas nunca se tocan. En semejante caso hipotético tiene que existir el defecto mental aunque el cerebro posea una capacidad normal. Generalmente, existe cierto grado de tipo de escisión al nivel más precoz, por lo que se establece la base sobre la cual el niño tendrá una relación, no compartida por nosotros, con un mundo creado por él mismo, un mundo en el que domina la magia; y junto a esto hay un sometimiento a la dirección o control mundano proveniente de fuera, conveniente por cuanto da vida, pero en extremo insatisfactorio para el pequeño. Más adelante, durante la infancia o la edad adulta, el sometimiento se quiebra si se ve demasiado aislado de la otra tendencia, la que contiene toda la espontaneidad del pequeño. Estos caminos paralelos aparecen regularmente en **nuestra labor analítica, ilustrados, en sus ejemplos más sencillos, por el paciente que dijo que sus sesiones analíticas se hacían por duplicado**: una bastante aburrida, en la que el analista **participaba realmente, y otra, la operativa, llevada a cabo más tarde y en relación** con un analista imaginado.

PEDIATRA Y PSIQUIATRA

Lo principal a este respecto es que al investigar los fenómenos del contacto y la comunicación humana, el pediatra y el

---

4. Véase una descripción más clara en la página 223.

psiquiatra necesitan mucha ayuda mutua. Por ejemplo, son muy pocos los psiquiatras capaces de obtener un historial fidedigno basándose en los detalles que una madre les dé acerca de la nutrición de su hijo pequeño. Y, con todo, ninguna historia de un caso psicótico estará completa a menos que se haya obtenido ese detalle insignificante acerca de la pareja lactante siempre que está al alcance de un interrogatorio hecho con pericia. Asimismo, el pediatra necesita al psiquiatra. A solas, el pediatra no sabrá reconocer al niño psiquiátricamente enfermo, ya que el niño en cuestión puede estar rebosante de salud física y no mostrarse jamás desafiante o difícil, sino obediente de una manera deliciosa. El bebé enfermo puede, de hecho, ser especialmente bueno durante todo el tiempo —«nunca nos dábamos cuenta de que lo teníamos, doctor»—, ser capaz de quedarse solo en el brazo de la butaca sin miedo a caerse y así sucesivamente. Los bebés sanos lloran, en modo alguno comen siempre de buen grado, tienen voluntad propia, son, para decirlo claramente, unos pesados. Por supuesto, para sus propias madres, los niños sanos son siempre más gratos de lo que pueda llegar a ser un bebé enfermo, toda vez que, al lado de su pesadez, muestran también sentimientos espontáneos de amor, mucho más alentadores que las virtudes negativas.

En la cuestión de la dirección o control práctico, pienso que quienes cuidan niños (me refiero a las madres y a las encargadas de las guarderías) pueden enseñarles algo a aquellos que han de enfrentarse a las regresiones esquizoides y los estados de confusión que tiene la gente de toda edad. La aportación de un medio estable aunque personal, de calor, de protección, contra lo inesperado e imprevisible, la administración de alimentos en forma digna de confianza y puntualmente (o incluso siguiendo los caprichos del paciente), estas cosas pudieran ser de utilidad en el cuidado de los casos esquizoides.

Para el psiquiatra, lo importante, de momento, no es, sin embargo, la práctica sino la teoría. Sostengo que el lugar apropiado para el estudio de la esquizofrenia y la manía depresiva, así como la melancolía, es la guardería infantil; y, si esto es cierto, entonces algunas tendencias de la moderna psiquiatría son erróneas.

Tal vez se nos pregunte: ¿qué hace la gente corriente con respecto a esta cuestión del contacto con la realidad? Por supuesto que a medida que el desarrollo va teniendo lugar, suceden muchas cosas que al parecer superan la dificultad, ya que el enriquecimiento por medio de la incorporación tiene tanto de fenómeno psíquico como de fenómeno físico; y lo mismo puede decirse del hecho de ser incorporado, incluyendo la eventual aportación a la fertilidad del mundo, lo cual es privilegio hasta de los menos dotados de nosotros. Y, en especial, la vida sexual ofrece una salida, con la concepción de niños, verdadera mezcla física de dos individuos. Sin embargo, mientras tenemos vida, cada uno de nosotros presiente que el contacto con la realidad es una cuestión de vital importancia y la afrontamos de acuerdo con la forma en que la realidad nos haya sido presentada al principio. En alguno de nosotros la capacidad para usar lo que es objetivamente verificable, para objetivar lo subjetivo, es tan natural que el problema fundamental de la ilusión tiende a perderse. A menos que se esté enfermo o cansado, la gente no sabe que existe un problema de relación con la realidad, ni una propensión universal a la alucinación, y opinan que los locos están hechos de una materia distinta a la nuestra. Por el contrario, algunos somos conscientes de que en nosotros hay una tendencia hacia lo subjetivo, que nos parece más significativo que los asuntos del mundo, y los cuerdos nos parecen más bien aburridos y la vida común nos parece mundana.

Una de las formas de escape la constituyen los sueños y su recuerdo. Al dormir soñamos continuamente y al despertarnos necesitamos trasladar a la vida real algo de lo que hemos soñado, del mismo modo que nos es necesario reconocer los asuntos cotidianos que se nos presentan y se entremezclan con los sueños.

Aparte de esto, ¿acaso no es principalmente a través de la creación artística, así como de la experiencia artística, que mantenemos los puentes necesarios entre lo subjetivo y lo objetivo? Por esto, sugiero, valoramos en gran medida la lucha solitaria del creador en cualquiera de las artes. Para todos nosotros, al igual que para él mismo, el artista gana repetidamente gloriosas batallas en una guerra que, sin embargo, no tiene un resultado definitivo. El resultado definitivo lo constituiría el hallazgo de lo que no es verdad, a saber, que lo que el mundo ofrece es idéntico a lo que el individuo crea.

Terminaré con un ejemplo que amplía un poco el tema. Un hombre soñó que conducía el coche por una curva de la montaña cuando observó que se le acercaba otro coche de frente, a gran velocidad. Fue un sueño fugaz. El hombre giró hacia la izquierda, pero sabía que de no haberse despertado, se hubiese producido un tremendo choque. Fue un sueño satisfactorio, y se despertó con el recuerdo de haberse dado un golpe en la cabeza contra una columna cuando iba con su madre, de pequeño. Este recuerdo fue fácil, un incidente, jamás olvidado. De repente se le ocurrió que el recuerdo era falso. Él estaba paseando con su madre y había sido *otro* chico, que también paseaba con su madre, que distraídamente había chocado contra la columna, hiriéndose seriamente la cabeza, con gran flujo de sangre. El hecho fue que, debido al análisis referente al contacto con la realidad, había logrado comprender que envidiaba al muchacho que se había herido. Lo que quiero decir es que en el momento de producirse el choque le había parecido de lo más real, contrastando con su propia y creciente inhibición y falta del sentido de la realidad en su contacto con la madre, inhibición secundaria a la represión de sus deseos edípicos.

A partir de aquel paso de su análisis, alcanzó una nueva comprensión del amor que sienten los niños por los horrores que aparecen en las películas de gángsters, de Spitfires y bombarderos que se estrellan y cosas parecidas.[5] También yo me di cuenta con mayor claridad de que antes de tratar de desenmarañar la compleja psicología del comportamiento infantil, sería imprudente hacer caso omiso de la amenaza de los sentimientos de irrealidad y de pérdida de contacto. No creo que deba añadir, estando ante un auditorio de psiquiatras, que lo mismo es aplicable al estudio de los adultos.

Son quienes piensan que la realidad externa carece de significado cuando la rutina es lo dominante los que tienen necesidad absoluta del solaz de la música o la pintura. Una persona que yo conozco y que se está recuperando de una larga fase de pérdida de contacto, encontraba que los colores de los cuadros de Van Gogh eran *dolorosamente* reales. Los colores iban hacia ella del mismo modo en que lo hacía el otro coche en el sueño del paciente al que me he referido antes. Los colores resultaban demasiado para ella en sentido físico y tuvo que marcharse para volver otro día con el fin de completar su visita a la sala de exposición.

En la dirección de niños cabe observar cosas comparables a éstas. Los sentimientos de irrealidad se manifiestan en forma de ansia por lo nuevo. Esto aparece en las primeras fases de la nutrición, en el problema del bebé al que se le cambia la dieta constantemente y que durante unos días la acepta bien, y luego pierde interés. Pero lo nuevo también puede hacer daño. Sería prudente recordar que para el pequeño, lo nuevo, se trate de un sabor, una textura, una visión o un ruido, puede presentársele de la misma forma que los colores de Van Gogh a mi paciente,

---

5. Hoy en día añadiría las tiras de terror (1957).

causándole un daño físico. La madre «buena» suele tener cuidado y ser parca en estas cosas, aunque no deja de aportar cosas nuevas de acuerdo con la capacidad de adaptación del bebé. En el ejercicio de la psiquiatría, como ya he sugerido, quizás habría sitio para el intento de sacar a una persona de su replegamiento mediante la provisión de un fragmento del mundo que estuviese extremadamente simplificado, de un mundo al que el paciente pudiese regresar gradualmente sin sufrir impresiones penosas. Dentro del análisis de los casos límite ya se hace esta provisión en el marco limitado de la sesión analítica; dicha provisión es el prerrequisito para la labor basada en la interpretación verbal.

Resumen

He tratado de concentrar la atención en un proceso: el del contacto individual con la realidad compartida, y el desarrollo de esto desde el comienzo de la vida del pequeño. Mi esperanza reside en alentar la cooperación entre el pediatra y el psiquiatra con el fin de adoptar términos descriptivos que tengan sentido para ambos. He procurado alcanzar mi objetivo recurriendo al examen de la instauración normal del contacto con la realidad.

Resultó difícil echar a un lado los trastornos psicosomáticos, hacer oídos sordos a los estados de angustia, tan comunes, y hacerse el ciego ante la depresión, la hipocondría y las manías persecutorias. Todos estos trastornos afectan a la labor cotidiana del pediatra. No me ha sido fácil apartarme de las regresiones psicóticas patológicas y de las deformaciones psicóticas que en la niñez son más frecuentes de lo que la gente supone. También resultó difícil elegir un único proceso, haciendo caso omiso de los procesos de integración y sentido corporal. Sin embargo, tal como están las cosas, les he dicho mucho más de lo que puede escucharse fácilmente de un tirón y me consuelo con el pensamiento de que es mejor transmitir la idea de que una cosa es compleja, si lo es, que dar una falsa impresión de simplicidad.

Éstas son cosas sobre las que han discutido filósofos y psicólogos; asimismo, patólogos de todas las escuelas han hecho sus propios intentos para plantear lo que les parece ver. He aquí, pues, mi planteamiento, forjado en la labor clínica y en el adiestramiento psicoanalítico.

4. LOS RECUERDOS DEL NACIMIENTO, EL TRAUMA DEL NACIMIENTO Y LA ANGUSTIA (1949)[1]

En este escrito deseo presentar ciertos ejemplos clínicos que ilustran las fantasías y posibles recuerdos de la experiencia del nacimiento. Ha habido cierta confusión en la teoría psicoanalítica desde que Freud propuso la valiosa idea de que la sintomatología de la angustia puede estar relacionada con el trauma del nacimiento. No está claro si los recuerdos del nacimiento son de carácter individual o racial, si el nacimiento puede ser normal o si el trauma es parte inherente al mismo o bien un acompañamiento variable y circunstancial. Asimismo, ¿cuál es exactamente la naturaleza del trauma en términos de la psicología del yo? Hay, por lo tanto, mucho terreno para la investigación y tal vez las ideas siguientes puedan estimular la reflexión.

No es fácil determinar qué citas de Freud podrían hacerse a este respecto. Para hacer justicia a Freud habría que escribir un trabajo aparte en el que se siguieran sus cambios de opinión acerca de la relación entre la angustia y el trauma del nacimiento. Esto sería un excelente ejercicio, y ya ha sido llevado a cabo, en especial por Greenacre.[2] En todo caso, no hace falta

1. Escrito leído ante la Sociedad Psicoanalítica Británica, el 18 de mayo de 1949.
2. He tenido que volver a escribir esta parte (1954) ya que descubrí la labor de Greenacre después de haber escrito y leído este trabajo, aunque gran parte de los trabajos de Greenacre ya habían sido publicados cuando yo preparé esta aportación.

que me esfuerce en hacer justicia a las opiniones de Freud aquí. Al releer muchas de sus referencias al tema después de haber escrito la parte principal del presente trabajo, creo poder encontrar en la obra de Freud todo lo que en mi trabajo sugiero. Quizá lo mejor sea citar aquella frase suya donde dice: «Ahora bien, resultaría muy satisfactorio si la angustia, como símbolo de separación, se repitiera en cada separación subsiguiente, pero por desgracia nos vemos privados de establecer esta correlación por el hecho de que el nacimiento no es experimentado subjetivamente como una separación de la madre, ya que el feto, siendo una criatura completamente narcisista, es totalmente inconsciente de su existencia como objeto». Comparando el nacimiento con el destete, Freud dice: «La situación traumática de echar de menos a la madre difiere en un aspecto importante de la situación traumática del nacimiento. Al nacer no existía ningún objeto, por lo que ningún objeto puede ser echado de menos. La angustia fue la única reacción que se produjo» (Freud, 1926).

Lo que a mí me interesa es precisamente este tema del feto y el niño que está naciendo, la «criatura completamente narcisista»; quiero saber qué es exactamente lo que sucede. Me gusta pensar que Freud estaba tanteando el tema sin sacar una conclusión definitiva debido a que le faltaban algunos datos que eran esenciales para la comprensión del tema. Así, pues, al considerar la opinión de Freud tenemos constantemente que tratar de recordar lo que él, científico, haría de vivir ahora y de seguir activo en el campo psicoanalítico, sin dejar, sin embargo, de tener presentes los progresos en nuestra comprensión de los niños.

Lo principal, en realidad, es que Freud creía en la importancia del nacimiento y su trauma, que creía en ella como pensador intuitivo. No es frecuente encontrar médicos que crean que la experiencia del nacimiento sea importante para el bebé, que tenga alguna significación en el desarrollo emocional del individuo, y que las huellas mnémicas de la experiencia podrían persistir y suscitar problemas incluso en el adulto. Los que conocieron a Freud, entre los cuales no me cuento yo, puede que tengan información sobre lo que en sus últimos tiempos creyese acerca de la importancia del trauma del nacimiento. En «Psicología de grupo» Freud dice: «De esta manera, al nacer damos un paso desde un narcisismo absolutamente autosuficiente hasta la percepción de un mundo exterior cambiado y hasta los comienzos del descubrimiento de los objetos». Luego prosigue: «... y con esto va asociado el hecho de que no podemos soportar el nuevo estado de cosas durante mucho tiempo y de que periódicamente lo abandonamos durante el sueño para regresar a nuestro anterior estado de ausencia de estímulos y evitación de los objetos». Aquí, empero, Freud nos presenta un nuevo tema y yo no doy por sentado que el sueño tenga una simple relación con la existencia intrauterina. Éste es tema que debe tratarse independientemente.

Pensaba yo que Freud creía que en la historia de cada individuo había huellas mnémicas de la experiencia del nacimiento, huellas que determinaban el patrón que la angustia seguiría a lo largo de la vida del individuo. Sin embargo, al parecer, Greenacre piensa que Freud relacionaba la angustia con el nacimiento por medio de una especie de teoría del inconsciente colectivo en la que el nacimiento sería una experiencia arquetípica. (Utilizo expresiones jungianas a propósito porque me parece que vienen al caso.) Pero sea lo que sea lo que Freud escribiera o dejase de escribir, si es cierto que cuando oyó hablar de un niño dado a luz mediante cesárea comentó que sería interesante recordar el hecho, que a la larga podía afectar al patrón de la angustia en aquel individuo, entonces es cierto que pensaba que la experiencia personal del nacimiento es importante para el individuo.

Mucho de lo que quiero decir ya ha sido expresado por Greenacre (1945) al decir:

> En resumen, parece que el efecto general del nacimiento es, por medio de su enorme estimulación sensorial, organizar y convertir el narcisismo fetal, produciendo o promoviendo un impulso narcisista propulsivo además del tipo más relajado de proceso de maduración fetal que ha existido en el útero. Suele haber un patrón para la libidinización agresiva de ciertas partes del cuerpo según las zonas de estimulación especial. Específicamente, el nacimiento estimula el cerebro de tal modo que promueve su desarrollo hasta poder pronto empezar a controlar efectivamente los asuntos del cuerpo; contribuye a la organización de los patrones de angustia, con lo cual incrementa la defensa del pequeño y deja unas huellas individuales únicas que se superponen a las pautas de angustia y libidinosas genéticamente determinadas en el pequeño.

El asunto necesita ser estudiado. Los dos artículos de Greenacre (1941) merecen mucha más atención que la que hasta el momento he podido dedicarles. En el resumen del primero de sus dos escritos, dice: «La reacción angustiosa que está genéticamente determinada, probablemente se manifiesta primero en una correspondencia irritable del organismo a nivel reflejo; esto se hace aparente en la vida intrauterina en una serie de reflejos separados o flojamente reunidos que en el nacimiento pueden organizarse hasta dar la reacción angustiosa», y así sucesivamente. Con esto se verá que Greenacre pide una reconstrucción del problema de la relación entre la angustia y el trauma del nacimiento a la luz de la labor que se está llevando a cabo en torno al comportamiento infantil.

En el segundo artículo, de carácter más clínico, y más relacionado con la labor psicoanalítica, Greenacre llama la atención sobre el valor que surge de poner en correlación historias infantiles precoces con material entresacado en el curso de la subsiguiente terapia. En el resumen dice: «Está claro que la consideración de estos casos nos retrotrae a la necesidad de mayor observación de los niños, tarea que a mí me parece la fuente del más rico material psicoanalítico». No obstante, creo que Greenacre estaría de acuerdo en que no hay método más importante para el estudio del trauma del nacimiento que el que tenemos específicamente a nuestra disposición: el psicoanálisis de adultos y niños. «Los demás métodos también son importantes y en especial incluyen los estudios basados en la observación de los niños al nacer, antes del nacimiento e inmediatamente después de él, y también el tipo de investigación que solamente puede ser llevado a término por un especialista en neurología.»

Quisiera llamar la atención sobre el trabajo (1942) del doctor Grantly Dick Read. Este autor ve el proceso del nacimiento desde el punto de vista de la obstetricia y gran parte de su éxito se debe a que el conocimiento de la vertiente física de los procesos natales añade la creencia en la importancia que tiene la confianza de la madre. Su objetivo reside en impedir o superar el temor en la madre, temor que según él dificulta extremadamente su función en el momento del parto. El doctor Read siente inclinación por el psicoanálisis y por la teoría psicoanalítica y está muy dispuesto a creer que la psicología de un individuo es algo que puede ser estudiado prenatalmente y en el momento del nacimiento, y que las experiencias de esta fase precoz son significativas. Pienso que en esto les lleva la delantera a muchos tocólogos y pediatras.

La opinión personal que les estoy proponiendo en el presente escrito se basa en la labor analítica.[3] Mis ideas se dividen en tres grupos.

Mi primera proposición es la de que hay diversos tipos de material que aparecen en el análisis. Cuando a ellos les añado el trauma del nacimiento no quiero decir que los tratamientos se puedan hacer atendiendo a este segundo tipo de material solamente. El analista debe estar preparado para esperar el tipo de material, sea cual fuere, que se le aparezca, *incluyendo el material del nacimiento*.

A decir verdad, el analista debe esperar que surjan factores ambientales de toda índole. Así, por ejemplo, es necesario reconocer y calibrar el tipo de medio circundante correspondiente a la experiencia intrauterina, y el tipo de ambiente que corresponde a la experiencia natal; igualmente, la capacidad de la madre para dedicarse al recién nacido, la capacidad del equipo padre-madre para adoptar la responsabilidad conjunta a medida que el bebé va desarrollándose hasta convertirse en un niño pequeño; y también la capacidad del marco social para permitir que la dedicación materna y la cooperación de ambos padres jueguen su papel, así como para continuar y extender estas funciones, permitiendo que a la larga el individuo desempeñe su propio papel en la creación y mantenimiento del marco social.

Dicho de otro modo, ninguna consideración del trauma del nacimiento tendrá valor a no ser que se pueda mantener el sentido de la proporción. Sin embargo, al analizar un tema determinado, no hay que tener miedo a sobreestimar provisionalmente su importancia.[4]

Mi segunda proposición es que, al igual que otros analistas, compruebo en mi labor analítica y de otro tipo que hay evidencia de que la experiencia personal del nacimiento es significativa y retenida a modo de material mnémico. Se cree generalmente que en los estados psicóticos se recuerdan las mismas cosas que en estados más normales son inaccesibles a la conciencia. Observarán que al plantear mi segunda proposición he

---

3. Se observará que dejo de lado el trabajo de otros autores y que trato de plantear mi propia posición con mis propias palabras. Me siento más que satisfecho cuando, después de efectuar mi propuesta, me encuentro con que mis afirmaciones ya han sido hechas anteriormente por otros autores. A menudo, aunque no para mí, se dice que las han dicho mejor que yo.

4. Por ejemplo, cuando preparo un escrito para esta Sociedad sobre algún tema, casi siempre sucede que sueño cosas relacionadas con el tema.

utilizado la expresión «experiencia del nacimiento» en lugar de la de «trauma del nacimiento». Volveré sobre este punto, pero antes quiero describir un episodio sucedido durante el análisis de un chico aparentemente deficiente y cuyo defecto era probablemente efecto secundario de la psicosis precoz y no ocasionado por una limitación cerebral.

Este muchacho, que a la sazón contaba cinco años, se pasó uno o dos meses de su análisis poniendo a prueba mi capacidad para aceptar sus aproximaciones sin exigirle nada y para adaptarme activamente a sus necesidades de una manera que a su madre le resultaba imposible. Se me acercaba repetidamente para volver a alejarse en seguida, poniendo a prueba mi capacidad para aceptarle. A la larga vino a sentarse en mi regazo. Durante la totalidad de este período no hubo ningún intercambio de palabras. El siguiente paso de su relación conmigo se presentó bajo la siguiente e inesperada forma: El chico se metía dentro de mi bata, se ponía cabeza abajo y se deslizaba hacia el suelo por entre mis piernas. Esto lo hacía una y otra vez.

Una vez que este procedimiento quedó bien establecido —procedimiento que parecía consecuencia de su decisión de que yo podía ser utilizado a guisa de la madre que él necesitaba—, solía levantarse del suelo exigiendo que le diese miel. Conseguí la miel (más tarde fue aceite de hígado de bacalao y malta, cosas mucho más fáciles de obtener durante la guerra) y a menudo cogía tanta como podía y se la comía con gran placer sin perder un instante. Éste fue el comienzo de una tremenda fase de actividad oral con exceso de salivación. Mientras esperaba a que le abriese la puerta, el chico formaba un charquito de saliva en el suelo. Con anterioridad a esto, sus deseos orales solamente se habían manifestado en forma de objetos alucinados (que él llamaba «Käfers») que aparecían en las paredes y a los que tenía mucho miedo. La interpretación que le había permitido librarse de tales insectos alucinados fue la siguiente: la de que estaban en su propia *boca*. En la fase siguiente él mismo se convirtió en un «Käfer» y fue entonces cuando empezó la etapa del análisis que les acabo de describir, en la cual me estuvo poniendo a prueba en tanto madre capaz de adaptación activa.

Después de esta experiencia me sentí dispuesto a creer que las huellas mnémicas del nacimiento son susceptibles de persistir. Desde luego la misma cosa en plan de juego ha vuelto a salir en muchos análisis y aún más veces en los juegos de niños normales y en los de uno mismo cuando era pequeño.

El siguiente caso presenta igualmente ciertos rasgos que ayudan al estudio de la experiencia del nacimiento.

La señorita H es enfermera (de cincuenta años). Cuando tenía unos veinticinco años estuvo en tratamiento conmigo. A la sazón yo era médico residente en el St. Bartholomew's Hospital y había leído sólo uno o dos libros sobre psicoanálisis. Esta paciente padecía una neurosis muy severa, incluyendo una constipación como nunca había visto ni he vuelto a ver. Había sido taquimecanógrafa pero después de la ayuda que yo le presté se hizo enfermera de hospital. Más adelante se especializó en el cuidado de niños psicóticos. Posee una comprensión intuitiva nada corriente de las necesidades de los niños que se hallan en estado de regresión.

En el tratamiento de esta paciente (tratamiento de carácter catártico) ella solía tenderse y dormir, y luego se despertaba bruscamente presa de alguna pesadilla. Yo la ayudaba a despertarse repitiendo una y otra vez las palabras que ella había gritado en plena crisis de angustia. De esta manera, cuando se despertaba yo podía mantenerla en contacto con la situación angustiosa y hacerle recordar toda suerte de incidentes traumáticos procedentes de su azarosa primera infancia.

Nunca supe qué pensar de la reconstrucción que hacía de su nacimiento. Las huellas del nacimiento aparecían fantásticamente adornadas con cosas claramente correspondientes a todas las fases del desarrollo y de la sofisticación del o de la adolescente, si no del adulto. Sin embargo, el efecto a mí me parecía real en su terrible intensidad. *Aunque no creía en los detalles descritos a modo de recuerdo, me encontré dispuesto a creer en el afecto que los acompañaba.*

Recientemente, esta paciente ha estado cuidando de una pequeña de siete años, un caso psicótico (autístico), que estaba sometida a análisis. De repente la señorita H cayó enferma y, sin poder avisar a nadie, simplemente dejó de acudir a su trabajo, consistente en llevar a la pequeña al tratamiento y luego cuidarla durante el día. Tuve ocasión de visitarla y me encontré con que empezaba a recuperarse de una enfermedad que no le era desconocida pero que nunca había sido tan aguda. De pronto había sentido la necesidad de acostarse a causa de lo que ella llamaba «un apagón». Se había quedado absolutamente rígida, encogida sobre un costado, incapaz de hacer nada, y casi inconsciente. Llamaron a un médico, que dijo que no lograba encontrar ningún mal en su cuerpo. Mientras permaneció en este estado fue completamente indiferente a la comida. Gradualmente fue recobrando la conciencia y permitió que la trasladasen a un lugar agradable y en cosa de unos siete o diez días pudo reanudar sus actividades. Esta enfermera a menudo me tiene al corriente de los detalles de los casos puestos a su cuidado, pero nunca, antes de esta ocasión, me había preguntado acerca de ella misma después del tratamiento a que la había sometido hacía veinte años. En aquella ocasión, sin embargo, antes de volver a su trabajo, vino a verme y, sentándose, me dijo:

«¿Qué me dice del apagón? ¿A qué se debió?». Yo no tenía ni idea y así se lo dije. Luego ella siguió hablando y gradualmente me di cuenta de que, si bien no esperaba recibir una sesión terapéutica, sin embargo, sí me estaba dando, desde su inconsciente, el material que iba a permitirme explicarle «el apagón».

Me enteré de que había estado viviendo con aquella pequeña de siete años, con la que se había identificado íntimamente, como hace siempre con los pequeños psicóticos a los que cuida. Me dijo que con el fin de comprender el estado de la niña, la había estado imitando más y más, haciendo esto y aquello, repitiendo cuanto hacía la pequeña «con el objeto de cogerle el tranquillo al estado mental y corporal de la niña». Ahora bien, sucedió que la pequeña estaba atravesando un estado de aguda angustia y había desarrollado un gran temor a viajar en el metro. La señorita H había estado tratando de llevarla en el metro para distraerle la atención y para demostrarle por medio de la experiencia que el metro no era tan malo como ella creía. Una gran cantidad de material de esta índole me demostró súbitamente que debía decirle a la señorita H que ella misma estaba reviviendo, conjuntamente con la pequeña, la experiencia del nacimiento. No se trataba de ninguna reconstrucción histérica. De hecho había tenido que reexperimentar el aspecto físico, que en su caso concreto había incluido una sensación de asfixia. La interpretación con arreglo a estos principios produjo un efecto de lo más espectacular. La señorita H se sintió mejor, sintió que comprendía lo que estaba sucediendo y regresó llena de confianza a su trabajo. El médico que llevaba su caso me dijo: «Por algún motivo la señorita H parece estar mucho mejor desde su enfermedad». Después de aquello siguió haciendo una buena labor con la pequeña, y con una comprensión objetiva mayor de la angustia que revista verdadera importancia en el caso de la pequeña.

Los pacientes histéricos nos dan la impresión de que están actuando, pero nosotros sabemos mejor que ellos que el afecto verdadero se exhibe y esconde en las manifestaciones histéricas.

En muchos análisis de niños los juegos de nacimientos son importantes. Puede que en tales juegos el material haya surgido de lo que el paciente haya averiguado acerca del nacimiento, por medio de historias, información directa y observación. Sin embargo, la impresión que uno se lleva es la de que el cuerpo del pequeño sabe lo que es el nacimiento.

De nuevo vuelvo al empleo de la expresión «experiencia del nacimiento» en lugar de «trauma del nacimiento». Esto me lleva a la tercera proposición que quiero hacerles. Creo que los comentarios de Freud se hacen mucho más comprensibles cuando separa la experiencia del nacimiento del trauma del nacimiento. Greenacre hace hincapié en esto. Es posible que la experiencia del nacimiento sea tan suave que su importancia sea relativamente escasa. Ésta es mi propia opinión en la actualidad. Por el contrario, la experiencia del nacimiento que sea anormal por encima de cierto límite se convierte en un trauma del nacimiento, y entonces se hace inmensamente significativa.

Cuando la experiencia natal haya sido normal, no es probable que el material correspondiente aparezca en el análisis de una manera que atraiga la atención. Sin duda estará presente, pero a menos que el analista sea propenso a pensar en ella, no es probable que el paciente llame la atención sobre ella. Habrá situaciones más urgentes a propósito de la angustia, que ocuparán el interés tanto del paciente como del analista.

Sin embargo, cuando la experiencia del nacimiento haya sido traumática, habrá marcado una pauta que se manifiesta en diversos detalles que habrá que interpretar y afrontar individualmente en el momento apropiado.

No obstante, deseo poner de relieve que la interpretación en términos de trauma del nacimiento no producirá de golpe un alivio total y permanente. Más bien, como el trauma del nacimiento es real, resulta una lástima permanecer ciegos ante él y en ciertos casos y momentos el análisis necesita de manera absoluta la aceptación del material natal entre todo el material restante.

Resultaría útil señalar tres categorías de experiencia del nacimiento. La primera consiste en una experiencia normal, es decir, sana, que constituye una experiencia positiva de importancia limitada; aporta un patrón para una vida natural. Esta vida natural puede ser reforzada por diversos tipos de experiencias normales subsiguientes, de manera que la experiencia natal pasa a ser un factor de una serie favorable al desarrollo de la confianza, al sentimiento de continuidad, a la estabilidad, a la seguridad, etc.

En la segunda categoría se halla la experiencia natal corriente y más bien traumática que luego se mezcla con varios factores ambientales también traumáticos, reforzándolos y siendo reforzada por ellos.

A un nivel posterior hago referencia al extremo de la experiencia natal traumática, la cual aporta una tercera categoría o grado.

Se verá que me resulta difícil creer que lo que sucede en la angustia se ve determinado por el trauma del nacimiento, ya que ello significaría que el individuo que nace naturalmente no sufre angustia o no dispone de ningún medio para *mostrar* que sufre angustia. Esto sería absurdo.

A esta altura quisiera discutir la palabra «angustiado». Me es imposible pensar que un bebé sienta angustia al nacer, ya que en un momento tan precoz no hay represión ni inconsciente reprimido. Si la angustia significa algo sencillo como el miedo o la irritabilidad reactiva, todo va bien. Me parece que la palabra «angustiado» es aplicable cuando un individuo es presa de una experiencia física (sea ésta excitación, ira, temor, o cualquier otra cosa) que él no puede ni evitar ni comprender; es decir, el individuo no es consciente de las principales motivaciones de lo que está sucediendo. Al decir que «no es consciente» me refiero al inconsciente reprimido. En el caso de que fuese algo más consciente de lo que está sucediendo, el individuo dejaría de sentir angustia y en su lugar estaría excitado, temeroso, enfadado, etc.

En «Más allá del principio del placer», Freud afirma: «*Angst* denota un cierto estado como de expectativa de peligro y preparación para el mismo, aun cuando se trate de un peligro desconocido». Pero no parece que con ello exprese lo que yo estoy tratando de decir: que el individuo tiene que haber alcanzado cierto grado de madurez, con capacidad para la represión, antes de que la palabra «angustia» le pueda ser aplicada provechosamente. Esto es un ejemplo de la consideración que me induce a pedir que la teoría de la relación entre el trauma del nacimiento y la angustia se mantenga en suspenso mientras se trabaja en la psicología del niño antes, durante y después del nacimiento.

Así, pues, mi tesis actual es una tesis compuesta: que las experiencias normales del nacimiento son buenas y susceptibles de promover la fuerza y la estabilidad del yo.

Quisiera ahora llamar la atención sobre el modo en que el trauma del nacimiento penetra en la situación analítica, mostrando claramente que el hablar con el paciente acerca del trauma en cuestión es algo que resulta extremadamente semejante a esquivar el tema principal. Tendría dudas sobre el valor de una interpretación que se basara en el trauma del nacimiento en el caso de un paciente que no se hallara en estado de profunda regresión durante la situación analítica y que no estuviera clínicamente enfermo entre las sesiones analíticas.

Una de las dificultades de nuestra técnica psicoanalítica estriba en conocer, en un momento dado, qué edad tiene el paciente en la relación de transferencia. En algunos análisis, el paciente tiene su propia edad durante la mayor parte del tiempo; entonces se puede alcanzar todo lo necesario de los estados infantiles por medio de los recuerdos y fantasías del paciente, que él expresa como adulto. Creo que en semejantes análisis no habrá ninguna interpretación útil del trauma del nacimiento, o bien el material natal se manifestará en los sueños, los cuales son interpretables a todos los niveles. Sin embargo, se puede profundizar el análisis si hace falta, no siendo necesario que el paciente esté muy enfermo para que en algunos momentos de la sesión analítica se convierta en un niño pequeño. En tales momentos hay muchas cosas que el analista debe comprender sin pedir una descripción inmediata mediante palabras de lo que está sucediendo.

Me estoy refiriendo a algo que es más infantil que el comportamiento de un pequeño que juega con sus juguetes. Según las predilecciones del analista, y según el diagnóstico del paciente, será aconsejable no trabajar con el paciente en estos términos. Lo que estoy procurando dejar bien sentado es que, si las experiencias natales penetran en la situación analítica, habrá muchas pruebas de otra índole que demostrarán que el paciente se halla en un estado extremadamente infantil.

La experiencia del nacimiento

Se entiende, pues así lo hizo notar Freud, que la experiencia del nacimiento no tiene nada que ver con ninguna clase de conciencia de una separación de la madre, de su cuerpo. Nos es posible postular cierto estado mental para el no nacido. Creo que podemos decir que las cosas van bien si el desarrollo personal del yo del pequeño no se ha visto trastornado en su aspecto emocional y físico. Ciertamente, antes del nacimiento existe un principio de desarrollo emocional y es probable que antes del nacimiento exista una capacidad para un progreso falso y nada sano en el desarrollo emocional; en la salud, los trastornos ambientales de cierta consideración constituyen estímulos valiosos, pero más allá de cierto grado estos trastornos no son útiles por cuanto provocan una *reacción*. En esta fase tan precoz del desarrollo el yo no tiene suficiente fuerza para que se produzca una reacción sin pérdida de identidad.

Estoy en deuda con una paciente por una forma de expresar esto que provino de una apreciación muy profunda y acertada de la posición del pequeño en una fase precoz. Esta paciente tenía una madre deprimida, de acentuada rigidez y que siguió, una vez nacida la niña, sosteniéndola fuertemente por temor a que se le cayese. Es por esto que la descripción se hace en términos de presión. Juntos hicimos el siguiente planteamiento que a la larga demostró tener una importancia vital para aquel análisis. La comprensión de esto alcanzó el mismo fondo de sus dificultades, describiendo fielmente el alcance de la regresión que tuvo que efectuar antes de empezar a avanzar de nuevo en su desarrollo emocional. Esta paciente dijo: «Al principio el individuo es como una burbuja. Si la presión exterior se adapta activamente a la presión interior, entonces la burbuja es lo significativo, es decir, el ser del pequeño. No obstante, si la presión ambiental es superior o inferior a la presión existente dentro de la burbuja se adapta a la presión exterior». Junto a su comprensión de esto, la paciente sintió que por primera vez, en el análisis, la sostenía una madre relajada, es decir, una madre que estaba viva, despierta y dispuesta a realizar una adaptación activa a través de su dedicación a la pequeña.

Antes del nacimiento, especialmente si éste se retrasa, es muy fácil que se produzcan experiencias repetidas en las que, de momento, el énfasis recae más en el medio ambiente que en el ser; y es probable que el pequeño no nacido se vea más y más atrapado en esta especie de relación con el medio ambiente a medida que se va acercando la hora del nacimiento. Así, en el proceso natural *la experiencia del nacimiento constituye una muestra exagerada de algo que al pequeño ya le es conocido*. Por el momento, durante el nacimiento, el pequeño es un reactor y lo que importa es el medio ambiente; después del nacimiento se produce el retorno a un estado de cosas en el cual lo importante es el pequeño, sea cual fuere el significado de esto. En la salud, antes del nacimiento, el pequeño está preparado para sufrir algún ataque del medio ambiente y ya ha vivido la experiencia de un retorno natural desde la reacción a un estado en que no es necesario reaccionar, único estado en el que el ser puede empezar a existir.

No puedo plantear de forma más sencilla el proceso normal del nacimiento. Se trata de una fase temporal de reacción y, por consiguiente, de pérdida de identidad, ejemplo importante —y para el cual el pequeño ya está preparado— de la interferencia con el «ir tirando» personal, un ejemplo que no es tan poderoso ni prolongado que quiebre el hilo del proceso personal continuado del pequeño.

Habrán notado que no estoy defendiendo la idea de que el comienzo de la respiración resulte algo esencialmente traumático. El nacimiento normal no es traumático por cuanto no es significativo. A la edad que tiene al nacer, el pequeño no está preparado para recibir de forma prolongada los ataques del medio. Precisamente por ser significativa para el pequeño la experiencia del trauma natal es psicológicamente traumática. El «ir tirando» personal del individuo se ve interrumpido por sus reacciones ante una serie de ataques prolongados. Cuando el trauma natal es significativo, todos los detalles del ataque y de la reacción quedan, por así decirlo, grabados en la memoria del paciente del modo a que estamos acostumbrados cuando el paciente revive las experiencias traumáticas de su vida posterior (la clase de experiencias que a veces son afortunadamente recobradas mediante abreacción o hipnosis). Al reunir ejemplos de ataque no trataré de conservar ningún orden ya que no me he decidido sobre cómo hacerlo; en el estudio de un paciente analítico, sin embargo, uno se encuentra con un orden de detalles que no puede por menos que impresionar.

Cabe señalar que lo más importante es el trauma que representa la necesidad de reaccionar. En esta fase del desarrollo humano la reacción equivale a la pérdida temporal de identidad. Esto da un sentimiento extremo de inseguridad y pone los cimientos para la espera de más muestras de pérdida de continuidad del ser, e incluso una desesperanza congénita (pero no heredada) con respecto a la consecución de una vida personal.

Las fases repetidas de inconsciencia (utilizo aquí la palabra en su sentido físico), ya sean debidas a cambios del cerebro o a la anestesia administrada a la madre, no es probable que resulten significativas. Cuando el paciente da muestras de haber quedado inconsciente una o varias veces en esta situación es probable que se trate de una nueva representación del momento en que se rompió el hilo de la continuidad del ser debido a las fases repetidas de reacción prolongada ante los ataques ambientales tales como la presión. La inconsciencia (como sucede después de una conmoción) no es recordada.

Entre los rasgos típicos del verdadero recuerdo natal se halla el sentimiento de ser presa de algo externo, de tal manera que uno se ve reducido a la impotencia. Observarán que no estoy diciendo que el bebé sienta que la madre lo está aprisionando. El hecho es que los ataques externos exigen que el bebé se adapte a ellos, mientras que en el momento de nacer lo que hace falta es que el medio se adapte al bebé. El pequeño es capaz de soportar la necesidad de reaccionar ante los ataques durante un período limitado de tiempo. Hay aquí una relación muy clara entre lo que el bebé experimenta y lo que experimenta la madre al verse confinada, como se dice. Se registra un estado durante el parto en el cual, una madre, en la salud, debe ser capaz de resignarse a un proceso comparable casi exactamente a la experiencia que vive el bebé al mismo tiempo.[5]

A este sentimiento de impotencia pertenece la naturaleza intolerable de experimentar algo sin tener la más mínima idea de cuándo va a terminar ese algo. Un prisionero de guerra nos dirá que lo peor de tal experiencia es el desconocer cuándo va a terminar; esto hace que tres años de cautiverio resulten peores que una sentencia de veinte años. Es fundamentalmente por esta razón que en la música la forma revista tanta importancia. A través de la forma, el fin está a la vista desde el principio. Podríamos ayudar a muchos bebés si nos fuera posible, durante el parto prolongado, decirles o transmitirles la idea de que el proceso del nacimiento durará solamente un tiempo determinado. Sin embargo, el bebé es incapaz de comprender nuestro lenguaje; más aún, el bebé no puede recurrir a ningún precedente, a ninguna vara de medir. El bebé con edad de nacer posee un conocimiento rudimentario de los ataques que provocan reacción, de manera que el proceso normal de nacimiento puede ser aceptado por el bebé a modo de nuevo ejemplo de lo que ya ha sucedido; pero un parto difícil va mucho más allá que cualquier experiencia prenatal de peligros que susciten una serie de reacciones.

En el caso de una paciente en cuyo análisis hubo una oportunidad especialmente buena para observar el proceso natal, toda vez que éste fue revivido repetidas veces, pude detectar cada uno de los núcleos del yo a medida que fueron apareciendo en una reacción adecuada al tipo de ataque recibido. Para citarles algunos les diré que observé el núcleo de las vías urinarias, del flato, del ano, el núcleo fecal, de la piel, de la saliva, de la frente, de la respiración, etc. Puede que estas consideraciones arrojen algo de luz sobre la dificultad que tenemos para describir el débil yo del individuo inmaduro sabiendo como sabemos cuán

---

5. Actualmente a este estado especial de sensibilidad materna lo denomino «preocupación maternal primaria», 1957 (véase el capítulo 14 de esta tercera parte).

tremendamente fuerte es cada uno de los núcleos del yo. Lo débil es la integración de una organización total del yo. En el presente contexto hay mucho que decir acerca de lo que sucede cuando, con una organización del yo extremadamente inmadura, el niño debe enfrentarse a un medio que insiste en ser importante. Puede haber una falsa integración que entrañe algún tipo de pensamiento abstracto que sea antinatural. También aquí se presentan dos alternativas: en un caso existe un desarrollo intelectual precoz; en el otro, se produce un fallo en el desarrollo intelectual. Cualquier cosa que esté entre estos dos extremos no sirve para nada. Este desarrollo intelectual constituye un estorbo porque emana de una fase demasiado precoz de la historia del individuo, de manera que patológicamente no está relacionada con el cuerpo y sus funciones y con los sentimientos e instintos y sensaciones del yo total.[6]

Aquí cabe observar que el pequeño que se ve trastornado al tener que reaccionar a la fuerza, se ve trastornado en su «ser». Este estado de «ser» solamente puede existir bajo ciertas condiciones. Al reaccionar, el pequeño no es un «ser». El medio atacante todavía no puede ser percibido por el pequeño en tanto proyección de la agresión personal, ya que todavía no se ha llegado a la fase en la que esto signifique algo. A mi modo de ver, un severo trauma de nacimiento (de índole psicológica) puede provocar un estado, al que denominaré «congénito», de paranoia, aunque no hereditario. La observación de muchos pequeños en mi clínica me da la impresión de que es posible que inmediatamente después del nacimiento exista una fuerte base paranoide. No puedo dar mejor ejemplo que el de la descripción de un sueño de una paciente (mujer; veintiocho años; diagnóstico: esquizofrenia con rasgos paranoides) como reacción a la lectura de la obra *El trauma del nacimiento*, de Rank.

Soñó que se hallaba bajo un montón de grava. La totalidad de la superficie de su cuerpo era sumamente sensible, hasta un grado difícil de imaginar. Tenía la piel quemada, que para ella representaba una forma de decir que su piel era extremadamente sensible y vulnerable. Toda ella estaba quemada. La mujer sabía que si alguien acudía en su ayuda, el dolor iba a resultarle insoportable, tanto física como mentalmente. Sabía el peligro que iba a representar que alguien acudiese para quitar la grava y tratar de curarla, y la situación era intolerable. Puso

---

6. Esta idea se desarrolla en «La mente y su relación con el psiquesoma», capítulo 9 de esta tercera parte.

de relieve el hecho de que junto a esto hubiera unos sentimientos comparables con los que correspondían a su intento de suicidio. «Una ya no puede soportar nada. Es lo horrible de poseer un cuerpo, y una mente que ya ha pasado por demasiado. Era todo ello a la vez, el que fuese tan completo, lo que hacía que resultase tan imposible. Si al menos la gente me dejase en paz. Si no me estuvieran atosigando todo el tiempo.» Sin embargo, lo que sucedió en el sueño era que alguien acudía y derramaba aceite sobre la grava dentro de la cual se hallaba ella. El aceite atravesaba la grava y llegaba a su piel, cubriéndola. Luego la dejaban completamente tranquila durante tres semanas, al cabo de las cuales podían quitar la grava sin hacerle daño; y cuando le quitaron su piel había sanado casi por entero. Había, sin embargo, una pequeña llaga entre los pechos, una zona triangular a la que no había llegado el aceite y de la cual surgía algo parecido a un pene pequeño o a un cordel. Hubo necesidad de atender a aquello, lo cual, por supuesto, resultaba levemente doloroso pero perfectamente soportable. Era algo sin importancia y alguien lo arrancó simplemente.

Aquí hay un trasfondo mucho menos sofisticado que el del sueño de la paciente H (pág. 243), ya que la paciente no era histérica, sino psicótica. Por eso es evidente el afecto verdadero. La persona que comprendía y vertía aceite sobre la paciente era yo, el analista, y el sueño indicaba un grado de confianza adquirido a través de mi forma de llevar el caso. No obstante, el sueño en sí es una reacción ante un ataque (la lectura del libro de Rank) y el análisis sufrió un retroceso temporal.

La cabeza. En el nacimiento corriente la cabeza del niño constituye la avanzadilla encargada de la tarea de dilatar las zonas blandas de la madre. Hay diversas formas de recordar esto. Cabe retenerlo como importante modo de progresión que puede ser descrito con la palabra «reptación». Esta palabra aparece en un libro de Casteret llamado *My Caves*. El autor describe la forma en que atraviesa agujeros al explorar cuevas profundas. Lo que importa de la reptación es que los brazos no intervienen para nada, ni tampoco las manos. A decir verdad, el autor no sabe cómo puede producirse un movimiento de avance. Supongo que en la huella mnémica del nacimiento normal no habría ningún sentimiento de desamparo. El pequeño sentiría que los movimientos natatorios que, como sabemos, es capaz de realizar el feto, así como los movimientos que he llamado de «reptación», producen el avance. El pequeño puede percibir fácilmente el nacimiento en sí; en el caso normal, verá que se trata del resultado afortunado de su esfuerzo personal debido a una sincronización más o menos exacta. No creo que los hechos justifiquen la teoría de que en el proceso natal en sí existe *esencialmente* un estado dentro del cual el bebé se siente desamparado. Sin embargo, muy a menudo el retraso produce exactamente esto: el desamparo o un sentimiento de retraso infinito.

Es muy fácil que haya un retraso en el momento en que existe constricción en torno a la cabeza, y creo firmemente que el tipo de jaqueca que se describe como una cinta atada en torno a la cabeza es a veces un derivado directo de sensaciones natales recordadas somáticamente. En el trabajo analítico es posible relacionar esta cinta que oprime la cabeza con la experiencia de verse atrapado en un ataque ambiental que no tiene un fin previsible. Es posible concebir que hay una gran variedad de sensaciones que no son tan claramente delineables, tales como ruidos, afluencia de sangre a la cabeza, sensación de congestión en la parte superior, y la sensación de que «algo cede, como si la sangre estuviera escapándose». Éstos y otros síntomas frecuentes de la cabeza en el campo psicosomático están relacionados con el delirio psicótico en el que se produce una descarga a través de la parte superior de la cabeza, y he podido comprobar que los cascos y las capuchas son importantes por cuanto aportan la confianza de que el *self* no escapará por el punto mencionado. La acción de arrancar la cabellera tiene una significación primaria y no es un mero desplazamiento de la castración. Relacionadas con esto están las múltiples variaciones sobre el tema de los cuernos y los unicornios, que tal vez hundan una importante raíz en la extensión de la personalidad hacia adelante que se da en el proceso del nacimiento, y en virtud de la cual el cuerpo se impulsa a sí mismo.

Existe aquí una base para la fantasía consistente en el reingreso en la madre con la cabeza por delante. Esto quedó en evidencia durante un análisis. La paciente, la segunda de un par de mellizas, no era esperada y durante largo tiempo después del nacimiento no fue atendida. Durante el análisis hubo un momento en que el dilema de la paciente fue si debía retener la relación que le era conocida o convertirse en una entidad aparte sin que se le presentase ningún objeto externo. La primera alternativa proporcionaba una falsa relación objetal y en el análisis estuvo representada por una compulsión a tener la mano sobre la cabeza, representando la mano el cuerpo de la madre. Con gran facilidad esto se entretejió con una falsa homosexualidad en la que la paciente penetraba de cabeza en el cuerpo de la mujer. En este caso los brazos resultaban notablemente inútiles. En el primer sueño que me presentó la paciente se hallaba tratando de efectuar el coito sin valerse de los brazos, habiéndosele desarrollado una artritis reumatoide confinada en principio a los codos y muñecas, de tal manera que los brazos, para los que no tenía ninguna aplicación fundamental, habían sido virtualmente eliminados. Huelga decir que el erotismo oral quedaba severamente inhibido como parte del mismo complejo y la paciente ya se había hecho arrancar todos los dientes.

La identificación de todo el cuerpo con los genitales masculinos se presenta en la labor analítica. No hay que olvidar que esto puede tener su base en la experiencia del nacimiento, donde el cuerpo actúa como un todo, y sin los brazos y sin erotismo oral o de ninguna otra clase (excepto el de los músculos utilizados para los movimientos natatorios o de reptación). El cuerpo prosigue sencillamente a través de un medio ambiente que se ha hecho más angosto.

El pecho. Después de las experiencias de la cabeza siguen en importancia las del pecho. Esta parte de mi descripción puede subdividirse en tres partes: primero el recuerdo de unas cintas realmente constrictivas a diversos niveles en torno al pecho. Puede que estas constricciones sean deseadas, hecho que comprobamos especialmente en ciertas perversiones, pero también en detalles ordinarios de nuestra indumentaria. Cabría decir que el individuo que conserva una fuerte huella mnémica de esto, es decir, de una constricción alrededor del pecho, prefiere sentir una constricción conocida y controlada que seguir sufriendo la falsa ilusión de una constricción basada en huellas mnémicas del nacimiento.

La segunda parte de esta descripción se efectúa en términos de función. He comprobado que la huella mnémica de la restricción de la expansión pectoral durante el proceso natal traumático puede ser muy fuerte, y una de las cosas importantes acerca de ello es el contraste existente entre la actividad pectoral reactiva y la actividad pectoral de verdadera ira. Durante el proceso natal, como reacción ante la construcción de los tejidos maternales, el pequeño se ve obligado a realizar lo que (de haber un poco de aire disponible) sería un movimiento de *inspiración*. Después del nacimiento, si todo marcha bien, el llanto del pequeño instaura la expresión de que está vivo por medio de la *espiración*. Esto es un ejemplo, en términos de función física, de la diferencia entre reaccionar y simplemente seguir «siendo». Cuando se produce un retraso y alguna dificultad excepcional, el paso hacia el llanto normal no se da de forma lo bastante definida y el individuo se queda siempre con algo de confusión cerca de la ira y su expresión. La ira reactiva obra en menoscabo de la instauración del yo. Sin embargo, bajo la forma de llanto, la ira puede ser egosintónica a partir de una edad muy temprana, una función expulsiva con un objetivo claro: vivir tal como se desea, y no reactivamente.

El tercer punto referente al pecho y al nacimiento consiste en la sencilla sensación de falta de algo, una falta que podría ser aliviada si fuese posible liberar la respiración. En un caso donde había antecedentes de placenta previa y nacimiento muy retardado, así como de asfixia aguda, la paciente, que sólo contaba seis años de edad, se quejaba de una constante sensación de «falta de oxígeno». Ya había experimentado antes que al aire parecía faltarle algo, y cuando oyó hablar del oxígeno aprovechó la idea inmediatamente. Esta sensación persistía en forma de síntoma muy importante. No hay que olvidar, en mi opinión, la experiencia de dificultades respiratorias durante el nacimiento cuando uno busca las diversas raíces de los trastornos respiratorios y perversiones que incluyen la obstrucción de la respiración. El deseo de asfixiarse puede ser muy fuerte y se presenta en forma de fantasía masturbatoria, en cuya puesta en práctica (*acting out*) han fallecido muchos que no tenían ningún propósito suicida. Se halla presente en el suicidio a la inversa, llamado por lo común «asesinato». En virtud de una inversión de papeles, la asfixia activa puede cobrar la forma de una amabilidad pervertida en la que la persona activa siente que la pasiva anhela ser asfixiada. Hay un poco de todo esto, así como de todo lo demás, en la sana y apasionada relación sexual.

El estudio de la necesidad de poder pasarse sin respirar, necesidad que puede encontrarse en las prácticas místicas de diversas religiones orientales, no puede ser completo a menos que el recuerdo corporal del nacimiento del individuo sea tomado en consideración. Existen, por supuesto, otras cosas igualmente importantes que intervienen en la mística negación de la respiración, especialmente en el intento de negar la diferencia entre la realidad interior y la exterior.

Conclusiones

Con el fin de conservar su forma personal de ser, el individuo, al principio, necesita un mínimo de ataques ambientales que susciten reacción. Todos los individuos tratan realmente de hallar un nuevo nacimiento en el cual el hilo de su propia vida no se vea trastornado por un número de reacciones superior al que pueda ser experimentado sin pérdida del sentimiento de continuidad de la existencia personal. La salud mental del individuo es establecida por la madre, la cual, por estar dedicada a su pequeño, es capaz de llevar a cabo una adaptación activa. Esto presupone que en la madre existe un estado básico de relajación, así como la comprensión del modo de vivir propio del pequeño, que también nace de la capacidad materna para identificarse con él. Esta relación entre la madre y el pequeño tiene un principio antes de que el niño nazca y en algunos casos continúa a lo largo del proceso natal y después del mismo. Tal como yo lo veo, el trauma del nacimiento es la pausa en la continuidad del «seguir siendo» del pequeño, y cuando esta pausa es significativa, los detalles de la forma en que se perciben los ataques, así como de la reacción del pequeño ante los mismos, son a su vez factores significativos y contrarios al desarrollo del yo. Por consiguiente, en la mayoría de casos el trauma del nacimiento es moderadamente importante y determina gran parte de la necesidad general de renacer. En algunos casos, este factor adverso es tan grande que el individuo no tiene oportunidad (aparte del renacimiento que tiene lugar en el curso del análisis) de realizar una marcha progresiva y natural en su desarrollo emocional, aun cuando los subsiguientes factores externos sean extremadamente buenos.

Si tenemos en cuenta el aspecto teórico del origen de la angustia, sería dar un paso en falso relacionar un fenómeno tan universal como es la angustia con un caso especial de nacimiento: el traumático. Sería lógico, sin embargo, tratar de relacionar la angustia con la experiencia natal *normal*, pero en este trabajo sugiero que no sabemos aún lo bastante acerca de cuáles son las experiencias normales del nacimiento desde el punto de vista del pequeño y, por lo tanto, no podemos decir que exista una relación íntima entre la angustia y el nacimiento normal y no traumático. La experiencia natal traumática, a mi entender, determina no tanto el patrón de angustia subsiguiente como el patrón de subsiguiente persecución.

Resumen

El estudio del trauma del nacimiento es importante por derecho propio.

Las claves que conducen a la comprensión de la psicología infantil, incluyendo el trauma del nacimiento, deben hallarse por medio de la experiencia psicoanalítica allí donde la regresión constituya un rasgo. Esta comprensión cobra prioridad sobre la comprensión intuitiva e incluso sobre el estudio objetivo de los niños y de la relación madre-niño en sus primeras fases.

Cuando en el análisis aparece material relacionado con el nacimiento y en forma significativa, el paciente, sin duda, da otras señales de hallarse en un estado extremadamente infantil. Puede que un niño determinado esté jugando a algo que contenga un simbolismo natal, y del mismo modo, un adulto nos dará cuenta frecuentemente de alguna fantasía relacionada, consciente o inconscientemente, con el nacimiento. Esto *no* es lo mismo que la puesta en práctica *(acting out)* de las huellas mnémicas derivadas de la experiencia natal, la que aporta el material para el estudio del trauma del nacimiento. Son los pacientes psicóticos quienes tienden a revivir semejantes fenómenos de la primera infancia, dejando a un lado la fantasía que utiliza símbolos.

He postulado una *experiencia natal normal* que no es traumática. No he podido probarla. Sin embargo, con el fin de que mis ideas queden claras, he dado por sentada la existencia de una experiencia natal normal y he inventado dos grados de nacimiento traumático: uno común y con sus efectos anulados en su mayor parte por el subsiguiente buen control del pequeño, y el otro decididamente traumático, difícil de contrarrestar incluso por medio de los más atentos cuidados, y que deja su huella permanente en el individuo.

En el caso de que se comprobase que estas suposiciones son acertadas, habría que formular ciertas consideraciones teóricas.

Toda vez que la angustia es un fenómeno universal, no puede ser puesta en correlación directa con un caso especial de nacimiento, a saber: el nacimiento traumático.

Tal vez la clave del conocido hecho de que clínicamente haya una relación entre las manifestaciones de la angustia y los detalles del trauma natal esté en que el citado trauma determina el patrón de las subsiguientes persecuciones; de esta manera el trauma natal determina *de modo indirecto* la forma en que la angustia se manifiesta en algunos casos.

Uno de los derivados de esta teoría consiste en que la misma nos proporciona una forma de considerar la paranoia congénita, que es bastante común, pero no heredada. El punto sobre el que tanto insisto se halla contenido en el título y texto de los dos artículos de Greenacre. Greenacre habla de la predisposición a la angustia, aunque no afirma exactamente que la experiencia natal traumática determine *el patrón de la persecución esperada*. Lo que sugiere es que una experiencia natal traumática puede determinar la existencia así como el patrón de una disposición paranoide. Dicho de otro modo, si se acepta la teoría kleiniana de la angustia paranoide, en la cual el alivio en el análisis procede exclusivamente de la plena aceptación por parte del paciente del sadismo oral y de la ambivalencia para con el objeto «bueno», hay que considerar lo que se piensa acerca de los casos bastante frecuentes en los cuales los antecedentes paranoides datan del nacimiento. Mi sugerencia, que se basa en mi trabajo psicoanalítico, es la de que en ciertos casos, cuyos antecedentes se remontan al nacimiento, hay una predisposición tan fuerte a las ideas de persecución (así como un patrón fijo de la misma) que probablemente en tales casos la paranoia no sea consecuencia del sadismo oral. Dicho de otra manera, en mi opinión hay ciertos casos de paranoia latente en los que el análisis de la paranoia según la línea de recuperación del pleno alcance del sadismo oral no aporta la solución completa, porque hace falta, además, que dentro del marco analítico se reviva la experiencia natal traumática. Se hace necesario desplazar un factor ambiental.

Quisiera que se me entendiese claramente. Ningún caso paranoide puede ser analizado simplemente permitiendo al paciente que reviva el trauma del nacimiento. Lo único que les estoy sugiriendo es que en un porcentaje de casos paranoides existe un factor más: que el nacimiento fue traumático y marcó en el pequeño un patrón de expectativa de interferencias con el «ser» básico. Probablemente, con mayor experiencia, uno podría separar estos casos de otros casos paranoides atendiendo al cuadro clínico así como mediante un historial cuidadosamente preparado.

En otro orden de cosas, encuentro un eslabón entre el trauma natal y los trastornos psicosomáticos, especialmente ciertas jaquecas y diversos tipos de trastornos respiratorios. En este caso uno podría decir que el trauma natal puede influir en el patrón de la hipocondría.

Ahora es posible hacer una afirmación positiva. Freud reconoce la existencia de una continuidad entre la vida intrauterina y la extrauterina. Me parece que ignoramos en qué medida Freud era capaz de apoyar esta intuición, extraída de su labor analítica. En la observación de un caso determinado he podido darme la satisfacción de que *el paciente fuera capaz de traer a la sesión analítica, bajo ciertas condiciones muy especiales, una regresión de parte del ser a un estado intrauterino.* En tal caso, el paso de una existencia intrauterina a otra extrauterina y viceversa entraña experiencias que son propias del nacimiento del individuo, y esto hay que distinguirlo del movimiento, generalmente más importante y común, que se registra en la *fantasía*, de entrada y salida del cuerpo de la madre y del mundo interior del paciente.

Ciertamente, cabe dar por sentado que a partir de la concepción el cuerpo y la psique se desarrollan juntos, al principio fundidos entre sí, más tarde separándose gradualmente. Ciertamente, se puede afirmar que antes del nacimiento de la psique (separada del soma) existe un «ir tirando» personal, una continuidad en la experimentación. Esta continuidad, a la que cabría calificar de principios del ser, se ve periódicamente interrumpida por fases de reacción ante los ataques. El ser empieza a incluir recuerdos de fases limitadas en las que la reacción ante algún ataque viene a interrumpir la continuidad. Al llegar el momento de nacer, el pequeño está preparado para tales fases, y lo que sugiero es que *en el nacimiento no traumático la reacción ante el ataque que entraña el nacimiento no sobrepasa a la reacción para la cual está preparado el feto.*

Generalmente se supone que la nueva experiencia de la respiración tiene que ser traumática. Lo más probable es que no sea la iniciación de la respiración sino el retraso de la misma, asociado con un nacimiento retrasado, lo que aporta el factor traumático. Mi experiencia psicoanalítica me induce a pensar que no es necesariamente cierto en todos los casos que la iniciación de la respiración sea significativa.

A mí me parece que *es en relación con el límite de las fases intolerables de reacción que el intelecto empieza a funcionar como algo distinto de la psique.* Es como si el intelecto recogiera y juntase los ataques a los que hubo que reaccionar y los conservase con detalles y orden exactos, protegiendo de esta manera a la psique hasta que haya un regreso al estado de continuidad existencial. En una situación de índole más traumática el intelecto se desarrolla excesivamente e incluso puede parecer que gana en importancia a la psique y que después del nacimiento el intelecto puede seguir esperando y saliendo al encuentro de las persecuciones con el fin de reunirlas y conservarlas, sin dejar el objetivo de preservar la psique. El valor de esta defensa queda demostrado cuando el individuo se presenta para ser analizado, toda vez que en el marco analítico comprobamos cómo pueden ser recordadas las persecuciones primarias cuidadosamente recogidas. Entonces, por fin, el paciente puede permitirse el lujo de olvidarlas.

Estoy en deuda con la doctora Margaret Little por su observación en el sentido de que esto puede explicar la forma en que, en la paranoia, las persecuciones desparramadas se integran y organizan como en el cuadro clínico común. La tarea de organizarlas la lleva a cabo el intelecto del individuo en defensa de la psique, y por esta razón la misma organización de persecuciones desparramadas es ardientemente defendida.

Corolario de todo esto es que en algunos casos hay tal confusión en la persecución que el intelecto no logra agruparla y retener su orden. En tal caso, en vez de un intelecto perfeccionado, clínicamente nos encontramos con un aparente defecto mental, y eso a pesar de que el desarrollo originario del tejido cerebral era normal.[7]

Sería posible desarrollar este tema mediante una descripción de las sensaciones físicas propias del trauma natal que aparecen en la sintomatología psicosomática común. Lo que importa, sin embargo, es que *para el paciente individual el patrón es cuidadosamente fijado*, y también que en el revivir que tal vez aparezca en el transcurso del psicoanálisis se mantenga un orden definido en el tiempo. En cualquier análisis de un caso de este tipo uno se familiariza con las sensaciones y su orden en la medida en que sean propias del paciente que se esté tratando.

A este respecto, es necesaria una importante consideración de carácter práctico. Me refiero a la forma en que *es posible afrontar las cosas una por una, mientras que dos o más factores causan confusión*. Uno de los principios fundamentales de la técnica psicoanalítica es el de aportar un marco dentro del cual el paciente puede afrontar las cosas una por una. Nada hay más importante en nuestra labor analítica que el tratar de ver *qué* es lo *único* que el paciente presenta a la interpretación o la reviviscencia durante una sesión determinada. El buen analista limita sus interpretaciones y actos al detalle presentado exactamente por el paciente. Es mala costumbre interpretar lo que a uno le parece entender, actuando de acuerdo con las propias necesidades y echando a perder el intento del paciente de afrontar las cosas de una en una. Parece que esto es tanto más cierto cuanto más se retrocede. La integración de la psique inmadura en el momento del nacimiento puede verse reforzada

---

7. Véase el capítulo 9 de esta tercera parte.

por una experiencia, incluso una reacción a los ataques, siempre y cuando no dure demasiado. Sin embargo, dos ataques requieren dos reacciones, y éstas dividen a la psique en dos mitades. El esfuerzo del yo que he descrito constituye un intento de mantener a raya los ataques por medio de la actividad mental, de manera que las reacciones que susciten puedan tener lugar de una en una y sin disrupción de la psique. Todo esto es posible demostrarlo muy bien en el trabajo psicoanalítico siempre y cuando uno sea capaz de seguir al paciente tan lejos como quiera remontarse en su desarrollo emocional, por medio de la regresión a la dependencia, con el fin de ir más allá del período en el que los ataques empezaron a ser múltiples e ingobernables.

Finalmente, repito que *no hay nada que pueda considerarse tratamiento basado exclusivamente en el análisis del trauma natal.* Para llegar a estas fases tempranas primero tenemos que demostrarle al paciente nuestra competencia dentro de toda la gama de la comprensión psicoanalítica corriente. Más aún, cuando el paciente ha estado totalmente dependiente y ha vuelto a avanzar, a uno le es necesario poseer una comprensión muy segura de la posición depresiva y del desarrollo gradual hacia la primacía genital, así como de la dinámica de las relaciones interpersonales y de la necesidad acuciante de conseguir la independencia partiendo de la dependencia.

5. EL ODIO EN LA CONTRATRANSFERENCIA (1947)[1]

En el presente escrito deseo examinar un aspecto del tema de la ambivalencia, a saber, el odio en la contratransferencia. Creo que la tarea del analista (llamémosle investigador) que emprende el análisis de un psicótico se ve seriamente influida por este fenómeno y que el análisis de los psicóticos se hace imposible a menos que el odio del propio analista sea consciente y bien delimitado. Esto equivale a decir que un analista debe someterse a análisis él mismo, pero al mismo tiempo afirma que el análisis de un psicótico es molesto en comparación con el de un neurótico, y que lo es por su propia naturaleza.

Aparte del tratamiento psicoanalítico, la dirección del caso de un psicótico resulta pesada por fuerza. De vez en cuando he hecho algún comentario crítico acerca de las tendencias de la moderna psiquiatría, con sus tratamientos demasiado fáciles a base de *shock* eléctrico y con sus leucotomías demasiado drásticas (Winnicott, 1947, 1949). Debido a estas críticas que he expresado me gustaría ser el primero en reconocer la extrema dificultad inherente a la tarea del psiquiatra, y en especial de la enfermera mental. Los pacientes locos son siempre, por fuerza, una pesada carga emocional para quienes cuidan de ellos. Hay que perdonarles, pues, si a veces hacen cosas terribles. Sin embargo, esto no significa que debamos aceptar lo que hagan los

---

1. Basado en un escrito leído ante la Sociedad Psicoanalítica Británica, el 5 de febrero de 1947, *Int. J. Psycho-Anal.*, vol. XXX, 1949.

psiquiatras y neurocirujanos, considerándolo bueno con arreglo a los principios de la ciencia. Por consiguiente, si bien lo que sigue se refiere al psicoanálisis, en realidad es valioso para el psiquiatra, incluso para aquel cuyo trabajo no lo lleve en modo alguno a establecer con los pacientes una relación de índole analítica. Para ayudar a quien practica la psiquiatría general, el psicoanalista no debe limitarse a estudiar para él las fases primitivas del desarrollo emocional del individuo enfermo, sino que también debe estudiar la naturaleza de la carga emocional que el psiquiatra sobrelleva cuando realiza su labor. También el psiquiatra necesita comprender lo que nosotros, los analistas, llamamos contratransferencia. Por mucho que quiera a sus pacientes, el psiquiatra no puede evitar odiarlos y temerlos, y cuanto mejor sepa esto, menor será la incidencia del odio y el temor en su conducta respecto de los pacientes.

Los fenómenos de la contratransferencia podrían clasificarse de la siguiente manera:

1. Anormalidad en los sentimientos de contratransferencia, y relaciones e identificaciones fijas que se hallan bajo represión en el analista.
2. Las identificaciones y tendencias correspondientes a las experiencias personales del analista y a su desarrollo personal y que aportan el marco positivo para su labor analítica y que hacen que la índole de su trabajo difiera del de cualquier otro analista.
3. De estas dos distingo la contratransferencia verdaderamente objetiva o, si esto resulta difícil, el amor y odio que siente el analista como reacción ante la personalidad y el comportamiento del paciente, contratransferencia basada en la observación objetiva.

Sugiero que si un analista debe analizar a psicóticos o antisociales, debe ser capaz de ser tan plenamente consciente de la contratransferencia como para separar y estudiar sus reacciones *objetivas* ante el paciente. El odio se halla incluido entre ellas. Los fenómenos de la contratransferencia a veces revestirán importancia en el análisis.

Pienso que el paciente solamente puede apreciar en el analista aquello que él mismo es capaz de sentir. En lo que hace a las motivaciones: los *obsesos* tenderán a pensar que el analista hace su labor de una manera fútil y obsesiva. Un paciente *hi-*

pomaníaco que sea incapaz de estar deprimido, excepto en un fuerte cambio de estado anímico, y en cuyo desarrollo emocional la posición depresiva no haya sido totalmente conquistada, que no pueda sentir culpabilidad de manera profunda, ni una inquietud o responsabilidad, este hipomaníaco es incapaz de ver en el trabajo del analista un intento por parte de éste de hacer una reparación con respecto a sus propios sentimientos de culpabilidad (los del analista). Un paciente *neurótico* tenderá a ver al analista como ambivalente respecto del paciente, así como a esperar que el analista dé muestras de una escisión entre el odio y el amor; cuando tiene suerte, este paciente obtiene amor, ya que alguna otra persona es quien estará recibiendo el odio del analista. ¿No habría que deducir, pues, que si un *psicótico* se halla en un estado donde «coinciden el odio y el amor» en los sentimientos, entonces experimenta una profunda convicción de que el analista también es solamente capaz del mismo estado, brutal y peligroso, de coincidencia del amor y del odio? Suponiendo que el analista mostrase su amor, con seguridad mataría al paciente en el mismo momento.

Esta coincidencia del odio y del amor es algo que, característicamente, se repite en el análisis de los psicóticos, dando pie a una serie de problemas de dirección que fácilmente pueden agotar los recursos del analista. Esta coincidencia del odio y del amor a la que me estoy refiriendo es algo distinto del componente agresivo que complica el impulso amoroso primitivo, e implica que en la historia del paciente se produjo un fallo ambiental en el momento en que aparecieron los primeros impulsos instintivos en busca de objeto.

Si al analista se le van a imputar una serie de sentimientos en bruto, entonces lo mejor es prevenirle para que se disponga a ello, ya que debe tolerar que se le coloque en aquella posición. Ante todo, no debe negar un odio que realmente existe en él mismo. El odio *que está justificado* en el marco existente debe ser separado y mantenido en reserva, disponible para una eventual interpretación.

Para poder analizar pacientes psicóticos debemos haber llegado a lo más primitivo de nosotros mismos, y esto no es sino otro ejemplo del hecho de que la respuesta a muchos problemas oscuros del ejercicio del psicoanálisis yace en un mejor análisis del analista. (La investigación psicoanalítica tal vez sea siempre, en cierta medida, un intento por parte del analista de llevar la tarea de su propio análisis más allá de lo que podría llevarla su propio analista.)

Una de las principales tareas de cualquier analista consiste en mantener la objetividad ante todo lo que le presente el paciente, y un caso especial de esto es la necesidad del analista de poder odiar objetivamente al paciente.

¿Acaso en nuestra labor analítica no se presentan numerosas situaciones en las cuales el odio del analista se justifica? Uno de mis pacientes, preso de una fuerte obsesión, me resultó casi odioso durante algunos años. Ello me hacía sentir culpable hasta que el análisis dobló determinada esquina y el paciente se me hizo agradable; entonces me di cuenta de que el desagrado anterior había sido un síntoma activo e inconscientemente determinado. Realmente fue para mí un día maravilloso cuando mucho más adelante pude decirle al paciente que yo y sus amigos nos habíamos visto repelidos por él, pero que él estaba demasiado enfermo para que así se lo dijéramos. Aquél fue también un día importante para él, un tremendo avance en su ajuste a la realidad.

Durante el análisis ordinario el analista no tiene ninguna dificultad en controlar su propio odio, que permanece latente. Lo principal, por supuesto, es que a través de su propio análisis se haya librado de las vastas reservas de odio inconsciente perteneciente al pasado y a conflictos internos. Hay otras razones por las cuales el odio no es expresado ni incluso sentido:

> El análisis es la profesión que he elegido, la forma en que a mi modo de ver mejor afrontaré mi propia culpabilidad, la forma en que puedo expresarme constructivamente.
> Me pagan, o estoy adiestrándome para ganarme un lugar en la sociedad por medio del psicoanálisis.
> Estoy descubriendo cosas.
> Cosecho frutos inmediatos a través de la identificación con el paciente, que está haciendo progresos, y puedo ver que me esperan frutos aún mayores, al finalizar el tratamiento.
> Más aún, en tanto que analista tengo formas de expresar el odio.
> El odio es expresado por la existencia del final de la sesión.
> Creo que esto es cierto incluso en los casos en que no existe ninguna dificultad y en que el paciente está contento de irse. En muchos análisis estas cosas pueden darse por hechas, de manera que apenas se mencionan, y la labor analítica se lleva a cabo a través de la interpretación verbal de la emergente transferencia inconsciente del paciente. El analista adopta el papel de alguna de las figuras útiles pertenecientes a la niñez del paciente y saca partido del éxito de aquellos que hicieron el trabajo sucio cuando el paciente era pequeño.

Estas cosas forman parte de la descripción del trabajo psicoanalítico corriente, que principalmente se ocupa de pacientes cuyos síntomas son de carácter neurótico. En el análisis de psicóticos, sin embargo, son muy distintos los grados y tipos de tensión que debe soportar el analista, y es precisamente esta diferencia lo que estoy intentando describir.

Recientemente, durante varios días me encontré con que no estaba haciendo bien mi trabajo. Cometía equivocaciones con cada uno de mis pacientes. La dificultad estaba en mí y en parte era personal, pero principalmente asociada con el clímax que había alcanzado en mi relación con determinado paciente psicótico. La dificultad se aclaró cuando tuve lo que a veces se llama «un sueño curativo». (Por cierto, añadiré que durante mi análisis y los años que siguieron al mismo he tenido una larga serie de estos sueños curativos, que a veces, sin embargo, eran desagradables, aunque todos ellos han señalado mi llegada a alguna nueva fase del desarrollo emocional.)

En aquella ocasión concreta era consciente del significado del sueño al despertar, incluso antes de despertar. En el sueño había dos fases. En la primera me hallaba en el paraíso de un teatro y miraba la gente que había en la platea, muy por debajo de donde yo me hallaba. Sentía una fuerte angustia, como si estuviera a punto de perder un miembro. Esto iba asociado con la sensación que he experimentado en la cima de la torre Eiffel: que si pasaba la mano por encima de la barandilla se me iba a caer hasta estrellarse contra el suelo. Esto podría ser una angustia de castración normal y corriente.

En la siguiente fase del sueño era consciente de que la gente de la platea estaba contemplando una obra y que yo, a través de esa gente, estaba relacionado con lo que acontecía en el escenario. Entonces apareció una nueva clase de angustia. Lo que supe era que me faltaba el lado derecho del cuerpo. Aquello no era un sueño de castración, sino la sensación de carecer de aquella parte del cuerpo.

Al despertar era consciente de haber comprendido a un nivel muy profundo cuál era mi dificultad en aquellos días. La primera parte del sueño representaba las angustias corrientes susceptibles de desarrollarse con respecto a las fantasías inconscientes de mis pacientes neuróticos. Yo iba a correr el peligro de perder la mano o los dedos si estos pacientes se interesaban por ellos. Con aquella clase de angustia ya estaba familiarizado y me resultaba relativamente tolerable

La segunda parte del sueño, no obstante, se refería a mi relación con el paciente psicótico, una mujer. Aquella paciente me estaba exigiendo que yo no tuviera ninguna relación con su cuerpo, ni siquiera de tipo imaginativo; ella no reconocía a ningún cuerpo como suyo y si de algún modo existía se consideraba a sí misma exclusivamente como una mente. Cualquier referencia a su cuerpo producía angustias paranoides, ya que decir que poseía un cuerpo era igual que perseguirla. Lo que ella necesitaba de mí era que yo poseyera solamente una mente con la que hablar con la suya. Al culminar mis dificultades, la tarde anterior al sueño, yo me había sentido irritado y le había dicho que lo que pedía de mí era poco menos que imposible. Mis palabras habían tenido un efecto desastroso y pasaron muchas semanas antes de que el análisis se librase de ello. Lo esencial, sin embargo, fue el que yo comprendiese mi propia angustia y que ésta apareciese en el sueño representada por la ausencia del lado derecho de mi cuerpo cuando trataba de relacionarme con la obra que estaban contemplando los espectadores de platea. Esta parte derecha de mi cuerpo era el lado relacionado con la paciente en cuestión y por consiguiente se veía afectada por su necesidad de negar absolutamente siquiera una relación imaginaria entre nuestros cuerpos. Esta negación estaba produciendo en mí este tipo psicótico de angustia, mucho menos tolerable que la angustia de castración corriente. Cualquiera que fuera la interpretación que pudiera hacerse de este sueño, lo cierto es que el haberlo soñado y recordado tuvo como consecuencia la reanudación del análisis, e incluso curar la reparación del daño que éste había sufrido a causa de mi irritabilidad, cuyo origen estaba en una angustia reactiva cuyo tipo era apropiado a mi contacto con una paciente desprovista de cuerpo.

El analista debe estar preparado para soportar la tensión sin esperar que el paciente sepa lo que está haciendo, tal vez durante un tiempo bastante largo. Para esto, al analista debe serle fácil asumir sus propios temores y odios. Se halla en la situación de la madre de un nonato o de un recién nacido. A la larga, debe ser capaz de decirle al paciente lo que él, el analista, ha experimentado en sí mismo, aunque puede que el análisis no llegue tan lejos. Puede que en el pasado del paciente haya una escasez de buenas experiencias que permitan trabajar. ¿Qué sucede si no hay ninguna relación satisfactoria perteneciente a la primera infancia que el analista pueda utilizar en la transferencia?

Existe una inmensa diferencia entre los pacientes que han vivido experiencias satisfactorias en la primera infancia, experiencias que pueden descubrirse en la transferencia, y aquellos otros pacientes cuyas experiencias han sido tan deficientes o deformadas que el analista tiene que ser la primera persona en la vida del paciente que aporte ciertos puntos esenciales de tipo ambiental. En el tratamiento de un paciente de este segundo tipo, todo se vuelve importante y vital en la técnica analítica, incluso aquello que puede darse por sentado cuando el tratamiento va destinado a un paciente del tipo citado en primer lugar.

A uno de mis colegas le pregunté si hacía el análisis a oscuras. Me respondió: «¡Caramba, pues no! Sin duda nuestro trabajo consiste en aportar un medio ambiente normal, y la oscuridad sería algo extraordinario». Mi pregunta le sorprendió. Mi colega estaba orientado hacia el análisis de neuróticos. Pero la aportación y mantenimiento de un medio ambiente normal puede ser por sí misma algo de importancia vital en el análisis de un psicótico; a decir verdad, a veces puede ser aún más importante que las interpretaciones verbales, que también deben hacerse. Para el neurótico, el sofá, la habitación caldeada, la comodidad pueden *simbolizar* el amor materno; para el psicótico, sería mejor decir que estas cosas *constituyen* la expresión física del amor del analista. El sofá *es* el regazo o el vientre del analista, la temperatura de la habitación *es* el calor vivo del cuerpo del analista, y así sucesivamente.

Existe, o así lo espero, una progresión en mi planteamiento del tema. Por lo general, el odio del analista es latente y sigue siéndolo fácilmente. En el análisis de psicóticos el analista pasa mayores apuros para hacer que su odio siga siendo latente, cosa que únicamente logrará siendo plenamente consciente de ello. Quiero añadir que en ciertas etapas de ciertos análisis el paciente llega efectivamente a buscar el odio del analista, y lo que entonces se necesita es un odio objetivo. Si el paciente busca odio objetivo o justificado, debe ser capaz de encontrarlo, de lo contrario es imposible que se crea capaz de encontrar amor objetivo.

Tal vez venga ahora al caso citar el ejemplo del niño procedente de un hogar deshecho o del niño sin padres. Este niño se pasa el tiempo buscando inconscientemente a sus padres. Resulta notoriamente inadecuado llevarse este niño a casa y amarle. Lo que sucede es que, al cabo de un tiempo, el niño adoptado de esta forma consigue esperanza y entonces comienza a poner a prueba el medio ambiente que ha encontrado, así como a buscar pruebas de que sus padres adoptivos son capaces de odiar objetivamente. Parece ser que es capaz de creer que es amado sólo después de haber sentido que es odiado.

Durante la segunda guerra mundial, un niño de nueve años fue internado en un albergue para niños evacuados. Fue enviado desde Londres, pero no a causa de las bombas, sino porque faltaba a clase sin permiso. Yo esperaba darle algún tratamiento mientras permaneciese en el albergue, pero su síntoma resultó triunfante y se escapó como había escapado de todas partes desde que tenía seis años, cuando por primera vez había huido de su hogar. Sin embargo, durante una entrevista había logrado establecer contacto con él; durante aquella entrevista había podido ver e interpretar, por medio de un dibujo suyo, que al huir, lo que inconscientemente hacía era salvar el interior de su hogar y proteger a su madre contra ataques, así como tratar de alejarse de su propio mundo interior, que estaba lleno de perseguidores.

No me sorprendí mucho cuando fue a parar a la comisaría cercana a mi casa. Era una de las pocas comisarías donde no lo conocían bien. Mi esposa, generosa en extremo, se hizo cargo de él y le cuidó durante tres meses, tres meses que resultaron un infierno. Era el más agradable y exasperante de los niños, loco de remate a menudo. Pero afortunadamente sabíamos lo que cabía esperar. La primera fase la afrontamos dándole libertad completa y un chelín siempre que quería salir. Bastaba con que nos telefonease para que fuésemos a recogerle a la comisaría adonde hubiese ido a parar.

Pronto tuvo lugar el cambio que esperábamos, el síntoma de las ausencias escolares dio un giro y el chico empezó a dramatizar el asalto al interior. Para nosotros dos resultó un trabajo verdaderamente absorbente; los peores episodios tenían lugar cuando yo no estaba.

La interpretación debía realizarse en cualquier momento del día o de la noche, y con frecuencia la única solución en una crisis consistía en hacer la interpretación correcta, como si el chico estuviera siendo analizado. Era esto, la interpretación correcta, lo que se valoraba por sobre todas las cosas.

¿Llegué a pegarle? La respuesta es que no, que nunca pego. Pero hubiese tenido que pegarle de no haberlo sabido todo acerca de mi odio y de no haber dejado que él también lo supiera. En las crisis solía dominarle físicamente, sin ira ni recriminación, y ponerle de patitas en la calle, hiciese el tiempo que hiciese, ya fuese de día o de noche. Había una campanilla especial que él podía hacer sonar y él sabía que si así lo hacía, le sería permitido volver a entrar y no se diría ni una palabra acerca de lo sucedido. El chico utilizaba esa campanilla tan pronto como se recuperaba de su crisis maníaca. Lo importante es que cada vez, justo en el momento de ponerle en la calle, le decía algo: que lo que acababa de suceder me había hecho odiarle. Esto resultaba fácil porque era muy cierto.

Creo que estas palabras eran importantes desde el punto de vista de sus progresos, pero lo eran principalmente por cuanto me permitían tolerar la situación sin desahogarme, sin perder los estribos y sin asesinarle de vez en cuando.

No puedo relatar aquí la historia completa de este muchacho. Ingresó en una escuela-reformatorio. Su relación profundamente arraigada con nosotros ha seguido siendo una de las escasas cosas estables de su vida. Este episodio de la vida corriente puede ser empleado para ilustrar el tema general del odio justificado en el presente; es conveniente establecer la distinción entre este odio y el odio que es solamente justificado en otro marco pero que es incitado por algún acto del paciente.

De entre la enorme complejidad del problema del odio y sus raíces, quisiera sacar una cosa, ya que la creo importante para el analista de pacientes psicóticos. Sugiero que la madre odia al bebé antes de que éste la odie a ella, y antes de que el bebé pueda saber que su madre le odia.

Antes de desarrollar este tema quiero hacer una referencia a Freud. En «Los instintos y sus destinos» (1915), donde tantas cosas originales y esclarecedoras dice acerca del odio, Freud afirma: «Si es menester podríamos decir, acerca de un instinto, que "ama" a los objetos en pos de los cuales se esfuerza para fines de satisfacción, pero decir que "odia" un objeto nos parecería raro, así que somos conscientes de que las actitudes de amor y odio no caracterizan la relación entre los instintos y sus objetos, sino que están reservadas para la relación entre el yo como un todo y los objetos...». Creo que esto es cierto e importante. ¿Acaso no significa que la personalidad debe estar integrada antes de que pueda decirse que un pequeño odia? Por muy pronto que pueda conseguirse la integración —tal vez la integración aparece por vez primera en el momento culminante de la excitación o de la rabia—, existe una fase teóricamente anterior en la cual lo que el pequeño haga de daño no lo hace por odio. Al describir esta fase he empleado el término «amor cruel». ¿Les parece aceptable? A medida que el pequeño va siendo capaz de percibirse en tanto que persona completa, se va desarrollando el significado de la palabra «odio» a modo de descripción de cierto grupo de sus sentimientos.

La madre, sin embargo, odia a su pequeño desde el comienzo. Creo que a Freud le parecía posible que, en ciertas circunstancias, una madre sienta amor tan sólo por su bebé masculino; pero podemos poner esto en duda. Sabemos del amor de una madre y apreciamos su realidad y su poder. Permítanme que les dé algunas de las razones por las cuales una madre odia a su bebé, aunque sea del sexo masculino:

El bebé no es la propia concepción (mental) de la madre.

El bebé no es sólo el de los juegos infantiles, el nene de papá, del hermano, etc.

El bebé no es producido mágicamente.

El bebé constituye un peligro para el cuerpo de la madre durante el embarazo y el parto.

El bebé interfiere en la vida privada de la madre, es un reto que provoca preocupación.

En mayor o menor grado, una madre siente que su propia madre exige un bebé de ella, de manera que su bebé es producido a fin de aplacar a su madre.

El bebé le hace daño en los pezones incluso al chupar, actividad que al principio es de tipo masticatorio.

El bebé es cruel, la trata como a una escoria, como a una sirvienta gratuita, una esclava.

Ella tiene que amarle, incluyendo sus excreciones, al menos al principio, hasta que el bebé tenga dudas con respecto a sí mismo.

El bebé trata de hacerle daño, la muerde periódicamente, como señal de amor.

Da muestras de desilusión con respecto a ella.

Su amor excitado es un amor interesado, de tal manera que, una vez conseguido lo que se proponía, la arroja de sí como si se tratase de una mondadura de naranja.

Al principio el bebé debe dominar, hay que protegerle de las coincidencias, la vida debe desarrollarse con arreglo a la marcha del bebé y todo esto hace necesario un continuo y detallado estudio por parte de la madre. Por ejemplo, la madre no debe estar angustiada cuando lo sostiene, etc.

Al principio el bebé no tiene ni idea de lo que ella hace o sacrifica por él. En especial no puede tener en cuenta el odio de la madre.

El bebé es suspicaz, rehúsa comida que es buena, y hace que la madre dude de sí misma, pero come bien cuando le alimenta su tía. Después de una mañana horrible con el pequeño, la madre se marcha y el bebé sonríe a un extraño, el cual dice: «Qué niño más cariñoso».

Si la madre le defrauda al principio, ella sabe que se lo hará pagar siempre.
El bebé la excita pero la frustra: la madre no debe comerle ni comerciar sexualmente con él.

Creo que en el análisis de los psicóticos, así como en las últimas fases del análisis, incluso de una persona normal, el analista debe hallarse en condiciones comparables a las de la madre de un niño recién nacido. Cuando su regresión es profunda, el paciente no puede identificarse con el analista ni apreciar su punto de vista más de lo que el feto o el recién nacido pueden simpatizar con la madre.

Una madre debe ser capaz de tolerar el odio que su bebé le inspira sin hacer nada al respecto. No puede expresárselo. Si, por temor a lo que pueda hacer, la madre no puede odiar apropiadamente cuando el bebé le hace daño, debe apoyarse en su masoquismo; y creo que es esto lo que da pábulo a la falsa teoría de que existe un masoquismo natural en las mujeres. Lo más notable acerca de una madre estriba en su capacidad para recibir tanto daño del pequeño y para odiar tanto sin pagarle a él con la misma moneda, así como en su capacidad para esperar una recompensa que puede o no llegar más adelante. ¿Le ayudan tal vez en esto las cancioncillas infantiles que canta y que el bebé disfruta aunque, por suerte, no entiende?

> Duérmete niño en la copa del árbol,
> Cuando el viento sople la cuna se mecerá,
> Cuando la rama se rompa la cuna caerá,
> Caerá el niño, con cuna y todo.

Pienso en una madre (o padre) que se halle jugando con un niño pequeño; el pequeño disfruta jugando y no se da cuenta de que con sus palabras el padre o la madre están expresando su odio, tal vez en términos de simbolismo natal. Ésta no es una cancioncilla sentimental. El sentimentalismo no sirve de nada a los padres, ya que contiene una negación del odio; y el sentimentalismo en una madre no tiene ninguna utilidad desde el punto de vista del pequeño.

A mí me parece dudoso que una criatura humana, a medida que se va desarrollando, sea capaz de tolerar el alcance pleno de su propio odio en un ambiente sentimental. Necesita del odio para odiar.

Si esto es cierto, de un paciente psicótico sometido a análisis no cabe esperar que tolere su odio hacia el analista a menos que éste sea capaz de odiarle a él.

Si aceptamos todo esto, seguimos con la necesidad de discutir la cuestión de la interpretación del odio del analista para con el paciente. Se trata, evidentemente, de una cuestión preñada de peligros y a la que debe dedicarse una sincronización de lo más cuidadosa. Pero creo que un análisis es incompleto si, incluso cerca de su final, al analista no le ha sido posible decirle al paciente lo que él, el analista, hacía a escondidas del paciente mientras éste estaba enfermo, durante las primeras etapas. En tanto no se haga esta interpretación el paciente es mantenido en cierta forma en la posición de un pequeño, de un pequeño incapaz de comprender lo que debe a su madre.

El analista debe desplegar toda la paciencia, tolerancia y confianza de una madre dedicada a su pequeño; debe reconocer como necesidades los deseos del paciente; debe apartar de sí otros intereses a fin de estar disponible puntualmente y de ser objetivo; y debe dar muestras de querer dar lo que en realidad solamente se da debido a las necesidades del paciente.

Cabe que exista un largo período inicial en el cual sea imposible que el paciente (incluso inconscientemente) aprecie el punto de vista del analista. No se puede esperar reconocimiento debido a que, en la raíz primitiva del paciente, no hay capacidad para la identificación con el analista; y ciertamente el paciente no puede ver que el odio del analista frecuentemente es engendrado precisamente por las cosas que el paciente hace en su cruda manera de amar.

En el análisis (de investigación) o en la dirección normal del tipo más psicótico de paciente, se ejerce una gran tensión sobre el analista (psiquiatra, enfermera mental) y resulta importante estudiar las formas en que la angustia de índole psicótica y el odio se producen en aquellos cuya labor se realiza con pacientes psiquiátricos gravemente enfermos. Sólo de esta manera puede haber alguna esperanza de evitar el tipo de terapia que está más adaptado a las necesidades del terapeuta que a las del paciente.

6. LA AGRESIÓN EN RELACIÓN CON EL DESARROLLO EMOCIONAL (1950-1955)

I. APORTACIÓN A UN SIMPOSIO[1]

La principal idea de este estudio sobre la agresión es la de que si la sociedad está en peligro no es a causa de la agresividad del hombre, sino de la represión de la agresividad individual de los individuos.

El estudiante de la psicología de la agresión se ve sometido a una dura tensión por el siguiente motivo: en una psicología total «ser robado de» es lo mismo que robar, y es igualmente agresivo. Ser débil tiene tanta agresividad como el ataque del fuerte contra el débil. El asesinato y el suicidio son fundamentalmente la misma cosa y, lo que quizá sea lo más difícil de todo, la posesión es tan agresiva como la adquisición codiciosa; a decir verdad, adquisición y posesión forman una unidad psicológica, es decir, la una es incompleta sin la otra. Esto no es lo mismo que decir que el adquirir y el poseer sean buenos o malos.

Estas consideraciones son penosas, ya que atraen la atención hacia una serie de disociaciones que se hallan ocultas en lo socialmente aceptable, pero no pueden dejarse al margen en ningún estudio sobre la agresión. Asimismo, la base de un es-

---

1. Simposio con Anna Freud, Real Sociedad de Medicina, Sección de Psiquiatría, 16 de enero de 1950. La aportación de Anna Freud se encontrará en *The Psychoanalytic Study of the Child*, vols. III-IV, pág. 37.

tudio sobre la agresión real debe constituirla el estudio de las raíces de la intención agresiva.

Con anterioridad a la integración de la personalidad existe ya la agresión.[2] El bebé ya da patadas cuando está en el vientre; no hay que suponer que intente abrirse paso a patadas. El bebé de pocas semanas descarga golpes con sus brazos; no hay que suponer que trata de golpear a alguien. El bebé masca el pezón con sus encías; no hay que suponer que esté intentando destruir o hacer daño. En su origen la agresividad es casi sinónima de actividad, es una cuestión de función parcial.

Son estas funciones parciales lo que el pequeño, gradualmente, a medida que va convirtiéndose en persona, organiza hasta formar una regresión. El paciente enfermo puede dar muestras de unas actividades y agresividad no del todo intencionadas. La integración de una personalidad no llega en un momento dado de un día concreto. Tiene altibajos, e incluso cuando se la ha logrado cabe la posibilidad de que se pierda debido a algún desgraciado factor ambiental. Sin embargo, si hay salud, el comportamiento dirigido a un fin acaba por ser alcanzado. En la medida en que el comportamiento tenga una finalidad, la agresión es intencionada. Nos encontramos entonces con la principal fuente de la agresión: la experiencia instintiva. La agresión forma parte de la expresión primitiva del amor. Toda vez que estoy estudiando los primeros impulsos amorosos se hace necesaria una descripción de esto en términos orales.

El erotismo oral reúne una serie de elementos agresivos y en la salud es el amor oral el que sobrelleva la base de la mayor parte de la agresividad real, es decir, de una agresión intencional por parte del individuo y que como tal perciben quienes le rodean.

Toda experiencia es a la vez física y no física. Las ideas acompañan y enriquecen a la función corporal, y estas funciones acompañan y realizan[3] la ideación. Asimismo, de la suma de ideas y recuerdos debe decirse que gradualmente se separan formando lo que está a la disposición del consciente, sólo en ciertas circunstancias, y lo que se halla en el inconsciente reprimido, lo cual no está disponible debido a un afecto intolerable.

---

2. Actualmente esta idea la enlazaría con la de la movilidad (véase Marty et Fain, 1955).
3. Véase la expresión de Sechehaye: «realización simbólica».

Soy consciente de que estoy mezclando el tema de la agresividad real con el del impulso agresivo. Pienso, sin embargo, que es imposible estudiar uno con independencia del otro. Ningún acto de agresión puede ser plenamente entendido como fenómeno aislado; y de hecho el estudio de cualquiera de los actos de un niño implica la consideración de lo siguiente:

El niño en su medio circundante, con los adultos que le cuidan.
El niño maduro con arreglo a su edad cronológica y emocional.
El niño que, si bien maduro con arreglo a su edad, contiene dentro de sí mismo todos los grados de inmadurez hasta llegar al estado primario.
El niño en tanto que persona enferma, con fijaciones a niveles inmaduros.
El niño en un estado emocional relativamente desorganizado, todavía más o menos propenso a la regresión y a la recuperación espontánea partiendo de la regresión.

La agresión en diversas fases

Nos sería de utilidad poder comenzar por el principio de la vida del individuo, pero hay aquí mucho que no se sabe con certeza. Un estudio completo iría siguiendo a la agresividad a medida que apareciese en diversas fases del desarrollo del yo:

Fase temprana . . .	Preintegración
	Propósito sin inquietud
	Integración
Intermedia	Propósito con inquietud
	Culpabilidad
	Relaciones interpersonales
Total personal . . .	Situaciones triangulares, etc.
	Conflicto, consciente
	e inconsciente

Lo que trato de hacer aquí constituye principalmente una extensión del segundo de estos tres temas, el intermedio.[4]

---

4. En la segunda parte de este capítulo trato de afrontar el tema de la agresión relativa a las fases precoces del desarrollo del yo.

Preinquietud

Es necesario describir una fase teórica de falta de inquietud o de crueldad en la cual puede decirse del niño que existe como persona y que tiene un propósito, aunque no le inquietan los resultados. El niño todavía no aprecia el hecho de que lo que destruye cuando está excitado es la misma cosa que valora en los intervalos de quietud que se producen entre las excitaciones. Su amor excitado incluye un ataque imaginario contra el cuerpo de la madre. He aquí la agresión como parte del amor.[5]

Es posible ver cierto grado de esto apareciendo en forma de disociación entre los aspectos tranquilos y excitados de la personalidad, de tal manera que los niños que de ordinario son simpáticos y amables actuarán «como no les es propio» y cometerán actos agresivos contra las personas a las que aman, sin sentirse plenamente responsables de sus actos.

Si se pierde la agresión en esta fase del desarrollo emocional, se produce también cierta pérdida de la capacidad de amar, es decir, de relacionarse con los objetos.

Fase de inquietud

Viene seguidamente la fase que Melanie Klein denominó «la posición depresiva» en el desarrollo emocional. Para mis fines yo la llamaré «fase de inquietud». La integración del yo del individuo es suficiente para permitirle apreciar la personalidad de la figura materna. Esto tiene un resultado tremendamente importante: el individuo se inquieta, se preocupa, por los resultados de su experiencia instintiva, física e ideacional.

La fase de inquietud trae consigo la capacidad de sentirse culpable. En lo sucesivo, parte de la agresión se manifiesta clínicamente en forma de aflicción o de culpabilidad o de algún equivalente físico de las mismas, por ejemplo, el vómito. La culpabilidad hace referencia al daño que se cree haber hecho, en la relación excitada, a la persona amada. En la salud el pequeño es capaz de soportar la culpabilidad, y de esta manera, con ayuda de la madre personal y viva (que incorpora un factor temporal) es capaz de descubrir su propia tendencia personal a

---

5. A esto se le ha llamado «preambivalente», pero este término esquiva la cuestión de la integración del objeto parcial y del objeto total, del pecho y de la madre que sostiene y cuida.

dar, a construir y a enmendar. De esta forma gran parte de la agresión se transforma en las funciones sociales, y como tales aparece. En los momentos de desamparo (como por ejemplo cuando no encuentra ninguna persona que pueda aceptar su obsequio o apreciar su esfuerzo reparatorio) esta transformación se quiebra y reaparece la agresión. *La actividad social no puede ser satisfactoria* excepto si se basa en un sentimiento de culpabilidad *personal* con respecto a la agresión.

La ira

Llega ahora el momento de hablar de la ira suscitada por la frustración. La frustración, que es inevitable en cierto grado en toda experiencia, alienta la siguiente dicotomía: 1) impulsos agresivos inocentes hacia objetos frustrantes, y 2) impulsos agresivos que causan culpabilidad dirigidos hacia objetos buenos. La frustración actúa a modo de seducción que aleja de la culpabilidad y alienta un mecanismo de defensa: la dirección por vías separadas del amor y del odio. Si esta escisión de objetos en buenos y malos[6] tiene lugar, existe una relajación del sentimiento de culpabilidad; pero a cambio el amor pierde parte de su valioso componente agresivo y el odio se hace más disruptivo.

Crecimiento del mundo interior

A partir de aquí la psicología del niño se hace más complicada. El niño se inquieta o preocupa no sólo por el efecto que sus impulsos ejerzan sobre la madre, sino que observa también los resultados que sus experiencias tienen en su propio ser. Las satisfacciones instintivas le hacen sentirse bien y el niño percibe la entrada y la salida en sentido tanto psicológico como físico. Se llena de lo que siente como bueno y esto inicia y mantiene su confianza en sí mismo y en lo que a él le parece que puede aceptar de la vida. Al mismo tiempo tiene que tener en cuenta sus ataques de ira, a consecuencia de los cuales se llena de lo que él percibe como malo, maligno o persecutorio. Estas cosas o fuerzas malignas, que él siente que están en su interior, cons-

---

6. Actualmente debería decir «idealizado y malo» en lugar de «bueno y malo» (1957).

tituyen una amenaza dirigida desde dentro contra su misma persona y contra el bien que forma la base de su confianza en la vida.

Entonces empieza una tarea que durará toda la vida y que consiste en dirigir o controlar su mundo interior; una tarea que, sin embargo, no puede ser iniciada hasta que el niño esté bien alojado en su cuerpo y sea capaz de diferenciar entre lo que está dentro de él mismo y lo que es externo, así como entre lo que es real y lo que es su propia fantasía. Su dominio del mundo externo depende del de su mundo interno.

Se desarrolla una serie extremadamente compleja de mecanismos de defensa, serie que debe examinarse en todo intento de comprender la agresión en un niño que haya alcanzado esta fase del desarrollo emocional. Aquí me será imposible hacer otra cosa que enumerar algunas de las formas en que esta parte de la psicología humana viene a propósito del tema que estamos tratando.

En primer lugar describiré el regreso desde la introversión, ya que ésta es una fuente común e importante de agresión real.

En estado saludable, el interés del niño va dirigido tanto hacia la realidad externa como hacia el mundo interior; además, el niño tiende una especie de puentes (sueños, juegos, etc.) entre uno y otro mundo. Cuando está enfermo, puede que reajuste sus relaciones de tal manera que lo bueno se concentre dentro y lo malo sea proyectado. Ahora vive en su mundo interior. De él puede decirse que se ha hecho introvertido (o patológicamente introvertido).

La recuperación de la introversión patológica entraña un nuevo vuelco hacia lo que para tal niño es un mundo externo lleno de perseguidores, *y en este punto de su recuperación el niño por lo regular se vuelve agresivo*. Ésta es una importante fuente de *comportamiento agresivo*. Si durante la recuperación citada, el ataque en la defensa es mal llevado por quienes cuidan del pequeño, el niño vuelve fácilmente a la introversión. Algún grado de este estado de cosas nos lo encontramos cotidianamente en la vida de cualquier niño pequeño, y no sólo en la enfermedad. No se trata de un concepto en modo alguno puramente teórico. El individuo que vuelve de un período de concentración en una tarea personal se halla en un estado especial de sensibilidad.

No hay que olvidar que en la infancia vemos que el ser humano sólo gradualmente va siendo capaz de distinguir entre lo subjetivo y lo objetivo. Un estado que se parece a la locura alucinatoria aparece fácilmente a través de la proyección de la experiencia del mundo interior. Incluso el niño sano de dos o tres años suele despertarse por la noche y sentir que se encuentra en un mundo que (desde nuestro punto de vista) es su propio mundo interior y no la realidad externa que podemos compartir con él. De día los niños pequeños llegan a engañarse en sus juegos y, de hecho, es posible encontrar niños que viven principalmente en su mundo interior cuando, en apariencia, a nosotros nos parece que se hallan en el nuestro. Esto no tiene por qué ser malo, pero en el tratamiento de un niño semejante no nos cabe esperar encontrarnos con la lógica, que solamente es aplicable a la realidad externa o compartida. Una gran proporción incluso de adultos nunca alcanza una capacidad fidedigna para la objetividad, y aquellos que más objetivos son a menudo están relativamente fuera de contacto con la riqueza de su propio mundo interior.

Daré otros tres ejemplos de la forma en que el comportamiento agresivo se ve explicado por el modo en que el niño maneja su propio mundo interior.

En el marco de la fantasía infantil el mundo interior se localiza primordialmente en el vientre o, de no ser así, en la cabeza o en alguna zona corporal específica.

Un niño que haya alcanzado cierto grado de organización de la personalidad se encuentra con una experiencia tal que escapa a su poder de afrontarla por medio de la identificación. Por ejemplo, sus padres se pelean en su presencia en un momento en que el pequeño está totalmente ocupado en otro problema. Se las arregla solamente metiendo toda la experiencia dentro de sí a fin de dominarla. Cabe decir entonces que dentro de él vive un estado fijo en que los padres se pelean y a partir de ahí una cantidad de energía se ve dirigida hacia el control de la relación mala que ha sido interiorizada. Clínicamente, el niño se cansa, se deprime o se pone físicamente enfermo. En ciertos momentos esta mala relación interiorizada se hace con el control y entonces el niño se comporta como si estuviera «poseído» por los padres que se pelean. Le vemos compulsivamente agresivo, antipático, irrazonable y desilusionado.[7]

---

7. Este estado de cosas se relaciona con lo que Anna Freud ha denominado «identificación con el agresor» (1937). El trabajo de Melanie Klein nos introdujo en el concepto del control omnipotente de los fenómenos interiores en forma de defensa.

Alternativamente, el niño con unos padres introyectados que se pelean provoca periódicamente peleas entre quienes le rodean, utilizando entonces la maldad externa a modo de proyección de lo «malo» que hay dentro. En un caso semejante, es fácil que haya momentos de locura con verdadera alucinación de voces o personas que se pelean.

En el control que el pequeño ejerce sobre su mundo interior y en su intento de preservar en él lo que parece benigno, hay momentos en que el pequeño siente que todo estaría bien si se pudiera eliminar una unidad de influencia maligna. (Esto equivale a la idea de la víctima propiciatoria.)

Clínicamente aparece una dramatización de la expulsión de la maldad (patadas, evacuación del flato, escupitajos, etc.). Alternativamente, el niño se muestra propenso a los accidentes, o bien se produce un intento de suicidio, el cual tiene por fin destruir lo que de malo hay dentro del ser; en la fantasía total del suicidio debe haber una supervivencia, con los elementos malos destruidos, pero puede que tal supervivencia no se produzca.

El control de los fenómenos del mundo interior, que al niño le parecen radicar en el vientre (o en la cabeza, etc.), presenta de vez en cuando una dificultad tan grande que el pequeño instaura un control exhaustivo, cuyo resultado clínico es un estado anímico depresivo. Ello conduce a un estado de muerte interior que resulta intolerable. También puede que se produzca un estado complementario de manía. En éste, la vivacidad del mundo interior asume el control y activa al niño, que clínicamente puede mostrarse violentamente agresivo, sin que externamente haya un motivo evidente de ira. Estas fases maníacas no son lo que se llama «defensa maníaca», en la cual hay una negación de la muerte interior por medio de la actividad artificial (la llamada, según Klein, defensa maníaca contra la depresión). El resultado clínico de la defensa maníaca no es un estallido de agresividad, sino un estado de inquietud angustiosa corriente, la hipomanía, en el cual la agresión presenta una tónica moderada de dejadez, suciedad, irritabilidad, con falta de perseverancia constructiva.

En la salud, el individuo puede ir atesorando la maldad en el interior con el fin de utilizarla en un ataque contra las fuerzas externas que parecen amenazar lo que él percibe que vale la pena preservar. Así, pues, la agresión tiene un valor social.

Este valor (en comparación con la agresión maníaca o delusiva) reside en el hecho de que la objetividad se ve preservada y al enemigo se le puede hacer frente con economía de esfuerzos. Entonces para atacar al enemigo no hace falta amarle.

Resumen

Lo que antecede describe principalmente la relación existente entre la agresión y lo que he llamado fase *intermedia* del desarrollo emocional. Esta fase precede a la llamada *total personal*, con sus relaciones interpersonales y las situaciones triangulares del complejo de Edipo, siguiendo hasta después de las *primeras* fases de la crueldad y del período anterior al propósito y a la integración de la personalidad.

La agresión correspondiente a la fase que he denominado *total personal* ya es familiar para la actual generación a través de la obra de Freud.

Las fuentes importantes de la agresión datan de las fases *más precoces* del desarrollo del ser humano, algunas de las cuales serán comentadas en la segunda parte de este capítulo.

II. LAS RAÍCES PRECOCES DE LA AGRESIÓN[8]

Planteada del modo más sencillo, la pregunta que nos formulamos es la siguiente: ¿es que en definitiva la agresión viene de la ira suscitada por la frustración, o bien tiene una raíz propia?

La respuesta es por fuerza sumamente compleja a menos que nos esforcemos deliberadamente para abreviar la gran masa de datos clínicos que constituye nuestra labor analítica cotidiana. Sin embargo, si hacemos esto, nos arriesgamos a que nos acusen de ignorar lo que premeditadamente omitimos.

Cabe decir que en el impulso amoroso primitivo siempre podremos detectar la agresión reactiva, ya que en la práctica no hay nada que pueda llamarse satisfacción completa del ello. ¿Es necesario, por tanto, tratar de diseccionar? Creo que es necesario debido a la confusión que se produce si no lo hacemos. Ello resulta especialmente cierto en vista de que el impulso amoroso primitivo funciona en una etapa en la que el crecimiento del yo sólo está en su comienzo, en que la integración, por ejemplo, no es algo ya instaurado. Existe un amor primitivo que funciona cuando todavía no hay una capacidad para

---

8. Escrito entregado a un grupo particular, enero de 1955.

aceptar responsabilidades. En este período ni siquiera existe la crueldad; es un período de preverdad, y si la destrucción forma parte de la finalidad del impulso del ello, entonces, la destrucción es solamente incidental para la satisfacción del ello. La destrucción únicamente pasa a ser responsabilidad del yo cuando existe una integración del yo y una organización del mismo suficiente para la existencia de la ira, y por consiguiente del miedo al talión. Por muy pronto que sea posible detectar la ira y el miedo, sigue habiendo sitio para el reconocimiento de los desarrollos del yo antes de los cuales no es sensato hablar de la ira del individuo.

El odio es relativamente sofisticado y no es posible decir que exista en estas fases precoces. Por consiguiente, es preciso examinar la agresión con total independencia de la agresión reactiva que inevitablemente sigue al impulso del ello a causa del fracaso de éste debido al funcionamiento del principio de la realidad.

Así, pues, resulta oportuno decir que el impulso amoroso primitivo (ello) tiene una cualidad destructiva, aunque la finalidad del pequeño no sea destruir, ya que el impulso es experimentado en el período de preverdad.

Partiendo de este supuesto, es posible adentrarse en la cuestión de la raíz del elemento destructivo que hay en el impulso amoroso primitivo (del ello).

Para simplificar las cosas diré que el factor variable del trauma del nacimiento puede ser omitido, pudiéndose dar por sentado un nacimiento normal o no traumático. Al decir «normal» aquí me refiero a que el niño siente que el nacimiento es resultado de su propio esfuerzo, que ni el retraso ni la precipitación interfieren en el mismo (véase la pág. 244).

Las primeras experiencias del ello hacen entrar en juego un nuevo elemento para el bebé: las crisis instintivas, caracterizadas por un período preparatorio, un clímax y otro período que sigue a cierto grado de satisfacción. Cada una de estas tres fases acarrea sus propios problemas para el pequeño.

Nuestra tarea consiste en examinar la prehistoria del elemento agresivo (destructivo por casualidad) en la primera experiencia del ello. Tenemos a mano ciertos elementos que datan de, cuando menos, la aparición de los movimientos fetales, es decir, de la movilidad o contractilidad. Sin duda a la larga habrá que añadir el elemento correspondiente a ésta por la vertiente sensorial. Esta movilidad que data de la vida intrauterina y que persiste en la infancia (de hecho toda la vida),

¿puede ponerse en relación con la actividad inherente a la experiencia del ello propiamente dicha? A decir verdad, ¿es que esta actividad hay que clasificarla como elemento del ello o del yo? O ¿es mejor hablar de una fase no diferenciada de yo-ello (Hartmann, 1952) y dejar aparte el intento de clasificar la movilidad basándose en que ésta aparece antes de la diferenciación yo-ello?

Todo niño debe ser capaz de verter tanta movilidad primitiva como le sea posible en las experiencias del ello. De ahí, sin duda, la verdad con respecto a que el niño tiene necesidad de la frustración de la realidad, ya que, si la satisfacción del ello pudiese ser completa y no obstaculizada, dejaría al pequeño con la insatisfacción de lo que emana de la raíz de la movilidad (Riviere, 1936).

En el patrón de la experiencia del ello propia de cualquier niño hay un x por ciento de movilidad primitiva incluida en la experiencia del ello. Hay entonces $(100 - x)$ por ciento que queda para ser usada de otras maneras; y de hecho ésta es una razón que explica la inmensa diferencia que presenta la experiencia de diversos individuos con respecto a la agresividad. También aquí radica el origen de una clase de masoquismo (como se verá más adelante).

Resulta provechoso examinar los patrones que giran en torno a esta cuestión de la movilidad (Marty et Fain, 1955).

En uno de ellos, el medio ambiente es descubierto constantemente, una y otra vez, debido a la movilidad. Aquí cada una de las experiencias dentro del marco del narcisismo primario pone de relieve el hecho de que es en el centro donde el individuo nuevo se está desarrollando, y el contacto con el medio ambiente es una *experiencia del individuo* (al principio en su estado yo-ello no diferenciado). En el segundo patrón el medio lanza ataques contra el feto (o bebé) y en vez de una serie de experiencias individuales hay una serie de *reacciones ante los ataques*. Aquí, pues, se desarrolla un replegamiento hacia el descanso que por sí solo permite la existencia individual. La movilidad se experimenta, entonces, solamente como reacción ante el ataque.

En un tercer patrón, que es extremo, esto se ve exagerado a tal punto, que ni siquiera hay un lugar de descanso para la experiencia individual, y el resultado es que el estado narcisista primario no logra crear un individuo. Entonces el «individuo» se desarrolla a modo de extensión de la cáscara más que del núcleo, y a modo de extensión del medio atacante. Lo que queda del núcleo se oculta y es difícil de encontrar incluso en el más profundo de los análisis. Entonces el individuo *existe por no ser encontrado*. El ser verdadero permanece escondido y lo que tenemos que afrontar clínicamente es el complejo ser *falso* cuya misión estriba en ocultar al ser verdadero. El ser falso puede ser convenientemente sociosintónico, pero la falta de un ser verdadero produce una inestabilidad que se hace más evidente cuanto más se ve la sociedad inducida a la falsa creencia de que el ser falso es el ser verdadero. La queja del paciente estriba en un sentimiento de futilidad.

El primer patrón es el que llamamos sano. Para su formación depende de una maternalización buena, con el amor expresado en términos físicos (única forma en que puede ser expresado al principio). La madre sostiene al bebé (en el vientre o en brazos) y a través del amor (identificación) sabe cómo adaptarse a las necesidades del yo. En estas condiciones, y sólo en éstas, el individuo puede empezar a existir y a tener experiencias del ello. La escena queda dispuesta para una máxima infusión de movilidad en la experiencia del ello. Se produce una fusión del x por ciento de potencial de movilidad con el potencial erótico (con un x cuantitativamente elevado). Sin embargo, incluso aquí hay un $(100 - x)$ por ciento de movilidad potencial omitida del patrón de fusión y disponible para puros efectos de movilidad.

Debe tenerse presente que la fusión permite la experiencia *aparte de la acción de oposición* (reacción ante la frustración). Lo que se funde con el potencial erótico se ve satisfecho en la satisfacción instintiva. En contraste, el $(100 - x)$ no fundido de potencial de movilidad *necesita hallar oposición*. Dicho crudamente, necesita algo que empujar, a menos que deba seguir sin experiencia y ser una amenaza para el bienestar. Sin embargo, en la salud, por definición, el individuo puede disfrutar la búsqueda por ahí de una oposición apropiada.

En el segundo y en el tercer patrón es sólo a través del ataque ambiental que el potencial de movilidad se convierte en cuestión de experiencia. Aquí está la mala salud. En mayor o menor grado, el individuo *tiene* que sentir oposición, y sólo si algo se le opone recurre a la importante fuente de movilidad. Esto resulta satisfactorio mientras el medio ambiente ataque consistentemente, pero:

Los ataques ambientales deben continuar.
Los ataques ambientales deben poseer un patrón propio, de lo

contrario reina el caos, ya que el individuo no puede desarrollar un patrón personal.
Esto significa dependencia, de la cual el individuo no podría salir.
El replegamiento se convierte en un rasgo esencial del patrón. (Excepto en el grado extremo, con el verdadero ser escondido; entonces ni siquiera el replegamiento está disponible a modo de defensa primitiva.)

Cuando el segundo y tercer patrón son operativos, no puede haber salud y ningún tratamiento sirve a menos que cambie el patrón básico en la dirección del patrón que he descrito en primer lugar. Sin embargo, los pacientes que se han desarrollado con arreglo a estos dos patrones se someten a análisis; al principio parecen capaces de aprovechar bien la labor del analista, realizada sobre el erróneo presupuesto de que el paciente existe realmente.

He aquí un comentario especial del valor positivo de las resistencias del paciente neurótico. El hecho de que existan estas resistencias, que son analizables, da un buen pronóstico. La ausencia de resistencias conduce a un diagnóstico de trastorno en el patrón primerizo del tipo que he descrito.

Atendiendo a estas consideraciones diríase que no es posible producir un mayor grado de fusión de la movilidad y de los potenciales eróticos mediante el análisis, excepto en aquellos que fuesen normales según este método de clasificación. Allí donde el primer patrón no esté instaurado no puede haber fusión salvo en forma secundaria, mediante la «erotización» de los elementos agresivos. He aquí una raíz de las tendencias sádicas compulsivas, que pueden convertirse en masoquismo. El individuo se siente real solamente cuando es destructivo y cruel. Trata de crear relaciones mediante la intercomunicación con otro individuo encontrando un componente erótico que pueda fundir con la agresión que en sí misma no es mucho más que pura movilidad. Aquí lo erótico logra fundirse con la movilidad, mientras que en la salud sería más acertado decir que la movilidad se funde con lo erótico.

Es probable que en las perversiones se puedan distinguir dos clases de masoquismo: una procede del sadismo, que es una erotización de una cruda necesidad de movilidad, y la otra clase consiste en una erotización más directa del pasivo de la movilidad activa; y diríase que el desarrollo se dirige hacia uno u otro lado según el primer compañero fuese masoquista o sádico. La sociedad produce una relación que es aún más valorada por cuanto las relaciones eran débiles cuando se desarrollaron partiendo de la vida erótica, debido a una falta relativa de fusión de los elementos de la movilidad con la vida erótica. El sentimiento de realidad procede en especial de la movilidad, es decir, de las raíces de la movilidad y de las correspondientes raíces sensoriales, y las experiencias eróticas con una débil infusión del elemento de movilidad no refuerzan el sentimiento de realidad o de existencia. De hecho, pueden soslayarse tales experiencias eróticas precisamente debido a que conducen al sujeto a un sentimiento de no existir, es decir, en los individuos cuyo primer patrón no corresponde al tipo que yo he colocado en primer lugar.

Nos quedamos con la conclusión de que es mucho lo que sucede con anterioridad a la primera acción nutritiva, aunque la organización del yo sea inmadura. La suma de experiencias de movilidad contribuye a la capacidad individual para comenzar a existir y, partiendo de la identificación primaria, para repudiar la cáscara y convertirse en el núcleo. El medio circundante bueno hace posible este desarrollo. Sólo si el primer medio externo es lo bastante bueno tendrá sentido analizar la psicología precoz de la criatura humana, ya que, *a menos que el medio ambiente haya sido lo bastante bueno, no se habrá diferenciado el ser humano ni será adecuado para ser analizado en términos de psicología normal*. Sin embargo, donde sí existe el individuo, podremos decir que una de las formas principales en que el yo y el ello, ya diferenciados, mantienen relaciones a pesar de las dificultades propias del funcionamiento del principio de la realidad, es a través de la fusión de una elevada proporción de potencial primario de movilidad con potencial erótico.

De estas ideas se desprenden otras referencias al problema de la naturaleza externa de los objetos, tema que será estudiado en la tercera parte de este capítulo.

III. LA NATURALEZA EXTERNA DE LOS OBJETOS[9]

En el ejercicio del psicoanálisis, cuando un análisis ya ha recorrido un largo trecho, el analista goza de una situación privilegiada para contemplar los primeros fenómenos del crecimiento emocional.

9. Escrito entregado a un grupo particular, noviembre de 1954.

Recientemente me vi sorprendido por la siguiente idea, procedente de mi labor clínica: cuando un paciente se halla ocupado en descubrir la raíz agresiva, el analista, de una u otra forma, se siente más agotado que cuando el paciente se encuentra descubriendo la raíz erótica de la vida instintiva.

Inmediatamente se observará que el material que me interesa aquí es el que se asocia en nuestras mentes con la palabra «de-fusión». Damos por sentado que en la salud hay una fusión de componentes agresivos y eróticos, pero no siempre damos la debida importancia al período de pre-fusión y a la tarea de fusión. Es muy fácil que nos tomemos la fusión demasiado a la ligera, y de esta forma nos metamos en discusiones bizantinas tan pronto como dejamos la consideración de un caso real.

Debe admitirse que la tarea de la fusión es muy seria, que incluso en la salud resulta una tarea incompleta y que es muy frecuente encontrar grandes cantidades de agresión no fundida que vienen a complicar la psicopatología de un individuo que está siendo analizado.

Si esto es cierto, en el análisis tenemos que enfrentarnos con la expresión independiente de los componentes agresivos y eróticos y mantenerlos separados para el paciente que, en la transferencia, no es capaz de lograr la fusión de ambos. En los trastornos serios que entrañen algún fracaso en el punto de fusión nos encontramos con que la relación del paciente con el analista es a veces agresiva y a veces erótica. Es en este punto donde digo que el analista es más susceptible de sentirse cansado por el primero que por el segundo tipo de relación parcial.

La conclusión inmediata que se saca de esta observación es que en las primeras fases, cuando se están instaurando el «yo» y el «no yo», es el componente agresivo el que con mayor seguridad conduce al individuo a una necesidad de sentir un «no yo» o un objeto *externo*. Las experiencias eróticas pueden ser completadas mientras el objeto es subjetivamente concebido o personalmente creado, o mientras el individuo se halla cerca del estado narcisista de identificación primaria propia de una fecha anterior.

Las experiencias eróticas pueden ser completadas por cualquier cosa que alivie el impulso instintivo erótico y que permita un placer anticipado, una creciente tensión de la excitación local o general, clímax y detumescencia o su equivalente, seguido por un período de ausencia de deseo (que puede producir angustia debido al aniquilamiento temporal del objeto subjetivo creado a través del deseo). Por el contrario, los impulsos agresivos no dan ninguna experiencia satisfactoria a menos que exista oposición. La oposición debe surgir del medio ambiente, del «no yo» que paulatinamente va distinguiéndose del «yo». Puede decirse que la experiencia erótica existe en los músculos y en otros tejidos que participan en el esfuerzo, pero este erotismo es de distinto orden del instintivo asociado con unas zonas erógenas específicas.

Los pacientes nos dicen que las experiencias agresivas (más o menos de-fundidas) las perciben como reales, mucho más reales que las experiencias eróticas (igualmente de-fundidas). Ambas son reales, pero las primeras llevan consigo una sensación de realidad particularmente valorada. La fusión de la agresión con el componente erótico de una experiencia mejora la sensación de realidad de ésta.

Es verdad que en cierto modo los impulsos agresivos pueden encontrar su oposición externa; esto se manifiesta normalmente en los movimientos natatorios que realiza la columna vertebral y que datan de la vida prenatal y, anormalmente, en los movimientos (fútiles) de vaivén que realizan los niños enfermos (el balanceo o la tensión que denota un movimiento de vaivén mágico, interno e invisible). A pesar de esas consideraciones, ¿acaso no se puede decir que en el desarrollo normal la oposición externa lleva consigo el desarrollo del impulso agresivo?

En el nacimiento normal la oposición aporta un tipo de experiencia que da al esfuerzo una cualidad «de cabeza». Si bien a menudo el nacimiento no es normal, de manera que se convierte en una vasta complicación, y si bien el nacimiento puede ser de pies en lugar de serlo de cabeza, parece que en general es válida la asociación entre el puro esfuerzo y una relación de cabeza con la oposición. Esto podría ponerse a prueba observando a los niños que hacen un esfuerzo para comer; según mi teoría es posible ayudarles mediante un grado de oposición aplicado a la cabeza.

Por lo general esto se expresa en los siguientes términos: «Un niño no prospera dentro de una adaptación perfecta a la necesidad. Una madre que se adapta demasiado bien a los deseos del pequeño no es una buena madre. La frustración engendra ira y ésta ayuda al niño a obtener una experiencia realzada». Esto es y no es cierto. En la medida en que no es cierto, omite dos factores: uno es el de que el niño sí necesita una perfecta adaptación en el comienzo teórico, y luego defectos cuidadosamente graduados de la adaptación; el otro estriba en que esta afirmación no tiene en cuenta la falta de fusión de las raíces agresivas y eróticas de la experiencia, mientras que, al menos en teoría, es necesario estudiar el estado de de-fusión (o de pre-fusión).

Quienes afirman más o menos lo que antecede, dan por sentado con demasiada facilidad que la agresión constituye una reacción ante la frustración, es decir, ante la frustración acaecida durante la experiencia erótica, durante una fase de excitación en que las tensiones instintivas van en aumento. Que hay un sentimiento de ira ante la frustración en tales fases resulta más que evidente, pero en nuestra teoría sobre los sentimientos y estados más precoces debemos estar preparados para una agresión que *precede* a la integración del yo que posibilita la ira ante la frustración instintiva y que convierte en experiencia a la experiencia erótica.

Puede decirse que cada bebé tiene un potencial de instinto erótico zonal, que éste es biológico y que el potencial viene a ser más o menos el mismo en todo bebé. En contraste, *el componente de agresión debe ser extremadamente variable*; cuando nosotros observamos la ira del pequeño ante la frustración causada por un retraso en su alimentación, ya han sucedido muchas cosas que han hecho que el potencial agresivo del bebé sea grande o pequeño. Para poder formular algo en términos de agresión con referencia al potencial erótico sería necesario retroceder hasta los impulsos del feto, hasta aquello que induce más al movimiento que a la quietud, a la vivacidad de los tejidos y a la primera evidencia de erotismo muscular. Aquí necesitamos de un término como «fuerza vital».

El potencial de fuerza vital de cada individuo es sin duda más o menos igual, como sucede con el potencial erótico de cada bebé. La complicación reside en que la cantidad de potencial agresivo que el bebé lleve consigo depende de la cantidad de oposición con que se encuentre. Dicho de otra manera, la oposición afecta a la conversión de la fuerza vital en potencial de agresión. Es más, el exceso de oposición introduce una serie de complicaciones que hacen imposible la existencia de un individuo que, poseyendo un potencial agresivo, puede lograr su fusión con lo erótico.

Resulta imposible proseguir este argumento sin tener en cuenta detalladamente el destino de la fuerza vital del pequeño (prenatal).

En estado de salud satisfactorio, los impulsos fetales producen un descubrimiento del medio que más adelante será la oposición que surja ante el movimiento y que es percibida durante el mismo. El resultado es un reconocimiento precoz del mundo «no yo» y una precoz instauración del «yo». (Queda entendido que en la práctica estas cosas se desarrollan gradualmente, que van y vienen repetidas veces, y que se consiguen y se pierden.)

Cuando, en esta fase tan precoz, la salud es mala, es el medio quien lanza los ataques, mientras la fuerza vital se ve absorbida en las reacciones ante tales ataques; el resultado es lo contrario a una instauración temprana y firme del «yo». En el caso extremo hay muy escasa experiencia de los impulsos salvo en forma de *reacciones*, y el «yo» no se instaura. En su lugar nos encontramos con un desarrollo basado en la experiencia de la reacción ante el ataque, produciéndose un individuo al que llamamos falso porque la impulsividad personal no existe. En este caso no hay fusión de los componentes agresivos y eróticos, ya que el «yo» no está instaurado aún cuando se producen las experiencias eróticas. El niño vive realmente, debido a que se le seduce hacia una experiencia erótica; pero aparte de la vida erótica, que nunca da sensación de ser real, se halla una vida reactiva puramente agresiva y que depende de la experiencia de oposición.

Ha sido necesario, en esta descripción, analizar dos extremos con el objeto de llegar a una descripción del estado común en el que uno de los rasgos haya consistido en *cierto grado de falta de fusión*. La personalidad comprende tres partes: un ser verdadero, con el «yo» y el «no yo» claramente instaurados y con cierta fusión de los elementos agresivos y eróticos; un ser que es fácilmente seducido con arreglo a la experiencia erótica, pero con el resultado de la pérdida del sentimiento de realidad; un ser que se entrega total y cruelmente a la agresión. Esta agresión ni siquiera se halla organizada para la destrucción, sino que reviste valor para el individuo por cuanto aporta un sentimiento de realidad y de relación, pero sólo es dado a luz por medio de la oposición activa, o (más tarde) por medio de la persecución. No tiene ninguna raíz en el impulso personal motivado en la espontaneidad del yo.

Es posible que el individuo alcance una fusión falsa de lo agresivo y lo erótico convirtiendo esta pura agresión de-fundida en masoquismo, pero para que esto ocurra debe haber un perseguidor digno de confianza, y éste es el amante sádico. De esta manera el masoquismo puede preceder al sadismo. No obstante, al seguir el desarrollo de un ser humano emocionalmente *sano*, vemos que el sadismo precede al masoquismo. En la salud, el sadismo entraña una fusión afortunada, la que está ausente en las condiciones bajo las cuales el masoquismo se desarrolla directamente del patrón de la agresión reactiva, no fundida.

La principal conclusión que surge de estas consideraciones es la de que la confusión se debe a que a veces utilizamos el término «agresión» cuando en realidad queremos decir «espontaneidad». El gesto impulsivo se extiende y se convierte en agresivo cuando alcanza la oposición. Hay realidad en esta experiencia, y muy fácilmente se funde en las experiencias eróticas que aguardan al recién nacido. Lo que les estoy sugiriendo es que *es esta impulsividad, y la agresión que de ella se desarrolla, lo que hace que el pequeño necesite un objeto externo* y no meramente un objeto que le satisfaga.

Muchos pequeños, sin embargo, cuentan con un potencial agresivo inmenso que corresponde a la reacción ante los ataques, que es activado por la persecución: en la medida en que esto sea cierto el niño recibe bien la persecución y se siente real al reaccionar ante ella. Pero esto representa una falsa forma de desarrollo ya que el pequeño necesita de una persecución continuada. La cantidad de este potencial reactivo no depende de factores biológicos (que determinan la movilidad y el erotismo) sino que depende de que haya una serie de ataques ambientales tempranos, y, por consiguiente, a menudo, depende también de las anormalidades psiquiátricas de la madre y del estado del medio emocional de la madre.

En la relación sexual adulta y madura tal vez sea cierto que no son las satisfacciones puramente eróticas las que necesitan un objeto específico. Es el elemento agresivo o destructivo en el impulso fundido lo que fija el objeto y determina la necesidad de percibir la presencia real del compañero y compañera, así como su satisfacción y su supervivencia.

7. LAS PSICOSIS Y EL CUIDADO DE NIÑOS (1952)[1]

En este escrito trataré de demostrar que en la infancia es común cierto grado de psicosis pero que pasa desapercibida debido a la forma en que los síntomas se esconden tras las dificultades inherentes al cuidado de los niños. Se diagnostica cuando el medio no logra esconder o afrontar las deformaciones del desarrollo emocional, de manera que el pequeño necesita organizarse siguiendo cierta línea defensiva que se hace reconocible en calidad de entidad de enfermedad. Esta teoría da por sentado que la base de la salud mental de la personalidad se funda en la primera infancia por medio de las técnicas que acuden naturalmente a la madre que está preocupada por el cuidado de su propio pequeño. Bosquejaré brevemente las tareas implicadas en las primeras fases del desarrollo emocional del pequeño, tareas que no pueden ser cumplidas por el niño como no sea en un medio emocional suficientemente bueno.

Existen dos métodos para emprender el estudio de la psicosis de la infancia. Mediante uno de ellos, las organizaciones de la enfermedad mental que son bien conocidas por la psiquiatría de adultos se describen en tanto que ocurrentes antes de la pubertad y en los años de la primera infancia. Creak (1952) examina un tipo de psicosis en la que hay una introversión or-

---

1. Basado en una conferencia pronunciada ante la Sección de Psiquiatría de la Real Sociedad de Medicina, marzo de 1952, *Brit. J. Med. Psychol.*, vol. XXVI, 1953.

ganizada, con los consiguientes patrones extraños de comportamiento y trastornos secundarios de las funciones físicas, y describe claramente un tipo de niño que por fuerza resultará familiar a todos los psiquiatras infantiles, así como a los pediatras. De igual manera sería posible examinar los estados melancólicos, los cambios maníaco-depresivos de humor, la inquietud hipomaníaca, diversos estados de confusión, y seguir su común aparición en la infancia. Abunda el material para semejante estudio.

He optado por otro método, tal vez debido a que deseo hablar en mi calidad de pediatra habituado a pensar en el niño en desarrollo, y a decir verdad, en el infante en desarrollo. Para el pediatra hay una continuidad del desarrollo del individuo; este desarrollo comienza con la concepción, prosigue a través de la infancia y a principios de la niñez, y conduce a la edad adulta; en este proceso, el niño es padre del hombre. La finalidad del cuidado de niños no reside solamente en producir un niño sano, sino en permitir también el desarrollo definitivo de un adulto sano. Lo que aquí me interesa es el reverso de esta afirmación, es decir, que los cimientos de la salud adulta se colocan en todas las fases de la infancia y de la niñez. El pediatra es constantemente consciente de los cuidados y de la crianza, de la dependencia de los pequeños, y de la gradual maduración de los factores ambientales, cuya continuidad es tan necesaria como la del desarrollo interior del niño. Por esta razón es mucho lo que el pediatra puede aportar a la psiquiatría.

El que algunos pediatras se hayan concentrado en el aspecto físico y hayan pasado por alto la psique es algo que no puedo remediar; es ésta una fase que está pasando y nadie puede negar que ha dado buenos resultados en lo que al aspecto físico se refiere.

En este escrito me ocuparé de la psique y sólo de modo secundario del soma; pero sigo siendo pediatra, y desde el punto de vista pediátrico la salud mental no puede ser más que el fruto del desarrollo previo. La fundación de la salud mental de cada niño corresponde a la madre durante el período en que se preocupa del cuidado del pequeño. Podemos despojar la palabra «devoción» de su contenido sentimental para aplicarla a la descripción del rasgo esencial sin el cual la madre no puede hacer su aportación: una adaptación sensible y activa a las necesidades del pequeño; necesidades que al principio son absolutas. Esta palabra, devoción, nos recuerda asimismo que, a fin de tener éxito en su misión, la madre no necesita ser inteligente.

Así, pues, la salud mental es el producto de un cuidado continuo que permite la continuidad del crecimiento emocional personal. Es ya una opinión generalizada la de que la neurosis tiene su origen en las primeras relaciones interpersonales que surgen cuando el niño empieza a ocupar su lugar de persona completa en la familia. Dicho de otro modo, la salud de un individuo en términos de socialización y de ausencia de neurosis la fundan los padres cuando el pequeño se halla en la edad de los primeros pasos; sin embargo, esta afirmación da por sentado un crecimiento normal durante la infancia. Lo que no es tan seguro, y de hecho no está todavía probado, es que los trastornos reconocibles y calificados como psicóticos tienen su origen en deformaciones del desarrollo emocional que surgen antes de que el pequeño se convierta en una persona completa y capaz de sostener relaciones totales con personas igualmente completas.

Se acepta más fácilmente esta teoría para algunos tipos de psicóticos que para otros. Los que se especializan en el estudio de estas cuestiones no albergan dudas de que, en buena salud, el niño que obtiene la capacidad para deprimirse (en el sentido de manifestar una depresión reactiva o un cambio de estado anímico) es el niño que ha llegado a la edad en que el destete adquiere significado. La depresión se alía a la preocupación, el remordimiento, la culpabilidad, pero en el estado deprimido interviene una proporción relativamente grande de afecto. La capacidad para sentirse inquieto o preocupado, para sentir aflicción y para reaccionar ante la pérdida de una manera organizada, de manera que con el paso del tiempo sea posible una recuperación, constituye un estado de desarrollo de gran importancia en el crecimiento sano; y esta capacidad la funda el cuidadoso control del destete, utilizando la palabra «destete» en el sentido más amplio de la dirección de niños comprendidos, aproximadamente, entre los nueve y los dieciocho meses. No puedo dejar de referirme en el presente trabajo a los minuciosos trabajos realizados en este sentido, trabajos que ciertamente son pertinentes al estudio de la psicosis en la medida en que tal término entrañe depresión de diversas clases y tipos de trastornos maníaco-depresivos. La comprensión de este aspecto empezó con el trabajo de Freud titulado «Duelo y melancolía» (1917); el tema ha sido desarrollado por otros, notablemente por Abraham (1924), Klein (1934), y Rickman (1928). Asimismo, tenemos la extensión de la teoría kleiniana que cubre los orígenes de ciertos tipos de organización paranoide. El concepto de la obtención saludable de «la posición depresiva en el desarrollo emocional» (Klein) presupone a su vez un desarrollo sano previo, a cuyas fases más precoces y primitivas deseo referirme en el presente trabajo.

Detrás del destete se esconde el tema, más amplio, de la desilusión. El destete entraña una nutrición realizada con éxito y la desilusión implica la aportación afortunada de la oportunidad para la ilusión.

Fases primitivas del desarrollo emocional

Éste es un tema muy difícil y me doy cuenta de que gran parte de lo que voy a decir es controvertible. Sin embargo, es necesario explorar la posibilidad de que la salud mental en términos de propensión atenuada a los estados esquizoides y a la esquizofrenia sea fundada en las fases más precoces, cuando gradualmente el niño va siendo introducido en la realidad externa. En esta conferencia no diré nada que no esté plenamente sustanciado *desde mi punto de vista* por mi propia labor analítica y clínica.

La elucidación de las primeras fases del desarrollo emocional debe producirse principalmente dentro del tratamiento psicoanalítico, pues el psicoanálisis es, con mucho, el más preciso de los instrumentos, ya se aplique al análisis de niños pequeños, de adultos en regresión, de psicóticos de todas las edades o de personas relativamente normales que se encuentran en estado temporal o momentáneo de regresión. Dentro del marco psicoanalítico hay lugar para una variedad infinita de experiencias; y, si de los diversos análisis surgen ciertos factores comunes, entonces podemos presentar formulaciones definitivas. Hay, asimismo, diversos tipos de labor realizados en el campo de la observación directa. Contamos con los trabajos publicados por Freud y Burlingham (1942), Bowlby (1951), y Spitz (1945, 1950). Asimismo, es inapreciable el valor de la recopilación de datos.

Al principio, el individuo no constituye la unidad. Tal como se la percibe desde el exterior, la unidad es una organización formada por el medio y el individuo. El profano sabe que la psique individual solamente puede empezar en un marco determinado. En este marco el individuo puede crearse gradualmente un medio ambiente personal.[2] Si todo va bien, el medio ambiente creado por el individuo se convierte en algo lo suficientemente parecido al medio generalmente perceptible, y en tal caso llega, en el proceso de desarrollo, una fase en la cual el individuo pasa de la dependencia a la independencia. Se trata de un período de desarrollo sumamente complicado; y en el éxito que en él se obtenga residen los cimientos de la salud mental. En esta conferencia me propongo estudiar, justamente, esa fase tan difícil del desarrollo. Así, pues, estoy muy lejos de formularme esta pregunta: «¿Es común o rara la psicosis en la infancia y en la niñez?». Lo que estoy tratando de hacer es más bien una afirmación de la forma en que el desarrollo emocional, en sus fases primitivas o más precoces, se refiere exactamente a los mismos fenómenos que se manifiestan en el estudio de la esquizofrenia adulta, de los estados esquizoides en general y de las defensas organizadas en contra de la confusión y de la no integración. El estudio íntimo de un individuo esquizoide, sea cual fuere su edad, se convierte en el estudio íntimo de sus primeras fases de desarrollo, desarrollo que tiene lugar y emerge de la fase de la organización medio-individuo.

Por consiguiente, me he entregado a la tarea de estudiar todo el proceso del desarrollo precoz del psiquesoma incluyendo los retrasos y deformaciones. No tendré más remedio que mostrarme dogmático y espero que con la ayuda de diagramas quede claro lo que quiero decir.

Las figuras 9 y 10 representan la forma en que el individuo se ve afectado por las tendencias ambientales, especialmente durante una fase muy precoz. La figura 9 muestra cómo, mediante la adaptación activa a las necesidades del niño, el medio lo capacita para permanecer en un aislamiento no turbado. El pequeño no sabe. En este estado lleva a cabo un movimiento espontáneo y se produce el descubrimiento del medio sin que se pierda el sentido del ser. La figura 10 muestra una adaptación defectuosa al niño, lo que da por resultado una serie de ataques por parte del medio, de manera que el individuo tiene que reaccionar ante ellos. El sentido del ser se pierde en esta situación y solamente se recupera con el regreso al aislamiento. (Obsérvese la introducción del factor tiempo que significa que un *proceso* está involucrado en ello.)

---

2. Según mi punto de vista, el concepto del esquema corporal tal como es propuesto por Scott (1949) se refiere exclusivamente al individuo y no a la unidad que aquí denominamos «organización medio-individuo».

Organización medio ambiente-individuo

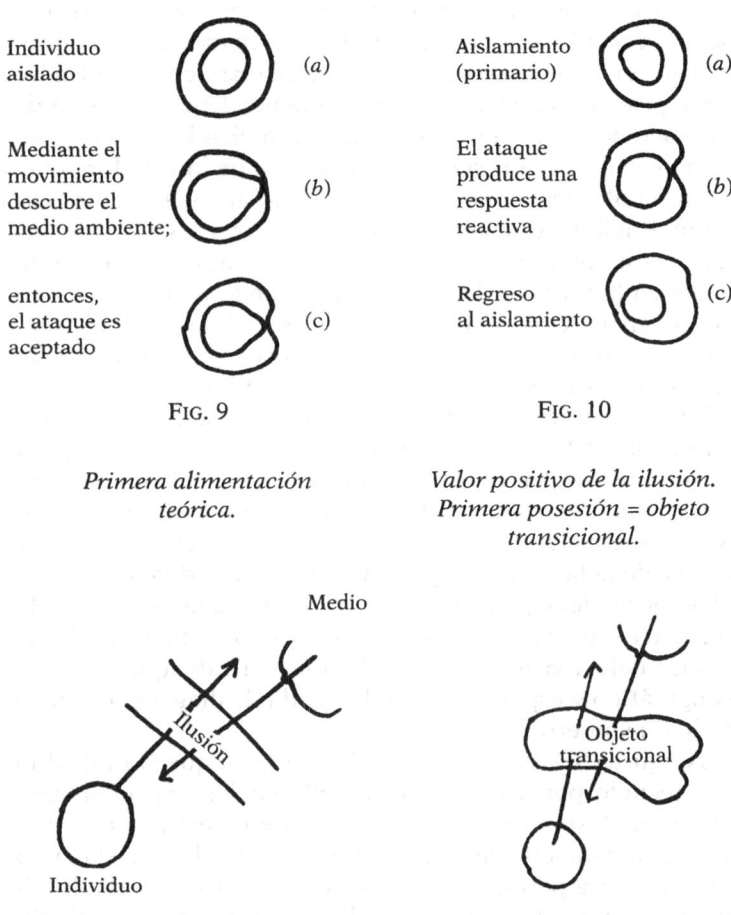

Fig. 9

Primera alimentación teórica.

Fig. 10

Valor positivo de la ilusión. Primera posesión = objeto transicional.

Fig. 11

Fig. 12

Este sencillo planteamiento puede ser utilizado para aclarar asuntos extremadamente complejos. El segundo tipo de experiencia, con el fracaso de una buena adaptación ambiental activa, produce una deformación psicótica de la organización individuo-medio. Las relaciones producen la pérdida del sentido del ser, que solamente es recuperado con el regreso al aislamiento. Sin embargo, el hecho de estar aislado se hace menos y menos puro a medida que el niño se va alejando del principio e implica una creciente organización defensiva para repudiar el ataque ambiental. La terapia que se lleve a cabo con respecto a semejante trastorno debe aportar una adaptación activa al niño y debe edificar gradualmente el respeto hacia los procesos. La figura 11 ilustra una primera alimentación teórica. El potencial creador del individuo que nace de la necesidad produce una preparación a la alucinación. El amor y la íntima identificación de la madre con su pequeño hace que sea consciente de las necesidades del mismo hasta el punto de aportar algo más o menos en el momento propicio y en el lugar indicado. Esto, que se repite mucho, nace de la capacidad del pequeño para utilizar la *ilusión*, sin la cual no hay contacto posible entre la psique y el medio. Si sustituimos la palabra «ilusión» por el pulgar o por la parte de la manta o de la muñeca de trapo (objeto-fetiche, Wulff, 1946) que algunos niños emplean para consolarse entre los ocho, diez o doce meses, entonces vemos lo que he procurado describir en otra parte bajo el término *objeto transicional* (fig. 12). (Véase el capítulo 8 de esta tercera parte.)

Con un dibujo como el de la figura 13, de nuevo podemos esclarecer esta zona intermedia de la ilusión que en la infancia es una zona acordada, no discutida en cuanto a su creación por el pequeño y a su aceptación como fragmento de la realidad percibida. Le permitimos al niño esta locura y sólo de manera gradual pedimos una clara distinción entre lo subjetivo y lo que es capaz de demostración objetiva o científica. Nosotros los adultos utilizamos las artes y la religión para los momentos muertos que todos necesitamos en el transcurso de la puesta a prueba de la realidad y aceptación de la misma.

Si un individuo reclama una indulgencia especial con respecto a esta zona intermedia, reconocemos la psicosis; si el individuo es adulto, utilizamos el epíteto de «loco». En la obser-

ZONA INTERMEDIA DE LOCURA   ELABORACIÓN DE LA FIG. 13

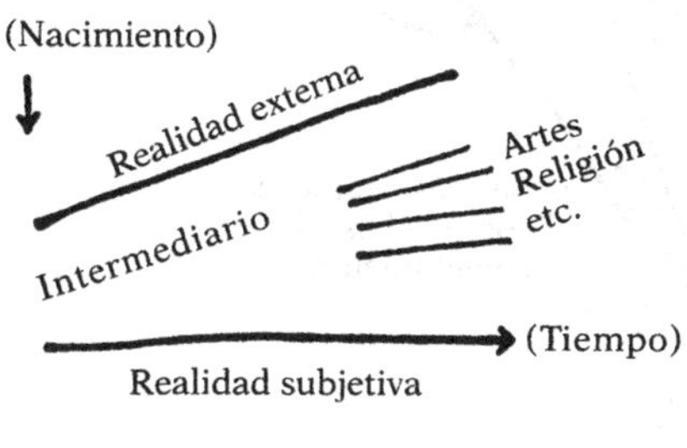

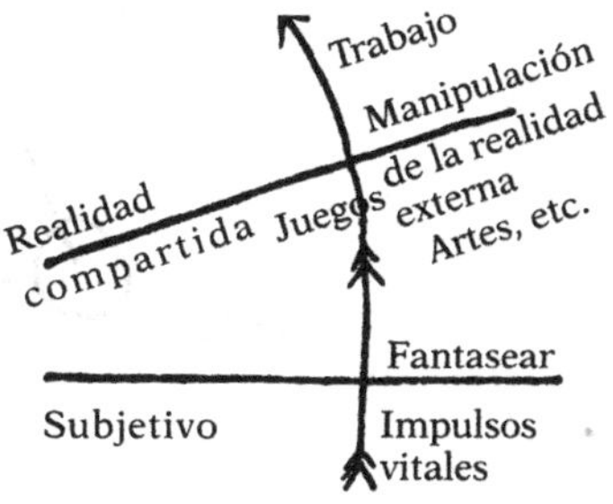

FIG. 13   FIG. 14

vación de niños vemos de nuevo la natural graduación que va desde las situaciones corrientes de la naturaleza humana hasta las enfermedades psicóticas. Estas enfermedades psicóticas solamente representan exageraciones aquí o allí y no entrañan ninguna diferencia esencial entre la cordura y la locura.

La figura 14 muestra una de las formas en que puede elaborarse útilmente el dibujo anterior.

En la figura 15 intento mostrar cómo puede comenzar una tendencia a la escisión en la unidad medio-individuo, a causa del inicial fracaso de la adaptación activa por parte del medio.

En el caso extremo de escisión la vida interior secreta contiene muy poco que provenga de la realidad externa. Es verdaderamente incomunicable.

Allí donde, en esta etapa precoz, haya una marcada tendencia a la escisión, el individuo corre peligro de ser seducido por una vida falsa y de que entonces los instintos se pongan de parte del medio seductor. Lo peor de la pediatría (es decir, enfatización de la salud física, negación de las reivindicaciones de la psique) es, si cabe la expresión, la explotación organizada de la traición de los instintos a la naturaleza humana. Una seducción afortunada de esta clase puede producir un ser falso que parezca satisfactorio al observador desprevenido, aunque la esquizofrenia está latente y finalmente reclamará atención. El ser falso, desarrollado sobre la base del sometimiento, no puede alcanzar la independencia de la madurez, salvo tal vez una seudomadurez dentro de un medio psicótico.

ESCISIÓN BÁSICA DE LA PERSONALIDAD

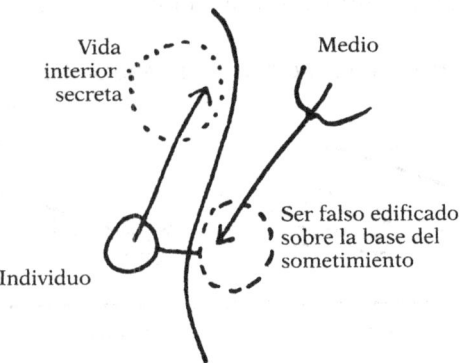

FIG. 15

Ciertamente, cabe manifestar que la adaptación a la necesidad jamás es completa, ni siquiera al principio, cuando la madre está biológicamente orientada a esta función tan especializada. El vacío entre la adaptación completa y la incompleta es afrontado por los procesos intelectuales del individuo, en virtud de los cuales se van teniendo, gradualmente, en cuenta los fracasos del medio, comprendiéndolos, tolerándolos e incluso previniéndolos. La comprensión intelectual convierte la adaptación ambiental insuficiente en adaptación suficiente. Naturalmente, en el funcionamiento de este mecanismo el individuo se encuentra en una situación mucho mejor cuando el medio se comporta con firmeza. Debido a su imprevisibilidad, la adaptación variable es traumática y anula el buen efecto de los ramalazos ocasionales de adaptación extremadamente sensible.

Donde haya una capacidad intelectual restringida (basada en unos tejidos cerebrales deficientes), la capacidad del pequeño para convertir una adaptación ambiental insuficiente en otra suficiente se ve disminuida, con el resultado de que ciertas psicosis son más comunes en los deficientes que en la población normal. La posesión de tejidos cerebrales excepcionales puede permitir al pequeño tener en cuenta un serio fallo de la adaptación a la necesidad, pero en tal caso puede haber una prostitución de la actividad mental, de tal manera que clínicamente encontramos una hipertrofia de los procesos intelectuales relacionada con un derrumbe esquizofrénico en potencia.

No quiero insinuar que esto sea todo lo que cabe decir sobre los orígenes de la actividad intelectual o de las psicosis de los deficientes, pero es útil examinar de esta manera el problema de la actividad mental, ya que demuestra de qué modo dicha actividad puede ser explotada y puede convertirse en el enemigo de la psique.

Las figuras 16 y 17 llaman la atención sobre el hecho de que la personalidad no empieza en calidad de cosa completa si pensamos en el punto de vista del pequeño. Por medio de diversas formas, la unidad de la psique individual se convierte en un hecho, al principio ocasionalmente (16*b*) y más adelante a lo largo de prolongados y variables períodos de tiempo (16*c*) (véase Glover, 1932).

No hace falta ningún dibujo para ilustrar otro hecho importante del desarrollo, que es la forma en que la psique individual se aloja en el cuerpo. Este proceso tiene lugar bastante pronto en ciertos momentos y gradualmente va quedando instaurado de manera más permanente. Sin embargo, puede perderse en aso-

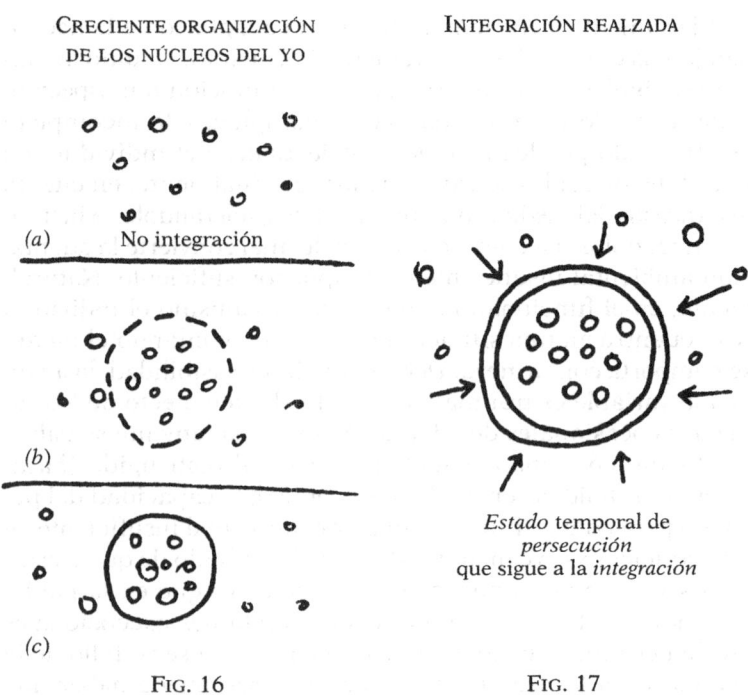

FIG. 16   FIG. 17

ciación con la fatiga o la falta de sueño o las angustias propias de otras fases del desarrollo emocional.

Al llegar aquí puedo citar a Humpty Dumpty,[3] que acaba de lograr su integración en una cosa completa. Humpty Dumpty ha surgido de la organización medio-individuo y se halla sentado en la pared, ya sin ser devotamente sostenido. Se encuentra en una posición notoriamente precaria en su desarrollo emocional, especialmente susceptible de una desintegración irreversible.

La figura 17 muestra el momento en que los fragmentos se unen, momento muy peligroso para el individuo. En lo que respecta a la organización total medio-individuo, la actividad de integración produce un individuo «en crudo», un paranoico en potencia. Los perseguidores en el nuevo fenómeno, el exterior, quedan neutralizados, dentro del desarrollo sano normal, por la existencia del cuidado amoroso por parte de la madre, la cual, físicamente (al igual que en el sostenimiento) y psicológi-

---

3. Personaje perteneciente a una cancioncilla infantil y que se caracteriza por estar cayéndose constantemente. (*N. del T.*)

camente (al igual que en la comprensión o empatía que permiten la adaptación sensible), convierte en un hecho el aislamiento primario del individuo. Aquí el fracaso ambiental hace que el individuo se ponga en marcha con un potencial paranoide. Clínicamente esto se manifiesta tan pronto y tan claramente que es fácil perdonar a quienes (ignorando la psicología infantil) lo explican en términos de herencia.[4]

No es infrecuente hallar, como defensa de las terribles angustias del estado paranoide en los principios de la vida, la organización de un estado al que se ha denominado de distintas formas (introversión patológica defensiva, etc.). El niño vive permanentemente dentro de su propio mundo interior que, sin embargo, no está firmemente organizado. La complicación representada por la persecución externa es mantenida a raya mediante la no consecución del estado de unidad. Cuando nos relacionamos con esta clase de niños nos vemos flotando dentro y fuera del mundo interior en que vive el pequeño, y cuando estamos dentro nos vemos sujetos a un mayor o menor grado de control omnipotente, pero no a un control procedente de un fuerte punto central. Se trata de un mundo de magia y uno se siente loco al estar en él. Todos los que hayamos tratado niños psicóticos de esta clase sabemos cuán locos debemos estar para habitar en este mundo y, con todo, allí debemos estar y ser capaces de quedarnos durante largos períodos, si queremos obtener algún efecto terapéutico.

Resulta difícil expresar un estado de cosas tan complejo mediante un sencillo dibujo (véase la figura 18). Se trata de una enorme exageración de la preocupación corriente del niño sano durante sus juegos, pero se distingue de los juegos sanos en que carece de un principio y un final en los juegos, por el grado de control mágico, por la falta de organización del material de los juegos con arreglo a un patrón determinado, y por la inagotabilidad del niño.

Conclusión

Los temas tratados en este capítulo forman la base común del cuidado de los niños y de la psiquiatría normal para adul-

---

4. Melanie Klein ha postulado una posición paranoide en el desarrollo emocional. Yo he descrito lo que he encontrado y creo que está relacionado con lo descrito por Klein.

Estado esquizoide

P. = perseguidores
T. = psicoterapeuta

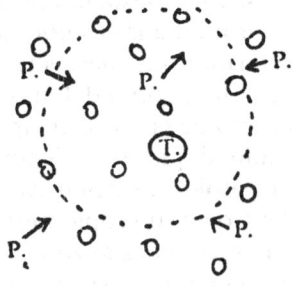

Fig. 18

tos. Para adentrarme más en el tema debería prestar atención a la posición depresiva y a los orígenes del sentimiento de inquietud, así como a la capacidad para experimentar culpabilidad y a la construcción en el individuo de un mundo interior de conflictos y tensiones, etc. Todo esto debo omitirlo.

He tratado de demostrar que un estudio de la teoría del cuidado infantil nos lleva a la teoría de la salud mental y del trastorno psiquiátrico (véase el capítulo 3 de esta tercera parte).

Es la madre quien sienta las bases de la salud mental a partir de la concepción, a través del cuidado corriente que presta a su hijo dada su especial orientación para esta tarea. La mala salud mental de naturaleza psicótica tiene su origen en los retrasos y las deformaciones, las regresiones y confusiones de las primeras fases del crecimiento de la organización medio-individuo. La mala salud mental surge imperceptiblemente de las dificultades ordinarias inherentes a la naturaleza humana y que dan relieve a la tarea del cuidado infantil, esté a cargo de los padres, de una niñera o del maestro. Así, pues, la profilaxis contra la psicosis es responsabilidad de los pediatras; ¡ojalá lo supieran!

8. OBJETOS Y FENÓMENOS TRANSICIONALES (1951)[1]

Estudio de la primera posesión[2] «no yo»

Introducción

Se sabe que los niños recién nacidos tienden a utilizar los puños, los dedos y los pulgares para estimularse la zona erógena oral, para satisfacer los instintos de dicha zona y también para lograr una tranquila unión. También se sabe que al cabo de pocos meses los niños de uno y otro sexo se aficionan a jugar con muñecas y que la mayoría de las madres les dan algún objeto especial en espera de que, por así decirlo, se conviertan en adictos a tal objeto.

Hay una relación entre estos dos grupos de fenómenos que se encuentran separados por un intervalo de tiempo. El estudio del desarrollo que conduce del primero al segundo puede ser provechoso y dar aplicación a una cantidad de importante material clínico que ha sido un tanto descuidado.

---

1. Basado en un escrito leído ante la Sociedad Psicoanalítica Británica, el 30 de mayo de 1951, *Int. J. Psychol-Anal.*, vol. XXXIV, 1953.
2. Es necesario destacar que la palabra empleada aquí es «posesión» y no «objeto». En la versión mecanografiada distribuida entre los miembros, de hecho utilicé, por error, la palabra «objeto» (en vez de «posesión») lo cual fue causa de confusión. Se señaló que el primer *objeto «no yo»* suele considerarse el pecho. Llamo la atención del lector sobre el empleo de la palabra «transicional» por Fairbairn en muchos lugares (1952, pág. 35).

La primera posesión

Aquellos que casualmente mantengan un estrecho contacto con los intereses y problemas de las madres ya estarán al tanto de los riquísimos patrones que los bebés ponen de manifiesto en su utilización de la primera posesión «no yo». Estos patrones, cuando se manifiestan, pueden ser objeto de observación directa.

Se comprueba una amplia variación en la secuencia de acontecimientos que empieza en el acto de llevarse el puño a la boca realizado por el recién nacido y que a la larga culmina en la consecución de un osito de trapo, una muñeca o algún juguete similar, sea duro o blando.

Está claro que aquí hay algo que reviste importancia y que no es la excitación y satisfacción orales, aunque éstas pueden ser la base de todo lo demás. Hay otras muchas cosas importantes que se pueden estudiar, entre ellas:

La naturaleza del objeto.
La capacidad del pequeño para reconocer un «no yo» en el objeto.
La ubicación del objeto: dentro, fuera, en el límite.
La capacidad del pequeño para crear, imaginar, inventar, originar, producir un objeto.
La iniciación de un tipo afectuoso de relación objetal.

He presentado los términos «objeto transicional» y «fenómenos transicionales» para designar la zona intermedia de la experiencia, entre el pulgar y el osito de trapo, entre el erotismo oral y la verdadera relación objetal, entre la actividad creadora primaria y la proyección de lo que ya ha sido introyectado, entre la inconsciencia primaria de la deuda y el reconocimiento de la deuda («Di: ¡ta!»).

De acuerdo con esta definición, los balbuceos del pequeño o la forma en que cualquier otro pequeño tiene su repertorio de canciones y melodías que canta mientras se dispone a acostarse, entran en la zona intermedia en forma de fenómenos transicionales, junto al uso que se hace de los objetos que no son parte del cuerpo del pequeño todavía y que aún no son reconocidos como pertenecientes a la realidad externa.

Se reconoce por lo general que el planteamiento de la naturaleza humana es inadecuado cuando se efectúa en términos de relaciones interpersonales, aun cuando se tenga en cuenta la elaboración imaginativa de la función, la fantasía en su totalidad consciente e inconsciente, incluyendo el inconsciente reprimido. Para describir a las personas hay otra forma que surge de las investigaciones realizadas en las últimas dos décadas, y que sugiere la posibilidad de decir, de cada individuo que haya alcanzado la fase en que es una unidad (con una membrana limítrofe, un interior y un exterior), que en dicho individuo hay una *realidad interior*, un mundo interior que puede ser rico o pobre, que puede estar en paz o en estado de guerra.

Yo afirmo que si hay necesidad de este doble planteamiento, también la hay de un planteamiento triple; hay la tercera parte de la vida del ser humano, una parte que no podemos ignorar, una zona intermedia de *experimentación*, a la cual contribuyen tanto la realidad interior como la vida exterior. Es una zona que no es disputada, ya que ninguna reivindicación se hace por cuenta de la misma, salvo la de que exista como lugar de descanso para el individuo metido en la perpetua tarea humana de mantener separadas, y a la vez interrelacionadas, la realidad interior y exterior.

Es frecuente referirse a la «puesta a prueba de la realidad», así como establecer una clara distinción entre la apercepción y la percepción. Lo que hago es reclamar la existencia de un estado intermedio entre la incapacidad y la capacidad creciente del pequeño para reconocer y aceptar la realidad. Por consiguiente, estoy estudiando la sustancia de la *ilusión*, aquello que le es permitido al pequeño y que en la vida adulta es inherente al arte y a la religión. Podemos compartir el respeto por la *experiencia ilusoria* y, si lo deseamos, podemos reunir y formar un grupo sobre la base de la semejanza de nuestras experiencias ilusorias. Ésta es una de las raíces naturales del agrupamiento entre seres humanos. Y sin embargo, es marca de locura que un individuo exija demasiado de la credulidad de los demás, forzándoles a reconocer que se comparte una ilusión que no es la de los demás.

Confío en que se entienda que no me estoy refiriendo exactamente al osito de trapo del pequeño ni al uso inicial que éste hace del puño (pulgar, dedos). No estoy estudiando específicamente el primer objeto de las relaciones objetales. Lo que me interesa es la primera posesión y la zona intermedia que hay entre lo subjetivo y lo que es percibido objetivamente.

Desarrollo de un patrón personal

En la literatura psicoanalítica hay abundantes referencias al progreso que se realiza desde «la mano en la boca» a «la mano en los genitales», pero quizá se hable menos del que conduce a la manipulación de verdaderos objetos «no yo». Antes o después, el pequeño, en su desarrollo, presenta la tendencia a mezclar en su patrón personal objetos que no son él, es decir, objetos «no yo». Hasta cierto punto, tales objetos representan el pecho, pero no es especialmente éste el punto que estamos tratando.

En el caso de algunos niños, el pulgar se mete en la boca mientras los dedos acarician el rostro por medio de movimientos de pronación y supinación del antebrazo. Entonces la boca es activa en relación con el pulgar, pero no en relación con los dedos. Los dedos que acarician el labio superior, o alguna otra parte, pueden ser o convertirse en más importantes que el pulgar que se halla en la boca. Es más, esta actividad acariciadora a veces se encuentra sola, sin la más directa unión pulgar-boca (Freud, 1905; Hoffer, 1949).

En la experiencia común sucede una de las cosas siguientes y que vienen a complicar una experiencia autoerótica como es el chuparse el pulgar:

a) con la otra mano el bebé coge un objeto externo, por ejemplo una parte de la sábana o manta, y se lo mete en la boca junto con los dedos; o
b) de alguna u otra forma, sostiene y chupa la tela,[3] o no llega realmente a chuparla. Los objetos que se usan de modo natural incluyen las servilletas y (más adelante) los pañuelos, depende de lo que esté más a su alcance; o
c) a partir de los primeros meses el bebé empieza a arrancar lana, a reunirla y a utilizarla en la parte acariciadora de la actividad.[4] A veces, con menos frecuencia, se traga la lana, llegando a causar problemas; o
d) profiere sonidos con la boca, balbuceos,[5] ruidos anales, las primeras notas musicales, etc.

Se puede suponer que los pensamientos, o las fantasías, se enlazan con estas experiencias funcionales.

A todas estas cosas las llamo *fenómenos transicionales*. Por otra parte, de todo esto (si estudiamos un pequeño determina-

---

3. Ejemplo reciente lo hallamos en la manta-muñeca del niño en la película *A Two-year-old Goes to Hospital*, de James Robertson (Tavistock Clinic). Véase además Robertson y otros (1952).
4. Aquí posiblemente podría haber una explicación del empleo del término «recoger lana», que significa: habitar en el área transicional o intermedia.
5. Véase Scott (1955).

do) puede surgir alguna cosa o fenómeno —tal vez un ovillo de lana en una esquina de la manta o del edredón, o una palabra, o una tonadilla, o algún amaneramiento— que se haga de vital importancia para el pequeño a la hora de acostarse y que sea una defensa contra la angustia, especialmente la de tipo depresivo (Illingworth, 1951). Quizás el niño haya encontrado y utilice algún objeto blando o el cobertor de la cuna; entonces este objeto se convierte en lo que yo llamo *objeto transicional*. Este objeto sigue siendo importante. Los padres se enteran de su valor y lo llevan consigo cuando van de viaje. La madre deja que se ensucie e incluso que huela mal, a sabiendas de que, si lo lavase, produciría una interrupción en la continuidad de la experiencia del pequeño, interrupción que puede destruir el significado y el valor que el objeto tiene para el pequeño.

Sugiero que el patrón de los fenómenos transicionales empieza a manifestarse a los cuatro, seis, ocho y doce meses. Dejo espacio a propósito para cualquier variación significativa.

Los patrones instaurados en la infancia pueden persistir durante la niñez, de tal forma que el objeto blando originario continúa siendo absolutamente necesario a la hora de acostarse o bien cuando el pequeño se siente solo o cuando se cierne la amenaza de un estado anímico depresivo. En la salud, no obstante, hay una extensión gradual de la gama de interés y a la larga la gama ampliada es mantenida, incluso cuando la angustia depresiva está cerca. Puede que reaparezca, a una edad más avanzada, cuando la privación se cierne sobre el individuo, la necesidad de un objeto o de un patrón de comportamiento dado, iniciado a una edad muy temprana.

La primera posesión es utilizada en conjunción con unas técnicas especiales que emanan de la primera infancia y que pueden incluir las actividades autoeróticas más directas, y existir con independencia de éstas. Gradualmente, en la vida del pequeño van apareciendo los ositos de trapo, las muñecas y los juguetes duros. En cierta medida, los chicos tienden a jugar con juguetes duros, mientras que las niñas tienden a seguir adelante hasta la adquisición de una familia. Es importante observar, sin embargo, que *no hay ninguna diferencia perceptible entre niños y niñas en lo que hace al empleo de su posesión «no yo» originaria*, a la cual he denominado «el objeto transicional».

A medida que el pequeño empieza a utilizar una serie de sonidos organizados (mum, ta, da) es posible que aparezca una «palabra» destinada al objeto transicional. A menudo el nombre con que los pequeños denominan a estos objetos es significativo, y generalmente al mismo se incorpora parcialmente alguna palabra usada por los adultos. Por ejemplo, «baa» puede ser el nombre en cuestión; en tal caso es posible que la «b» provenga de la palabra «bebé» utilizada por el adulto. Debo decir que a veces no hay ningún objeto transicional salvo la madre misma. También puede ser que el pequeño se vea tan turbado en su desarrollo emocional que no pueda disfrutar del estado de transición, o que se rompa la continuidad de los diversos objetos utilizados. De todos modos, puede que la continuidad se mantenga de manera oculta.

Resumen de cualidades especiales en la relación

1. El niño afirma una serie de derechos sobre el objeto y nosotros nos mostramos conformes con ello. Sin embargo, desde el comienzo es característica una cierta abrogación de la omnipotencia.
2. El objeto es afectuosamente acunado y excitadamente amado y mutilado.
3. No debe cambiar, a menos que lo cambie el pequeño.
4. Debe sobrevivir al amor instintivo, al igual que al odio y, si éste es uno de los rasgos, a la agresión pura.
5. Con todo, al niño debe parecerle que da calor, se mueve, tiene textura o hace alguna cosa que parezca mostrar que posee vitalidad o realidad propia.
6. Desde nuestro punto de vista procede del exterior, pero no desde el punto de vista del pequeño. Tampoco procede de dentro; no se trata de una alucinación.
7. Su destino es que gradualmente se permita su decatectización, de manera que en el transcurso de los años quede, más que olvidado, relegado al limbo. Con esto quiero decir que, en la salud, el objeto transicional no «entra», así como tampoco sufre represión el sentimiento respecto al mismo. Ni se olvida ni se lamenta su pérdida. Pierde significado y esto es porque los fenómenos transicionales han sido de-fundidos, se han extendido por todo el territorio intermedio entre la «realidad psíquica interior» y «el mundo exterior tal como es percibido por dos personas en común», es decir, por todo el campo cultural.

En este punto mi tema se amplía para dar cabida al tema de los juegos, de la creación artística y la apreciación del arte, del sentimiento religioso, de los sueños, y también del fetichismo, el decir mentiras y robar, el origen y pérdida del sentimiento afectuoso, la adicción a las drogas, el talismán de los rituales obsesivos, etcétera.

Relación del objeto transicional con el simbolismo

Es cierto que el fragmento de manta (o de lo que sea) simboliza algún objeto parcial, como puede ser el pecho. Sin embargo, su importancia no reside en su valor simbólico tanto como en su realidad. El hecho de que no sea el pecho (ni la madre) reviste tanta importancia como el representar al pecho (o a la madre).

Cuando se emplea el simbolismo, el pequeño ya estará distinguiendo claramente entre la fantasía y la realidad, entre los objetos interiores y los exteriores, entre la creatividad primaria y la percepción. Pero el término «objeto transicional», con arreglo a mi sugerencia, deja lugar para el proceso de hacerse capaz de aceptar la diferencia y la semejanza. Creo que se puede hablar de la raíz del simbolismo en el tiempo, un término que describa el recorrido del pequeño desde lo puramente subjetivo hasta la objetividad; y a mí me parece que el objeto transicional (fragmento de manta, etc.), es lo que vemos de este recorrido que marcha hacia la experimentación.

Resultaría posible comprender el objeto transicional sin al mismo tiempo comprender plenamente la naturaleza del simbolismo. Parece ser que el simbolismo sólo puede ser estudiado apropiadamente en el proceso de crecimiento de un individuo y que, en el mejor de los casos, su significado es variable. Por ejemplo, si consideramos la hostia del Sagrado Sacramento, que simboliza el cuerpo de Cristo, creo tener razón al decir que para la comunidad católica *es* el cuerpo, mientras que para la protestante es un *sustituto*, un recordatorio y que, esencialmente, no es el cuerpo real. Sin embargo, en ambos casos es un símbolo.

Una vez, después de Navidad, una paciente esquizoide me preguntó si había disfrutado comiéndomela durante las fiestas. Y luego me preguntó si *realmente me la había comido o sólo en la fantasía*. Sabía que la paciente no podía darse por satisfecha con ninguna de las alternativas. Su escisión exigía una respuesta doble.

Descripción clínica de un objeto transicional

Cualquiera que esté en contacto con padres e hijos dispondrá de una variedad infinita de material clínico ilustrativo.[6] Los siguientes ejemplos los doy meramente para que los lectores recuerden material semejante producto de su propia experiencia.

Dos hermanos: Contrastes en el uso precoz de las posesiones

Deformación en el uso del objeto transicional. El niño X, ahora hombre sano, ha tenido que luchar para llegar a la madurez. La madre «aprendió a ser madre» cuando X era pequeño y pudo evitar cometer ciertas equivocaciones con otros niños gracias a lo que había aprendido en el caso de X. La madre tenía también otros motivos externos de angustia en el momento de curar a X, casi completamente sola. Se tomó muy seriamente su trabajo de madre y durante siete meses amamantó a X. La madre piensa que en este caso fue demasiado tiempo y el pequeño no fue destetado con facilidad. Jamás se chupó el pulgar o los dedos y al ser destetado no tuvo nada a qué acudir. Jamás había tomado el biberón, utilizado un chupete o recibido otro tipo de alimentación. Tenía un *apego muy fuerte y precoz a la madre misma*, en tanto que persona, y lo que el pequeño necesitaba era esto, la persona de la madre.

A partir de los doce meses adoptó un conejo que solía abrazar afectuosamente, y terminó por transferir este cariño a los conejos reales. Este conejo duró hasta que el pequeño cumplió cinco o seis años. Cabría calificarlo de consuelo, aunque jamás poseyó la auténtica cualidad de objeto transicional. Nunca, como hubiese sucedido con un verdadero objeto transicional, llegó a ser más importante que la madre, parte casi inseparable del pequeño. En el caso de este chico las angustias que culminaron en el momento del destete a los siete meses fueron la causa del asma subsiguiente, que el pequeño superó en forma gradual.

---

6. Hay ejemplos excelentes en el único artículo que he encontrado sobre este mismo tema. Wulff («Fetishism and Object Choice in Early Childhood», *Psychoanal. Quart.*, 1946, 15, pág. 450) evidentemente estudia el mismo fenómeno, pero a los objetos él los llama «objetos-fetiche». No me parece claro que este término sea correcto, como explicaré más abajo. En realidad no tuve conocimiento del escrito de Wulff hasta después de haber preparado mi propio escrito, pero me dio una gran alegría y ánimo ver que el tema ya había sido considerado digno de comentario por un colega. Véase también a Abraham (1916) y a Lindner (1879).

Fue importante para él coger un empleo lejos de su ciudad natal. El apego por su madre sigue siendo muy poderoso. El caso entra en la amplia definición del término «normal» o «sano». Este hombre no se ha casado.

Uso típico del objeto transicional. El desarrollo del hermano menor de X, Y, ha sido en general normal. Ahora tiene tres hijos sanos. Fue amamantado durante cuatro meses y luego le destetaron sin ninguna dificultad.[7] Y se chupaba el pulgar ya durante sus primeras semanas, lo cual hizo «que su destete resultase más fácil que el de su hermano». Poco después del destete, a los cinco o seis meses, adoptó el extremo de la manta, donde terminaba el pespunte. Le gustaba que un poquito de lana sobresaliese en el extremo y lo utilizaba para hacerse cosquillas en la nariz. No pasó mucho tiempo antes de que esto se convirtiese en su «baa», palabra que inventó él mismo apenas fue capaz de utilizar sonidos organizados. A partir del año de edad, más o menos, la manta fue sustituida por un jersey suave, de color verde, y una corbata roja. No hallaba en esto un «consuelo», como en el caso de su depresivo hermano mayor, sino un «alivio». Era un sedante que siempre funcionaba. Éste es un ejemplo típico de lo que denomino *objeto transicional.* Cuando Y era pequeño no cabía duda de que si alguien le daba su «baa», inmediatamente se ponía a chuparlo y se le pasaba la angustia, de hecho se dormía en pocos minutos si la hora de acostarse estaba cerca. Al mismo tiempo no dejó de chuparse el pulgar, actividad que continuó hasta que tuvo tres o cuatro años de edad. Se acuerda de que se lo chupaba y que a resultas de ello una parte del dedo se le había endurecido. Ahora que también él es padre se interesa por que sus propios hijos se chupen el pulgar y utilicen sus propios «baas».

Los detalles del caso son puestos de relieve en la tabla de la página 316, donde se indica el historial de los siete niños normales de esta familia.

Al consultar con un padre o una madre, a menudo resulta valioso obtener información acerca de las técnicas y posesiones de los niños de la familia al principio. Esto hace que la madre compare los diversos niños y le permite recordar cuáles eran sus características a edad temprana.

---

7. La madre «había aprendido de su primer hijo que era una buena idea darle el biberón mientras le amamantaba», es decir, tener en cuenta el valor positivo de los sustitutos, y por este medio consiguió un destete más fácil que con X.

Con frecuencia es posible obtener del niño información acerca de los objetos transicionales; por ejemplo, Angus (de once años y nueve meses) me dijo que su hermano «tenía toneladas de osos de peluche y otras cosas» y que antes «tenía otros ositos»; a continuación me habló de él mismo, diciéndome que nunca había tenido ositos. Dijo que solía golpear el extremo de la cuerda de la campanilla hasta que se dormía. Probablemente la cuerda acabaría por caer y ahí terminaba todo. Sin embargo, había algo más, aunque se mostraba remiso a hablarme de ello. Se trataba de un conejo color púrpura y con ojos encarnados. «No le quería. Solía tirarlo por ahí. Ahora lo tiene Jeremy. Yo se lo di. Se lo di a Jeremy porque era malo. *A propósito* se caía de la cómoda. *Todavía me visita. Me gusta que me visite.*» Se sorprendió a sí mismo al dibujar el conejo color púrpura. Se observará que este pequeño de once años, con el sentimiento de realidad propio de su edad, hablaba como si careciese de él cuando describía las cualidades del objeto transicional. Cuando más tarde vi a la madre se mostró sorprendida de que Angus se acordase del conejo púrpura, objeto que pudo reconocer fácilmente en el dibujo.

	Pulgar		Objeto transicional	Tipo de niño
X	Varón	O	Madre	Conejo (consuelo)	Fijación materna
Y	Varón	+	«Baa»	Jersey (alivio)	Libre
Mellizos	Mujer	O	Chupete	Burro (amigo)	Madurez tardía
	Varón	O	«Ee»	Ee (protector)	Psicópata latente
Hijos	Mujer	O	«Baa»	Manta (tranquilidad)	Buen desarrollo
de	Mujer	+	Pulgar	Pulgar (satisfacción)	Buen desarrollo
Y	Varón	+	«Mimis»*	Objetos (los separaba)	Buen desarrollo

* Un número infinito de objetos blandos parecidos que se distinguían por el color, longitud, anchura, y de buen principio se sometían a separación y clasificación.

Me abstengo deliberadamente de darles más casos aquí, especialmente porque no quiero dar la impresión de que lo que estoy relatando es raro. Prácticamente en todo caso hay algo interesante en los fenómenos transicionales o en la ausencia de los mismos (véase Stevenson, Olive, 1954).

ESTUDIO TEÓRICO

Tomando como base la teoría psicoanalítica de aceptación universal se pueden formular diversos comentarios.

1. El objeto transicional representa el pecho o el objeto de la primera relación.
2. El objeto transicional antedata a la instauración de la realidad.
3. En relación con el objeto transicional el pequeño pasa del control (mágico) omnipotente al control por la manipulación (con participación del erotismo muscular y del placer de la coordinación).
4. A la larga el objeto transicional puede convertirse en un fetiche y como tal persistir en forma de característica de la vida sexual del adulto. (Véase el tratamiento que de este tema hace Wulff.)
5. El objeto transicional puede, debido a su organización erótico-anal, representar las heces (pero no es por esta razón que es susceptible de oler mal y de no ser lavado).

Relación con el objeto interior (Klein)

Resulta interesante comparar el concepto del objeto transicional con el concepto kleiniano del objeto interior. El objeto transicional *no es un objeto interior* (lo cual es un concepto mental), sino que es una posesión. Y con todo tampoco es (para el pequeño) un objeto exterior.

Es preciso formular la compleja afirmación que sigue. El niño es capaz de emplear un objeto transicional cuando el objeto interior está vivo y es real y lo suficientemente bueno (no demasiado persecutorio). Pero las cualidades de este objeto interior dependen de la existencia y comportamiento del objeto exterior (pecho, figura materna, cuidados ambientales en general). El hecho de que el objeto exterior sea malo o fracase conduce indirectamente a la muerte o a la índole persecutoria del objeto interior. Cuando el objeto exterior falla de manera persistente, el objeto interior deja de tener significado para el pequeño y entonces, y sólo entonces, el objeto transicional pierde también su sentido. Así pues, el objeto transicional puede representar el pecho «exterior», pero lo hace *indirectamente*, al representar un pecho «interior».

El objeto transicional nunca se halla sometido a un control mágico como le sucede al objeto interior, ni está fuera de control como lo está la madre real.

Ilusión-desilusión

Con el fin de preparar el terreno para efectuar mi propia aportación positiva a este tema, debo explicitar algunas de las cosas que, a mi modo de ver, se dan por sentadas con demasiada facilidad en numerosos escritos psicoanalíticos que tratan del desarrollo emocional infantil, si bien en la práctica se las sobreentiende.

No hay la menor posibilidad de que un pequeño pase del principio del placer al principio de la realidad, o que se dirija y sobrepase una identificación primaria (véase Freud, 1923, pág. 14),[8] a no ser que exista una madre lo bastante buena.[9] La madre que es suficientemente buena (y que no es necesariamente la madre verdadera del pequeño) es la que realiza una adaptación activa a las necesidades del pequeño, es decir, una adaptación activa que gradualmente va disminuyendo a tenor de la creciente habilidad del pequeño para explicarse el fracaso de la adaptación y para tolerar los resultados de la frustración. Como es natural, lo más probable es que la madre verdadera del pequeño sea más adecuada que cualquier otra persona, ya que la adaptación activa exige una preocupación fácil y no resentida con respecto al pequeño; de hecho, el éxito en el cuidado de los niños depende de la devoción y no de la inteligencia o de las dotes intelectuales.

La madre «buena», como he dicho, comienza con una adaptación casi completa a las necesidades de su pequeño y a medida que el tiempo va pasando se adapta de un modo menos y menos completo, gradualmente, con arreglo a la creciente habilidad del pequeño para afrontar los fallos de la madre.

Entre los medios de que dispone el pequeño para afrontar este fallo maternal se cuentan los siguientes:

---

8. Véase también Freud (1921), pág. 65.
9. Un efecto, el principal, del fracaso de la madre en este aspecto al principio de la vida del pequeño, lo comenta claramente (a mi modo de ver) Marion Milner (1952, pág. 181). Milner demuestra que a causa del fracaso de la madre se produce un desarrollo prematuro del yo, con una precoz separación de un objeto malo de otro bueno. El período de ilusión (lo que yo llamo «fase transicional») se ve turbado. Durante el análisis o en las diversas actividades de la vida corriente cabe ver que el individuo sigue buscando el valioso lugar de descanso que le proporciona la ilusión. De esta manera la ilusión tiene un valor positivo. Véase también a Freud (1950).

La experiencia del pequeño, repetida a menudo, de que hay un límite temporal para la frustración. Al principio, naturalmente, este límite temporal debe ser breve.
Un creciente sentimiento de proceso.
Los comienzos de la actividad mental.
El recuerdo, el revivir, las fantasías, los sueños; la integración del pasado, el presente y el futuro.

Si *toda va bien*, de hecho el pequeño incluso puede sacar provecho de la experiencia de la frustración, ya que la adaptación incompleta a la necesidad hace que los objetos sean reales, es decir, que sean odiados al igual que amados. La consecuencia de esto estriba en que *si todo va bien*, la continuación de la adaptación a sus necesidades durante demasiado tiempo, sin que se le permita su disminución natural, puede perturbar al pequeño, ya que la adaptación exacta es parecida a la magia y el objeto que se comporta perfectamente pasa a no ser mejor que una alucinación. Sin embargo, *al principio*, la adaptación necesita ser casi exacta y, a menos que así sea, al niño no le es posible empezar a desarrollar una capacidad para experimentar relaciones con la realidad exterior, ni siquiera una capacidad para formarse un concepto de dicha realidad.

La ilusión y el valor de la ilusión

La madre, al principio a través de una adaptación de casi el ciento por ciento, provee al pequeño de la capacidad para la *ilusión* de que su pecho es parte suya, del pequeño. Está, por así decirlo, bajo control mágico. Lo mismo puede decirse en términos del cuidado infantil en general, en los momentos de tranquilidad que hay entre las excitaciones. La omnipotencia es casi un hecho de la experiencia. A la larga la tarea de la madre es la de desilusionar gradualmente al pequeño, pero no tendrá la menor esperanza de éxito si primeramente no ha sido capaz de dar suficientes oportunidades para la ilusión.

Dicho de otro modo, el pecho es creado por el pequeño una y otra vez, partiendo de su capacidad para amar o (podría decirse) partiendo de la necesidad. En el bebé se desarrolla un fenómeno objetivo al que denominamos pecho de la madre.[10] La madre co-

---

10. Aquí incluyo todo lo referente a la técnica maternalizadora. Cuando se dice que el primer objeto es el pecho, la palabra «pecho» se usa, creo, en relación tanto a la técnica maternalizadora como al término fisiológico propia-

loca el pecho real justo allí donde el pequeño se halla dispuesto a crear, y lo hace en el momento apropiado.

Desde el nacimiento, por tanto, el ser humano se ocupa del problema de la relación entre lo que es percibido objetivamente y lo que es concebido subjetivamente; y para la solución de este problema no hay salud para el ser humano que no haya sido puesta en el buen camino por la madre. *La zona intermedia a la que me estoy refiriendo es la zona que le es permitida al pequeño entre la creatividad primaria y la percepción objetiva basada en la puesta a prueba de la realidad.* Los fenómenos transicionales representan las fases precoces del empleo de la ilusión, sin la cual para el ser humano no hay ningún significado en la idea de una relación con un objeto que los demás perciben como e xterior a dicho ser.

La idea que ilustra la figura 19 es la siguiente: que en un punto teórico al comienzo del desarrollo de todo ser humano, el pequeño, dentro de cierto marco aportado por la madre, es capaz de concebir la idea de algo que satisfaría la creciente necesidad suscitada por la tensión instintiva. No es posible decir que al principio el pequeño sepa qué es lo que debe ser creado. En este momento se presenta la madre. Ordinariamente, da el pecho y su potencial necesidad de alimentar. La adaptación de la madre a las necesidades del pequeño, cuando es lo suficientemente buena, da al pequeño la *ilusión* de que existe una realidad exterior que corresponde a la necesidad de crear del propio pequeño. Dicho de otro modo, hay una coincidencia entre lo que la madre aporta y lo que el pequeño es capaz de concebir. Para el observador, el pequeño percibe lo que en realidad le presenta la madre, pero esto no es todo. El pequeño percibe el pecho solamente en la medida en que éste podría ser creado allí mismo y en aquel preciso instante. No se produce un intercambio entre la madre y el pequeño. Psicológicamente, el pequeño se alimenta de un pecho que forma parte de sí mismo, mientras que la madre da leche a un pequeño que forma parte de ella misma. En psicología, la idea de intercambio se basa en una ilusión.

---

mente dicho. No es imposible para una madre ser una madre lo bastante buena (según mi manera de ver) con un biberón. Si tenemos en cuenta este sentido amplio de la palabra «pecho», y la técnica maternal es entendida como incluyendo el extenso significado de dicho término, entonces es posible tender un puente entre la terminología kleiniana sobre las fases precoces y la de Anna Freud. La única diferencia sería de fechas, pero de hecho ésta no es una diferencia muy importante, puesto que desaparece automáticamente con el paso del tiempo.

OBJETOS Y FENÓMENOS TRANSICIONALES (1951) 321

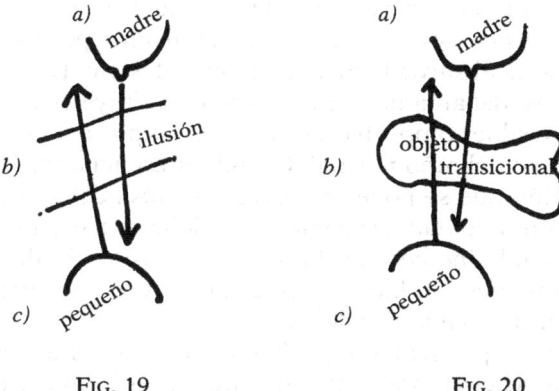

FIG. 19   FIG. 20

En la figura 20 se da forma a una zona de la ilusión a fin de ilustrar lo que yo considero ser la principal función del objeto y de los fenómenos transicionales. El objeto y los fenómenos transicionales ponen en contacto a cada ser humano con aquello que siempre será importante para él: una zona neutral de experiencias que no serán disputadas. *Acerca del objeto transicional cabe decir que se trata de un acuerdo entre nosotros y el bebé en el sentido de que nunca le preguntaremos: ¿Concebiste tú esto o te fue presentado desde fuera? Lo que importa es que no se espera ninguna decisión a este respecto. No debe formularse la pregunta.*

Este problema, que indudablemente preocupa al pequeño, al comienzo oscuramente, va haciéndose cada vez más evidente a causa de que la principal tarea de la madre (después de la de aportar una oportunidad para la ilusión) es la desilusión. Esto ocupa un lugar preliminar con respecto a la tarea del destete y asimismo continúa existiendo en forma de la misión de padres y educadores. Dicho de otra manera, este asunto de la *ilusión* corresponde de forma inherente a los seres humanos y ningún individuo lo resuelve por sí mismo, aunque una comprensión *teórica* del mismo puede aportar una solución igualmente *teórica*. Si las cosas van bien en este proceso gradual de desilusión, el terreno queda abonado para la serie de frustraciones que reunimos bajo el nombre de «destete». Pero no debe olvidarse que cuando hablamos de los fenómenos (puestos específicamente de relieve por Klein) que se arraciman en torno al destete, estamos dando por sentado el proceso subyacente, en virtud del cual se dispone de la oportunidad para la ilusión y para la gradual desilusión. Si la relación ilusión-desilusión se descarría, el niño no es capaz de alcanzar una cosa tan normal como es el destete, ni reaccionar ante el mismo, por lo que en tal caso resulta absurda la mera alusión al destete. La terminación, sin más, del amamantamiento no constituye destete. Nos es posible comprobar la tremenda importancia del destete en el caso del niño normal. Cuando presenciamos la compleja reacción que se pone en marcha a causa del proceso de destete en un niño dado, sabemos que dicho proceso puede tener lugar en tal niño porque el proceso de ilusión-desilusión se está desarrollando tan bien que podemos hacer caso omiso del mismo mientras hablamos del destete.

Damos aquí por sentado que la tarea de la aceptación de la realidad jamás es completada, que ningún ser humano está libre de la tensión que ocasiona el relacionar la realidad interior con la exterior y que el alivio de tal tensión lo aporta una zona intermedia de experiencias que no es disputada (el arte, la religión, etc.) (véase Riviere, 1936). Esta zona intermedia se halla en continuidad directa con respecto a la zona de juegos donde el niño pequeño se «pierde» al jugar.

En la infancia, esta zona intermedia es necesaria para la iniciación de una relación entre el niño y el mundo y esto es posible gracias a una buena maternalización en la fase crítica precoz. Esencial para todo esto es la continuidad (en el tiempo) del medio emocional exterior y de los elementos específicos del medio físico, tales como el objeto u objetos transicionales.

Los fenómenos transicionales son admisibles en el pequeño debido a que los padres reconocen intuitivamente la tensión inherente a la percepción objetiva, y no vamos aquí a disputar la subjetividad y objetividad del pequeño, aquí, donde se halla el objeto transicional.

Cuando un adulto pretende que aceptemos la objetividad de sus fenómenos subjetivos nosotros diagnosticamos locura. Sin embargo, si el adulto es capaz de disfrutar la zona intermedia y personal sin pretender nada, entonces podemos reconocer la existencia de nuestras propias zonas intermedias y nos complace ver ejemplos de coincidencia, es decir, de experiencias comunes entre los miembros de un grupo artístico, religioso o filosófico.

Quisiera en especial llamar la atención sobre el escrito de Wulff citado anteriormente. En dicho escrito se aporta un material clínico que ilustra exactamente aquello a lo que me estoy refiriendo bajo el título de objetos y fenómenos transicionales. Existe una diferencia entre mi punto de vista y el de Wulff, diferencia que se refleja en que yo utilizo el término citado mientras que él emplea el de «objeto-fetiche». El estudio del escrito de Wulff parece demostrar que al utilizar la palabra «fetiche» ha retrotraído a la infancia algo que es propio de la teoría corriente sobre las perversiones sexuales. Me es posible encontrar en su escrito lugar suficiente donde dar cabida al concepto de que el objeto transicional del niño es una experiencia sana. Y sin embargo, considero que los fenómenos transicionales son sanos y universales. Es más, si ampliamos el uso de la palabra «fetiche» para que cubra los fenómenos normales, tal vez perderemos parte del valor que tiene el término en cuestión.

Preferiría conservar la palabra «fetiche» a fin de describir el objeto que es empleado a cuenta de la *desilusión* de un falo materno. Entonces iría más allá y diríamos que hay que dar cabida para la *ilusión* de un falo materno, es decir, una idea que es universal y no patológica. Si hacemos énfasis en la palabra «ilusión» en vez de en el objeto, nos acercamos al objeto transicional del pequeño; la importancia reside en el concepto de ilusión, universal en el campo de la experiencia.

Partiendo de ahí, podemos considerar el objeto transicional como falo materno en potencia, el cual, empero, al principio era un pecho; es decir, la cosa creada por el pequeño y al mismo tiempo aportada por el medio ambiente. De esta manera creo que un estudio del empleo que el pequeño hace del objeto transicional y de los fenómenos transicionales en general puede arrojar luz sobre el origen del objeto-fetiche y del fetichismo. Sin embargo, algo se pierde al trabajar retroactivamente desde la psicopatología del fetichismo hasta alcanzar los fenómenos transicionales propios de los principios de la experiencia e inherentes al desarrollo emocional sano.

Resumen

Se llama la atención sobre la riqueza que para la observación aportan las primeras experiencias del niño sano tal como se expresan principalmente en relación con la primera posesión.

Se establece una relación temporal retroactiva entre la primera posesión y los fenómenos autoeróticos, así como con el hábito de chuparse el puño o el pulgar, así como una relación proyectada hacia adelante hasta llegar a los primeros muñecos blandos y juguetes duros. La primera posesión se relaciona tanto con el objeto externo (el pecho de la madre) como con los objetos internos (el pecho mágicamente introyectado), aunque es distinta de una y otra cosa.

Los objetos y fenómenos transicionales pertenecen al reino de la ilusión que se halla en la base de la iniciación de la experiencia. Esta fase precoz del desarrollo es posible gracias a la capacidad especial que tiene la madre para adaptarse a las necesidades del pequeño, permitiéndole así a éste la ilusión de que las cosas que él crea existen realmente.

Esta zona intermedia de experiencia, indisputada en lo que hace a su pertenencia a la realidad interior o exterior (compartida), constituye la mayor parte de la experiencia del pequeño y es retenida a lo largo de toda la vida dentro de las intensas experiencias propias del arte, la religión y el vivir imaginativo, así como de la labor científica creadora.

Por consiguiente, cabe afirmar que la ilusión tiene un valor positivo.

Por lo general, el objeto transicional del pequeño va siendo decatectizado paulatinamente, especialmente a medida que se desarrollan los intereses culturales.

En la psicopatología:

Puede plantearse la *adicción* en términos de regresión a la fase precoz en que los fenómenos transicionales no son disputados.

Puede describirse el *fetichismo* en términos de la persistencia de un objeto específico o de un tipo de objeto que data de la experiencia infantil dentro del campo transicional, enlazada con la desilusión de un falo materno.

La pseudología fantástica y el robo pueden ser descritos en términos de la necesidad inconsciente y apremiante que siente el individuo de tender un puente sobre la laguna de la continuidad de la experiencia con respecto al objeto transicional.

9. LA MENTE Y SU RELACIÓN CON EL PSIQUESOMA (1949)[1]

«Averiguar qué es exactamente lo que comprende a los elementos mentales irreductibles, en especial los de naturaleza dinámica, constituye, en mi opinión, una de nuestras finalidades más fascinantes. Tales elementos tendrían necesariamente un equivalente somático, probablemente también neurológico, y de esa manera, mediante el método científico, reduciríamos el antiquísimo hueco que hay entre la mente y el cuerpo. Me aventuro a predecir que entonces la antítesis que ha intrigado a los filósofos resultará que se basa en una ilusión. Dicho de otro modo, *no creo que la mente exista realmente como entidad*; posiblemente es sorprendente que esto lo diga un psicólogo (la cursiva es mía). Cuando decimos que la mente influye en el cuerpo o viceversa, lo que hacemos es utilizar una cómoda abreviación de una frase más engorrosa...» (Jones, 1946).

Esta cita que leí en Scott (1949) me estimuló a poner en orden mis propias ideas sobre tan vasto y difícil tema. El esquema corporal, con sus aspectos espaciales y temporales, aporta un valioso planteamiento del diagrama que de sí mismo tiene el individuo y creo que en él no hay ningún lugar evidente para la mente. Sin embargo, en la labor clínica nos encontramos con la mente en forma de entidad localizada en alguna parte

---

1. Escrito leído ante la Sección Médica de la Sociedad Psicológica Británica, el 14 de diciembre de 1949, y revisado en octubre de 1953, *Brit. J. Med. Psychol.*, vol. XXVII, 1954.

por el paciente; así, pues, es necesario profundizar en el estudio de la paradoja en el sentido de que «la mente no existe realmente en forma de entidad».

LA MENTE COMO FUNCIÓN DEL PSIQUESOMA

Para estudiar el concepto de mente es siempre necesario estudiar un individuo, un individuo total, incluyendo su desarrollo desde el comienzo mismo de la existencia psicosomática. Si se acepta esta disciplina, entonces es posible estudiar la mente del individuo a medida que va independizándose de la parte correspondiente a la psique en el binomio psique-soma. La mente no existe como entidad en el esquema de cosas del individuo, siempre y cuando el psiquesoma o cuerpo individual haya atravesado satisfactoriamente las etapas de desarrollo más tempranas; la mente entonces no es más que un caso especial de funcionamiento del psiquesoma.

En el estudio de un individuo en vías de desarrollo a menudo encontraremos que la mente está creándose una *entidad falsa* y una *localización falsa*. El estudio de estas tendencias anormales debe preceder al examen más directo de la independencia o especialización de la mente de la psique sana o normal.

Estamos muy acostumbrados a ver cómo se contrastan las palabras «mental» y «físico» y lo cierto es que en la conversación normal no nos opondríamos a tal contrastación. Sin embargo, cuando estos conceptos son contrastados en una discusión científica, la cuestión es muy distinta.

El empleo de estas dos palabras, físico y mental, para describir una enfermedad, nos causa problemas inmediatamente. Los trastornos psicosomáticos, que se hallan a medio camino entre lo mental y lo físico, se encuentran en una posición más bien precaria. En cierto modo, la investigación psicosomática se ve demorada por la confusión a la que me estoy refiriendo (MacAlpine, 1952). Asimismo, los neurocirujanos hacen cosas con el cerebro normal o sano en un intento de alterar o incluso mejorar los estados mentales. Estos terapeutas «físicos» padecen una gran confusión en su teoría; curiosamente, parecen descuidar la importancia del cuerpo físico, del cual el cerebro es parte integrante.

Tratemos, por lo tanto, de pensar en el individuo en vías de desarrollo, empezando por el principio. He aquí un cuerpo, y la psique y el soma no deben distinguirse más que con arreglo a la perspectiva del observador. Uno puede mirar al cuerpo en desarrollo o a la psique igualmente en desarrollo. Supongo que aquí la palabra «psique» se refiere a la *elaboración imaginativa de las partes, sentimientos y funciones somáticas*, es decir, al hecho de estar físicamente vivo. Sabemos que esta elaboración imaginativa depende de la existencia y del sano funcionamiento del cerebro, especialmente de ciertas partes del mismo. Sin embargo, el individuo no percibe que la psique está localizada en el cerebro o, a decir verdad, en alguna otra parte.

Gradualmente, los aspectos psíquicos y somáticos de la persona que va desarrollándose se ven envueltos en un proceso de mutua interrelación. Esta interrelación de la psique con el soma constituye una fase temprana del desarrollo individual (véase el capítulo 2 de esta tercera parte). En una fase posterior, el cuerpo vivo, con sus límites, y con un interior y un exterior, es *percibido por el individuo* como parte del núcleo del ser imaginativo. Hasta esta fase, el desarrollo es extremadamente complejo y, si bien este desarrollo puede ser razonablemente completo cuando el niño lleva sólo unos días de vida posnatal, existen grandes posibilidades de deformación del curso natural de desarrollo de estos aspectos. Es más, todo lo que es aplicable a las fases más tempranas lo es también, en cierta medida, a todas las demás fases, incluso a la que denominamos «de madurez adulta».

TEORÍA DE LA MENTE

En base a estas consideraciones preliminares propongo una teoría de la mente. Esta teoría se basa en la labor realizada con pacientes analíticos que se han visto necesitados de efectuar una regresión a un nivel de desarrollo sumamente precoz durante la transferencia. En este escrito daré únicamente un ejemplo de material clínico, pero creo que la teoría resultará valiosa en nuestra labor analítica cotidiana.

Supongamos que en el desarrollo precoz de un individuo, salud implica *continuidad en el ser*. El psiquesoma precoz se mueve a tenor de cierta línea de desarrollo siempre y cuando su *continuidad de ser no se vea turbada;* dicho de otro modo, para el desarrollo sano del psiquesoma precoz hace falta un medio *perfecto*. Al principio la necesidad es absoluta.

El medio ambiente perfecto es aquel que se *adapta activamente* a las necesidades del psiquesoma recién formado, aquello que los observadores saben que al principio constituye el pequeño. El mal medio es malo porque debido al fracaso de la adaptación se convierte en un *ataque* contra el psiquesoma, ataque ante el cual el psiquesoma (es decir, el pequeño) debe *reaccionar*. Esta reacción turba la continuidad existencial del nuevo individuo. En los comienzos, el buen medio (psicológico) es físico, estando el pequeño en el útero o en brazos y recibiendo cuidados; sólo con el paso del tiempo desarrolla el medio ambiente una nueva característica que hace necesario un nuevo término descriptivo, como puede ser «emocional», «psicológico» o «social». De esto emerge lo que llamamos una madre «buena», con su capacidad de adaptarse activamente a las necesidades del pequeño, capacidad que surge de su devoción o dedicación y que es posibilitada por su narcisismo, su imaginación y sus recuerdos, cosas todas ellas que le permiten saber por medio de la identificación cuáles son las necesidades del pequeño.

La necesidad, al principio absoluta, de un buen medio ambiente se convierte rápidamente en relativa. *La madre «buena» corriente ya es suficiente.* Si es lo *suficientemente buena*, el pequeño, por la actividad mental, sabrá tolerar sus deficiencias. Esto no se refiere tan sólo a la satisfacción de los impulsos instintivos, sino también a todos los tipos de necesidades primitivas, incluyendo la necesidad de un cuidado negativo o un descuido vivo. La actividad mental del pequeño hace que un medio ambiente *suficiente* se transforme en uno perfecto, es decir, convierte el fallo de adaptación en un éxito. Lo que libera a la madre de la necesidad de ser casi perfecta es la comprensión del pequeño. En el curso normal de los acontecimientos la madre trata de no introducir complicaciones que superen la capacidad de comprensión y tolerancia del pequeño; trata en especial de aislar a su bebé de las coincidencias y demás fenómenos que deben estar más allá de la capacidad de comprensión del pequeño. Podemos decir, hablando en términos generales, que la madre procura que el mundo del pequeño sea lo más sencillo posible.

La mente, entonces, tiene entre sus raíces el funcionamiento variable del psiquesoma, raíz que se ocupa de la amenaza que se cierne sobre la continuidad del ser suscitada por cualquier fracaso de la adaptación (activa) ambiental. Se desprende que el desarrollo de la mente se ve muy influido por factores que no son específicamente personales del individuo, incluyendo acontecimientos fortuitos.

En el cuidado de niños es de vital importancia que las madres, al principio físicamente, pero pronto también imaginativamente, puedan comenzar aportando esta adaptación activa; pero también es una función maternal característica el aportar un *fallo graduado de la adaptación*, con arreglo a la creciente habilidad del pequeño para tolerar, por medio de la actividad mental, todo fallo relativo. Así, nace en el pequeño cierta tolerancia con respecto tanto a la necesidad del yo como a la tensión instintiva.

Quizá pudiera demostrarse que los niños que se desprenden lentamente de la madre muestran un cociente intelectual más bien bajo. Por el contrario, el niño que posee un cerebro excepcionalmente bueno, que acabará dando un elevado cociente intelectual, se desprende de la madre mucho antes.

De acuerdo con esta teoría, pues, en el desarrollo de cada individuo la mente tiene una raíz, quizá la más importante de todas, en la necesidad del individuo, sentida en el núcleo del ser, de tener un ambiente perfecto. En este sentido podría hacer referencia a mi concepto de que la psicosis es una enfermedad de deficiencia ambiental (véase el capítulo 7 de esta tercera parte). Esta teoría ofrece ciertas posibilidades de desarrollo que a mí me parecen importantes. Ciertos tipos de fallo materno, especialmente de comportamiento, producen una sobreactividad del funcionamiento mental. Aquí, en el crecimiento excesivo de la función mental reactiva ante una maternalización errática, vemos que puede desarrollarse una oposición entre la mente y el psiquesoma, ya que, en reacción a este estado ambiental anormal, el pensamiento del individuo empieza a asumir el control y a organizar el cuidado del psiquesoma, mientras que en condiciones saludables esto es función del medio. En estado de salud, la mente no usurpa la función del medio, sino que posibilita una comprensión, y eventual aprovechamiento, de su fallo relativo.

El proceso gradual en virtud del cual el individuo adquiere capacidad para cuidar del *self* pertenece a etapas posteriores del desarrollo emocional del individuo, etapas a las que se llegará a su debido tiempo, de acuerdo con el ritmo marcado por las fuerzas naturales de desarrollo.

En su estadio posterior, uno podría preguntarse qué sucede si la tensión ejercida en el funcionamiento mental organizado como defensa contra un medio atormentador se va haciendo más y más grande. Serían de esperar estados de confusión y (en casos extremos) un defecto mental independiente de cualquier deficiencia del tejido cerebral. Como resultado común de los niveles menos acuciantes de la crianza en las primeras fases, nos encontramos con que *el funcionamiento mental se transforma en una cosa por derecho propio*, reemplazando prácticamente a la madre «buena» y haciéndola innecesaria. Clínicamente esto puede ir acompañado de la dependencia, con respecto a la madre real, así como un falso crecimiento personal sobre la base de la sumisión. Es una situación sumamente incómoda, especialmente debido a que la psique del individuo es «seducida» a entrar en la mente y alejarse de la íntima relación que originariamente sostenía con el soma. El resultado consiste en una mente-psique patológica.

La persona cuyo desarrollo se dé según esta modalidad, mostrará un patrón deformado que afecta a todas las demás etapas del desarrollo. Por ejemplo, puede que se observe una tendencia a la fácil identificación con el aspecto ambiental de todas las relaciones que impliquen dependencia, así como una dificultad en la identificación con el individuo dependiente. Clínicamente uno puede ver cómo semejante persona se desarrolla hasta convertirse en una persona que resulta *una madre maravillosamente buena para los demás* durante un período limitado; de hecho, una persona que se haya desarrollado de esta manera puede tener *cualidades curativas* casi mágicas debido a su extrema capacidad para realizar una adaptación activa a las necesidades primitivas. La falsedad de estos patrones de expresión de la personalidad, sin embargo, se hace evidente en la práctica. Se cierne la amenaza del derrumbamiento —tal vez llegue a producirse—, porque lo que en todo momento necesita el individuo es *encontrar a otra persona* que haga real este concepto del «buen medio», de manera que el individuo puede volver al psiquesoma dependiente que constituye el único lugar desde el que vivir. En este caso, «sin mente» se convierte en un estado deseable.

Como es lógico, no puede haber una asociación directa entre la mente-psique y el cuerpo del individuo. Pero el individuo localiza y coloca la *mente*-psique ya sea en la cabeza o fuera de ella, en alguna relación especial con la misma, lo cual constituye una importante fuente de jaquecas sintomáticas.

Es necesario preguntarse por qué tiene que ser la cabeza el lugar donde el individuo tiende a localizar la mente. Lo cierto es que no conozco la respuesta. Creo que un punto importante estriba en la necesidad del individuo de localizar a la mente en alguna parte porque se trata de una enemiga, es decir, para controlarla. Un paciente esquizoide me dice que la cabeza es el lugar donde ubicar la mente porque, *como uno mismo no puede verse la cabeza*, no existe obviamente como parte de uno mismo. Otro punto estriba en que la cabeza vive unas experiencias especiales durante el proceso de nacimiento, pero con el fin de utilizar al máximo este último dato debo considerar sin detenerme otro tipo de funcionamiento mental que puede ser especialmente activado durante el proceso natal. Es lo que va asociado con la palabra «memorizar».

Como ya he dicho, la continuidad existencial del psiquesoma en desarrollo (relaciones internas y externas) se ve trastornada por las reacciones ante los ataques del medio ambiente; dicho de otro modo, por los resultados de los fallos de adaptación activa por parte del medio. Según mi teoría, un rápido aumento de la reacción ante los ataques que turbe la continuidad del psiquesoma es algo que se espera y tolera con arreglo a la capacidad mental del individuo. No pueden tolerarse, en cambio, de acuerdo con la siguiente parte de mi teoría, los ataques que exijan reacciones *excesivas*. Todo lo que puede acaecer, aparte de la confusión, es que las reacciones puedan ser *catalogadas*.[2] Típicamente, en el nacimiento es probable que se produzca una turbación excesiva de la continuidad a causa de las reacciones ante los ataques, y la actividad mental que estoy describiendo en este momento es aquella que se ocupa de memorizar exactamente durante el proceso mental. En mi labor psicoanalítica a veces me encuentro con regresiones plenamente controladas y que, sin embargo, se remontan a la vida prenatal. Los pacientes cuya regresión ha seguido cauces ordenados reviven una y otra vez el proceso natal y he llegado a quedarme pasmado ante las pruebas convincentes de que durante el proceso natal no sólo se memoriza cada una de las reacciones que turban la continuidad existencial, sino que además parece memorizárselas en correcto orden. No he utilizado la hipnosis, pero soy consciente de los descubrimientos equiparables que con ella se logran, aunque para mí son menos convincentes. El funcionamiento mental del tipo que estoy describiendo, al que podríamos llamar «memorización» o «catalogación», puede ser extremadamente activo y exacto en el momento del nacimiento. Daré ejemplo de esto por medio de los detalles de un caso, pero antes quiero dejar bien claro mi punto de vista de que *este tipo de funcionamiento mental resulta un*

---

2. Véase la teoría freudiana de la neurosis obsesiva (1909).

estorbo para el psiquesoma o para la continuidad existencial del individuo, continuidad que constituye el ser. Puede que el individuo se valga de ello para revivir el proceso natal en sus juegos o en un análisis cuidadosamente controlado. Pero este funcionamiento mental de tipo catalogador actúa como un cuerpo extraño si va asociado con el fallo de adaptación ambiental que se halla más allá de la comprensión o de la previsión.

Sin duda que en la salud puede ser que los factores ambientales se mantengan fijos por medio de este método hasta que el individuo pueda hacerlos suyos después de haber experimentado impulsos libidinosos y en especial agresivos, los cuales pueden ser proyectados. De esta manera, que en esencia es falsa, el individuo llega a sentirse responsable por el mal medio ambiente del que en realidad no es responsable y al que (si lo supiera) podría echar la culpa de haber turbado la continuidad de su proceso innato de desarrollo antes de que el psiquesoma se hubiese organizado lo suficiente para odiar o amar. En lugar de odiar estos fallos ambientales, el individuo se desorganizó por culpa de ellos debido a que el proceso existió con anterioridad al odio.

EJEMPLO CLÍNICO

El siguiente fragmento del historial de un caso se da con el fin de ilustrar mi tesis. Resulta difícil escoger un solo detalle de la labor intensiva llevada a cabo en el transcurso de varios años; sin embargo, incluyo este fragmento a fin de demostrar que lo que les estoy proponiendo tiene mucho que ver con la labor que cotidianamente realizamos con los pacientes.

Una señora[3] que actualmente cuenta cuarenta y siete años había establecido una relación con el mundo que era buena a ojos de los demás, pero no a los suyos; siempre había sabido ganarse la vida, se había hecho con una buena educación y era generalmente apreciada; a decir verdad, no creo que a nadie le desagradase activamente. Ella, no obstante, se sentía completamente insatisfecha, como si siempre tratase de encontrarse a sí misma sin conseguirlo jamás. Ciertamente, ideas suicidas no le faltaban, pero eran mantenidas a raya por su creencia, que databa de la infancia, de que acabaría por resolver su problema y encontrarse a sí misma. Se le había hecho lo que llamaríamos

---

3. Caso al que se vuelve a hacer referencia en otro escrito (véase el capítulo 12 de esta tercera parte).

un «análisis clásico» durante varios años, pero por alguna razón no se había producido cambio alguno en el núcleo de su enfermedad. Pronto se me hizo evidente que la paciente tenía que llevar a cabo una regresión muy seria o bien abandonar su empeño. Por consiguiente, seguí la tendencia regresiva dispuesto a que llevase a la paciente adonde fuese; a la larga la regresión alcanzó el límite de la necesidad de la paciente y desde entonces se ha registrado un avance natural en el que actúa el ser verdadero en lugar del falso.

A efectos del presente trabajo, he decidido describir una cosa concreta de entre la enorme cantidad de material que se me ofrece. Durante el análisis anterior de la paciente se habían registrado incidentes en los que ella se había arrojado histéricamente del diván. Tales episodios habían sido interpretados con arreglo a los principios corrientes que se aplican en los casos de aquella clase de histeria. En el marco de la regresión más profunda del nuevo análisis se hizo la luz sobre el significado de las caídas. En el curso de los dos años que dura mi análisis, la paciente ha realizado repetidas regresiones a una fase que ciertamente es prenatal. El proceso natal ha tenido que ser revivido y a la larga me di cuenta de que detrás de lo que anteriormente habían sido caídas histéricas del diván, se hallaba la necesidad inconsciente de revivir el proceso del nacimiento.

Es mucho lo que podría decirse acerca de todo esto, pero lo importante desde mi punto de vista es que evidentemente conservaba todos los detalles de la experiencia natal; y no sólo eso, sino que los detalles habían sido retenidos en el orden exacto en que se habían producido en la experiencia originaria. El proceso natal fue revivido doce o más veces y cada vez la reacción ante uno de los principales rasgos externos del proceso natal originario volvía a ser experimentada.

Por cierto, este hecho de revivir el proceso natal ejemplifica cuál es una de las principales funciones del *acting out*; al representar el proceso la paciente se informaba a sí misma acerca del fragmento de realidad psíquica que originariamente había sido difícil de alcanzar, pero del que ella sentía tan aguda necesidad de ser consciente. Enumeraré algunos de los patrones del *acting out*, aunque por desgracia no puedo dárselos por orden, pese a que estoy convencido de que el mismo tuvo importancia.

Las alteraciones de la respiración que se estudiarán con mayor detalle.

Las constricciones cuerpo abajo que serán revividas y por tanto recordadas.

El nacimiento a partir de la fantasía dentro del vientre de la madre, que era una persona depresiva e inquieta.

El paso desde la no alimentación a la alimentación del pecho materno, y después del biberón.

Lo mismo, pero añadiendo que la paciente se había chupado el pulgar en el útero y al salir del mismo debía tener el puño en relación con el pecho o el biberón, estableciendo así la continuidad entre las relaciones objetales internas y externas.

Las severas experiencias de presión sobre la cabeza así como la horrible sensación provocada por la desaparición de tales presiones. Durante esa fase, a menos que se le sostuviese la cabeza, la paciente no hubiese podido soportar la reactualización. Hay presión sobre la cabeza así como la horrible sensación provocada por la desaparición de tales presiones. Hay mucho que todavía no se entiende en este análisis acerca de las funciones de la vejiga afectadas por el proceso natal.

El paso de una presión alrededor de todo el cuerpo (propia del estado intrauterino) a una presión desde abajo (propia del estado extrauterino). La presión, cuando no es excesiva, significa amor. Así, pues, después del nacimiento fue amada solamente en la parte de abajo y, a menos que la hiciesen girar periódicamente, se confundía.

Debo pasar por alto como otra docena de factores de importancia comparable.

Gradualmente, la reactualización alcanzó la peor parte. Cuando casi habíamos llegado le apareció la angustia de que le aplastasen la cabeza. Al principio fue controlada por medio de la identificación de la paciente con el mecanismo aplastante. Ésta fue una fase peligrosa porque, puesta en práctica fuera de la situación transferencial, significaba suicidio. En esta fase de *acting out* la paciente existía en los objetos aplastantes y la satisfacción la recibía de la *destrucción* de la cabeza (incluyendo la mente y la psique falsa), que había perdido importancia para la paciente en tanto que parte del ser.

Por último, la paciente tuvo que aceptar la aniquilación. Teníamos ya muchas indicaciones que señalaban un período de «apagón» o pérdida del sentido, aparte de unos movimientos convulsivos que apuntaban la posibilidad de que durante la infancia se hubiese producido alguna convulsión de poca importancia. Al parecer en la experiencia real se produjo una pérdida de sentido no asimilable al ser de la paciente, hasta el punto de ser aceptada como muerte. Cuando esto se hizo real, la palabra «muerte» perdió vigencia y la paciente empezó a sustituirla por la palabra «ceder» hasta que a la larga la palabra o palabras correctas fueron «no saber».

Si les hiciese una descripción completa del caso, continuaría un poco más en esta línea; sin embargo, en futuros escritos desarrollaré éste y otros temas. La aceptación del no saber produjo un tremendo alivio. «Saber» se transformó en «el analista sabe», es decir, «se comporta como digno de confianza en la adaptación activa a las necesidades del paciente». La vida entera de la paciente se había edificado en torno al funcionamiento mental que falsamente se había convertido en el lugar (la cabeza) del que partía su vida, y su vida, que acertadamente a ella le había parecido falsa, se había desarrollado partiendo de este funcionamiento mental.

Tal vez este ejemplo clínico ilustre lo que quiero decir cuando afirmo que de este análisis obtuve la sensación de que la catalogación de las reacciones ante los ataques del medio, propios de la época cercana al nacimiento, había sido exacta y completa; de hecho tuve la impresión de que la única alternativa ante el éxito de esta catalogación consistía en el fallo absoluto, la confusión irremisible y el defecto mental.

Pero el caso ilustra mi tema tanto en detalle como de modo general.

Nuevamente cito una reflexión de Scott (1949):

> De modo parecido, cuando el paciente sometido a análisis pierde la mente en el sentido de que pierde la ilusión de necesitar un aparato psíquico que esté separado de todo aquello a lo que ha considerado su cuerpo, su mundo, etc., esta pérdida equivale a la ganancia del acceso consciente y control de las conexiones entre las superficies y las profundidades, las fronteras y la solidez de su Esquema Corporal... sus recuerdos, sus percepciones, sus imágenes, etc., que había abandonado en un período anterior de su vida cuando empezase la dualidad somapsique.
>
> No es infrecuente que en un paciente cuya primera queja sea la de que teme «perder su mente» pronto se haga evidente el deseo de perder tal creencia y obtener pronto otra mejor.

En este punto del no saber, dentro del análisis que estoy describiendo, apareció el recuerdo de un pájaro que «estaba completamente inmóvil a excepción de los movimientos del vientre que indicaban que respiraba». Dicho de otra manera, la paciente, a los cuarenta y siete años, había alcanzado la fase en la que el funcionamiento fisiológico general constituye la vida. Entonces fue posible efectuar una elaboración psíquica del hecho. Esta elaboración psíquica del funcionamiento fisiológico es muy distinta del trabajo intelectual que tan fácil y artificialmente se convierte en algo por derecho propio y, falsamente, en un lugar donde la psique puede alojarse.

Naturalmente, sólo puedo darles una visión superficial de esta paciente, y aunque escoja una visión reducida, sólo es posible describir un fragmento de la misma. Me gustaría, no obstante, seguir un poco con la cuestión de la laguna de la conciencia. No hace falta que describa la laguna en términos más «adelantados», como el fondo de un pozo, por ejemplo, en cuya oscuridad había toda clase de cuerpos muertos y moribundos. En este preciso momento sólo me preocupan las formas más primitivas en que la laguna fue encontrada por la paciente y por los procesos del revivir propios de la situación transferencial. La laguna de la continuidad, que había sido activamente negada a lo largo de toda la vida de la paciente, pasó a ser algo que era urgentemente buscado. Nos encontramos con la necesidad de penetrar en la cabeza, y como parte del intento de producir un «apagón», la paciente adquirió el hábito de golpearse violentamente la cabeza. A veces se registraba la urgente necesidad de destruir los procesos mentales que la paciente localizaba en la cabeza. Antes de poder aceptar el estado de no saber, fue necesario afrontar una serie de defensas contra el pleno reconocimiento del deseo de alcanzar la laguna o vacío en la continuidad de la conciencia. Sucedió que el día en que este trabajo alcanzó su punto culminante la paciente dejó de escribir su diario,[4] que había estado llevando durante todo el análisis y partiendo del cual hubiese sido posible reconstruir la totalidad del mismo hasta aquel momento. Casi no hay nada que la paciente pudiera percibir y que no esté al menos indicado en el diario. El significado del mismo se hizo evidente: era una proyección de su aparato mental y no un retrato de su verdadera personalidad; en realidad, nunca había vivido ésta hasta que, en el fondo de la regresión, hubo una nueva oportunidad para que empezase a existir.

Los resultados de esta parte de mi labor condujeron a una fase temporal en la que no existían ni la mente ni el funciona-

---

4. El diario fue reanudado en fecha posterior, durante un tiempo, con una función menos restringida y una finalidad más objetiva en la que se incluía el propósito de utilizar algún día su experiencia de manera provechosa.

miento mental. Tenía que haber una fase en la que la respiración de su cuerpo lo fuese todo. De esta manera la paciente fue capaz de aceptar el no saber, debido a que yo la estaba sosteniendo, manteniendo una continuidad por medio de mi propia respiración, mientras ella se dejaba ir, cedía y no sabía nada; no obstante, a nada bueno podía conducir el hecho de que yo la sostuviera y mantuviera mi propia continuidad si ella estaba muerta. Lo que hizo que mi papel fuese operativo fue el hecho de que yo podía ver y oír cómo se movía su vientre al respirar (al igual que el vientre del pájaro) y, por lo tanto, sabía que estaba viva.

Entonces, por primera vez, ella fue capaz de poseer una psique, una entidad propia, un cuerpo que respira y, además, el principio de la fantasía correspondiente a la respiración y a otras funciones fisiológicas.

En nuestra calidad de observadores sabemos, por supuesto, que el funcionamiento mental que permite a la psique enriquecer al soma depende del cerebro intacto. Pero nosotros no situamos la psique en ninguna parte, ni siquiera en ese cerebro del que depende. Para esta paciente, con la regresión que he explicado, estas cosas por fin dejaron de ser importantes. Supongo que ahora estaría dispuesta a localizar a la psique allí donde viva el soma.

Esta paciente ha hecho considerables progresos desde que leí este trabajo en la Sección Médica. Ahora, en 1953, podemos mirar retrospectivamente el período perteneciente a la fase que he escogido con fines de descripción y verlo en perspectiva. No hace falta que modifique lo ya escrito. A excepción de la violenta complicación de los recuerdos corporales del proceso natal, la regresión de la paciente no se ha visto turbada por nada importante; la regresión, como ustedes saben, ha alcanzado cierto estado muy precoz y subsiguientemente se ha producido un avance hacia una nueva existencia en calidad de individuo real que se siente real.

La mente, localizada en la cabeza

Dejo ahora mi ejemplo para volver al tema de la localización de la mente en la cabeza. He dicho que la elaboración imaginativa de las partes y funciones corporales no está localizada. Sin embargo, puede haber localizaciones que resulten del todo lógicas en el sentido de que pertenecen a la forma en que el cuerpo funciona. Por ejemplo, el cuerpo absorbe y desprende sustancias. Por consiguiente, un mundo interior de experiencia personal e imaginativa entra en el esquema de las cosas y la realidad compartida es en conjunto considerada como algo exterior a la personalidad. Si bien los bebés no pueden hacer dibujos, creo que son capaces (excepto por su falta de adiestramiento) de describirse a sí mismos por medio de un círculo en ciertos momentos de sus primeros meses. Tal vez, si todo va bien, puedan hacerlo poco después del nacimiento; en todo caso, tenemos pruebas concluyentes de que a los seis meses a veces el bebé emplea el círculo o la esfera como descripción de su propio ser. Es aquí donde el esquema corporal de Scott resulta tan esclarecedor, en especial su advertencia de que nos estamos refiriendo al tiempo tanto como al espacio. En su esquema corporal, tal como yo lo entiendo, a mí me parece que no hay lugar para la mente, lo cual no quiere decir que esté criticando dicho esquema en tanto que diagrama, sino que es sólo un comentario sobre la falsedad del concepto de la mente como fenómeno localizado.

Al tratar de imaginar por qué la mente se localiza en la cabeza o fuera de ella, no puedo evitar el pensar en qué forma se ve afectada la cabeza del bebé durante el nacimiento, el momento en que la mente actúa furiosamente catalogando reacciones ante una persecución específica del medio.

La gente tiende a localizar el funcionamiento cerebral en la cabeza; una de las consecuencias de esto merece especial estudio. Hasta hace poco era posible persuadir a los cirujanos de que abriesen el cráneo de los pequeños deficientes mentales con el fin de posibilitar un mayor desarrollo de su cerebro, que se suponía constreñido por los huesos del cráneo. Supongo que la antigua trepanación se hacía para dar alivio a los trastornos *mentales*, es decir, para curar a las personas cuyo funcionamiento mental era su propio enemigo y que habían localizado falsamente en la cabeza su funcionamiento mental. En la actualidad, lo curioso es que una vez más, según el pensamiento médico científico, el cerebro ha sido equiparado a la mente, a la que algunos enfermos perciben como enemiga, algo que está en el cráneo. El cirujano que ejecuta una leucotomía parece, *a primera vista*, estar haciendo lo que pide el paciente, es decir, aliviarle de su actividad mental, ya que la mente se ha convertido en enemiga del psiquesoma. No obstante, podemos ver que el cirujano se encuentra atrapado por la falsa localización de la mente en la cabeza, localización que es obra del paciente mental, y que es una secuela de la equiparación de la mente y el cerebro. Cuando ha hecho este trabajo habrá fallado en la segunda parte de su tarea. El paciente quiere ser aliviado de la *actividad mental* que se ha convertido en una amenaza para el psiquesoma, pero necesita a continuación el pleno funcionamiento del tejido cerebral *con el fin de poder tener una existencia del psiquesoma*. Por medio de la operación, la leucotomía, con sus irreversibles cambios en el cerebro, el cirujano habrá hecho que esto resulte imposible. El procedimiento no habrá servido de nada salvo en lo que la operación signifique para el paciente. Pero la elaboración imaginativa de la experiencia somática, la psique, y, si se prefiere, el alma, dependen de que el cerebro esté intacto, como sabemos. No esperamos que el *inconsciente* de nadie sepa tales cosas, pero creemos que el neurocirujano debería verse *en cierto modo* afectado por consideraciones intelectuales.

En estos términos podemos ver que uno de los objetivos de la *enfermedad psicosomática* es apartar a la psique de la mente y devolverla a su originaria e íntima asociación con el soma. No basta con analizar la hipocondría del paciente psicosomático, aunque ésta sea una parte esencial del tratamiento. Asimismo, uno debe ser capaz de ver el *valor positivo del trastorno somático* en su trabajo, consistente en contrarrestar la «seducción» de la psique para que entre en la mente. De modo semejante, puede entenderse en estos términos la finalidad de los fisioterapeutas y especialistas en relajación. No necesitan saber lo que están haciendo para hacerlo bien como psicoterapeutas. He aquí un ejemplo de la aplicación de estos principios: si uno trata de enseñarle a una mujer embarazada cómo hay que hacer todo lo que hace falta, entonces se le creará ansiedad, y eso no es todo, sino que, además, alimentará la tendencia de la psique a alojarse en los procesos mentales. A la inversa, los métodos de relajación en su mejor aspecto permiten que la madre sea consciente del cuerpo y (si no se trata de un caso mental) estos métodos la ayudan a tener una continuidad existencial, permitiéndole vivir en calidad de psiquesoma. Esto es esencial si se quiere que experimente de manera natural el nacimiento y las primeras fases de la maternalización.

Resumen

1. El verdadero ser, una continuidad existencial, se basa, en estado de salud, en el crecimiento del psiquesoma.

2. La actividad mental es un caso especial del funcionamiento del psiquesoma.

3. El funcionamiento del cerebro intacto constituye la base para la existencia de la psique así como para la actividad mental.

4. No hay localización de una mente-*self*, ni hay ninguna cosa a la que pueda llamársele «mente».

5. Ya es posible dar dos bases distintas para el funcionamiento mental normal, a saber: *a*) la conversión de un medio suficiente en un medio perfecto (adaptado) que permita un mínimo de reacción ante los ataques y un máximo de autodesarrollo natural (continuo); *b*) la catalogación de los ataques (trauma natal, etc.), para su asimilación en ulteriores etapas del desarrollo.

6. Hay que tomar nota de que el crecimiento del psiquesoma es universal y de que sus complejidades le son inherentes, mientras que el desarrollo mental es en cierto modo dependiente de factores variables, tales como la calidad del medio precoz, los fenómenos casuales del nacimiento y del manejo del bebé inmediatamente posterior, etc.

7. Resulta lógico contraponer la psique al soma y, por consiguiente, el desarrollo emocional al desarrollo corporal de un individuo. No es lógico, sin embargo, contraponer lo mental a lo físico, ya que éstos no son de la misma materia. Los fenómenos mentales son complicaciones de importancia variable en la continuidad existencial del psiquesoma, en lo que culmina en el *self* individual.

10. REPLEGAMIENTO Y REGRESIÓN (1954)[1]

En el curso del último decenio me ha sido impuesta la experiencia de varios pacientes adultos que en el análisis efectuaron una regresión en la transferencia.

Deseo explicarles un incidente que tuvo lugar durante el análisis de un paciente que no dio muestras de regresión clínica pero cuyas regresiones se hallaban localizadas en estados momentáneos de replegamiento que acaecieron durante las sesiones analíticas. Mi forma de atender tales estados de replegamiento se vio grandemente influida por la experiencia obtenida con pacientes que habían realizado una regresión.

(En el presente trabajo, «replegamiento» se refiere a un distanciamiento de la relación despierta con la realidad externa, distanciamiento que a veces cobra la forma de un breve sueñecillo. Al hablar de «regresión» me refiero a la regresión a la dependencia y no específicamente a la regresión en términos de zonas erógenas.).

Voy a narrarles una serie compuesta de seis episodios significativos escogidos entre todo el material correspondiente al análisis de un paciente esquizoide-depresivo. Se trata de un hombre casado y con familia. Al empezar la presente enferme-

---

1. Leído ante la XVII Conferencia de Psicoanalistas de Lengua Románica, en París, noviembre de 1954, y ante la Sociedad Psicoanalítica Británica, 29-31 de junio de 1955, *Revue Française de Psychanalyse*, tomo XIX, n.ᵒˢ 1-2, enero-junio de 1955; *Psyche*, fascículo X, 1956-1957.

dad el paciente se derrumbó, se sentía irreal, perdió la poca capacidad que tenía para la espontaneidad. Fue incapaz de trabajar hasta algunos meses después de haber comenzado el análisis. Vino a verme por primera vez como paciente procedente de un hospital mental. (Durante la guerra ya le había sometido a análisis durante un breve período, análisis cuyo resultado había consistido en su recuperación clínica de un agudo trastorno de la adolescencia, aunque sin que por ello ganase penetración.)

Lo más importante que lleva al paciente a la constante y consciente búsqueda de análisis es su incapacidad para ser impulsivo y para hacer comentarios originales, aunque es capaz de participar de modo inteligente en conversaciones iniciadas por otras personas. Casi no tiene amigos, ya que sus amistades se diluyen a causa de la incapacidad para iniciar algo, lo cual le convierte en un compañero aburrido. (Me dijo que una vez se había reído en el cine y esta pequeña prueba de mejoramiento le había llenado de esperanzas acerca del resultado del análisis.)

Durante largo tiempo sus asociaciones libres se presentaron bajo la forma de un informe retórico de cierta conversación que constantemente se desarrollaba dentro de él. Sus asociaciones libres eran cuidadosamente dispuestas y presentadas de la forma que, a su modo de ver, haría que el material resultase interesante para el analista.

Al igual que otros muchos pacientes analíticos, a veces este paciente se hunde profundamente en la situación analítica; en ocasiones, importantes aunque raras, se repliega; durante estos momentos de replegamiento acontecen cosas inesperadas que a veces él es capaz de relatar. Al final del presente trabajo escogeré estos raros acontecimientos de entre la inmensa cantidad de material psicoanalítico corriente que el lector deberá dar por sentado.

Primer y segundo episodios

El primero de tales acontecimientos (cuya fantasía apenas pudo percibir y relatar el paciente) consistió en que cuando se hallaba momentáneamente replegado en el diván *se encogió y salió rodando por detrás del mismo*. Aquélla fue la primera prueba directa de espontaneidad que tuve durante el análisis. El siguiente momento de replegamiento ocurrió unas semanas después. El paciente acababa de intentar utilizarme como sustituto de su padre (fallecido cuando él contaba dieciocho años) y me había pedido consejo sobre algún aspecto de su trabajo. Ante todo había comentado el citado aspecto con él, señalando, sin embargo, que me necesitaba en mi calidad de analista y no como sustituto del padre. Me había dicho que iba a ser una pérdida de tiempo seguir hablando de aquella manera corriente, y luego dijo que se había replegado y se sentía como si el replegamiento fuese una huida. No podía recordar ningún sueño correspondiente a su sueño momentáneo. Le señalé que su replegamiento era en aquel momento una huida de la penosa experiencia de hallarse entre la vigilia y el sueño, o bien entre hablarme racionalmente y estar replegado. Fue en aquel momento cuando se las arregló para decirme que de nuevo se le había ocurrido la idea de estar *encogido*, aunque de hecho estaba tumbado cuan largo era en el diván, como de costumbre, con las manos plegadas sobre el pecho.

Fue aquí donde hice la primera de las interpretaciones que sé que no hubiese hecho veinte años antes. Esta interpretación resultó ser muy significativa. Cuando me habló de estar encogido hizo unos gestos con las manos que indicaban que el encogimiento estaba en alguna parte delante de su rostro y que sin dejar su posición él hacía un movimiento giratorio. Inmediatamente le dije: «Al hablar de que está usted encogido y girando me da a entender al mismo tiempo algo que, como es natural, no me está describiendo, toda vez que no es consciente de ello; me da a entender la *existencia de un médium*». Al cabo de un rato le pregunté si comprendía lo que le había dicho y comprobé que lo había entendido al instante; dijo: «Como el aceite en el que se mueven las ruedas». Habiendo recibido la idea del medio que le sostenía, siguió describiendo con palabras lo que había demostrado con las manos: que había estado girando rápidamente hacia adelante, lo cual contrapuso al haber girado hacia atrás por encima del diván, hecho que me había relatado unas semanas antes.

Partiendo de esta interpretación del médium pude proseguir desarrollando el tema de la situación analítica y juntos elaboramos un planteamiento bastante claro de la condición especializada aportada por el analista, así como de los límites de la capacidad del analista para la adaptación a las necesidades del paciente. Seguidamente, el paciente tuvo un sueño muy importante cuyo análisis demostró que había podido desprenderse de una coraza que ya no le era necesaria, ya que yo le había demostrado mi capacidad de suministrarle un médium apropiado en el momento de su replegamiento. Parece ser que *al po-*

nerle inmediatamente un médium en torno a su ser replegado yo había convertido su replegamiento en una regresión, con lo que le había permitido utilizar constructivamente esta experiencia. A principios de mi carrera analítica hubiese perdido esta oportunidad. El paciente dijo que esta sesión analítica había sido «trascendental».

Obtuve un gran resultado de este detalle del análisis: una comprensión más clara del papel que me era dado desempeñar en mi calidad de analista, el reconocimiento de la dependencia que a veces tiene que ser muy grande e incluso penosa de soportar, y también el ajustarse con su situación respecto de la realidad, tanto en el trabajo como en casa, de una forma enteramente nueva. Por cierto, el paciente pudo decirme que su esposa había quedado embarazada, factor que hacía que le resultase muy fácil enlazar su encogimiento en el médium con la idea de un feto en el útero. De hecho se había identificado con su propio hijo al mismo tiempo que reconocía su propio estado originario de dependencia de la madre.

La primera vez que vio a su madre después de aquella sesión fue capaz, por primera vez, de preguntarle cuánto le estaba costando el análisis y también de mostrar preocupación al respecto. En la siguiente sesión pudo contarme lo que criticaba de mi actuación así como expresarme su sospecha de que yo era un embaucador.

Tercer episodio

El siguiente aspecto se presentó unos meses más tarde, tras un riquísimo período de análisis. Se presentó en un momento en que el material era de índole anal y en que se había reintroducido el aspecto homosexual de la situación transferencial, aspecto del análisis que le asustaba muy especialmente. Dijo que en su niñez le había acosado constantemente el temor de ser perseguido por un hombre. Hice ciertas interpretaciones y él dijo que mientras había estado hablando se había hallado *lejos, en una fábrica.* Dicho vulgarmente, sus pensamientos se habían extraviado. El hecho le resultaba real y había sentido como si realmente estuviese trabajando en la fábrica a la que había ido al finalizar el primer análisis que le había hecho durante la guerra y que se había visto interrumpido precisamente por el conflicto bélico. Inmediatamente interpreté que se había alejado *de mi regazo*, palabra que resultaba apropiada, puesto que en su estado de replegamiento y en términos de su desarrollo emocional había permanecido en un estado infantil, de manera que el diván se había convertido automáticamente en el regazo del analista. Se verá fácilmente que hay una relación entre el hecho de que yo le aportase el regazo y el hecho de que también le aportase el médium del que dependía su capacidad para moverse en posición de encogimiento y giro en el espacio.

Cuarto episodio

El cuarto de los episodios que quiero destacar no resulta tan claro. Se produjo durante una sesión en la que me dijo que era incapaz de hacer el amor. El material general me permitió interpretar la disociación en su relación con el mundo: por un lado, la espontaneidad del *verdadero self* que no tiene ninguna esperanza de encontrar objeto salvo en la imaginación; y por otro lado, la reacción al estímulo proveniente de un ser que tiene algo de *falso* o irreal. En la interpretación señalé que él estaba esperando ser capaz de juntar esta escisión en sí mismo en lo que concernía a su relación conmigo. En aquel momento se hundió en un estado de replegamiento durante un breve período y luego pudo contarme lo sucedido durante el mismo: *se había hecho oscuro, las nubes se habían acumulado y había empezado a llover; la lluvia había azotado su cuerpo desnudo*. En esta ocasión pude poner un recién nacido en aquel medio cruel y despiadado, señalándole la clase de medio que le cabía esperar en el caso de integrarse e independizarse. He aquí la interpretación del «médium» a la inversa.

Quinto episodio

El quinto episodio procede del material que fue presentado después de una interrupción de nueve semanas debida en parte a mis vacaciones veraniegas.

Después de la larga interrupción, el paciente volvió diciendo que no estaba seguro de por qué había vuelto y que le resultaba difícil volver a comenzar. El detalle más importante de los que me contó era que seguía encontrando difícil hacer algún comentario espontáneo, fuese de la clase que fuese, ya en su casa o entre amigos. Lo único que podía hacer era unirse a una conversación iniciada por otro, y aún le resultaba más fácil cuando sus interlocutores eran dos personas que hablaban entre ellas. Si hacía algún comentario le parecía estar usurpando la función de uno de sus padres (es decir, en la escena originaria) mientras que lo que necesitaba era ser reconocido como niño pequeño por los padres. Me contó lo suficiente acerca de sí mismo para mantenerme en contacto con sus preocupaciones cotidianas.

Al quinto episodio se llegó a través de la consideración de un sueño corriente.

La noche siguiente a esta primera sesión tuvo un sueño del que me dio cuenta al día siguiente. Era insólitamente vívido. Se iba al extranjero a pasar el fin de semana, *marchándose el sábado y regresando el lunes*. Lo principal acerca del viaje consistía en el encuentro con un paciente de hospital que se marchaba al extranjero en busca de tratamiento. (Resultó ser un paciente al que le habían amputado un miembro. Había otros detalles importantes que no se refieren específicamente al tema del presente escrito.)

Mi primera interpretación fue el comentario de que en el sueño *él se va y vuelve*. Es este comentario lo que quiero contarles, ya que enlaza con los que yo hice a raíz de los dos primeros episodios, en los que aporté un médium y un regazo, así como con el comentario del cuarto episodio, en el cual coloqué a un individuo en un mal medio, que había sido alucinado. Seguidamente hice una interpretación más profunda: que el sueño expresa los dos aspectos de su relación con el análisis; en uno de ellos, el paciente se marcha y vuelve, y en el otro se marcha al extranjero (el paciente del hospital representa esta parte de sí mismo); se marcha y mantiene contacto con este paciente, lo cual significa que está tratando de romper la disociación entre estos dos aspectos de sí mismo. Mi paciente repuso que en el sueño se sentía especialmente interesado por establecer contacto con el paciente, dando a entender con ello que iba ganando conciencia de la disociación o escisión que había en él y que deseaba integrarse.

Este episodio pudo presentarse en forma de sueño soñado fuera del análisis debido a que contenía ambos elementos juntos: el ser replegado y el medio. El aspecto del analista en cuanto médium había sido introyectado.

También hice estas interpretaciones: el sueño mostraba de qué manera el paciente afrontaba las vacaciones; había podido disfrutar de la experiencia de escaparse del tratamiento mientras al mismo tiempo sabía que, aunque se hubiese marchado, regresaría. De esta manera la larga interrupción, que hubiese podido tener serias consecuencias para un paciente de este tipo, no constituyó un trastorno demasiado grave. El paciente hizo resaltar que la cuestión de marcharse estaba íntimamente asociada en su mente con la idea de hacer un comentario original o algún acto espontáneo. Luego me dijo que el mismo día en que había tenido el sueño le había vuelto a asaltar un viejo temor: el de encontrarse con que de pronto le había dado un beso a alguien, cualquier persona que estuviese casualmente a su lado, tal vez un hombre. No hubiese hecho tanto el ridículo de haber besado a una mujer.

Entonces empezó a hundirse más profundamente en la situación analítica. Tenía la impresión de ser un niño pequeño en casa, y de equivocarse si hablaba, ya que se hubiese colocado en el lugar de los padres. Sentía una sensación de desesperanza al ver que sus gestos espontáneos no eran correspondidos (lo cual enlaza con lo que sé de la situación en el hogar). Empezó a aparecer un material mucho más profundo y el paciente tenía la sensación de que había gente entrando y saliendo por la puerta; mi interpretación en el sentido de que esto se hallaba asociado con la respiración se vio apoyada por otras de sus asociaciones. Las ideas son como la respiración, y también como los niños y si yo no hago nada con ellas, el paciente siente que las he abandonado. Su gran temor es el del niño abandonado, o de la idea o comentario abandonado, o bien del gesto no correspondido de un niño.

Sexto episodio

Una semana más tarde, el paciente (inesperadamente desde su punto de vista) se encontró con el hecho de que nunca había llegado a aceptar la muerte de su padre. Esto vino después de un sueño en el que su padre había estado presente y, de forma libre y sincera, había hablado de problemas sexuales con él. Dos días después vino y me dijo que se había sentido seriamente turbado porque había padecido un *dolor de cabeza*, muy distinto de ningún otro que hubiese padecido anteriormente. Databa más o menos de la anterior sesión, dos días antes. Este dolor de cabeza era temporal y a veces frontal y *era como si estuviese situado del lado de afuera de la cabeza*. Era un dolor constante que le hacía sentirse enfermo y, de haberle sido posible conseguir comprensión de su esposa, se hubiese acostado en lugar de venir al análisis. Estaba preocupado porque como médico se daba cuenta de que se trataba ciertamente de un trastorno funcional y, sin embargo, no había modo de explicarlo en términos de fisiología. (Por consiguiente era como la locura.)

En el transcurso de la sesión pude darme cuenta de cuál era la interpretación aplicable y le dije: «El que el dolor esté en el *exterior* de la cabeza representa su *necesidad de que le sostengan la cabeza* como, de ser usted un niño afligido, no hay duda de que se la sostendrían». Al principio no le encontró mucho sentido a mi explicación, pero poco a poco fue viendo claro. La persona que con mayor probabilidad le hubiese sostenido la cabeza cuando era pequeño no era su madre sino su padre. Dicho de otro modo, después de la muerte de su padre no había tenido a nadie que le sostuviera la cabeza cuando estaba afligido.

Enlacé mi interpretación con la interpretación clave del médium y gradualmente el paciente fue percatándose de lo acertado de mi idea acerca de las manos. Me informó de un replegamiento momentáneo unido a la sensación de que yo poseía una máquina que servía para aportar el control comprensivo del caso. Para él esto significaba que era importante que yo no le sostuviera realmente la cabeza, ya que ello hubiese sido la aplicación mecánica de unos principios técnicos. *Lo importante era que yo comprendía inmediatamente lo que él necesitaba.*

Al finalizar la sesión se sorprendió a sí mismo al recordar que se había pasado la tarde sosteniendo la cabeza de un niño. Al niño se le había practicado una pequeña intervención quirúrgica con anestesia local, operación que había durado más de una hora. Él había hecho cuanto podía por ayudar al pequeño pero sin mucho éxito. Lo que le parecía que debía necesitar el niño era que le sostuviera la cabeza.

Entonces pensó con bastante profundidad que lo que había venido a buscar en el análisis de aquel día era mi interpretación, por lo que casi se sintió agradecido a su esposa por no haberse mostrado comprensiva con él y por no haberle sostenido la cabeza como hubiese podido hacer.

Resumen

La idea que hay en el trasfondo del presente trabajo es la de que si somos conscientes de que la regresión se presenta durante la sesión analítica, entonces podremos afrontarla inmediatamente y de esta manera permitiremos que ciertos pacientes que no estén demasiado enfermos realicen las regresiones necesarias en fases cortas, puede que incluso momentáneamente. Afirmaría que *en el estado de replegamiento el paciente sostiene el ser* y que si inmediatamente después de la aparición de dicho estado *el analista es capaz de sostener al paciente*, entonces lo que hubiese sido un replegamiento se convierte en una regresión. La ventaja de la *regresión* estriba en que lleva consigo la oportunidad de corrección de la inadecuada adaptación a la necesidad en el pasado del paciente, es decir, en el cuidado recibido por el paciente durante la infancia. En contraste, el estado de *replegamiento* no resulta provechoso y el paciente no ha cambiado cuando se recupera de tal estado.

Siempre que comprendemos profundamente a un paciente y que se lo demostramos por medio de una interpretación correcta y oportuna, de hecho lo que estamos haciendo es sostenerle y participar en una relación en la cual el paciente se halla en cierto grado de regresión y dependencia.

Por lo común se cree que hay algo de peligro en la regresión de un paciente durante el psicoanálisis. El peligro no reside en la regresión sino en la falta de disposición del analista para afrontar la regresión y la dependencia propia de la misma. Cuando un analista cuenta con una serie de experiencias que le dan confianza para encararse con la regresión, entonces es acertado, probablemente, que cuanto antes la acepte y la afronte, menos probable será que el paciente necesite caer en una enfermedad con matices regresivos.

11. LA POSICIÓN DEPRESIVA EN EL DESARROLLO
EMOCIONAL NORMAL (1954-1955)[1]

Esto es un intento de dar una visión personal del concepto de Melanie Klein de la posición depresiva. Para ser justo con Klein, deseo decir que no fui analizado por ella ni conocí a nadie que lo fuese. Me sentí atraído al estudio de su obra por el valor que la misma tenía en mi labor con niños y recibí su enseñanza de ella entre 1935 y 1940 en la supervisión de casos. La versión de la propia Melanie Klein se hallará en sus escritos (1935, 1940).

La palabra «normal» que aparece en el título es importante. El complejo de Edipo caracteriza al desarrollo sano o normal de los niños, y la posición depresiva constituye una fase normal del desarrollo de los niños sanos (y lo mismo sucede con la dependencia absoluta, o narcisismo primario, que es una fase normal del niño sano en el comienzo o cerca del comienzo de la vida).

Lo que pondré de relieve es la posición depresiva en el desarrollo emocional en lo que tiene de *logro positivo*.

Uno de los rasgos de la posición depresiva estriba en que es aplicable a una zona de la psiquiatría clínica que se encuentra a medio camino entre el lugar de origen de la psiconeurosis y el de la psicosis.

El niño (o el adulto) que haya alcanzado la capacidad para las relaciones interpersonales que caracteriza la salud del pe-

1. Escrito leído ante la Sociedad Psicológica Británica, Sección Médica, febrero de 1954, *Brit. J. Med. Psychol.*, vol. XXVIII, 1955.

queño, y para el cual sea posible el análisis corriente de las infinitas variaciones de las relaciones humanas triangulares, habrá *pasado y superado* la posición depresiva. Por el contrario, el niño (o el adulto) que se preocupe principalmente por los problemas innatos de la integración de la responsabilidad así como con la iniciación de una relación con el medio, todavía no habrá llegado a la posición depresiva de su desarrollo personal.

Hablando en términos de medio, el niño que da los primeros pasos se encuentra inserto en una situación familiar, viviendo una vida instintiva dentro del marco de las relaciones interpersonales. El bebé, por su parte, es sostenido por una madre que se adapta a las necesidades del yo. Entre uno y otro se halla el niño pequeño que está llegando a la posición depresiva. Este niño pequeño es sostenido por la madre, la cual seguirá sosteniéndole durante una fase de su vida. Se observará que el *factor tiempo* acaba de entrar en escena. La madre *sostiene la situación* de tal manera que el pequeño tenga oportunidad de preelaborar las consecuencias de las experiencias instintivas; como veremos, la preelaboración es comparable desde todo punto de vista con el proceso digestivo y es comparablemente compleja.

La madre sostiene la situación, y lo hace una y otra vez, en un crítico período de la vida del pequeño. La consecuencia es que es posible hacer algo sobre algo. La técnica de la madre permite al pequeño resolver el amor y el odio que en él coexisten, interrelacionarlos y someterlos gradualmente a un control procedente de dentro de una forma sana.[2]

Piensen en un niño a la edad del destete. El momento en que el destete se lleva a cabo varía según el patrón cultural, pero para mí la edad del destete es aquella en la que el pequeño empieza a ser capaz de jugar a dejar caer cosas. El juego de dejar caer cosas empieza en algún momento situado cerca de los cinco meses, constituyendo un rasgo regular hasta el año o año y medio de edad. Así, pues, pensemos en un niño pequeño que haya desarrollado el arte de dejar caer cosas, digamos a los diecinueve meses de edad (véase Freud, 1920, y también el capítulo 2 de la segunda parte).

La posición depresiva constituye un logro perteneciente a la edad del destete. Si todo marcha bien, la posición depresiva se

---

2. Es aquí donde se encontrará el origen de la capacidad para la ambivalencia. El término «ambivalencia» en su empleo popular significa que el odio reprimido ha deformado los elementos positivos de una relación. Esto, sin embargo, no debe oscurecer el concepto de una capacidad para la ambivalencia como logro del desarrollo emocional.

alcanza y se instaura cerca de la segunda mitad del primer año. A menudo tarda mucho más en instaurarse, incluso dentro de un desarrollo más o menos sano. Sabemos también que en muchos niños y adultos sometidos a análisis, el acercamiento a la posición depresiva constituye un rasgo importante del análisis, un rasgo que indica progreso y al mismo tiempo entraña un fallo anterior en esta fase del desarrollo. No hace falta determinar una edad concreta. Tal vez haya niños que alcancen la posición depresiva antes de los seis meses, o quizás antes incluso. Semejante logro sería un indicio favorable, pero no implicaría la instauración de dicha posición. Si me encuentro con un analista que tiene demasiadas pretensiones acerca de la posición depresiva en el desarrollo propio de los primeros seis meses, me siento inclinado a comentar que es una lástima echar a perder un concepto tan valioso sólo porque sea difícil creer en él.

El motivo por el cual no busco esta fase durante los primeros seis meses no estriba en que piense que la primera infancia transcurre sin incidentes. ¡Lejos de ello! Es mucho lo que depende del mismísimo comienzo, incluso de antes del nacimiento; pero dudo que sea algo de tanta complejidad como la de la posición depresiva, como por ejemplo la retención de una angustia y una esperanza durante un período de tiempo. Sin embargo, si se llega a demostrar que el bebé puede alcanzar la posición depresiva durante la primera semana de vida, no me inquietaré por ello. Mientras tanto, la posición depresiva sigue siendo algo que corresponde a los seis primeros meses o al primer año y que constituye una creciente prueba del desarrollo personal, desarrollo que depende de un medio ambiente sensible y continuado.

Nos es posible enunciar las condiciones previas para el logro de la posición depresiva. Tenemos mucha experiencia práctica a la que recurrir debido a las veces que hemos visto cómo los pacientes, de todas las edades, alcanzan esta fase del desarrollo emocional bajo las condiciones de un análisis que va por buen camino. Para poder llegar a la posición depresiva es necesario haber superado las primeras fases, ya sea en la vida real, ya en el análisis, o en ambos. Para alcanzar dicha posición el bebé debe estar ya instaurado en calidad de persona completa relacionada con otras personas completas. En este contexto cuento con el pecho como persona completa, ya que, a medida que el bebé va convirtiéndose en persona completa, percibe como tal el pecho de la madre, su cuerpo, etc.

Si damos por sentado todo lo que haya sucedido antes, podemos decir, al hablar de un bebé completo que se relaciona con una madre completa, que el camino ya está preparado para la consecución de la posición depresiva. En el caso de que no sea posible dar por sentados estos factores, entonces nada de lo que pueda decir acerca de la posición depresiva tendrá valor. El niño se las arregla sin ella, como hacen muchos. De hecho, en los tipos esquizoides a veces la posición depresiva no es significativa, por lo que es necesario recurrir a la explotación de la recreación a falta de lo que se denomina «reparación y restitución». Sé de analistas que buscaban la posición depresiva en pacientes que carecían de las condiciones previas. Es, por supuesto, bastante patético ser testigo de un fracaso; y la conclusión resultante en el sentido de que la posición depresiva es un falso concepto no resulta demasiado convincente. A la inversa, hay analistas que tratan de demostrar la posición depresiva cuando no es esto lo principal en el análisis de pacientes que ya la han alcanzado al lograr su condición unitaria en la infancia.

Si en el desarrollo de un bebé podemos dar por sentado que éste se siente persona completa, también podemos dar por sentado que el bebé vive en el cuerpo. Este detalle es importante, pero no puedo desarrollar el tema aquí.

Así, pues, aquí tenemos una persona, un bebé humano completo, y una madre que sostiene la situación y permite al niño preelaborar ciertos procesos que describiré posteriormente.

Primero, sin embargo, debo hacer algunas observaciones acerca del término «posición depresiva».

El término «posición depresiva» no es adecuado para un proceso normal, pero nadie ha sido capaz de inventar uno mejor. Mi propia sugerencia consiste en que debería denominarse *la fase de la inquietud*, pues creo que el término explica fácilmente el concepto. La misma Melanie Klein utiliza la palabra «inquietud» en sus propias descripciones. No obstante, este término descriptivo no abarca la totalidad del concepto, por lo que me temo que el nombre original seguirá vigente.

A menudo se ha señalado que para la descripción de un proceso normal no debería emplearse un término que entraña enfermedad. El término posición depresiva parece implicar que los niños sanos pasan por una etapa de depresión o enfermedad anímica. De hecho no es esto lo que se quiere decir.

Cuando Spitz (1946) descubre y describe la depresión en niños que se ven privados de los buenos cuidados de costumbre, tiene razón al decir que esto no es un ejemplo de la posición depresiva; en realidad no tiene nada que ver con ella. Los bebés descritos por Spitz están despersonalizados y se sienten impotentes acerca de los contactos externos y en esencia carecen de las condiciones previas para el logro de la posición depresiva. El concepto de posición depresiva dentro del desarrollo normal no implica que los niños se depriman normalmente. La depresión, por muy común que sea, es un síntoma de enfermedad e indica un estado anímico y entraña unos complejos que podrían hacerse inconscientes. Los procesos inconscientes tienen que ver con los sentimientos de culpabilidad y éstos corresponden al elemento destructivo inherente al amor. La depresión, en tanto que trastorno afectivo, no es inanalizable ni un fenómeno normal.

Entonces, ¿qué es esto que llamamos «posición depresiva»?

Existe una forma útil de enfocar el problema que empieza con la palabra «cruel». Al principio, el pequeño es cruel (desde nuestro punto de vista); carece todavía de la inquietud acerca de los resultados del amor instintivo.[3] Originariamente, este amor es una forma de impulso, de gesto, de contacto, de relación, y produce en el pequeño la satisfacción de la autoexpresión, liberándole de la tensión instintiva; es más, hace que el objeto se coloque fuera del ser.

Hay que tener presente que el pequeño no se siente cruel, pero al mirar hacia atrás (cosa que sucede en las regresiones) el individuo puede decir: «¡Qué cruel era entonces!». Se trata de una fase de precompasión.

En un momento u otro del desarrollo de todo ser humano normal se pasa de la precompasión a la compasión. Nadie lo pone en duda. Lo único que cabe preguntarse es cuándo, cómo y en qué condiciones sucede esto. El concepto de la posición depresiva constituye un intento de contestar a estas tres preguntas. De acuerdo con este concepto, el paso de la crueldad a la compasión se produce gradualmente, bajo ciertas condiciones definidas de maternalización, durante el período comprendido entre los cinco y los doce meses, y su instauración no es necesariamente definitiva hasta una fecha muy posterior. Además, en el análisis es posible comprobar que el citado cambio no se ha producido jamás.

---

3. Tengan aquí en cuenta algo que debo omitir: una agresión que no es inherente y que es propia de toda clase de casualidades de persecución adversa que aquejan a algunos niños pero no a la mayoría.

La posición depresiva, pues, es una cuestión compleja, un elemento inherente a un fenómeno no controvertible: el de que cada individuo surge de la precompasión para meterse en la compasión o inquietud.

LA FUNCIÓN DEL MEDIO AMBIENTE

Nos hallamos examinando la psicología de la fase inmediatamente posterior a la consecución del estado unitario por parte del nuevo ser humano. Que quede entendido que deliberadamente omito todo cuanto precede a la consecución del citado estado. Sin embargo, quiero hacer la observación de que cuanto más se retrocede, más se ve que es cierto que no tiene sentido hablar del individuo sin postular al mismo tiempo una adaptación suficiente del medio a las necesidades del individuo. En la fase más precoz se llega incluso a la posición en la que sólo el observador es capaz de distinguir el individuo del medio (narcisismo primario); el individuo no puede hacerlo, por lo que es conveniente hablar de una organización medio-individuo más que de un individuo a secas.

Una vez alcanzado el estado de unidad, el desarrollo ulterior sigue dependiendo de la estabilidad y sencillez segura del medio.

La madre tiene que ser capaz de combinar dos funciones y de persistir con ellas, de manera que el pequeño puede gozar de la oportunidad de utilizar este marco especializado. La madre se ha estado adaptando a las necesidades del pequeño mediante su técnica para el cuidado del mismo (véase A. Freud, 1953), y el pequeño ha llegado a identificar esta técnica con la madre, como parte de ella, al igual que su rostro, su oreja, el collar que lleva al cuello y sus actitudes variables (que son afectadas por la prisa, la pereza, la angustia, la preocupación, la excitación, etc.). La madre ha sido amada por el pequeño como la persona que incorpora todo esto. Aquí podemos hablar del afecto o cariño, y son estas cualidades de la madre las que son incorporadas en el objeto que tantos niños manosean y abrazan (véase el capítulo 8 de esta tercera parte).

Al mismo tiempo, la madre ha recibido una serie de asaltos durante las fases de tensión instintiva. Como se verá, hago una distinción en las funciones de la madre según el bebé esté quieto o excitado. La madre tiene dos funciones que corresponden a los estados de tranquilidad y de excitación del pequeño.

Al final todo queda dispuesto para que en la mente del pequeño se junten estas dos funciones de la madre. Es precisamente aquí donde cabe que surjan grandes dificultades. Melanie Klein las estudió en sus trabajos, que en ningún otro campo fueron tan ricos y productivos. El bebé humano no puede aceptar que su madre, tan valorada en las fases de tranquilidad, sea la misma persona que será y ha sido cruelmente atacada en las fases de excitación. El pequeño, al ser una persona completa, es capaz de identificarse con la madre, pero para él todavía no hay una clara distinción entre lo que se pretende y lo que realmente sucede. Las funciones y sus elaboraciones imaginativas todavía no están claramente separadas en hechos y fantasías. Resulta pasmoso ver lo que debe hacer el bebé más o menos en esta época.

Veamos qué sucede si la madre «tranquila» sostiene la situación a tiempo, de manera que el bebé puede experimentar relaciones «excitadas» y enfrentarse a sus consecuencias.

Hablando del modo más sencillo posible, el bebé excitado, que a duras penas sabe lo que está sucediendo, se deja llevar por los crudos instintos e ideas que corresponden a los mismos. (Debemos dar por sentado que se le ha alimentado satisfactoriamente, o bien que ha vivido otra experiencia instintiva igualmente satisfactoria.)

Llega el momento en que el pequeño debe ver que la misma madre ofrece dos posibilidades de uso completamente distintas. Ha surgido un nuevo tipo de necesidad basado en el impulso y en la tensión instintiva, una necesidad que busca alivio y que entraña un punto culminante u orgasmo. Allí donde exista una experiencia orgásmica debe existir necesariamente un aumento del dolor ante la frustración. Tan pronto como la excitación haya empezado y la tensión haya subido, el riesgo habrá hecho su aparición.

Pienso que tenemos que hacernos cargo de que es mucho lo que hay que experimentar antes de alcanzar el pleno significado de lo que esto implica.[4]

Como he dicho, son dos las cosas que suceden. Una consiste en la percepción de la identidad de los dos objetos: la madre de las fases tranquilas y la madre utilizada e incluso atacada en el clímax instintivo. La otra estriba en el comienzo del reconocimiento de la existencia de ideas, fantasía, elaboración imagi-

---

4. No debe olvidarse que estoy hablando clínicamente y que estoy describiendo tanto situaciones de la infancia real como situaciones analíticas.

nativa de la función, la aceptación de ideas y de fantasías relacionadas con hechos pero que no deben confundirse con éstos. Tal progresión compleja del desarrollo emocional del individuo no es posible sin la ayuda de un medio ambiente suficientemente bueno, representado aquí por la supervivencia de la madre. Hasta que el niño haya recogido material mnémico no habrá lugar para la desaparición de la madre.[5]

Según yo la veo, la teoría de Klein postula que el individuo humano no puede aceptar el crudo hecho de la relación excitada o instintiva, incluso el asalto a ella, con la madre «tranquila». La integración, en la mente del pequeño, de la escisión de ambos medios, el de los cuidados y el excitante (es decir, los dos aspectos de la madre) no puede hacerse salvo por medio de una maternalización suficiente y la supervivencia de la madre durante un período de tiempo.

Pensemos ahora en un día en que, con la madre a cargo de la situación, el bebé, en algún momento del día, ha vivido una experiencia instintiva. En beneficio de la sencillez, daré por sentado que tal experiencia es la de la nutrición, toda vez que en realidad ésta es la base de toda la cuestión. Se produce un ataque cruel y de índole caníbal que se manifiesta parcialmente en el comportamiento físico del bebé y que en parte corresponde a la elaboración imaginativa que de la función física hace el propio bebé. Éste ata cabos y empieza a ver que la respuesta es una y no dos. La madre de la relación dependiente (anaclítica) es, asimismo, el objeto del amor instintivo (biológicamente impulsado).

El bebé se siente engañado por la misma nutrición; la tensión instintiva desaparece y el bebé se siente a la vez satisfecho y engañado. Con demasiada facilidad se cree que al ser alimentado el pequeño se siente satisfecho y con ganas de dormir. A menudo el engaño va seguido por la aflicción, especialmente si la satisfacción física despoja al niño de su gusto con demasiada rapidez. Entonces el pequeño se queda con lo siguiente: una agresión no liberada debido a que en el proceso nutritivo no se empleó suficiente erotismo muscular o impulso primitivo (o movilidad); o con un sentimiento de «fracaso» al haber desaparecido súbitamente una fuente del gusto por la vida, sin que el pequeño sepa si va a volver. Todo esto aparece claramente en la experiencia clínica analítica y, cuando menos, no se contradice con la observación directa de niños.

---

5. Sin duda, existen otras raíces precoces de la apreciación de la fantasía, pero me veo obligado a omitirlas.

Sin embargo, no podemos afrontar demasiadas complicaciones simultáneamente. Demos por sentado que el bebé experimentó una descarga instintiva. La madre sostiene la situación y el día sigue su curso, y el niño se da cuenta de que la madre «tranquila» no sólo participó en la experiencia instintiva sino que también sobrevivió a ella. Esto se repite un día tras otro y a la larga hace que el niño se dé cuenta de la diferencia entre la realidad y la fantasía, o entre la realidad externa y la interna.

Angustia depresiva

Seguidamente debo describir una cuestión más completa. La experiencia instintiva da al pequeño dos tipos de angustia. El primero es el que ya he descrito: angustia acerca del objeto del amor instintivo. La madre no es la misma después que antes. Si queremos podemos recurrir a las palabras para describir lo que siente el pequeño y lo que dice: hay un agujero, donde antes había un cuerpo rico y completo. Hay otras muchas maneras de expresar esto, según la forma en que permitamos al niño tener unas cuantas semanas más y tener unas ideas más complejas.

La otra angustia corresponde al propio interior del pequeño. Éste ha vivido una experiencia y no siente lo mismo que antes. Sería perfectamente legítimo comparar esto con el cambio para mejorar o empeorar que efectúa el adulto después de la experiencia sexual. Recuerden que en todo momento la madre está sosteniendo la situación. Ahora debemos estudiar detalladamente los fenómenos personales e interiores del pequeño.

Sigamos utilizando la experiencia nutritiva.[6] El niño absorbe alimento, que será bueno o malo según haya sido ingerido durante una experiencia instintiva satisfactoria o durante una experiencia complicada por la ira excesiva ante la frustración. Cierto grado de ira ante la frustración es, por supuesto, parte esencial hasta de la experiencia satisfactoria.

Aquí simplificaré en extremo el fenómeno interior, pero más adelante volveré a realizar una valoración más fidedigna de la fantasía que se forja el pequeño acerca del interior del *self*, con sus fuerzas contrapuestas y sus sistemas de control.

---

6. Doy por sentado que la experiencia instintiva se hallaba en la línea de los procesos del yo, de lo contrario tendría que comentar las reacciones del pequeño ante los ataques procedentes del medio ambiente, representadas por la tensión instintiva y por la actividad reactiva.

Podemos hablar de las ideas del pequeño acerca de su interior porque hemos postulado el hecho de que el pequeño ha alcanzado su estado de unidad; el niño ya se ha hecho una persona con una membrana limítrofe, con un interior y un exterior. Para nuestros fines presentes, este pequeño, después de ser alimentado, aparte de sentir aprensión en torno al agujero imaginario en el cuerpo de la madre, se ve también sumamente atrapado en la lucha que se desarrolla dentro de su *self*, lucha en la que contienden lo que es percibido como bueno, es decir, lo que es apoyo del *self*, y lo que se percibe como malo, es decir, lo que resulta persecutorio para el *self*.

Se ha creado un complejo estado de cosas en el interior, y al niño sólo le cabe esperar el resultado, exactamente del mismo modo que, después de comer, hay que esperar el resultado de la digestión. Sin duda se produce una diferenciación silenciosa que se desarrolla a su propio ritmo. Totalmente aparte del control intelectual y con arreglo a los patrones personales que gradualmente se van desarrollando, los elementos de apoyo y persecutorios se interrelacionan hasta que se alcanza cierto equilibrio, como resultado del cual el pequeño retiene o elimina, de acuerdo con su necesidad interior. Junto con la eliminación, el pequeño una vez más adquiere cierto control, ya que la eliminación implica una vez más a las funciones corporales.[7] Pero, mientras en el proceso físico de la digestión vemos solamente la eliminación del material inservible, en el proceso imaginativo la eliminación posee un potencial bueno y malo a la vez.

Premeditadamente no haré ninguna referencia a las experiencias anales y uretrales en tanto que tipos de satisfacción por derecho propio, ya que lo hago en otro lugar. En el presente contexto, las experiencias anales y uretrales constituyen la parte eliminativa del proceso ingestivo y digestivo global.

Durante todo el tiempo la madre se halla sosteniendo la situación. Así, el día va avanzando, la digestión física y también la correspondiente preelaboración van teniendo lugar en la psique. Esta preelaboración lleva tiempo y lo único que puede hacer el pequeño es esperar el resultado rindiéndose pasivamente a todo cuanto sucede en el interior.[8] En estado de salud, este mundo interior personal se convierte en el núcleo infinitamente rico del *self*.

---

7. Esto concuerda con una tendencia principal observable en la obra de Fairbairn (1952).
8. Esta idea se corresponde con las ideas propuestas por A. Freud (1952).

Al finalizar este día, en la vida de cualquier pequeño sano, a resultas del trabajo interior que haya hecho, puede ofrecer bondad y maldad. La madre coge lo bueno y lo malo y se la supone capaz de distinguir lo que se le ofrece de bueno y lo que se le ofrece de malo. He aquí el primer acto de dar, sin el cual no existe un verdadero acto de recibir. Todas estas cuestiones son muy prácticas en el cuidado cotidiano de niños y, a decir verdad, en el análisis.

El niño que recibe la bendición de una madre que sobrevive, de una madre que sabe reconocer un gesto obsequioso cuando le es ofrecido, se halla ahora en condiciones de hacer algo con respecto al agujero antes citado, el que hay en el pecho o en el cuerpo de la madre y que ha sido hecho imaginativamente en el momento instintivo originario. Aquí podemos emplear las palabras «reparación» y «restitución», palabras que tanto significan en el marco apropiado, pero que fácilmente pueden quedar reducidas a meras fórmulas si se utilizan con demasiada desaprensión. El gesto obsequioso puede alcanzar el agujero si la madre desempeña su papel.

Podrán ver por qué he insistido en la importancia de que la madre sostenga una situación en el tiempo.

Ahora se ha organizado un círculo benigno. Entre las complicaciones podemos organizar las siguientes:

Una relación entre el pequeño y la madre que se ve complicada por la experiencia instintiva.
Una tenue percepción del efecto (el agujero).
Una preelaboración interior: la clasificación de los resultados de la experiencia.
Una capacidad para dar, debida a la clasificación de lo bueno y de lo malo que hay dentro.
Reparación.

El resultado del refuerzo que día tras día va recibiendo el círculo benigno estriba en que el pequeño se hace capaz de tolerar el agujero (el resultado del amor instintivo). He aquí, pues, el principio del sentimiento de *culpabilidad*. Ésta es la única culpabilidad verdadera, ya que la impuesta es falsa para el *self*. La culpabilidad empieza al unir a las dos madres, al unir el amor tranquilo y el excitado, el amor y el odio. Es un sentimiento que va creciendo gradualmente hasta convertirse en una fuente, sana y normal, de actividad en las relaciones. Se trata de una fuente de potencia y de aportación social, así como de ejecución artística (pero no del arte propiamente dicho, cuyas raíces se hallan a un nivel más profundo).

La grandísima importancia de la posición depresiva es, por lo tanto, evidente, y la aportación kleiniana al psicoanálisis constituye en este aspecto una verdadera aportación a la sociedad, así como al cuidado y educación de los niños. *El niño sano posee una fuente personal de sentimiento de culpabilidad* y no es necesario enseñarle a sentirse culpable o inquieto. Por supuesto, cierto número de niños no gozan de este estado de salud, no han alcanzado la posición depresiva y es necesario enseñarles el sentido de lo que está bien y lo que está mal. Esto es el corolario de la primera afirmación. Pero, cuando menos en teoría, cada niño cuenta con el potencial para el desarrollo del sentimiento de culpabilidad. Clínicamente, vemos niños que carecen de tal sentimiento, pero no existe ningún niño humano que sea incapaz de encontrar un sentimiento personal de culpabilidad si se le da la oportunidad, antes de que sea demasiado tarde, para la consecución de la posición depresiva. En los casos límite vemos realmente cómo esto tiene lugar fuera del análisis; por ejemplo, en la observación de niños antisociales a los que se cuida en las escuelas para niños llamados «inadaptados».

En el funcionamiento del círculo benigno, la inquietud se hace tolerable para el pequeño al darse éste cuenta gradualmente de que es posible hacer algo con respecto al agujero y de los diversos efectos del impulso del ello en el cuerpo de la madre. Así, el instinto se hace más libre y es posible correr más riesgos. Se genera una mayor cantidad de culpabilidad, pero asimismo se intensifica la experiencia instintiva con su elaboración imaginativa, de manera que se produce un mundo interior más rico, seguido a su vez por un mayor potencial de reparación.

Esto lo vemos una y otra vez en el análisis, cuando se alcanza la posición depresiva en el marco de la transferencia. Vemos una expresión de amor seguida por la angustia en torno al analista y por temores hipocondríacos. O, si no, vemos, más positivamente, una liberación del instinto y un desarrollo que conduce a la riqueza de la personalidad, así como a un aumento en la potencia o en el potencial general para la aportación social.

Parece ser que al cabo de un tiempo el individuo es capaz de edificar recuerdos de las experiencias que percibiera como buenas, de tal manera que la experiencia de la madre sosteniendo la situación pasa a formar parte del *self*, a ser asimilada en el yo. De esta manera, la madre real se va haciendo paulatinamente menos necesaria. El individuo adquiere un ambiente interior. De esta manera el pequeño es capaz de encontrar nuevas experiencias sostenedoras de la situación y con el tiempo puede hacerse cargo de la función de ser la persona que sostiene la situación en beneficio de otra persona, sin resentimiento.

Son notables algunas de las cosas que surgen de este concepto del círculo benigno de la posición depresiva:

1. Cuando el círculo benigno se rompe, y la madre sostenedora de la situación deja de ser un hecho, entonces el proceso se deshace; al principio el resultado consiste en la inhibición de los instintos y en un empobrecimiento personal generalizado, luego también se pierde la capacidad para el sentimiento de culpabilidad. El sentimiento de culpabilidad puede ser recuperado, pero sólo por medio de la reinstauración de la existencia de una madre que sostiene la situación y es lo suficientemente buena. Sin sentimiento de culpabilidad el niño puede proseguir las satisfacciones sensuales de los instintos, pero pierde la capacidad para los sentimientos afectuosos.

2. Durante un largo tiempo el niño pequeño necesita de alguien que no sólo sea amado sino que además acepte la potencia (se trate de un chico o de una chica) en términos de un dar que sea reparativo y restitutivo. Dicho de otro modo, el niño pequeño debe seguir teniendo oportunidad de dar en relación con la culpabilidad propia de la experiencia instintiva, ya que ésta es la forma de crecer. Hay aquí dependencia de alto nivel, pero no se trata de la dependencia absoluta de las primeras fases.

Este dar se expresa en los juegos, pero al principio los juegos constructivos requieren la presencia cercana de la persona amada, aparentemente implicada si no realmente apreciable en el verdadero logro constructivo del juego. Síntoma evidente de que no se comprende a los niños pequeños (o a los que necesitan una experiencia regresiva que les cure) es la costumbre de los adultos de dar sin más, sin ver la importancia que tiene el que reciban también.

3. Si los fenómenos interiores causan problemas, el niño (o el adulto) «se moja» en la totalidad del mundo interior y funciona a un bajo nivel de vitalidad. El estado anímico es de depresión. En mi descripción ésta es la primera vez que he establecido una relación íntima entre la palabra «depresión» y el concepto de posición depresiva.

Las depresiones que surgen clínicamente ante el psiquiatra son, principalmente, no del tipo relacionado con la «posición depresiva», sino que están más asociadas con la despersonalización o la pérdida de esperanza en relación a las relaciones objetales; o con un sentimiento de futilidad resultante del desarrollo de un falso *self*. Estos fenómenos pertenecen al período anterior a la posición depresiva en el desarrollo individual.

LA DEFENSA MANÍACA

Al enfrentarse con el estado anímico depresivo específicamente asociado con las angustias de la posición depresiva, se produce la tristemente célebre huida de la depresión que llamamos *defensa maníaca*. En la defensa maníaca se niega todo lo que es serio. La muerte se convierte en una exageración de la vida, el silencio en ruido, no hay aflicción ni inquietud, ni trabajo constructivo ni descanso placentero. Ésta es la formación de reacción relativa a la depresión, cuyo concepto es necesario examinar por sí mismo. Clínicamente, su presencia implica que se ha alcanzado la posición depresiva y que perdida ésta, antes que perderse, se mantiene latente aunque negada.

El diagnóstico más común en una clínica pediátrica es lo que yo solía llamar (en 1930, antes de conocer las ideas de Klein) «inquietud angustiosa común» (véase la pág. 39); se trata de un estado clínico cuyo rasgo principal es la negación de la depresión. A veces, se pasa por alto la enfermedad de un niño porque se esconde tras la rapidez y la inquietud o desasosiego propios de una vida joven. En su calidad de enfermedad, el desasosiego angustioso común corresponde al estado hipomaníaco de los adultos, que acarrea muchos y diversos trastornos psicosomáticos.

El desasosiego maníaco debe diferenciarse del desasosiego persecutorio y de la elación de la manía.

EXAMEN DEL MUNDO INTERIOR

Aunque con excesiva brevedad, vamos a examinar más detenidamente los fenómenos del mundo interior. Se trata de un tema realmente amplio.

Se recordará que deliberadamente simplifiqué en demasía al tratar la posición depresiva en términos de nutrición y del alimento ingerido por el pequeño durante la misma. Pero no se trata simplemente de una cuestión de alimentos o de leche. Lo que nos interesa son las experiencias instintivas de toda clase y los objetos «buenos» y «malos» resultan ser sentimientos buenos y malos resultantes de la vida instintiva del individuo, elaborados imaginativamente. Es necesario efectuar un plantea-

miento más complejo aun tratándose de una breve presentación como la presente.
El mundo interior del individuo se edifica con arreglo a tres principios fundamentales:

A. La experiencia instintiva.
B. Las materias incorporadas, retenidas o eliminadas.
C. Relaciones o situaciones completas introyectadas mágicamente.

De estos tipos, el primero es fundamental para todos los seres humanos, y siempre lo será. El mundo es más o menos parecido entre los pequeños de todas partes, aunque, por supuesto, los observadores pueden percibir diferencias (pecho, biberón, leche, plátanos, jugo de coco, cerveza, etc.), según las costumbres predominantes en la cultura respectiva. El tercero es esencialmente personal y pertenece al individuo en el marco real, incluyendo acontecimientos con la madre, la niñera, la tía en la casa, cabaña, tienda, con la realidad que verdaderamente se presenta. Deberíamos incluir la angustia, el estado anímico, la falta de confianza de la madre, así como su buena maternalización. El padre participa indirectamente como marido y directamente como sustituto de la madre.

A fin de enlazar el mundo interior de la posición depresiva con la obra de C. G. Jung y los psicólogos analíticos sobre los arquetipos, debemos confinarnos al estudio del primer grupo. Lo que en él sucede es propio de la humanidad en general y aporta la base para lo que es *común* a los sueños, el arte, la religión y los mitos del mundo, independientemente del tiempo. De esto está hecha la naturaleza humana, pero sólo en la medida en que el individuo haya llegado al logro de la posición depresiva. Sin embargo, esto no es la totalidad del mundo interior del niño y en nuestra labor clínica no podemos descuidar los otros dos grupos.

Sea del tipo que sea lo que encontremos de organización arquetípica en el mundo interior, debemos recordar que los *cambios terapéuticos permanentes sólo pueden ser producidos por nuevas experiencias instintivas*, y de éstas sólo podemos disponer cuando se producen en la neurosis transferencial de un análisis; mostrándole a un paciente que una fantasía es lo mismo en él que en la mitología, no lograremos cambiar los arquetipos.

Al examinar el mundo interior de un individuo que haya alcanzado la posición depresiva vemos:

Fuerzas que contienden (grupo A).
Objetos o material objetal, buenos y malos (grupo B).
Buen material percibido, introyectado para el enriquecimiento personal y la estabilización (grupo C).
Mal material percibido e introyectado para ser controlado (grupo C).

Cuando decimos que en la terapia *los cambios reales con respecto a los grupos A y B se producen en la labor de la transferencia*, sabemos que una secuencia ordenada está implícita, aunque reconozcamos su infinita complejidad en un caso real, incluso cuando el paciente es un niño de corta edad.

Es el análisis del sadismo oral en la transferencia lo que económicamente aminora el potencial persecutorio en el mundo interior del paciente.

Tipos de defensa

Una de las defensas contra la angustia depresiva consiste en una inhibición relativa del mismo instinto, lo cual da una disminución cuantitativa de todas las secuelas de las experiencias instintivas.

En el mundo interior se emplean otros mecanismos de defensa, como por ejemplo:

Un control global cada vez mayor (estado anímico depresivo).
Compartimentación.
Aislamiento de ciertos agrupamientos persecutorios.
Encapsulación.
Introyección de un objeto idealizado.
Ocultación secreta de cosas buenas.
Proyección mágica de lo bueno.
Proyección mágica de lo malo.
Eliminación.
Negación.

Repasar este terreno es como repasar toda la gama de juegos infantiles; de hecho es precisamente lo mismo, ya que todo ello aparece en los juegos. Es demasiado fácil para el individuo obtener un alivio temporal de la encapsulación de un agrupamiento persecutorio mediante la proyección del mismo. El resultado, sin embargo, es un estado ilusorio al que llamamos «locura», a menos que casualmente la realidad externa provea un ejemplo perfecto del material que vaya a ser proyectado.

Hay que citar una complicación más. Ya se habrán dado cuenta de que esta edificación del mundo interior a través de innumerables experiencias instintivas ha empezado mucho antes del período que estamos examinando. Mucho antes de cumplir los seis meses, el bebé humano va formándose partiendo de las experiencias que constituyen la vida de la infancia, instintiva y no instintiva, excitada y tranquila. Basándose en esto puede aducirse que algunas de las cosas de que les estoy hablando arrancan del nacimiento o del período prenatal. Esto, sin embargo, no representa llevar la misma posición depresiva hacia atrás, hasta alcanzar estos primeros meses, semanas y días, ya que la posición depresiva depende del desarrollo de un sentido del tiempo, de una apreciación de la diferencia entre la realidad y la fantasía, y sobre todo del hecho de la integración del individuo. Es muy difícil tener en cuenta todas estas cosas, ver a la madre que sostiene la situación y al bebé que realmente se aprovecha de este hecho, excepto en el caso de un bebé que sea lo bastante mayor como para jugar a dejar caer cosas.

(Vi a un pequeño de doce semanas que metía un dedo en la boca de su madre cada vez que ésta le amamantaba. El pequeño estaba siendo magníficamente cuidado y en la actualidad es uno de los niños de diez años más sano que conozco. Resulta tentador decir que tal vez se hallaba en la posición depresiva; pero hay que tener en cuenta todos los extraños procesos de identificación y, además, no es corriente que esta clase de cosas ocurran ya a las doce semanas y, mucho menos aún, antes de esa edad. Debemos también tener en cuenta la integración aparente que procede de unos cuidados dignos de confianza más que de la verdadera consecución de la integración en el marco de la dependencia.)

Si uno empieza a investigar, no la posición depresiva, sino el origen de los perseguidores así como de las fuerzas de apoyo dentro del yo, entonces uno debe ir mucho más allá, retroactivamente, que hasta la segunda mitad del primer año. Pero uno debe también remontarse a la no integración, a una falta de sensación de vivir en el cuerpo, a una difuminación de la línea que divide la fantasía de la realidad y, sobre todo, uno debe remontarse a la dependencia de la madre que en todo momento está sosteniendo al pequeño, y a la larga a lo que puede denominarse *doble dependencia*, donde la dependencia es absoluta debido a que no se percibe el medio.

Sin embargo, puedo prescindir de la psicología sumamente compleja de la primera formación del elemento benigno y persecutorio y atenerme a mi primera intención, es decir, empezar por el punto en que el individuo se convierte en un todo, en una unidad, tratando entonces las cuestiones importantes que inherentemente siguen a esa fase en la salud.

REACCIÓN ANTE LA PÉRDIDA

La obra de Melanie Klein ha venido a enriquecer la comprensión que Freud nos dio acerca de la reacción ante la pérdida. Si en un individuo la posición depresiva ha sido alcanzada y plenamente instaurada, entonces la reacción ante la pérdida consiste en *aflicción* o *tristeza*. Allí donde haya un cierto fracaso de la posición depresiva, el resultado de la pérdida es la depresión. El duelo significa que el objeto perdido ha sido mágicamente introyectado y (tal como Freud demostró) se halla ahí, sujeto al odio. Supongo que lo que se quiere decir es que se le permite el contacto con los elementos persecutorios interiores. Incidentalmente, esto turba el equilibrio de fuerzas en el mundo interior, de tal manera que los elementos persecutorios son incrementados mientras disminuyen las fuerzas benignas o de apoyo. Hay una situación de peligro y el mecanismo de defensa consistente en un amortecimiento general produce un estado anímico de depresión. La depresión constituye un mecanismo curativo; cubre el campo de batalla con una especie de neblina, permitiendo una clasificación a ritmo lento, dando tiempo a que todas las defensas posibles entren en liza y dando asimismo tiempo a una preelaboración, de manera que a la larga pueda producirse una recuperación espontánea. Clínicamente, la depresión (de esta clase) tiende a levantarse, lo cual es una observación psiquiátrica muy conocida.

En el sujeto cuya posición depresiva se halla firmemente instaurada se acumulan lo que he dado en llamar «introyecciones del grupo C», o recuerdos de experiencias buenas y de objetos amados, las cuales permiten al sujeto seguir adelante incluso sin apoyo del medio ambiente. El amor por la representación interna de un objeto perdido puede atemperar el odio del objeto amado introyectado que la pérdida entraña. El duelo se experimenta y se preelabora, en ésta y otras formas, y la aflicción puede sentirse como tal.

El juego del niño consistente en arrojar cosas a lo lejos, que ya he enfatizado, es indicio de su creciente habilidad para dominar la pérdida y, por consiguiente, una indicación para el destete.[9] Este juego indica cierto grado de introyección perteneciente al grupo C.

El concepto del «pecho bueno»

Finalmente, consideremos el término «pecho bueno».
Externamente, el pecho bueno es aquel que, habiendo sido comido, espera ser reconstruido. Dicho de otro modo, resulta no ser nada más ni nada menos que la madre que sostiene la situación del modo que he descrito.

En la medida en que el pecho bueno es un fenómeno *interior* (dando por sentado que el individuo haya alcanzado la posición depresiva) debemos aplicar nuestro principio de los tres agrupamientos a fin de comprender el concepto.

Grupo A. No hay en este grupo lugar para el empleo del término «pecho bueno». En su lugar nos referimos a una experiencia arquetípica o a una experiencia instintiva satisfactoria.

Grupo B. No hay aquí ningún pecho bueno reconocible ya que, si es bueno, habría sido comido y esperamos que gozado. No habrá ningún material relacionado con el pecho y que pueda ser reconocido como tal. El niño a medida que se hace mayor abandona este material y elimina lo que no le es necesario o lo que percibe como malo.

Grupo C. Aquí podemos aplicar por fin el término «pecho interior bueno».

Los recuerdos de las buenas experiencias sostenedoras de la situación ayudan al niño a navegar con la marea durante los breves períodos en los que la madre falla; asimismo, aportan la base primero para el «objeto transicional» y luego para la conocida sucesión de sustitutos del pecho y de la madre.

Quisiera añadir una advertencia en el sentido de que la introyección de un pecho bueno es a veces sumamente patológica, una organización de defensa. Entonces el pecho es un pecho (madre) idealizado y esta idealización indica una falta de esperanza con respecto al caos interior y a la crueldad del ins-

---

9. Al hablar de destete debo omitir las referencias al hecho de que detrás del destete se halla la desilusión.

tinto. Un pecho bueno basado en unos recuerdos seleccionados o en la necesidad materna de ser buena aporta confianza. Semejante pecho idealizado e introyectado domina la escena y todo parece ir bien para el paciente. Pero no así para los amigos del paciente, sin embargo, ya que semejante pecho bueno e introyectado debe ser proclamado y el paciente se convierte en abogado del «pecho bueno».

Los analistas se encaran con este difícil problema: ¿debemos nosotros mismos ser reconocibles en nuestros pacientes? Siempre lo somos. Pero lo deploramos. Odiamos vernos convertidos en pechos buenos interiorizados, en los demás, y oír que nos proclaman aquellos cuyo propio caos interior se ve precariamente sostenido gracias a la introyección de un analista idealizado.

¿Qué es lo que queremos? Pues queremos que nos coman y no que nos introyecten mágicamente. No busquen masoquismo en ello. Ser comido es el deseo, mejor dicho, la necesidad de una madre durante una fase muy precoz del cuidado de su niño. Esto significa que quienquiera que no se vea atacado de modo canibalesco tiende a sentirse fuera de las actividades reparadoras y restitutivas de la gente, es decir, fuera de la sociedad.

Si, y solamente si, hemos sido comidos, gastados, robados, podemos soportar en menor grado ser igualmente introyectados mágicamente y ser colocados en el depósito de reserva del mundo interior de alguien.

En resumen, la posición depresiva, que puede estar en buen camino bajo condiciones favorables entre los seis y los nueve meses, con mucha frecuencia no se alcanza hasta que el sujeto se somete a análisis. Con respecto a las personas de tipo más esquizoide, así como a los internados en los hospitales psiquiátricos —personas que nunca han alcanzado una verdadera autoexpresión o personalidad—, la posición depresiva no es lo que importa; para ellas queda como algo semejante al color para los que padecen daltonismo. En contraste, para todo el grupo de maníacos depresivos, entre los que se incluye la mayoría de las personas llamadas normales, el tema de la posición depresiva en el desarrollo normal no puede soslayarse; es y sigue siendo *el problema de la vida*, salvo en la medida en que sea alcanzada. En las personas completamente sanas se da por sentada y es incorporada a la vida activa en sociedad. El niño, sano por haber alcanzado la posición depresiva, puede proseguir adelante para enfrentarse al problema del triángulo en las relaciones interpersonales, el clásico complejo de Edipo.

12. ASPECTOS METAPSICOLÓGICOS Y CLÍNICOS DE LA REGRESIÓN DENTRO DEL MARCO PSICOANALÍTICO (1954)[1]

El estudio del lugar de la regresión en el campo analítico es una de las tareas que Freud dejó sin realizar para que nosotros la emprendiésemos y creo que se trata de un tema para el cual esta Sociedad está preparada. Baso esta idea en que el material referente a este tema surge con frecuencia en los trabajos que se leen ante esta Sociedad. Por lo general, la atención no se dirige específicamente a este aspecto de nuestra labor, o dicho aspecto es citado de paso bajo el disfraz del aspecto de «arte» intuitivo que posee el psicoanálisis

El tema de la regresión me ha llamado poderosamente la atención a la vista de ciertos casos vividos durante los últimos doce años de mi labor clínica. Es, huelga decirlo, demasiado vasto para poder ser tratado ahora en toda su extensión. Así, pues, escogeré aquellos aspectos del tema que, a mi modo de ver, sean susceptibles de dar pie a una discusión fructífera.

El análisis no es solamente un ejercicio técnico. Es algo que somos capaces de realizar cuando hemos alcanzado una fase determinada en la adquisición de una técnica básica. Lo que somos capaces de hacer nos permite cooperar con el paciente en el seguimiento del *proceso*, que en cada paciente tiene su propio ritmo y su propio curso; todos los rasgos importantes de este proceso emanan del paciente y no de nosotros en tanto analistas.

---

1. Escrito leído ante la Sociedad Psicoanalítica Británica, el 17 de marzo de 1954, *Int. J. Psycho-Anal.*, vol. XXXVI, 1955.

Por consiguiente, convendrá que tengamos claramente presente la diferencia entre la técnica y la ejecución del tratamiento. Es posible llevar a cabo un tratamiento con una técnica limitada y, a la inversa, con una técnica altamente evolucionada es posible fracasar en la puesta en práctica del tratamiento. Tengamos asimismo en cuenta que, mediante el método legítimo de escoger cuidadosamente los casos podemos, y así lo hacemos a menudo, evitar enfrentarnos con determinados aspectos de la naturaleza humana que por fuerza nos llevarían más allá de nuestro equipamiento técnico.

La elección de casos simplifica la clasificación. Para mis fines agruparé los casos de acuerdo con el equipamiento técnico que requieran del analista. Mi división de casos se hace en las tres categorías siguientes. *Primeramente*, aquellos pacientes que funcionan como personas completas y cuyas dificultades corresponden al reino de las relaciones interpersonales. La técnica para el tratamiento de estos pacientes es propia del psicoanálisis tal como éste se desarrolló en manos de Freud a principios del presente siglo.

En segundo lugar, tenemos a los pacientes cuya personalidad empieza justamente a ser completa; de hecho cabe decir que el análisis se refiere a los primeros acontecimientos que corresponden y siguen inherentemente no sólo a la consecución de la personalidad completa sino también a la unión del amor y el odio y al reconocimiento creciente de la dependencia. Éste es el análisis de una fase de la inquietud, o de lo que es conocido bajo el término de «posición depresiva». Estos pacientes requieren el análisis del estado anímico. La técnica empleada para este fin no difiere de la que se emplea con los pacientes de la primera categoría; sin embargo, surgen algunos problemas nuevos relacionados con el aumento de la gama de material clínico tratada. Desde nuestro punto de vista, lo que tiene importancia aquí es la idea de la *supervivencia del analista* en calidad de factor dinámico.

En el *tercer* grupo coloco a todos aquellos pacientes cuyo análisis debe enfrentarse con las primeras fases del desarrollo emocional antes y hasta la instauración de la personalidad como entidad, antes de la consecución del estado de unidad espacio-tiempo. La estructura personal todavía no está firmemente asentada. Con respecto a este tercer grupo, el énfasis recae en la dirección o control y a veces, durante largos períodos, hay que postergar la labor analítica corriente en beneficio del control.

LA REGRESIÓN EN EL MARCO PSICOANALÍTICO 373

Resumiendo en términos de medio ambiente, puede decirse que en el primer grupo nos enfrentamos con pacientes en los que se desarrollan dificultades en el transcurso de su vida hogareña, dando ésta por sentada en el período de prelatencia y dando también por sentado un desarrollo satisfactorio en las fases infantiles. En la segunda categoría, el análisis de la posición depresiva, nos enfrentamos con la relación madre-niño, especialmente cerca del momento en que el término «destete» empieza a cobrar significado. La madre sostiene una situación en el tiempo. En la tercera categoría entra el primitivo desarrollo emocional, en el cual la madre debe literalmente sostener al pequeño.

En la última de estas tres categorías cae una de las pacientes que quizá más me hayan enseñado acerca de la regresión. Puede que en otra ocasión les dé una relación completa de este tratamiento, pero de momento debo limitarme a señalar que he tenido la oportunidad de dar vía libre a una regresión y ver cuál era el resultado.

Una paciente de mediana edad había estado sometida a un buen análisis corriente antes de acudir a mí. Evidentemente necesitaba ayuda todavía. Al principio este caso se presentó como uno de los de la primera categoría de mi clasificación. Y aunque nunca hubiese hecho un psiquiatra un diagnóstico de psicosis, era necesario efectuar un diagnóstico analítico que tuviese en cuenta el desarrollo precoz de un *self* falso. Para que el tratamiento resultase eficaz, no obstante, debía producirse una regresión en busca del *self* verdadero. Por suerte, en este caso pude controlar yo mismo la totalidad de la regresión, es decir, sin ayuda de una institución. Decidí al principio que había que dejar que la regresión siguiera su curso y, a excepción del primer momento, no se hizo ningún intento de interferir la marcha del proceso regresivo. (La única excepción fue la de una interpretación que hice, basándome en el material presentado, de erotismo oral y sadismo en la transferencia. Resultó correcta, pero unos seis años antes del momento oportuno, puesto que yo todavía no creía plenamente en la regresión. Por mi propio interés tuve que poner a prueba el efecto de una interpretación ordinaria. Cuando llegó la ocasión apropiada para tal interpretación, la misma ya era innecesaria.) Pasaron tres o cuatro años antes de que se alcanzase la profundidad de la regresión; a continuación se inició el progreso del desarrollo emocional. No ha habido otra regresión. Ha habido ausencia de caos, aunque la amenaza del mismo jamás dejó de estar presente.

Por consiguiente, he tenido una experiencia incomparable incluso para un analista. No puedo evitar ser diferente de lo que era antes de empezar el análisis en cuestión. Los que no son analistas no sabrán cuánto puede enseñarnos esta clase de experiencia de *un* paciente, pero entre los analistas espero que se comprenda perfectamente cómo esta única experiencia ha puesto a prueba el psicoanálisis de una manera especial, todo lo que de ella he aprendido.

El tratamiento y dirección de este caso ha exigido la participación de cuanto poseo en mi calidad de ser humano, de analista y de pediatra. He tenido que efectuar un crecimiento personal en el curso de este tratamiento, crecimiento que resultó penoso y que gustosamente hubiera esquivado. En especial, he tenido que aprender a examinar mi propia técnica siempre que surgían dificultades y siempre, en la docena aproximada de fases de resistencia, ha resultado que la causa estaba en un fenómeno de contratransferencia que hacía necesario un mayor análisis en el analista. No es mi finalidad en el presente trabajo dar una descripción de este caso, ya que es necesario elegir entre mostrarse clínico o teórico en el enfoque y yo he optado por lo segundo. No obstante, lo tengo siempre presente.[2]

Lo principal es que en este caso, al igual que en muchos otros, he tenido necesidad de reexaminar mi técnica, incluso la adaptada a los casos más corrientes. Antes de explicar lo que quiero decir debo explicar qué sentido doy a la palabra «regresión».

Para mí, la palabra «regresión» significa simplemente lo contrario de progreso. Progreso es la evolución del individuo, del psiquesoma, de la personalidad y de la mente con (a la larga) la formación del carácter y la socialización. El progreso empieza en una fecha sin duda anterior al nacimiento. Detrás del progreso hay un impulso biológico. Uno de los dogmas del psicoanálisis es que la salud implica continuidad con respecto a este progreso evolucionista de la psique y que la salud es la madurez del desarrollo emocional apropiado a la edad del individuo, madurez, o sea, en relación con este progreso evolucionista.

Un examen más atento nos permite descubrir inmediatamente que *no puede haber una sencilla inversión del progreso.* Para que se produzca la inversión de este progreso en el individuo tiene que haber una organización que permita la regresión. Vemos:

---

2. A este caso se hace también referencia en la página 332.

Un fracaso en la adaptación por parte del medio, que produce el desarrollo de un *self* falso.

Una creencia en la posibilidad de una corrección del fracaso originario representada por la capacidad latente para la regresión, que entraña una compleja organización del yo.

Un medio ambiente especializado seguido por la regresión real.

Un nuevo desarrollo emocional hacia adelante, con complicaciones que describiré luego.

Por cierto, pienso que no es útil emplear la palabra «regresión» siempre que se presente un comportamiento infantil. La palabra «regresión» ha adquirido un sentido popular que no tenemos por qué adoptar. Cuando en psicoanálisis hablamos de regresión damos a entender la existencia de una organización del yo y de una amenaza de caos. Hay mucho que estudiar aquí en lo que hace a la forma en que el individuo va acumulando recuerdos, ideas y potencialidades. Es como si hubiese la esperanza de que surjan condiciones favorables que justifiquen la regresión y ofrezcan una nueva oportunidad para el desarrollo hacia adelante, el que ha sido imposibilitado por la dificultad inicial debida al fracaso del medio ambiente.

Como verán, estoy considerando la idea de la regresión dentro de un mecanismo muy organizado de defensa del yo, mecanismo que implica la existencia de un *self* falso. En la paciente a la que antes me he referido, este falso *self* se convirtió gradualmente en un «*self* custodio» que sólo al cabo de unos años pudo ser entregado al analista, rindiéndose el *self* al yo.

En la teoría del desarrollo del ser humano hay que incluir la idea de que es normal y sano que el individuo pueda defender el *self* contra un fracaso específico del medio ambiente mediante la *congelación de la situación de fracaso*. Junto a esto va la suposición inconsciente (susceptible de convertirse en una esperanza consciente) de que más adelante habrá oportunidad para una experiencia renovada en la cual la situación de fracaso pueda ser descongelada y reexperimentada, con el individuo en estado de regresión, dentro de un medio que esté realizando una adaptación adecuada. Afirmo, pues, la teoría de que la regresión es parte de un proceso curativo, de hecho, un fenómeno normal que puede ser estudiado adecuadamente en la persona sana. En la persona muy enferma hay poca esperanza de que se produzca una nueva oportunidad. En el caso extremo el terapeuta necesitaría acercarse al paciente y presentarle activamente una buena maternalización, experiencia que el paciente no hubiese podido esperar.

Son varias las formas en que el individuo sano se enfrenta con los fracasos específicos del medio ambiente precoz; pero hay una de ellas a la que aquí denomino «la congelación de la situación de fracaso». Tiene que haber una relación entre esto y el concepto del punto de fijación.

En la teoría psicoanalítica, a menudo afirmamos que en el curso del desarrollo instintivo de las fases pregenitales las *situaciones desfavorables* pueden crear puntos de fijación en el desarrollo emocional del individuo. En una fase posterior, por ejemplo, la fase de dominio genital, es decir, cuando toda la persona se halla involucrada en relaciones interpersonales (y cuando es normalmente freudiano hablar del complejo de Edipo y de los temores de castración), la angustia puede conducir a una regresión en términos de cualidad instintiva hasta la regresión actuante en el punto de fijación, cuya consecuencia es el refuerzo de la situación originaria de fracaso. Esta teoría ha demostrado su valor y se utiliza diariamente, y no hay necesidad de abandonarla al mismo tiempo que la examinamos de nuevo.

Un ejemplo sencillo sería el de un chico de infancia normal, a quien en el momento de extirparle las amígdalas le administraron un enema, primero su madre, y luego un grupo de enfermeras que tuvieron que sujetarle en la cama. Tenía entonces dos años. Después de aquello tuvo dificultades intestinales, pero a los nueve años (edad que tenía al venir a la consulta) clínicamente se presenta como un caso grave de constipación. Mientras tanto se ha producido una seria interferencia en su desarrollo emocional en términos de fantasía genital. En este caso ocurre que se da la complicación de que a la administración del enema el chico ha reaccionado como si hubiese sido un acto de venganza por parte de la madre motivado por la homosexualidad del chico, y lo que entró en la represión fue la homosexualidad y junto a ella el potencial erótico anal. En el análisis de este chico uno sabe que habría que afrontar un *acting out*, una repetición compulsiva asociada con el trauma originario. Uno sabe también que los cambios ocurridos en este chico no seguirían una simple representación del trauma sino que seguirían la interpretación, en la neurosis de transferencia, de un complejo de Edipo normal.

Les presenté este caso en calidad de caso corriente que ilustra un síntoma en el que hay una regresión a un punto de fijación donde el trauma se halla claramente presente.

Los analistas han considerado necesario postular que lo más normal es que existan situaciones pregenitales *buenas* a las que el individuo puede regresar cuando se halle en dificultades en una fase posterior. Se trata de un fenómeno de la salud. De esta manera ha nacido la idea de que hay dos clases de regresión con respecto al desarrollo instintivo, una que consiste en regresar a una situación precoz de fracaso y otra a una situación precoz de éxito.

Creo que no se ha prestado suficiente atención a la diferencia existente entre estos dos fenómenos. En el caso de la situación de fracaso ambiental lo que vemos es prueba de unas *defensas personales* organizadas por el individuo y que requieren análisis. En el caso más normal de la situación precoz de éxito lo que vemos es más evidentemente el recuerdo de la *dependencia* y por consiguiente nos encontramos con una *situación ambiental* más que con una organización personal de defensa. La organización personal no es tan obvia debido a que ha permanecido fluida, y menos defensiva. Al llegar aquí debería mencionar que me estoy apoyando en una suposición que he hecho a menudo y que en modo alguno es siempre aceptada: que hacia el principio teórico el fracaso personal es menor y que a la larga es sólo un fracaso de la adaptación ambiental.

Nos ocupamos, por consiguiente, no sólo de la regresión a unos puntos de fijación buenos y malos en las experiencias instintivas del individuo, sino también de la regresión a unos puntos buenos y malos en la adaptación ambiental a las necesidades del yo y del ello en la historia del individuo.

Podemos pensar en términos de fases genitales y pregenitales del desarrollo de la cualidad *instintiva*, podemos utilizar la palabra «regresión» simplemente como antítesis de progreso, un viaje de retorno de lo genital a lo fálico, de lo fálico a lo excretorio, de lo excretorio a lo ingestivo. Pero, por mucho que desarrollemos nuestros pensamientos en esta dirección, tenemos que admitir que hay una gran parte de material clínico que no encaja en el marco de esta teoría.

La alternativa consiste en poner el énfasis en el desarrollo del yo y en la dependencia, y en este caso cuando hablamos de regresión debemos hablar inmediatamente de la adaptación ambiental en sus éxitos y en sus fracasos. Uno de los puntos que quiero dejar especialmente aclarado es el de que nuestro pensamiento sobre este tema se ha visto confundido por el intento de remontar las huellas del yo sin considerar la evolución personal a medida que aumenta nuestro interés por el medio.

Podemos edificar teorías sobre el desarrollo *instintivo* y dejar de lado el medio, pero no es posible hacer esto con respecto a la formulación de un *yo precoz*. Debemos recordar siempre que el resultado final de nuestro pensamiento sobre el desarrollo del yo consiste en un narcisismo primario. En el narcisismo primario el medio sostiene al individuo y éste, *al mismo tiempo*, no conoce ningún medio y está fundido con él.

Si tuviera tiempo, señalaría la forma en que a veces una regresión organizada se confunde con el replegamiento patológico y con escisiones defensivas de diversa índole. Estos estados se relacionan con la regresión en el sentido de que son organizaciones defensivas. La organización que hace que la regresión sea útil tiene una cualidad distinta de las demás organizaciones de defensa, por cuanto lleva consigo la esperanza de una nueva oportunidad de descongelar la situación congelada, así como una oportunidad para que el medio ambiente, o sea, el medio ambiente actual, realice una adaptación adecuada aunque tardía.

De esto emana el hecho, si hecho es, de que es partiendo de la psicosis de donde el paciente puede efectuar una recuperación espontánea, mientras que la psiconeurosis no hace ninguna recuperación espontánea y el psicoanalista es verdaderamente necesario. Dicho de otra manera, la psicosis se halla estrechamente relacionada con la salud, en la cual están congeladas innumerables situaciones de fracaso ambiental que, sin embargo, son alcanzadas y descongeladas por los diversos fenómenos curativos de la vida corriente, a saber, amistades, cuidados durante la enfermedad física, la poesía, etc.

A mí me parece que fue más tarde cuando en la literatura psicoanalítica la *regresión a la dependencia* pasó a ocupar su lugar apropiado en la descripción clínica. La razón de esto tiene que consistir en que sólo recientemente nos sentimos lo bastante fuertes en nuestra comprensión del psiquesoma individual y del desarrollo mental, como para poder permitirnos examinar y tener en cuenta el papel que desempeña el medio.

Seguidamente quisiera remitirme directamente a Freud y establecer una distinción algo artificial entre dos aspectos de su obra. Vemos a Freud desarrollando el método psicoanalítico a partir de la situación clínica en la cual resultaba lógico utilizar la hipnosis.

Veamos lo que hizo Freud al escoger sus casos. Podemos decir que de entre todos los casos psiquiátricos, incluyendo a los locos que están en asilos y a los que están fuera, Freud escogió aquellos casos que habían sido *adecuadamente cuidados en la primera infancia*: los psiconeuróticos. Tal vez no sea posible confirmar esta afirmación a través de un examen detenido de los primeros casos con los que trabajó Freud, pero de una cosa podemos estar seguros, y de una cosa muy importante: que la propia historia infantil de Freud fue de tal naturaleza que alcanzó el período edípico o de prelatencia como ser humano completo, dispuesto a entablar relación con otros seres humanos completos y dispuesto a tratar las relaciones interpersonales. Sus propias experiencias infantiles habían sido lo bastante buenas, de manera que en su autoanálisis pudo dar por sentada la maternalización del pequeño.

Freud da por sentada la situación de maternalización precoz y mi argumento es que *apareció en la provisión de un marco para su labor*, casi sin que él se diese cuenta de lo que estaba haciendo. Freud pudo analizarse a sí mismo en calidad de persona completa e independiente y se interesó por las angustias propias de las relaciones interpersonales. Más adelante, por supuesto, examinó la infancia de un modo teórico y postuló las fases pregenitales del desarrollo de los instintos; él y otros establecieron los detalles y se remontaron más y más en la historia del individuo. Este trabajo sobre las fases pregenitales no pudo alcanzar sus frutos plenamente debido a que no estaba basado en el estudio de pacientes que necesitaban efectuar la regresión en la situación analítica.[3]

Deseo ahora dejar bien claro cómo divido, artificialmente, la obra de Freud en dos partes. Primero, está la técnica del psicoanálisis tal como ha ido desarrollándose paulatinamente y tal como la aprenden los estudiantes. El material presentado por el paciente debe ser *entendido* e *interpretado*. Y, en segundo lugar, está el *marco* dentro del cual este trabajo se lleva a cabo.

3. Se observará que no digo que este trabajo teórico sobre el instinto pregenital no pueda tener éxito debido a que Freud careció de contacto directo con niños; no veo ninguna razón por la cual Freud no debiera haber tenido experiencia, y muy buena, en la observación directa de la situación madre-pequeño dentro de su propia familia y su trabajo. Es más, recuerdo que Freud trabajó en una clínica de niños y que observó detalladamente a los mismos cuando estudiaba la enfermedad de Little. Lo que quiero demostrar aquí es que *por suerte* para nosotros, al principio Freud se interesó no por la necesidad que el paciente sentía de efectuar una regresión durante el análisis, sino por lo que acontece en la situación analítica cuando la regresión *no* es necesaria y cuando es posible dar por sentada la labor hecha por la madre y por la adaptación ambiental anterior dentro del pasado del paciente individual.

Examinemos seguidamente el marco clínico de Freud, para lo cual enumeraré algunos de los puntos más obvios de su descripción.

1. A una hora prefijada diariamente, cinco o seis veces a la semana, Freud se colocaba al servicio del paciente. (La hora era fijada a mayor conveniencia del analista y del paciente.)
2. El analista se hallaba allí, puntualmente, vivo, respirando.
3. Durante el breve período de tiempo fijado (cerca de una hora) el analista se mantenía despierto y se preocupaba por el paciente.
4. El analista expresaba amor por medio del interés positivo que se tomaba por el caso, y expresaba odio por su mantenimiento estricto de la hora de comenzar y la de acabar, así como en el asunto de los honorarios. El odio y el amor eran expresados honradamente, es decir, no eran negados por el analista.
5. El objetivo del análisis era el establecer contacto con el proceso del paciente, comprender el material presentado, comunicar tal comprensión por medio de las palabras. La resistencia entrañaba sufrimiento y podía ser suavizada por medio de la interpretación.
6. El método del analista era la observación objetiva.
7. Esta labor se realizaba en una habitación, no en un pasillo, sino en una habitación que estuviese tranquila y en la que no hubiese riesgos de ruidos súbitos, pero no en una habitación tranquila como un sepulcro y a la que no llegasen los ruidos normales de la casa. La habitación estaría iluminada apropiadamente, pero sin que la luz diese directamente en el rostro y sin que fuese una luz variable. La habitación no tenía que estar a oscuras y estaría confortablemente caldeada. El paciente se tumbaba en un diván, es decir, estaba cómodo, si podía estarlo, y probablemente una manta y un poco de agua estarían a su alcance.
8. El analista (como es bien sabido) se abstiene de juzgar moralmente la relación, no se entromete con detalles de su vida e ideas personales y no toma partido en los sistemas persecutorios incluso cuando los mismos aparecen en forma de verdaderas situaciones compartidas, locales, políticas, etc. Naturalmente que si hay guerra, se produce un terremoto o muere el rey, el analista se entera.
9. En la situación analítica el analista es mucho más digno de confianza que el resto de la gente en la vida normal; en general es puntual, está libre de arrebatos temperamentales, de enamoramientos compulsivos, etcétera.
10. Hay en el análisis una distinción muy clara entre la realidad y la fantasía, de manera que el analista no recibe ningún daño a causa de algún sueño agresivo.
11. Es posible contar con la ausencia de una reacción del talión.
12. El analista sobrevive.

Cabría decir mucho más, pero todo se resume en el hecho de que el analista *se comporta como es debido*, sin que ello le cueste demasiado por el sencillo hecho de que es una persona relativamente madura. Si Freud no se hubiese comportado correctamente, no hubiera podido desarrollar la técnica psicoanalítica ni la teoría a la que dicha técnica le condujo, por muy inteligente que fuese. Lo principal estriba en que casi cualquier detalle puede resultar de extrema importancia en una fase específica del análisis en el que haya cierta regresión por parte del paciente.

Esto nos ofrece gran riqueza de material para el estudio y se observará una semejanza muy acentuada entre todas estas cosas y la tarea común de los padres, especialmente la de la madre con el pequeño o la del padre haciendo de madre, y en algunos aspectos con la tarea de la madre en un principio.

Permítanme añadir que para Freud hay tres personas, una de las cuales se halla excluida de la habitación analítica. Si sólo intervienen dos personas, entonces es que ha habido una regresión del paciente en el marco analítico, y el marco representa la madre con su técnica y el paciente es un niño pequeño. Hay un estado ulterior de regresión en el cual sólo una está presente: el paciente; eso resulta cierto incluso si en otro sentido, desde el punto de vista del observador, hay dos personas.

Hasta este punto mi tesis puede plantearse del modo siguiente:

La enfermedad psicótica está relacionada con el fracaso ambiental en una fase precoz del desarrollo emocional del individuo.
El sentimiento de futilidad y de irrealidad es propio del desarrollo de un *self* falso que se desarrolla como protección del *self* verdadero.
El marco del análisis reproduce las técnicas de maternalización más tempranas. Invita a la regresión por su confiabilidad.
La regresión de un paciente es un retorno organizado a una dependencia precoz o doble dependencia. El paciente y el marco se funden en la situación originaria de éxito del narcisismo primario.
La marcha partiendo del narcisismo primario vuelve a iniciarse con el *self* verdadero capacitado para afrontar situaciones de fracaso ambiental sin organización de las defensas que implican un falso *self* que protege a un *self* verdadero.
Hasta este punto la enfermedad psicótica solamente puede ser aliviada por una provisión ambiental especializada e interrelacionada con la regresión del paciente.
El progreso a partir de la nueva posición, con el verdadero *self* rendido ante el yo total, puede entonces estudiarse en términos de los procesos complejos del crecimiento individual.

En la práctica se registra la siguiente secuencia de acontecimientos:

1. La provisión de un marco que inspira confianza.
2. La regresión del paciente al estado de dependencia, con la debida sensación de riesgo que ello comporta.
3. El paciente siente un nuevo sentido del *self*, y el *self* hasta ahora oculto se rinde ante el yo total. Una nueva progresión de los procesos individuales que se habían detenido.
4. Una descongelación de la situación de fracaso ambiental.
5. Partiendo de la nueva posición de fuerza del yo, la ira relacionada con el fracaso ambiental precoz, sentido en el presente y expresado.
6. Retorno de la regresión a la dependencia siguiendo un progreso ordenado hacia la independencia.
7. Las necesidades y deseos instintivos se hacen realizables con auténtica vitalidad y vigor.

Todo esto se repite una y otra vez.

Ahora es necesario hacer un comentario sobre el diagnóstico de la psicosis.

Al estudiar un grupo de locos, hay que distinguir entre aquellos cuyas defensas se hallan en un estado caótico y aquellos que han sido capaces de organizar una enfermedad. Seguramente, en caso de aplicar el psicoanálisis a la psicosis, dicho tratamiento tendrá mayores probabilidades cuando se trate de una enfermedad muy organizada. El horror personal que me producen la leucotomía y la E.C.T. deriva de mi visión de la enfermedad psicótica como organización defensiva creada para proteger el *self* verdadero; y también de mi sensación de que la salud aparente con un falso *self* no tiene ningún valor para el paciente. La enfermedad, con el *self* verdadero oculto, por muy dolorosa que sea, es el único estado satisfactorio, a menos que podamos retroceder como terapeutas con el paciente y desplazar la situación originaria de fracaso ambiental.

Con toda naturalidad se nos presenta otra consideración. En un grupo de pacientes psicóticos habrá unos que clínicamente se hallen en estado de regresión y otros que no. En modo alguno es cierto que los primeros estén más enfermos. Desde el punto de vista del psicoanalista puede resultar más fácil encargarse del caso de un paciente que se halle en crisis que del de un paciente en parecido estado, pero que se halle en fuga hacia la cordura.

Hace falta mucho valor para entrar en crisis, pero puede que la alternativa consista en una *huida a la cordura*, condición que es comparable a la de defensa maníaca contra la depresión. Afortunadamente, en la mayoría de casos las crisis se producen dentro de la sesión analítica o se ven limitadas y localizadas de manera que el ambiente social del paciente puede absorberlas o hacerles frente.

Con el objeto de dejar la cuestión bien clara haré unas cuantas comparaciones.

El diván y los cojines están ahí para que el paciente los utilice. Aparecerán en ideas y sueños y representarán el cuerpo del analista, pecho, brazos, manos, etc., en una variedad infinita de formas. En la medida en que el paciente esté en regresión (sea momentáneamente, durante una hora, o durante un largo período de tiempo) el diván *es* el analista, los cojines *son* pechos, el analista *es* la madre en un determinado momento del pasado. En el extremo ya no resulta acertado decir que el diván representa al analista.

Resulta apropiado hablar de los *deseos* del paciente, el deseo (por ejemplo) de estar quieto y callado. Con el paciente en estado de regresión la palabra «deseo» es incorrecta; en su lugar utilizamos la palabra *necesidad*. Si un paciente en estado de regresión *necesita* tranquilidad, entonces, sin ella, no puede hacerse nada en absoluto. Si la necesidad no es satisfecha el resultado no es ira, sino tan sólo una reproducción de la situación de fracaso ambiental que detuvo el proceso de crecimiento del *self*. La capacidad del individuo para «desear» ha sido objeto de interferencias y presenciamos la reaparición de la causa originaria del sentimiento de futilidad.

El paciente en estado de regresión se halla próximo a revivir las situaciones de sueño y recuerdo; un *acting out* del sueño puede ser la forma en que el paciente descubra lo que es urgente, y el hablar de lo que se ha representado (*acted out*) sigue al acto pero no puede precederlo.

O examinemos el detalle de la puntualidad. El analista no es una persona que haga esperar a los pacientes. Los pacientes sueñan con que se les hace esperar y con todas las demás variaciones del tema, y son susceptibles de enfadarse cuando el analista se retrasa. Todo esto forma parte de la forma en que se presenta el material. Pero los pacientes que efectúan una regresión son distintos en lo que se refiere al momento inicial. Hay fases en las que todo depende de la puntualidad del analista. Si el analista ya está esperándolos, todo marcha bien; de lo contrario, lo mejor sería que el paciente y el analista se marchasen a sus respectivas casas, ya que no es posible hacer ninguna labor. O bien, si consideramos la falta de puntualidad del propio paciente, un paciente neurótico que se retrase puede quizás hallarse en un estado de transferencia negativa. Un paciente depresivo es más probable que al retrasarse esté dándole un pequeño respiro al analista, un poco más de tiempo para otras actividades e intereses (protección de la agresión, gula). Los paciente psicóticos (regresivos) probablemente llegan tarde porque todavía no hay instaurada ninguna esperanza de que el analista sea puntual. Resulta fútil ser puntual. Es tanto lo que depende de este detalle que resulta imposible correr el riesgo, de manera que el paciente llega tarde; por consiguiente, no se hace trabajo alguno.

Igualmente, a los pacientes neuróticos les gusta que la tercera persona esté siempre *excluida* y el odio que les nace al ver a otros pacientes es susceptible de trastornar la labor analítica de muchas maneras imprevisibles. Los pacientes depresivos puede que se alegren de ver a otros pacientes hasta que alcanzan el amor primitivo o codicioso que engendra su culpabilidad. Los pacientes regresivos, o bien no tienen ningún inconveniente en que haya otros pacientes o, de lo contrario, les resulta inconcebible que haya otro paciente. El otro paciente no es nada menos que una nueva versión del *self*.

Un paciente se acurruca en el diván, descansa la cabeza sobre la mano y parece estar cómodo y contento. La manta está por encima de la cabeza. El paciente está solo. Por supuesto que estamos acostumbrados a todo tipo de replegamiento airado, pero el analista debe ser capaz de reconocer este replegamiento *regresivo* en el que no se le insulta, pero se le utiliza de una forma muy primitiva y positiva.

Otro detalle es que la regresión a la dependencia forma parte esencial del análisis de los fenómenos de la primera infancia, y si el paciente moja el diván, se ensucia o babea, sabemos que ello es propio de la situación y que no se trata de una complicación. La interpretación está de más, y de hecho las palabras o incluso los movimientos pueden echar a perder el proceso y resultar excesivamente dolorosos para el paciente.

Un elemento importante de esta teoría es el postulado del yo observador. Dos pacientes que se asemejan mucho en su aspecto clínico inmediato pueden ser muy diferentes en lo que respecta al grado de organización del yo observador. En un extremo, el yo observador casi es capaz de identificarse con el analista y puede producirse una recuperación de la regresión al final de la sesión analítica. En el otro extremo hay muy poco yo observador y el paciente es incapaz de recobrarse de la regresión en la sesión analítica, y debe ser cuidado.

La representación o *acting out* debe ser tolerada en esta clase de labor y, cuando se produce en la sesión analítica, el analista tendrá por necesidad que desempeñar un papel, aunque generalmente sólo en forma simbólica. No hay nada que resulte más sorprendente, tanto para el paciente como para el analista, que las revelaciones que se producen en estos momentos de *acting out*, que, en el análisis, es sólo el principio y debe ir siempre seguido por la expresión verbal de este nuevo fragmento de comprensión. Aquí se da la secuencia siguiente:

1. Un juicio acerca de lo que sucedió durante el *acting out*.
2. Un juicio acerca de lo que se necesitaba del analista. De esto puede deducirse:
3. Lo que salió mal en la situación de fracaso ambiental originaria. Esto produce cierto alivio, pero es seguido por:
4. La ira perteneciente a la situación de fracaso ambiental originaria. Esta ira tal vez se experimenta por primera vez, y puede que el analista deba tomar parte dejándose utilizar con respecto a este fracaso más que con respecto a sus éxitos. Esto resulta desconcertante si no se entiende bien. Los progresos se han realizado por medio del cuidadoso intento de adaptación llevado a cabo por el analista, y sin embargo lo que se destaca como importante en este momento es el *fracaso* debido a que es una reproducción del fracaso o trauma originario. En los casos favorables, por último, sucede lo siguiente:
5. Un nuevo sentimiento del *self* en el paciente así como un sentimiento del progreso que significa verdadero crecimiento. Esto último es lo que tiene que constituir la recompensa del analista, quien lo advierte por su identificación con el paciente. No siempre llegará una fase ulterior en que este último esté en condiciones de comprender la tensión que el analista ha soportado y sea capaz de agradecérselo sinceramente.

Esta tensión del analista es considerable, especialmente si el cuadro se ve complicado por la falta de comprensión unida a una contratransferencia negativa e inconsciente. Por otra parte, puede decir que en esta clase de tratamiento no me he sentido perplejo, lo cual, en cierto modo, es una compensación. La tensión puede ser muy simple.

En una sesión de importancia vital, al principio de uno de estos tratamientos, permanecí —y sabía que así debía hacerlo— completamente inmóvil, sólo respirando. Ello me resultaba verdaderamente difícil, especialmente en vista de que todavía no estaba al corriente de la especial importancia que el silencio revestía para mi paciente. Finalmente, el paciente salió de su estado de regresión y dijo: «Ahora sé que es usted capaz de analizarme».

A veces se objeta que todo el mundo quiere, por supuesto, hacer una regresión; que la regresión es una especie de *picnic*; que debemos impedir que nuestros pacientes efectúen la regresión; o bien, que a Winnicott le gusta que sus pacientes realicen la regresión, les invita a ella.

Permítanme hacer algunas observaciones básicas sobre el tema de la regresión organizada a la dependencia.

Ésta es siempre extremadamente penosa para el paciente:
a) en un extremo se halla el paciente razonablemente normal; aquí el dolor es experimentado casi constantemente;
b) a medio camino nos encontramos con todos los grados de reconocimiento penoso de la precariedad de la dependencia y de la doble dependencia;
c) en el otro extremo se halla el caso propio del hospital psiquiátrico; aquí es de suponer que el paciente no sufre a causa de la dependencia. El sufrimiento es resultado del sentimiento de futilidad, irrealidad, etc.

Es innegable que, de forma localizada, de la experiencia de la regresión se obtenga una satisfacción extrema. No se trata de una satisfacción sensual, sino que se origina en que la regresión alcanza y aporta un punto de partida, lo que yo llamaría un *lugar* desde el cual actuar. Se alcanza el *self*. El sujeto establece contacto con los procesos básicos del *self* que constituyen el verdadero desarrollo, y lo que a partir de aquí sucede es percibido como real. La satisfacción correspondiente a esto es mucho más importante que cualquier elemento sensual en la experiencia regresiva, tanto que basta con mencionar esta última. No hay ningún motivo por el cual el analista deba *querer* que el paciente haga una regresión, excepto motivos patológicos. Si a un analista le gusta que sus pacientes efectúen una regresión, el hecho acabará forzosamente por interferir en el control de la situación regresiva. Es más, el psicoanálisis que involucre una regresión clínica es mucho más difícil desde el principio que el psicoanálisis en el cual no hay que hacer ninguna provisión especial de ambiente adaptable. Dicho de otro modo, sería agradable poder aceptar en análisis solamente aquellos pacientes cuyas madres, al comienzo y durante los primeros meses, hubiesen sido capaces de aportar condiciones suficientemente buenas. Pero esta era del psicoanálisis se está acercando irremisiblemente a su fin.

Pero surge ante nosotros la siguiente pregunta: ¿qué hacen los analistas cuando aparece la regresión (siquiera mínima)?

Algunos, crudamente, dicen: ¡Siéntese! ¡Súbase los calcetines! ¡Despierte! ¡Hable! Pero esto no es psicoanálisis.

Otros dividen su trabajo en dos partes, aunque por desgracia no siempre reconocen plenamente lo siguiente:
   a) son estrictamente analíticos (asociaciones libres de palabras; interpretación con palabras; ninguna tranquilización); y también
   b) actúan intuitivamente.
   Aquí surge la idea del psicoanálisis como *arte*. Algunos dicen: imposible de analizar, y arrojan la toalla. Algún hospital psiquiátrico se hace cargo del caso.

La idea del psicoanálisis como arte debe ceder gradualmente ante el estudio de la adaptación ambiental relativa a las regresiones de los pacientes. Pero mientras se siga sin desarrollar el estudio científico de la adaptación ambiental supongo que los analistas debemos continuar siendo artistas en nuestro trabajo. El analista puede ser un buen artista, pero a menudo me he hecho la siguiente pregunta: ¿a qué paciente le interesa ser el poema o el cuadro de otra persona?

Sé por experiencia que algunos dirán que todo esto lleva a una teoría del desarrollo que hace caso omiso de las primeras fases del desarrollo del individuo, que adscribe el desarrollo precoz a factores ambientales. Esto es completamente falso.

En el desarrollo precoz del ser humano, el medio ambiente que se comporta bien (es decir, que realiza una adaptación activa suficiente) *da lugar al crecimiento personal*. Entonces los procesos del *self* pueden seguir activos, en una línea ininterrumpida de crecimiento vivo. Si el medio ambiente no se comporta lo bastante bien, el individuo se encuentra metido en unas reacciones ante los ataques, viéndose interrumpidos los procesos del *self*. Si este estado de cosas alcanza un límite cuantitativo, el núcleo del *self* empieza a ser protegido; hay un retraso, el *self* es incapaz de seguir progresando a menos y en tanto que el fracaso ambiental sea corregido en la forma que he descrito. Con el *self* verdadero protegido, se desarrolla un falso *self* edificado sobre la base de una defensa-sumisión, la aceptación de la reacción ante los ataques. El desarrollo de un falso *self* constituye una de las *más afortunadas organizaciones de defensa* creadas para la protección del núcleo del verdadero *self*, y su existencia da por resultado el sentimiento de futilidad. Me gustaría repetirme y decir que mientras el centro de operaciones del individuo se halla en el *self* falso, existe un sentimiento de futilidad, y en la práctica nos encontramos con el cambio al sentimiento de que la vida vale la pena en el momento en que el centro de operaciones pasa del *self* falso al *self* verdadero, incluso antes de que el núcleo del *self* se rinda del todo ante el yo total.

Partiendo de aquí cabe formular un principio fundamental de la existencia: aquello que procede del verdadero *self* se siente como real (más adelante como bueno) sea cual fuere su naturaleza, por muy agresivo que sea; aquello que sucede en el individuo como reacción a los ataques ambientales se siente como irreal, fútil (más adelante malo), por muy satisfactorio que resulte sensualmente.

Finalmente, examinemos el concepto de regresión contrastándolo con el concepto de tranquilización. Esto es necesario debido a que la técnica de adaptación que debe satisfacer la regresión de un paciente, a menudo es clasificada (estoy seguro que equivocadamente) como tranquilización.

Afirmamos que la tranquilización no forma parte de la técnica psicoanalítica. El paciente penetra en el marco analítico y luego sale de él, y dentro de tal marco no hay más que interpretación, correcta, penetrante y oportuna.

Al enseñar el psicoanálisis debemos seguir hablando en contra de la tranquilización.

Sin embargo, examinando el asunto un poco más detenidamente, vemos que esta afirmación peca de simplista. No se trata simplemente de una cuestión de tranquilización o no tranquilización.

De hecho, es necesario examinar toda la cuestión. ¿Qué es la tranquilización? ¿Qué podría resultar más tranquilizador que encontrarse a uno mismo bien analizado, que hallarse en un marco seguro a cargo de una persona madura, capaz de hacer interpretaciones penetrantes y exactas, y ver cómo se respeta el proceso personal? Es una tontería negar la presencia de la tranquilización en la situación analítica clásica.

Todo el marco en el que se desarrolla el psicoanálisis constituye una enorme tranquilización, especialmente en lo que respecta a la objetividad y comportamiento del analista y a las interpretaciones transferenciales que, en lugar de explotar vanamente la pasión de un momento, la utilizan constructivamente.

Es mucho mejor hablar de esta cuestión de la tranquilización en términos de *contratransferencia*. La formación de reacciones en el comportamiento del analista es perjudicial, no porque se manifiesten en forma de tranquilizaciones y negaciones, sino porque son la representación de elementos inconscientes y reprimidos del analista, elementos que significan una limitación en la labor del analista.

¿Qué diríamos de la *incapacidad* tranquilizadora de un analista? ¿De un analista con ideas suicidas? *La creencia en la naturaleza humana y en el proceso de desarrollo existe en el analista* como condición indispensable para su labor, y el paciente se da cuenta rápidamente de que así es. La descripción de la regresión a la dependencia, con su adaptación ambiental concomitante, en términos de tranquilización, carece de todo valor; exactamente del mismo modo en que existe, se justifica y considera que, en términos de contratransferencia, la tranquilización es perjudicial.

¿Qué les pido que hagan a los analistas acerca de estas cuestiones en su labor práctica?

1. *No* les pido que acepten pacientes psicóticos.
2. Nada de cuanto he dicho afecta a los principios de la labor analítica corriente en la medida en que
    a) el analista se halle en la primera década de su carrera analítica;
    b) el caso sea verdaderamente neurótico (y no psicótico).
3. Lo que sí sugiero es que mientras los analistas esperen estar en condiciones —a través de su creciente experiencia personal— de encargarse de un caso en que la regresión sea indispensable, es mucho lo que pueden hacer para prepararse:
    a) vigilar la actuación de los factores del marco;
    b) vigilar los ejemplos leves de regresión con terminación natural que aparecen en el curso de las sesiones analíticas; y
    c) vigilar y utilizar los episodios regresivos que suceden en la vida del paciente fuera del análisis, episodios, me permito decir, que por lo general son desperdiciados, con gran empobrecimiento del análisis.

El principal efecto de estas ideas que propongo, en el caso de ser aceptadas, consistirá en un empleo más exacto, rico y provechoso, de los fenómenos del marco en los análisis corrientes de pacientes no psicóticos, produciendo, a mi modo de ver, un nuevo enfoque de la comprensión de la psicosis y su tratamiento por parte de psicoanalistas que estén ejerciendo el psicoanálisis.

Resumen

Se llama la atención sobre el tema de la regresión tal como se produce en el marco psicoanalítico. Se informa de algunos casos de tratamiento psicológico que han obtenido éxito en adultos y niños y que demuestran el empleo creciente de las técnicas que permiten la regresión. Es el psicoanalista, familiarizado con la técnica necesaria para el tratamiento de la psiconeurosis, quien mejor puede comprender la regresión y la implicación teórica de las esperanzas del paciente propias de la necesidad de efectuar la regresión.

La regresión puede presentarse en cualquier grado, localizada y momentánea, total o involucrando la vida total de un paciente durante una fase. Las regresiones de tipo menos severo ofrecen un material fructífero para la investigación.

De este estudio surge una nueva comprensión del «verdadero *self*» y del «falso *self*», así como del «yo observador» y de la organización del yo que permite que la regresión sea un mecanismo curativo, un mecanismo que queda en potencia a no ser que exista una nueva adaptación ambiental digna de confianza que el paciente puede utilizar para corregir el fracaso originario de adaptación.

Aquí la labor terapéutica en el análisis se enlaza con la realizada dentro de los cuidados recibidos por el pequeño, la amistad, el disfrute de la poesía, y de las inquietudes culturales en general. Pero el psicoanálisis puede permitir y utilizar el odio y la ira propios del fracaso originario, efectos importantes que son susceptibles de destruir el valor de la terapia llevada a cabo por métodos no analíticos.

Al recobrarse de la regresión, el paciente, cuyo ser estará más rendido ante el yo, necesita del análisis ordinario tal como se ha creado para el control de la posición depresiva y del complejo de Edipo en las relaciones interpersonales. Por esta razón, aun cuando no hubiera otra, el estudiante debe adquirir pericia antes de proceder al estudio de la regresión en el análisis de casos no psicóticos cuidadosamente escogidos. El trabajo preliminar puede hacerse por medio del estudio del marco del psicoanálisis clásico.

13. VARIEDADES CLÍNICAS DE LA TRANSFERENCIA (1955-1956)[1]

Mi aportación a este simposio sobre la transferencia trata de un aspecto especial del tema. Se refiere a la influencia que sobre la práctica analítica ejerce la nueva comprensión de la crianza de infantes, la cual, a su vez, proviene de la teoría analítica. En la historia del psicoanálisis a menudo se ha producido un retraso en la aplicación directa de la metapsicología analítica. Freud pudo formular una teoría de las etapas más precoces del desarrollo emocional del individuo en un momento en que la teoría se aplicaba solamente en el tratamiento de casos neuróticos bien escogidos. (Me estoy refiriendo al período de 1905 a 1914 en la obra freudiana.)

Por ejemplo, la teoría referente a los procesos primarios, identificación primaria y represión primaria, apareció en la práctica analítica solamente bajo la forma de un mayor respeto, de parte de los analistas en comparación con otros, por el sueño y la realidad psíquica.

Mirando hacia atrás desde nuestro punto de vista, podemos decir que los casos eran escogidos como adecuados para el análisis si en la historia personal precoz del sujeto *había habido un cuidado infantil suficiente*. Esta adaptación suficiente a la necesidad, al principio había permitido al yo del individuo empezar a existir, con el resultado de que el analista *podía dar*

---

1. Leído ante el XIX Congreso Psicoanalítico Internacional, Ginebra, 1955, *Int. J. Psychol-Anal.*, vol. XXXVII, pág. 386, 1956.

por sentadas las fases anteriores a la instauración del yo. De esta manera a los analistas les era posible hablar y escribir como si la primera experiencia del pequeño humano hubiese sido la primera nutrición, y como si la relación objetal entre la madre y el pequeño que ello entrañaba fuese la primera relación significativa. Esto resultaba satisfactorio para el analista en ejercicio pero no podía satisfacer al observador directo de niños que se hallan al cuidado de sus madres.

En aquel tiempo la teoría andaba a ciegas en busca de mayor *insight* en este tema de la relación de la madre con su pequeño, y de hecho el término «identificación» primaria entraña un medio que todavía no se ha diferenciado de lo que será el individuo. Cuando pensamos en una madre que lleva consigo un pequeño recién nacido, o uno que no ha nacido aún, sabemos al mismo tiempo que hay otro punto de vista: el del pequeño si éste estuviera ahí. Y desde este punto de vista, el pequeño o bien no se ha diferenciado o el proceso de diferenciación ha comenzado y existe una dependencia absoluta con respecto al medio inmediato y a su comportamiento. Para nosotros es posible estudiar y utilizar esta parte vital de la vieja teoría de una manera nueva y práctica en la labor analítica, ya sea con los casos límite o con los casos o momentos psicóticos que se presentan en el transcurso del análisis de pacientes neuróticos o de personas normales. Esta labor amplía el concepto de transferencia, ya que en el momento del análisis de estas fases, el yo del paciente no puede suponerse como entidad instaurada, y no puede haber una neurosis de transferencia, porque ésta requiere, sin duda, la presencia de un yo, un yo intacto, a decir verdad, un yo capaz de mantener defensas contra la angustia que proviene del instinto, cuya responsabilidad se acepta.

Me he referido al estado de cosas que existe cuando se intenta salir de la identificación primaria. Aquí, al principio, se halla la dependencia absoluta. Hay dos posibles resultados: en uno la adaptación ambiental a la necesidad es suficiente, de manera que empieza a existir un yo que, con el tiempo, podrá experimentar impulsos del ello; en el otro, la adaptación ambiental no es suficiente, por lo que no hay una verdadera instauración del yo, y en su lugar se desarrolla un *seudo self* constituido por la agrupación de innumerables reacciones ante una sucesión de fracasos de adaptación. Me gustaría referirme al escrito de Anna Freud titulado «El creciente alcance de los indicios para el psicoanálisis» (1954). El medio ambiente, cuando en esta primera etapa se adapta con éxito, no es reconocido, ni siquiera registrado, de manera que en la fase originaria no hay un sentimiento de dependencia; cuandoquiera que el medio ambiente fracase en su tarea de adaptación activa, sin embargo, este fracaso se registra automáticamente cómo un ataque, algo que interrumpe la continuidad existencial, que es aquello que, de no haberse interrumpido, habría formado el yo del ser humano en vías de diferenciación.

Puede haber casos extremos en los que no haya más que una colección de reacciones ante los fracasos de adaptación del medio en la fase crítica de salida de la identificación primaria. Estoy seguro de que esta condición es compatible con la vida y con la salud física. En los casos en que se basa mi trabajo ha habido lo que yo denomino un «verdadero *self* oculto», protegido por un falso *self*. Este falso *self* es, sin duda, un aspecto del *self* verdadero, al que esconde y protege, al mismo tiempo que reacciona frente a los fracasos de adaptación y crea un patrón correspondiente al patrón del fracaso ambiental. De esta manera el *self* verdadero no se ve envuelto en la reacción y conserva su continuidad existencial. Sin embargo, este *self* verdadero y oculto sufre un empobrecimiento derivado de la falta de experiencia.

El *self* falso puede lograr una falsa integridad que resulta engañosa, es decir, una falsa fuerza del yo recogida del patrón ambiental y de un medio bueno y digno de confianza, pues en modo alguno hay que deducir que el fracaso materno precoz conduzca necesariamente a un fracaso general del cuidado infantil. Sin embargo, el *self* falso no puede experimentar vida o sentirse real.

En caso favorable, el falso *self* desarrolla una actitud maternal fija con respecto al verdadero *self* y se halla permanentemente en estado de sostener el *self* verdadero del mismo modo que una madre sostiene a su bebé en el propio principio de la diferenciación y de la salida de la identificación primaria.

En la labor sobre la que les estoy informando, el analista sigue el principio básico del psicoanálisis: que el inconsciente del paciente dirija la marcha, y sólo debe seguírsele a él. Al enfrentarse a una tendencia regresiva, el analista debe estar preparado para seguir el proceso inconsciente del paciente si no quiere marcar una directriz saliendo así de su papel de analista. He comprobado que, en este tipo de casos, al igual que en el análisis de la neurosis, no es necesario salirse del papel del analista, que se limita a seguir la pista inconsciente dada por el paciente. Sin embargo, hay diferencias en los dos tipos de labor.

Allí donde hay un yo intacto y el analista puede dar por sentados estos detalles precoces del cuidado infantil, entonces el marco del análisis carece de importancia en relación con la labor interpretativa. (Al decir «marco» me refiero a la suma de todos los detalles del control.) Aun así, hay una dosis básica de control en el análisis ordinario que es más o menos aceptada por todos los analistas. En la labor que estoy describiendo, el marco cobra mayor importancia que la interpretación. El énfasis se traslada de uno a otro.

El comportamiento del analista, representado por lo que he llamado «el marco», por ser suficiente en lo que hace a la adaptación a la necesidad, es percibido gradualmente por el paciente como algo que da pie a una esperanza de que el verdadero *self* pueda por fin correr los riesgos propios de empezar a experimentar la vida.

A la larga, el *self* falso se entrega al analista. Éste es un momento de gran dependencia y de verdadero riesgo y el paciente, como es natural, se halla en un profundo estado de regresión. (Al decir «regresión» en este contexto me refiero a la regresión a los procesos precoces de desarrollo.) Este estado es también sumamente penoso debido a que el paciente es consciente, mientras que no lo es el pequeño en la situación originaria, de los riesgos que ello comporta. En algunos casos es tanta la participación de la personalidad que el paciente debe recibir cuidados en esta fase. No obstante, los procesos se estudian mejor en aquellos casos donde estas cuestiones se hallan confinadas, más o menos, al momento de las sesiones analíticas.

Una de las características de la transferencia en esta fase es la forma en que debemos tener en cuenta la presencia del pasado del paciente. Esta idea se halla incluida en el libro de Mme. Sechehaye y en su título *Realización simbólica*. Mientras que en la neurosis de transferencia el pasado penetra en el consultorio, en esta tarea es más acertado decir que el presente se remonta o retrocede al pasado y *es* el pasado. Así, el analista se enfrenta con el proceso primario del paciente en el marco en el que tuvo su validez originaria.

La adaptación suficiente por parte del analista produce un resultado que concuerda exactamente con lo que se pretende: el cambio del centro principal de operaciones del paciente, que pasará del *self* falso al verdadero. Por primera vez en la vida del paciente hay ahora una oportunidad para el desarrollo del yo, para su integración partiendo de los núcleos del yo, para su instauración en calidad de yo corporal y también para su repudio de un medio ambiente externo con la iniciación de las relaciones objetales. Por primera vez el yo es capaz de experimentar los impulsos del ello y de sentirse real al hacerlo, así como al descansar de las experimentaciones. Y a partir de aquí por fin puede hacerse un análisis ordinario de las defensas del yo contra la angustia. En el paciente se desarrolla la capacidad de utilizar los limitados éxitos de adaptación del analista, de tal modo que el yo del paciente queda capacitado para empezar a recordar los fracasos originarios, todos los cuales se hallaban registrados, dispuestos. Estos fracasos tuvieron un efecto disruptivo en su momento y el tratamiento del tipo que les estoy describiendo habrá recorrido mucho camino cuando el paciente sea capaz de coger un ejemplo del fracaso originario y sentir ira al respecto. Sólo cuando el paciente alcance este punto, no obstante, podrá darse el principio de una puesta a prueba de la realidad. Parece ser que algo parecido a la represión primaria atrapa a estos traumas una vez que los mismos han sido utilizados en el tratamiento.

La forma en que se produce este cambio de la experiencia de ser interrumpido a la experimentación de ira, es una cuestión que me interesa especialmente, ya que es en este aspecto de mi trabajo donde me siento sorprendido. *El paciente hace uso de los fracasos del analista.* Los fracasos son necesarios y de hecho no hay ningún intento de dar una adaptación perfecta; me atrevería a decir que es menos perjudicial equivocarse con estos pacientes que con los neuróticos. Otros se sentirán sorprendidos, como me sentí yo, al comprobar que una falta grande puede ocasionar un perjuicio muy pequeño mientras que un leve error de juicio puede producir un gran efecto. La clave reside en que el fracaso del analista se utiliza y debe ser tratado como fracaso *pasado*, un fracaso que el paciente es capaz de percibir y encuadrar y sentir ira sobre él. El analista necesita poder utilizar sus fracasos en términos de lo que significan para el paciente y, si es posible, debe explicar cada uno de ellos aunque esto signifique el estudio de su contratransferencia inconsciente.

En estas fases de la labor analítica, lo que llamaríamos «resistencia en la labor con pacientes neuróticos» indica siempre que el *analista ha cometido una equivocación* o que se ha comportado mal en algún detalle; de hecho, la resistencia persiste hasta que el analista haya descubierto el fracaso y haya tratado de explicarlo y lo haya utilizado. Si el analista se defiende a sí mismo, el paciente perderá la oportunidad de mostrarse airado acerca de un fracaso pasado justamente allí donde por primera vez la ira se estaba haciendo posible. He aquí un gran contraste entre este trabajo y el análisis de pacientes neuróticos con el yo intacto. Es aquí donde podemos ver el sentido del dicho según el cual todo análisis fallido constituye un fracaso no del paciente sino del analista.

Este trabajo resulta exigente debido en parte a que el analista debe poseer sensibilidad respecto de las necesidades del paciente así como el deseo de proveerle de un marco que satisfaga tales necesidades. El analista, al fin y al cabo, no es la madre natural del paciente.

Asimismo, resulta exigente debido a la necesidad de que el analista busque sus propios fracasos cuandoquiera que aparezcan resistencias. Y con todo, es sólo mediante el empleo de sus propias equivocaciones que el analista podrá llevar a cabo la parte más importante del tratamiento en estas fases, la parte que permite al paciente enfadarse por primera vez por los detalles del fracaso de adaptación que (en el momento en que ocurrió) produjo la disrupción. Es esta parte del trabajo la que libera al paciente de su dependencia del analista.

De esta manera la transferencia negativa del análisis «neurótico» es reemplazada por la ira objetiva acerca de los fracasos del analista, por lo que una vez más tenemos una importante diferencia entre los fenómenos de la transferencia en los dos tipos de labor.

No debemos buscar la conciencia de nuestros éxitos de adaptación, ya que los mismos no son percibidos a un nivel tan profundo. Si bien no podemos trabajar sin la teoría que estamos edificando en estos momentos, esta labor inevitablemente nos coge en falta si nuestra comprensión de la necesidad del paciente es cuestión de la mente más que del psiquesoma.

En mi labor clínica he demostrado, cuando menos a mí mismo, que una clase de análisis no impide la otra. Constantemente me encuentro pasando de la una a la otra, según la tendencia que muestre el proceso inconsciente del paciente. Cuando queda completa la labor del tipo especial que les estoy describiendo, me veo conducido naturalmente a la labor analítica ordinaria, al análisis de la posición depresiva y de las defensas neuróticas de un paciente con un yo, un yo intacto, un yo capaz de experimentar impulsos del ello y de aceptar las consecuencias. Lo que necesita hacerse ahora es estudiar detalladamente los criterios en virtud de los cuales el analista puede saber *cuándo debe trabajar con un cambio de énfasis*, cómo ver que está naciendo una necesidad del tipo que, según he dicho, debe ser satisfecha (al menos nominalmente) mediante una adaptación activa. Permanentemente, el analista tendrá presente el concepto de la identificación primaria.

14. PREOCUPACIÓN MATERNAL PRIMARIA (1956)

Esta aportación ha sido estimulada por el trabajo publicado en *Psychoanalytic Study of the Child*, volumen IX, bajo el encabezamiento: «Problemas de la neurosis infantil». Las diversas aportaciones de la señorita Freud a este trabajo contribuyen a un importante planteamiento de la teoría psicoanalítica actual en su relación con las etapas más precoces de la vida infantil y de la instauración de la personalidad.

Deseo desarrollar el tema de la primitiva relación madre-hijo, tema de máxima importancia al principio y que sólo gradualmente queda desplazado a un segundo plano por el tema del pequeño en tanto ser independiente.

En primer lugar, necesito acordar con lo que manifiesta la señorita Freud bajo el título «Errores actuales del concepto». «Las desilusiones y las frustraciones son inseparables de la relación madre-pequeño... Echarles a las limitaciones maternas durante la fase oral la culpa de la neurosis infantil no es más que una cómoda y engañosa generalización. El análisis debe profundizar más en busca de la causa de la neurosis.» Con estas palabras la señorita Freud expresa una opinión que los psicoanalistas comparten en general.

Pese a ello, es mucho lo que podemos ganar si tenemos en cuenta la posición de la madre. Hay algo que puede denominarse «medio no suficiente o insatisfactorio», algo que deforma el desarrollo del pequeño, del mismo modo que existe un medio bueno o suficiente que permite que el niño, en cada fase, alcance las apropiadas satisfacciones innatas así como las angustias y conflictos.

Anna Freud nos recuerda que nos es posible pensar en un patrón pregenital en términos de dos personas que se unen para lograr lo que por amor a la brevedad llamaremos «equilibrio homeostático» (Mahler, 1954). A veces recibe también la denominación de «relación simbiótica». A menudo se afirma que la madre de un pequeño está biológicamente condicionada para su misión de especial orientación hacia las necesidades del pequeño. Utilizando un lenguaje más sencillo, diré que existe una identificación —consciente pero también profundamente inconsciente— entre la madre y el pequeño.

Creo que hay que juntar estos conceptos diversos y que debe rescatarse el estudio de la madre de lo que es puramente biológico. El término «simbiosis» no nos conduce más allá que a la comparación de la relación madre-hijo con otros ejemplos de interdependencia en zoología y botánica. Las palabras «equilibrio homeostático» tampoco incluyen algunos de los puntos que se presentan ante nuestros ojos si examinamos esta relación con el cuidado que la misma se merece.

Lo que nos interesa son las grandes diferencias *psicológicas* que hay entre, por un lado, la identificación materna con el niño, y por otro, la dependencia del niño con respecto a la madre; esta última no implica identificación, ya que la identificación es un complejo estado de cosas inaplicable a las primeras fases de la infancia.

Anna Freud nos demuestra que hemos superado aquella burda fase de la teoría psicoanalítica en la que nos expresábamos como si para el pequeño la vida empezase con la experiencia instintiva oral. Ahora nos hallamos ocupados en el estudio del desarrollo precoz y del *self* precoz, al que si el desarrollo ha avanzado lo suficiente, las experiencias del ello pueden más bien reforzar que interrumpir.

Desarrollando el tema del término «anaclítico» utilizado por Freud, la señorita Freud dice: «La relación con la madre, si bien es la primera relación con un ser humano, no es la primera relación que el pequeño establece con el medio. Lo que la precede es una fase anterior en la que las necesidades no son del mundo objetal sino del cuerpo, y cuya satisfacción o frustración juegan un papel decisivo».

Por cierto, creo que la introducción de la palabra «necesidad» en vez de «deseo» ha tenido gran importancia en nuestras teorías, pero ojalá la señorita Freud no hubiese empleado las palabras «satisfacción» y «frustración» en este contexto; una necesidad o bien se satisface o no, y el efecto no es el mismo que el de la satisfacción o frustración de un impulso del ello. Quisiera referirme a lo que Greenacre (1954) denomina el tipo «arrullador» de placeres rítmicos. Aquí nos hallamos ante un ejemplo de necesidad que es satisfecha o no, pero sería una deformación decir que el pequeño que no es arrullado reacciona igual que ante una frustración. Ciertamente, más que ira se produce cierta deformación del medio en una fase precoz.

Sea como fuere, me parece que hace tiempo que debería haberse hecho un estudio más amplio de la función materna en la *fase más precoz*, por lo que deseo unir las diversas sugerencias y presentar una teoría para su debate.

La preocupación maternal

Mi tesis es que en la fase más precoz estamos tratando con un estado muy especial de la madre, una condición psicológica que merece un nombre, como puede ser el de *preocupación maternal primaria*. Sugiero que la literatura psicoanalítica no ha rendido tributo suficiente a una condición psiquiátrica muy especial de la madre acerca de la cual deseo decir lo siguiente:

Gradualmente se desarrolla y se convierte en un estado de sensibilidad exaltada durante el embarazo y especialmente hacia el final del mismo.
Dura unas cuantas semanas después del nacimiento del pequeño.
No es fácilmente recordado por la madre una vez que se ha recobrado del mismo.
Iría aún más lejos y diría que el recuerdo que de este estado conservan las madres tiende a ser reprimido.

Este estado organizado (que sería una enfermedad si no fuese por el hecho del embarazo) podría compararse con un estado de replegamiento o de disociación, o con una fuga o incluso con un trastorno a un nivel más profundo, como por ejemplo un episodio esquizoide en el cual algún aspecto de la personalidad se haga temporalmente dominante. Me gustaría encontrar una buena forma de denominar este estado y proponerla para que se tuviese en cuenta en todas las referencias a la fase más precoz de la vida del pequeño. No creo que sea posible comprender el funcionamiento de la madre durante el mismo principio de la vida del pequeño sin ver que la madre debe ser capaz de alcanzar este estado de sensibilidad exaltada, casi de enfermedad, y recobrarse luego del mismo. (Utilizo la palabra «enfermedad» porque una mujer debe estar sana, tanto para alcanzar este estado como para recobrarse de él cuando el pequeño la libera. Si el pequeño muriese, el estado de la madre se manifestaría repentinamente en forma de enfermedad. La madre corre este riesgo.)

He dado a entender esto en el término «dedicada» dentro de las palabras «madre corriente dedicada» (Winnicott, 1949). Ciertamente, hay muchas mujeres que son buenas madres en todos los demás aspectos y que son capaces de llevar una vida rica y fructífera pero que no pueden alcanzar esta «enfermedad normal» que les permite adaptarse delicada y sensiblemente a las necesidades del pequeño en el comienzo; o bien lo consiguen con uno de sus hijos pero no con los demás. Tales mujeres no son capaces de preocuparse de su propio pequeño con exclusión de otros intereses, de una forma normal y temporal. Puede suponerse que en algunas de estas personas se produce una «huida hacia la cordura». Ciertamente, algunas de ellas tienen otras preocupaciones muy importantes que no abandonan fácilmente o que tal vez no sean capaces de abandonar hasta haber tenido sus primeros bebés. Cuando una mujer tiene una fuerte identificación masculina se encuentra con que le es muy difícil cumplir con esta parte de su función materna, y la envidia reprimida del pene deja poco espacio para la preocupación materna primaria.

En la práctica, el resultado consiste en que tales mujeres, una vez que han tenido un niño, pero habiéndoseles escapado la primera oportunidad, se encuentran ante la tarea de compensar lo perdido. Pasan un largo período para adaptarse estrechamente a las crecientes necesidades del pequeño y no es seguro que consigan reparar la deformación precoz. En lugar de dar por sentado el buen efecto de la preocupación precoz y temporal, se encuentran atrapadas en la necesidad de terapia del pequeño, es decir, la necesidad de un prolongado período de adaptación a la necesidad o de mimos. En vez de madres, son terapeutas.

Al mismo fenómeno se refieren Kanner (1943), Loretta Bender (1947) y otros que han tratado de describir el tipo de madre que es susceptible de producir un «niño autista» (Creak, 1951; Mahler, 1954).

Es posible establecer una comparación entre la tarea de la madre, en lo que hace a la compensación de su pasada incapacidad, y la tarea de la sociedad que intenta (a veces con éxito) conseguir la identificación social de un niño desposeído que se halla en estado antisocial. Esta labor de la madre (o de la sociedad) encierra una fuerte tensión debido a que no se realiza de manera natural. La tarea que se emprende tiene su lugar apropiado en una fase anterior, en este caso aquella en la que el pequeño sólo empezaba a existir como individuo.

Si es aceptable esta tesis del estado especial en que se halla la madre y su recuperación del mismo, entonces podremos examinar con mayor detenimiento el estado correspondiente en que se halla el pequeño.

El pequeño tiene:

Una constitución.
Tendencias innatas al desarrollo («zona libre de conflictos en el yo»).
Movilidad y sensibilidad.
Instintos, involucrados en la tendencia al desarrollo con cambios en la dominancia zonal.

La madre que alcanza el estado que he llamado «preocupación maternal primaria» aporta un marco en el que la constitución del pequeño empezará a hacerse evidente, en el que las tendencias hacia el desarrollo empezarán a desplegarse y en el que el pequeño experimentará movimientos espontáneos y se convertirá en poseedor de las sensaciones que son apropiadas a esta fase precoz de la vida. En este contexto no es necesario hacer referencia a la vida instintiva, ya que lo que estoy tratando empieza antes de la instauración de los patrones instintivos.

He procurado describir todo esto utilizando mi propio lenguaje, diciendo que si la madre aporta una adaptación suficiente a la necesidad, la vida del pequeño se ve muy poco turbada por las reacciones ante los ataques. (Naturalmente, lo que cuenta son las *reacciones* ante los ataques y no los ataques mismos.) Los fracasos maternos producen fases de reacción ante los ataques y estas reacciones interrumpen la continuidad existencial del pequeño. Cualquier exceso en tales reacciones produce, no la frustración, sino la *amenaza de aniquilamiento*. Esto, a mi modo de ver, es una angustia primitiva muy real, muy anterior a cualquier angustia en cuya descripción intervenga la palabra «muerte».

Dicho de otro modo, la base para la instauración del yo la constituye la suficiencia de la continuidad existencial, no interrumpida por las reacciones ante los ataques. La suficiencia de la continuidad existencial sólo es posible al principio si la madre se halla en el estado que les he sugerido y que es algo muy real cuando la madre sana se halla cerca del final del embarazo y en las primeras semanas después del nacimiento del bebé.

Sólo si la madre se halla sensibilizada tal como acabamos de exponer, podrá ponerse en el lugar del pequeño y, de este modo, satisfacer sus necesidades. Éstas, al principio son corporales, pero paulatinamente pasan a ser necesidades del yo, a medida que la psicología va naciendo de la elaboración imaginativa de la experiencia física.

Empieza a existir una relación yoica entre la madre y el pequeño, relación de la que la madre se recupera, y a partir de la cual el niño puede a la larga edificar en la madre la idea de una persona. Visto desde este ángulo, el reconocimiento de la madre en tanto que persona viene de manera positiva, normalmente, y no surge de la experiencia de la madre como símbolo de la frustración. El fracaso de adaptación materna en la fase más precoz no produce otra cosa que la aniquilación del *self* del pequeño.

En esta fase, el niño no percibe de ningún modo lo que la madre hace bien. Esto, según mi tesis, es un hecho. Sus fracasos no son percibidos en forma de fracasos maternos, sino que actúan como amenazas a la autoexistencia personal.

Recurriendo al lenguaje de estas consideraciones, la construcción precoz del yo es, por consiguiente, silenciosa. La primera organización del yo procede de la experiencia de amenazas de aniquilación que no conducen a la aniquilación y con respecto a las cuales hay *recuperación* repetidas veces. Partiendo de tales experiencias la confianza en la recuperación comienza a ser algo que lleva a un yo y a una capacidad del yo para enfrentarse con la frustración.

Espero que les parezca que esta tesis contribuye al tema del reconocimiento de la madre como madre frustrante por parte del pequeño. Esto es cierto más adelante, pero no lo es en esta fase precoz. Al principio, la madre que falla no es percibida como tal. A decir verdad, el reconocimiento de la dependencia absoluta de la madre y de la capacidad de ésta para la preocupación primaria, o comoquiera que se llame, es algo que pertenece a la *extrema sofisticación* y a una fase que los adultos no siempre alcanzan. El fallo general de reconocimiento de dependencia absoluta al principio contribuye al temor a la MU-

JER que es propio tanto de hombres como de mujeres (Winnicott, 1950, 1957a).

Ahora podemos decir por qué creemos que la madre del bebé es la persona más idónea para el cuidado de éste; es ella quien puede alcanzar ese estado especial de preocupación maternal primaria sin caer enferma. Pero una madre adoptiva, o cualquier mujer que pueda estar enferma en el sentido de preocupación primaria, también puede estar en condiciones de producir una adaptación suficiente, gracias a cierta capacidad para la identificación con el bebé.

De acuerdo con esta tesis, un medio suficiente en la primera fase permite que el pequeño comience a existir, a tener experiencia, a construirse un yo personal, a dominar los instintos, y a enfrentarse con todas las dificultades inherentes a la vida. Todo esto le parece real al pequeño, que es capaz de poseer un *self* que, a la larga, incluso puede permitirse sacrificar la espontaneidad, incluso morir.

Por el contrario, sin una inicial provisión ambiental satisfactoria este *self* capaz de morir jamás se desarrolla. La sensación de realidad se halla ausente y si no hay demasiado caos la sensación definitiva es de futilidad. Las dificultades inherentes a la vida son inalcanzables, y no digamos las satisfacciones. Si no hay caos, aparece un falso *self* que oculta al verdadero *self*, que se aviene a las exigencias, que reacciona ante los estímulos, que se libra de las experiencias instintivas teniéndolas, pero que únicamente estará ganando tiempo.

Se verá que, según esta tesis, es más probable que los factores constitucionales se manifiesten en la normalidad, allí donde el medio en la primera fase haya sido el adecuado. A la inversa, allí donde haya habido un fracaso en esta primera fase, el pequeño se ve atrapado en unos primitivos mecanismos de defensa (falso *self*, etc.), que corresponden al temor a la aniquilación, y los elementos constitucionales tienden a verse sojuzgados (a menos que sean físicamente manifiestos).

Es necesario, al llegar aquí, dejar sin desarrollar el tema de la introyección que el pequeño realiza, de los patrones de enfermedad de la madre, si bien se trata de un tema de gran importancia en consideración al factor ambiental de las fases siguientes, después de la primera fase de dependencia absoluta.

Al reconstruir el desarrollo precoz de un pequeño, no sirve de nada hablar de instintos, excepto sobre la base del desarrollo del yo.

Se registra una divisoria:

Madurez del yo: las experiencias instintivas refuerzan el yo.
Inmadurez del yo: las experiencias instintivas interrumpen el yo.

Aquí, el yo implica una suma de experiencias. El *self* individual empieza como una suma de la experiencia inactiva, de la movilidad espontánea, y de la sensación, regreso de la actividad al descanso, y la gradual instauración de una capacidad para aguardar la recuperación de la aniquilación; aniquilación resultante de las reacciones ante los ataques del medio ambiente. Por esta razón, el individuo necesita empezar en el medio ambiente especializado al que me he referido bajo el encabezamiento de «Preocupación maternal primaria».

15. LA TENDENCIA ANTISOCIAL (1956)[1]

La tendencia antisocial plantea una serie de problemas difíciles al psicoanálisis, problemas cuya naturaleza es a la vez práctica y teórica. Freud, en su introducción a *Wayward Youth*, de Aichhorn, demostró que el psicoanálisis no solamente contribuye a la comprensión de la delincuencia, sino que además se ve enriquecido por la comprensión de la labor de aquellos que se enfrentan a la delincuencia.

Sin embargo, voy a hablarles de la tendencia antisocial y no de la delincuencia. Esta elección se basa en que la defensa antisocial organizada se ve sobrecargada con una serie de ganancias secundarias y reacciones sociales que hacen difícil al investigador alcanzar su núcleo. Por contraste, la tendencia antisocial puede estudiarse tal como aparece en el niño normal o casi normal, en el cual se halla relacionada con las dificultades inherentes al desarrollo emocional.

Empezaré haciendo dos breves referencias al material clínico:

> Para efectuar mi primer análisis de un niño escogí un delincuente. El muchacho estuvo acudiendo a la consulta durante un año y el tratamiento fue interrumpido a causa de los trastornos que el chico provocaba en la clínica. Podría decir que el análisis marchaba bien y que su interrupción causó aflicción tanto al chico

1. Leído ante la Sociedad Psicoanalítica Británica, el 20 de junio de 1956.

como a mí, pese a que varias veces me mordió fuertemente las nalgas. El chico se encaramó al tejado y también derramó tanta agua que inundó el sótano. Forzó la portezuela de mi coche y lo condujo con el arranque automático. La clínica ordenó la terminación del tratamiento por el bien de los demás pacientes. El chico ingresó en un reformatorio. Puedo decir que ahora cuenta treinta y cinco años y puede ganarse la vida en un empleo que satisface su inquietud. Está casado y tiene varios hijos. Sin embargo, me da miedo proseguir este caso por temor a tener que vérmelas nuevamente con un psicópata, y prefiero que sea la sociedad quien se encargue de él.

Se verá fácilmente que el tratamiento adecuado para este chico no era el psicoanálisis, sino encontrarle una colocación. El psicoanálisis solamente tenía sentido después de lo otro. Desde entonces he podido ver cómo analistas de toda clase fallaban en el psicoanálisis de niños antisociales.

Por contraste, la siguiente historia hace resaltar el hecho de que una tendencia antisocial a veces puede ser tratada muy fácilmente si el tratamiento se agrega a unos cuidados ambientales especializados.

Una amiga me pidió que examinara el caso de su hijo, el mayor de cuatro hermanos. No podía traérmelo abiertamente ya que su marido mira la psicología con malos ojos por razones religiosas. Lo más que podía hacer era hablar conmigo acerca de la compulsión al robo que aquejaba al muchacho, compulsión que se estaba convirtiendo en algo muy serio; el chico robaba a lo grande, tanto en tiendas como en su propia casa. Por razones prácticas no fue posible concertar otra entrevista que la que la madre y yo sostuvimos mientras comíamos rápidamente en un restaurante. La madre me contó sus problemas y me pidió consejo. Nada podía hacer yo fuera de lo que hiciese allí mismo y en aquel preciso instante. Por lo tanto, le expliqué el significado de los robos y sugerí que buscase el momento adecuado para hacer una interpretación de los robos ante el chico. Al parecer, ella y John, el chico, tenían buenas relaciones durante unos momentos cada tarde, cuando el muchacho se acostaba; en aquel momento el chico divagaba sobre distintos temas. La madre podía aprovechar tal momento.

Dije: «¿Por qué no le dices al muchacho que sabes que cuando roba no lo hace porque desee las cosas que roba, sino que está buscando algo a lo que tiene derecho? Dile que está reclamando a su padre y a su madre porque siente que se le priva de su amor». Le dije que utilizase un lenguaje comprensible para el chico. Diré que sabía lo bastante acerca de la familia —ambos padres eran músicos— como para comprender a qué se debía el hecho de que en cierto modo el chico se hubiese convertido en un muchacho desposeído, aunque tuviese un buen hogar.

Al cabo de un tiempo recibí una carta que me decía que había hecho lo que le había aconsejado. Mi amiga me escribió lo siguiente: «Le dije que lo que realmente quería cuando robaba dinero, comida y cosas, era a su madre; debo decir que no esperaba realmente que me entendiese, pero parece que sí me comprendió. Le pregunté si es que creía que no le queríamos porque a veces era tan malo y sin andar con rodeos me dijo que así era. ¡Pobre muchacho! No puedo decirte lo mal que me sentí. Así que le dije que jamás, jamás dudase otra vez y que si alguna vez sentía dudas que me pidiese que se lo repitiera. Aunque por supuesto no hará falta que me lo pida durante mucho tiempo, menudo *shock* el mío. Parece que nos hace falta recibir tales *shocks*. Así, pues, me estoy comportando de manera mucho más demostrativa y trato de que no vuelva a albergar dudas. Y de momento no ha habido ningún otro robo en absoluto».

La madre había hablado con el maestro del chico y le había explicado que John necesitaba amor y aprecio y se había granjeado la cooperación del maestro, aunque el chico sigue causando muchos problemas en la escuela.

Ahora, transcurridos ocho meses, es posible decir que no ha habido más robos, y que la relación entre el chico y la familia ha mejorado mucho.

Al considerar este caso hay que tener en cuenta que yo conocí muy bien a la madre cuando ella era adolescente y que en cierto modo la había visto atravesar también una fase antisocial. Era la mayor de una gran familia. Vivía en un hogar muy bueno pero sometida a la férrea disciplina del padre, especialmente cuando ella era pequeña. Así, pues, lo que hice tuvo el efecto de una doble terapia, pues permitió que esa joven comprendiera sus propias dificultades gracias a la ayuda que podía prestarle a su hijo. Cuando ayudamos a los padres para que ayuden a sus hijos de hecho les ayudamos a ellos mismos.

(En otro trabajo me propongo dar ejemplos clínicos que ilustren la forma de manejar niños con tendencia antisocial; aquí no hago más que intentar un breve planteamiento de la base de mi actitud personal con respecto al problema clínico.)

NATURALEZA DE LA TENDENCIA ANTISOCIAL

La tendencia antisocial *no es un diagnóstico*. No es directamente comparable con otros términos diagnósticos tales como neurosis y psicosis. La tendencia antisocial puede existir en un individuo normal, o en un psicótico o neurótico.

Por amor a la sencillez me referiré exclusivamente a niños, pero la tendencia antisocial existe en todas las edades. Los diferentes términos que se utilizan en Gran Bretaña pueden reunirse del modo siguiente:

Un niño se convierte en un *niño desposeído* cuando se ve privado de ciertos rasgos esenciales de la vida hogareña. Cierto grado de lo que podríamos llamar «el complejo de desposesión» se hace manifiesto. El *comportamiento antisocial* se hará manifiesto en casa o en una esfera más amplia. A causa de *la tendencia antisocial* puede que a la larga sea necesario considerar al niño como niño *inadaptado* o *mal ajustado* y aconsejar su ingreso en una *residencia para niños inadaptados* para que allí se le someta a tratamiento, o bien puede ser llevado ante los tribunales por *incontrolable*. El niño, ya *delincuente*, puede luego convertirse en persona en *libertad condicional* por mandato del tribunal, o bien se le puede mandar a un *reformatorio*. Si el hogar deja de funcionar en algún aspecto importante, el niño puede pasar al cuidado del Comité Infantil (al amparo de la Ley de Niños, 1948) y recibir *cuidado y protección*. Si es posible se le buscará un hogar adoptivo. En el supuesto de que todas estas medidas fallasen puede decirse que el joven adulto se habrá convertido en un psicópata a quien los tribunales pueden mandar a un *Borstal*[2] o a la cárcel. Puede que exista la tendencia a repetir los delitos; entonces hablaremos de *reincidencia*.

Ninguna de estas cosas constituye un comentario acerca del diagnóstico psiquiátrico del individuo.

La tendencia antisocial se caracteriza por un *elemento que hay en ella que obliga al medio ambiente a ser importante*. A través de impulsos inconscientes, el paciente obliga a alguien a cuidarse del control. Constituye la tarea del terapeuta verse envuelto en este impulso inconsciente del paciente; el terapeuta realiza la labor en términos de control, tolerancia y comprensión.

La tendencia antisocial implica esperanza. La falta de esperanza es el rasgo básico del niño desposeído, el cual, por supuesto, no es en todo momento antisocial. En el período de esperanza el niño manifiesta una tendencia antisocial. Esto puede resultar embarazoso para la sociedad, y para usted si es

---

2. Sistema de escuelas-reformatorio para delincuentes juveniles cuya finalidad es procurarles confianza y respeto por sí mismos. *(N. del T.)*

usted a quien le roban la bicicleta, pero aquellos que no estén personalmente involucrados pueden ver la esperanza que hay en el fondo de la compulsión al robo. Tal vez sea porque nos disgusta que nos roben por lo que —al menos en parte— dejamos que la terapia del delincuente la lleven a cabo los demás. El comprender que el acto antisocial constituye una expresión de esperanza resulta vital para el tratamiento de los niños que den muestras de tendencia antisocial. Una y otra vez vemos cómo se desperdicia el momento de esperanza, o vemos cómo se marchita, debido al desconcierto o a la intolerancia. Esto viene a ser lo mismo que decir que el tratamiento de la tendencia antisocial no es el psicoanálisis sino el control, el buscar la forma de aprovechar el momento de esperanza.

Existe una relación directa entre la tendencia antisocial y la desposesión. Los especialistas hace tiempo que lo saben, pero es gracias principalmente a John Bowlby que actualmente existe un reconocimiento extendido de la relación entre la tendencia antisocial en los individuos y la desposesión emocional, típicamente en el período de fines de la infancia y la edad en que se comienza a caminar, es decir, entre el año y los dos años de edad.

Cuando existe una tendencia antisocial *ha habido una verdadera desposesión* (no una simple privación); es decir, se ha producido la pérdida de algo bueno que ha sido positivo en la experiencia del niño hasta cierta fecha[3] y que luego ha sido retirado; la retirada se ha extendido a lo largo de un período de tiempo superior al que el chico es capaz de mantener vivo el recuerdo de la experiencia. He aquí el planteamiento exhaustivo de la desposesión, un planteamiento que incluye tanto lo precoz como lo avanzado, el trauma aislado y la condición traumática sostenida, lo casi normal y lo claramente anormal.

Nota

En un planteamiento de la posición depresiva kleiniana (capítulo 11 de esta tercera parte) he tratado de poner en claro la íntima relación que existe entre el concepto de Klein y el énfasis de

---

3. Esta idea parece hallarse implícita en *Maternal Care and Mental Health*, pág. 47, de Bowlby, donde éste compara sus observaciones con las de otros y sugiere que los resultados diferentes son explicables según la edad que tuviera el niño en el momento de la desposesión.

Bowlby sobre la desposesión. Bowlby establece tres fases en la reacción clínica del niño de dos años que va al hospital; a estas tres fases es posible darles una formulación teórica en términos de la pérdida gradual de esperanza a causa de la muerte del objeto interno o versión introyectada del objeto externo que se pierde. Lo que cabe examinar aún más es la importancia relativa de la muerte del objeto interno a través de la ira y del contacto de los «objetos buenos» con los productos del odio dentro de la psique, y la madurez o inmadurez del yo en la medida en que ésta afecte a la capacidad de mantener vivo un recuerdo.

Bowlby necesita del intrincado planteamiento de Klein que gira en torno a la comprensión de la melancolía y que emana de Freud y de Abraham; pero es igualmente cierto que el psicoanálisis necesita del énfasis que Bowlby ejerce sobre la desposesión si se quiere que alguna vez llegue a un ajuste con este especial tema de la tendencia antisocial.

Hay siempre dos tendencias en la tendencia antisocial, aunque a veces una está más acentuada que la otra. Una de ellas está típicamente representada en el robo y la otra en la destructividad. Por medio de *una* de ellas el niño busca algo, en alguna parte, y al no encontrarlo lo busca en otra, cuando tiene esperanza. Por medio de la *otra*, el niño busca la cantidad de estabilidad ambiental que soporte la tensión resultante de un comportamiento impulsivo. Se trata de la búsqueda del medio perdido, de una actitud humana que, por ser digna de confianza, da al individuo libertad para moverse, actuar y excitarse.

En especial a causa de la segunda de estas tendencias el niño provoca unas reacciones totales del medio ambiente, como si buscase un marco eternamente creciente, un círculo cuyo primer ejemplo lo tuvo en los brazos o el cuerpo de la madre. Es posible observar una serie: el cuerpo de la madre, los brazos de la madre, la relación con los padres, el hogar, la familia, incluyendo primos y parientes cercanos, la escuela, la localidad con sus comisarías de policía, el país con sus leyes.

Al examinar lo casi normal y (en términos del desarrollo individual) las raíces precoces de la tendencia antisocial, quiero tener presente en todo momento estas dos tendencias: la búsqueda y la destrucción del objeto.

El robo

El robo se halla en el lugar central de la tendencia antisocial, junto con las mentiras asociadas con él.

El niño que roba un objeto no está buscando *el objeto robado sino que busca a la madre a la cual el niño o la niña tienen derecho*. Estos derechos emanan del hecho de que (desde el punto de vista del niño) la madre fue creada por él. La madre satisfizo la creatividad primaria del niño y de esta manera se convirtió en el objeto que el niño estaba dispuesto a encontrar. (El niño no pudo haber creado a la madre; asimismo, el significado que la madre tiene para el niño depende de la creatividad de éste.)

¿Es posible unir las dos tendencias, el robo y la destrucción, la búsqueda del objeto y lo que provoca, lo libidinoso y las compulsiones agresivas? Sugiero que la unión de las dos tendencias se encuentran en el niño y representa *una tendencia a la autocuración*, una curación de la de-fusión de los instintos.

Cuando en el momento de la desposesión originaria se produce cierta fusión de las raíces agresivas (o de movilidad) con lo libidinal, el niño reclama a la madre por medio de una mezcla de robos, daño y suciedades, según los detalles específicos del estado, del desarrollo emocional del niño. Cuando la fusión es menor, la búsqueda de objeto y la agresión del niño se hallan más separadas entre sí y hay en él un mayor grado de disociación. Esto conduce a la proposición de que *el valor de molestia del niño antisocial es un rasgo esencial*, y es también, en su mejor aspecto, *un rasgo favorable* que indica la potencialidad para la recuperación de la fusión perdida de los impulsos libidinales y de movilidad.

En los cuidados corrientes que se dan al niño la madre se enfrenta constantemente con el valor de molestia que posee el niño. Por ejemplo, generalmente un niño se orina en el regazo de su madre cuando ésta le está amamantando. En una fecha posterior esto se manifiesta en forma de regresión momentánea durante el sueño o en el momento de despertarse, y entonces el pequeño moja la cama. Cualquier exageración del valor de molestia del niño es posible que indique la existencia de un grado de desposesión y de tendencia antisocial.

La manifestación de la tendencia antisocial incluye el robo y la mentira, la incontinencia y la suciedad en general. Si bien cada síntoma tiene un valor y un significado específicos, el factor común que interesa a efectos de la descripción de la tendencia antisocial es *el valor de molestia de los síntomas*. Este valor de molestia es explotado por el niño y no se trata de algo casual. Gran parte, aunque no necesariamente toda, de la motivación es inconsciente.

Primeros signos de la tendencia antisocial

Sugiero que los primeros signos de desposesión son tan comunes que pasan por normales; tomemos por ejemplo el comportamiento imperioso que la mayoría de los padres afrontan con una mezcla de sumisión y de reacción. *No se trata de la omnipotencia infantil*, la cual es cuestión de realidad psíquica y no de comportamiento.

Uno de los síntomas más comunes de la tendencia antisocial es la gula, con la consiguiente inhibición del apetito. Si estudiamos la gula, nos encontraremos con el complejo de desposesión. Dicho de otro modo, si un pequeño manifiesta gula, es que hay cierto grado de desposesión y cierta compulsión hacia la búsqueda de una terapia acerca de esta desposesión a través del medio. El hecho de que la misma madre esté deseosa de satisfacer la gula del pequeño contribuye al éxito terapéutico en la inmensa mayoría de casos en los que es posible observar esta compulsión. En un niño la gula no es lo mismo que la codicia. La palabra «codicia» se utiliza en el planteamiento teórico de las tremendas exigencias instintivas que el niño ejerce sobre la madre al principio, es decir, en el momento en que el pequeño empieza a permitir la existencia separada de la madre, en la primera aceptación del principio de realidad.

Entre paréntesis, a veces se dice que la madre debe fallar en su adaptación a las necesidades del pequeño. ¿No es ello una equivocación basada en la consideración de las necesidades del ello y en el descuido de las necesidades del yo? Una madre debe fallar en la satisfacción de las exigencias instintivas, pero puede triunfar por completo en «no defraudar al pequeño», *en satisfacer las necesidades del yo*, hasta que llegue el momento en que el pequeño sea capaz de poseer una madre introyectada que apoye al yo y sea lo bastante mayor como para mantener esta introyección a pesar de los fracasos del apoyo del yo en el medio real.

El impulso amoroso primitivo (precompasión) no es lo mismo que la gula despiadada. En el proceso de desarrollo de un niño, el impulso amoroso primitivo y la gula se hallan separados por la adaptación de la madre. La madre falla necesariamente en el mantenimiento de un elevado grado de adaptación a las necesidades del ello y en cierto modo, por tanto, todo niño puede ser desposeído, pero es capaz de hacer que la madre cure este estado de subdesposesión mediante la afrontación de la gula, la suciedad, etc., es decir, los síntomas de la desposesión. La gula forma parte de la compulsión infantil a buscar una cura procedente de la madre causante de la desposesión. Esta gula es antisocial; es la precursora del robo y puede ser afrontada y curada por la adaptación terapéutica de la madre, a la que demasiado fácilmente se confunde con los mimos. Sin embargo, es necesario decir que sea lo que sea cuanto haga la madre, ello no anula el hecho de que la madre en principio falló en su adaptación a las necesidades yoicas de su pequeño. Generalmente, la madre es capaz de afrontar las exigencias compulsivas del pequeño, haciendo así una buena *terapia* del complejo de desposesión que se halla cerca de su punto de origen. Se acerca a la curación porque permite al pequeño que exprese su odio mientras ella, la terapeuta, es de hecho la madre desposesora.

Se observará que, mientras que el niño no se halla sujeto a ninguna obligación para con la madre con respecto a la satisfacción por parte de ella del impulso amoroso primitivo, existe cierto sentimiento de obligación como resultado de la terapia de la madre, es decir, de su disposición a hacer frente a las exigencias que nacen de la frustración, exigencias que comienzan a tener un valor de molestia. La terapia por parte de la madre puede curar, pero esto no es amor materno.

Esta forma de contemplar la indulgencia materna para con el pequeño trae consigo un planteamiento de la maternalización más complejo del que suele ser aceptable. A menudo se piensa en el amor materno en términos de esta indulgencia, que de hecho es una *terapia referente a un fallo del amor materno*. Es una terapia, una segunda oportunidad que se da a las madres, de las que no siempre cabe esperar que tengan éxito en su tarea inicial y más delicada: el amor primario. Si una madre lleva a cabo esta terapia como una formación reactiva nacida de sus propios complejos, entonces lo que esta madre haga se denominará «mimos». En la medida en que ella sea capaz de hacerla porque ve la necesidad de que se satisfagan las exigencias del niño, y se sea indulgente ante la gula compulsiva del niño, entonces se trata de una terapia que por lo general tiene éxito. No sólo la madre, sino también el padre y toda la familia se ven involucrados en ella.

Clínicamente, existe una torpe divisoria entre la terapia materna exitosa y la no exitosa. A menudo vemos cómo una madre mima a su pequeño sin que esta terapia tenga éxito, ya que la desposesión inicial ha sido demasiado grave para una cura «de primera intención» (utilizando un término propio de la cirugía).

Del mismo modo que la gula puede ser una manifestación de la reacción ante la desposesión y de la tendencia antisocial, lo mismo sucede con la suciedad, la incontinencia y la destructividad compulsiva. Todas estas manifestaciones se encuentran estrechamente interrelacionadas. En el caso de la incontinencia, tan frecuente, el énfasis recae en la regresión en el momento del sueño, o en la compulsión antisocial de reclamar el derecho a mojarse en el cuerpo de la madre.

En un estudio más completo del robo me haría falta referirme a la compulsión de salir a comprar algo, que suele ser una manifestación común de la tendencia antisocial que encontramos en nuestros pacientes psicoanalíticos. Resulta posible efectuar un largo e interesante análisis de un paciente sin afectar esta clase de síntoma, que es propio no de las defensas neuróticas o psicóticas del paciente sino de la tendencia antisocial, que constituye una reacción a la desposesión de tipo especial y que tuvo lugar en un momento especial. Después de esto quedará claro que los regalos de cumpleaños y el dinero para gastos absorben parte de la tendencia antisocial que normalmente es de esperar.

Dentro de la misma categoría que la expedición de compras nos encontramos, clínicamente, con un «salir», sin finalidad determinada, con *la inasistencia a clase*, tendencia centrífuga que sustituye al gesto centrípeto implícito en el robo.

LA PÉRDIDA ORIGINARIA

Hay un punto que quiero dejar especialmente aclarado. En la base de la tendencia antisocial se halla una anterior experiencia buena que se ha perdido. Con toda seguridad, *constituye un rasgo esencial que el pequeño ha alcanzado la capacidad de percibir que la causa del desastre reside en un fallo ambiental.* El correcto conocimiento de que la causa de la depresión o de la desintegración es externa y no interna es responsable de la deformación de la personalidad y de la urgencia en encontrar una cura por medio de una nueva provisión ambiental. El estado de madurez del yo que permita una percepción de esta clase determina el desarrollo de una tendencia antisocial en vez de una enfermedad psicótica. Un gran número de compulsiones antisociales se hallan presentes y son tratadas con éxito por los padres en las primeras etapas. Los niños antisociales, sin embargo, reclaman constantemente esta cura a cargo del medio (inconscientemente o mediante una motivación consciente) pero son incapaces de aprovecharlo.

Parecería que el momento de la desposesión originaria ocurre durante el período en que el pequeño o el niño tienen el yo en proceso de alcanzar la fusión de las raíces libidinales y las agresivas (de movilidad) del ello. En el momento de esperanza el niño:

Percibe un nuevo marco en el que hay algunos elementos dignos de confianza.
Experimenta un impulso que podría ser denominado «de búsqueda de objeto».
Reconoce el hecho de que la crueldad está a punto de convertirse en un rasgo y por consiguiente:
Azuza al medio inmediato en un esfuerzo por alertarlo del peligro y hacer que se organice para tolerar la molestia.
Si la situación se mantiene, el medio debe ser puesto a prueba una y otra vez en lo que hace a su capacidad para soportar la agresión, para impedir o reparar la destrucción, para tolerar la molestia, para reconocer el elemento positivo de la tendencia antisocial, para aportar y preservar el objeto que debe ser buscado y hallado.

En un caso favorable, cuando no hay exceso de locura, de compulsión inconsciente, de organización paranoide, etc., las condiciones favorables pueden, con el paso del tiempo, permitir al niño que encuentre y ame a una persona, en lugar de continuar la búsqueda presentando reclamaciones a unos objetos sustitutivos que hayan perdido su valor simbólico.

En la siguiente fase el niño necesita ser capaz de experimentar desesperación dentro de una relación, en lugar de experimentar solamente esperanza. Más allá de esto se halla la real responsabilidad de una vida para el niño. Cuando los guardianes y personal de una residencia acompañan al niño a través de todos los procesos, *estas personas habrán llevado a cabo una terapia comparable con toda seguridad a la labor analítica.*

Por lo común, los padres llevan a cabo toda esta labor con uno de sus propios hijos. Pero muchos padres que son capaces de criar niños normales no pueden hacerlo cuando se trata de un niño que da muestras de tendencia antisocial.

En este planteamiento he omitido deliberadamente las referencias a la relación que existe entre la tendencia antisocial y:

La representación (*acting out*).
La masturbación.
Superyo patológico, culpabilidad inconsciente.
Las fases del desarrollo libidinoso.
La compulsión a la repetición.
La regresión a la preinquietud.
La defensa paranoide.
El eslabonamiento del sexo con respecto a la sintomatología.

Tratamiento

Brevemente, el tratamiento de la tendencia antisocial no es el psicoanálisis. Es la provisión de unos cuidados infantiles que el niño pueda redescubrir y en los cuales pueda experimentar de nuevo los impulsos del ello y también que éstos puedan ser puestos a prueba. Es la estabilidad del nuevo medio ambiente lo que aporta la terapia. Los impulsos del ello deben ser experimentados, si se quiere que tengan sentido, dentro de un marco de relación del yo, y cuando el paciente es un niño desposeído la relación del yo debe sacar apoyo del lado de la relación que corresponde al terapeuta. De acuerdo con la teoría presentada en este trabajo, es el medio ambiente lo que debe dar nueva oportunidad para la relación del yo, ya que el niño ha percibido que fue un fallo ambiental en el apoyo al yo lo que originariamente condujo a la tendencia antisocial.

Si el niño está sometido a análisis, el analista o bien debe permitir que el peso de la transferencia se desarrolle fuera del análisis o debe esperar que la tendencia antisocial desarrolle su plena fuerza dentro de la situación analítica y debe estar preparado para soportar los embates.

16. PEDIATRÍA Y NEUROSIS INFANTIL (1956)[1]

La palabra «neurosis» posee dos connotaciones. En el habla popular abarca todo el campo de las enfermedades psicológicas. Me resulta difícil saber si se espera de mí que trate la neurosis de forma general o si quienes planearon este programa deseaban un breve planteamiento de la neurosis en el sentido psiquiátrico del término, más estricto y restringido.

Para el psiquiatra, la neurosis se refiere bastante específicamente a las dificultades inherentes a la vida personal y no de un modo global a los problemas provocados por una deficiente dirección. Es más, la neurosis no incluye la psicosis, ni una psicosis latente, ni un trastorno anímico, ni una tendencia paranoide o antisocial.

La neurosis propiamente dicha denota un *conflicto inconsciente*. Está relacionada con la *vida instintiva del niño*. Su principal punto de origen se encuentra en la edad en que se dan los primeros pasos, antes de la edad que generalmente se considera apropiada para la educación escolar. En esta fase el marco familiar tiene su máximo valor.

Es evidente que la existencia de una verdadera neurosis implica un sano crecimiento emocional en las importantísimas fases de la primera infancia, en las cuales existe una dependencia casi absoluta de la madre, y en las cuales un fraca-

1. Escrito leído por invitación ante el Octavo Congreso Internacional de Pediatría, Copenhague, Dinamarca, el 25 de julio de 1956.

so en los cuidados produce enfermedades más serias que la neurosis.

La enfermedad neurótica tiene su origen en la gravísima *angustia* que nace de los impulsos instintivos del niño. Al decir «angustia» me refiero a la clase de afecto que irrumpe a través de la pesadilla. Estos impulsos instintivos tienen un trasfondo biológico.

La fantasía es la elaboración imaginativa de la función física. En los juegos y en la fantasía consciente e inconsciente del niño pequeño advertimos todo lo que puede encontrarse en la vida de los adultos, a excepción de la plena capacidad para la experiencia instintiva de índole genital. La llegada de esta última capacidad plantea al niño una serie de problemas nuevos en la pubertad.

En la raíz de la neurosis se halla la angustia, especialmente la que nace de conflictos violentos enmarcados en la fantasía inconsciente y en la personal realidad interior del niño.

Cuando en el análisis de adultos llegamos a esta raíz de la neurosis por lo regular nos encontramos con que dicha raíz se halla en el período de la *infancia* del individuo sometido al análisis. En calidad de pediatras, por consiguiente, no es dado ver (si miramos) no sólo la neurosis de la infancia, sino también (y aún más) la tendencia latente que puede ponerse de manifiesto en forma de neurosis en algún momento de la vida del adulto. (Esto es aún más cierto si consideramos la psicosis. La prevención de la enfermedad propia del hospital psiquiátrico se halla en manos del pediatra, lo sepa o no. Puede decirse sin temor a error, no obstante, que el pediatra no lo sabe, por lo que su vida resulta más agradable.)

Los conflictos inconscientes del amor y el odio, de las tendencias heterosexuales y homosexuales, y así sucesivamente, llevan a la organización de *patrones de defensa*, y son estos patrones de defensa los que constituyen la *neurosis organizada*.

El pediatra, de desearlo, y en el supuesto de que poseyera la habilidad técnica para establecer contacto con los procesos inconscientes, podría presenciar la batalla en el mismo momento de librarse, a la edad en que se empieza a andar, después de la infancia y antes del período de latencia; puede contemplar la lucha en pos de la *libertad instintiva* en relación con los temores internos que paralizan. Estos temores son tan grandes que la severidad externa es susceptible de actuar como un alivio.

Durante el período de latencia el niño se ve temporalmente aliviado de la carga de cambiar y desarrollar procesos instintivos, pero en la pubertad, debido a los nuevos impulsos biológicos, la batalla vuelve a comenzar, con el patrón de las defensas ya establecido.

Apenas hace falta mencionar que un medio personal y seguro es una ayuda, mientras que un medio neurótico o poco digno de confianza es un obstáculo cuando el niño se halla empeñado en esta lucha, es decir, empeñado en afrontar los conflictos y tensiones internos, los cuales son de gran intensidad e inherentes a la vida misma.

La salud, en esta fase, no consiste en la ausencia de una sintomatología. La normalidad debe definirse sobre una base mucho más amplia, una base que tenga en cuenta los conflictos esenciales, principalmente inconscientes, propios de la salud y que sencillamente quieren decir que el niño vive.

Es importante para mí transmitir el *grado de complejidad* de la neurosis más que tratar de concentrar el tema en una tableta que pueda ser ingerida sin problema para el sistema digestivo. Es mucho el trabajo que ya se ha hecho acerca del desarrollo emocional del pequeño y una gran parte del mismo goza de aceptación general.

Siendo la neurosis un patrón organizado de defensa, es necesario que enumere las principales defensas.

Las principales defensas contra la angustia intolerable propia del conflicto que se desarrolla en el inconsciente en relación con la vida instintiva son de diversas clases.

En primer lugar, el mismo instinto se inhibe, se hace inaceptable para el ser total, o bien es solamente aceptable en ciertas condiciones que convierten en precaria la satisfacción instintiva.

En segundo lugar, la culpabilidad nacida a causa del conflicto entre el amor y el odio es suavizada por medio de una serie de rituales obsesivos, una especie de religión con un dios muerto.

En tercer lugar, cierta parte del conflicto emocional se convierte en conflicto en términos de funcionamiento físico, tal como cólicos, o paresia histérica.

En cuarto lugar, por medio de fobias organizadas el niño es capaz de evitar ciertas situaciones que estimulan la angustia, u objetos que simbolizan las cosas que producen miedo.

A veces la angustia se abre paso y entonces el padre, la madre o la niñera deben estar alerta para acudir al rescate.

Es más, el niño obtiene cierto grado de alivio gracias a su capacidad para la regresión, es decir, porque puede regresar a los patrones instintivos de la infancia, donde la ingestión y la expulsión eran las principales funciones, y donde la madre satisfizo con éxito la dependencia del pequeño. O bien la regresión tiene lugar en forma de derrumbamiento, completamente aparte de la esperanza de ver satisfecha la dependencia.

Dicho de otra manera, las principales angustias de la *neurosis* (en contraste con la psicosis y la psicosis latente) pertenecen a un movimiento hacia adelante, en pos de los instintos genitales y en dirección opuesta a los instintos de alimentación.

Este movimiento de avance conduce a la angustia en torno a los genitales mismos y a unas diferencias esenciales en las fantasías, temores y defensas según el sexo del niño.

Cuando pensamos en la enfermedad y en la salud en términos de neurosis y la ausencia de la misma, damos por sentado que el niño ha alcanzado una fase de desarrollo en la cual tiene sentido hacer referencia a las *relaciones interpersonales*. Los niños completos se relacionan con personas completas. No puede decirse lo mismo en una descripción de las fases precoces, donde los niños se relacionan con objetos parciales o se hallan muy lejos de su instauración como unidades.

En la raíz de la neurosis propiamente dicha se encuentra la relación triangular, es decir, la relación entre tres personas tal como aparece por primera vez en la vida del niño. En esta fase los chicos y las chicas se desarrollan de modo distinto, pero siempre existen los dos triángulos, el que se basa en la posición heterosexual y el que se basa en la posición homosexual. Puede verse fácilmente que aquí hay lugar para una gran complejidad.

De entre todas estas posibilidades Freud destacó el complejo de Edipo, término que utilizamos para describir nuestro reconocimiento de todo el problema que surge de la consecución por parte del niño de la capacidad para relacionarse en calidad de ser humano con otros dos seres humanos, la madre y el padre a un mismo tiempo.

Es justamente aquí donde nacen las principales angustias debido a que es precisamente aquí que los instintos despiertan al máximo, y en el sueño del niño, el cual va acompañado de excitación corporal, todo está en juego. La verdadera neurosis no es necesariamente una enfermedad; al principio deberíamos considerarla un tributo al hecho de que la vida es difícil. Solamente diagnosticamos enfermedad y anormalidad si el grado de trastorno perjudica al niño, o aburre al padre o madre o bien resulta un inconveniente para la familia.

En la *prevención* de la neurosis tratamos de dar lo necesario en las primeras fases de la infancia, donde existe una gran dependencia y donde la madre echa los cimientos de la salud del niño a través de todo cuanto hace a causa de su dedicación al pequeño.

En el *tratamiento* disponemos de varios métodos.

1. A veces podemos modificar el medio ambiente dando a los padres la comprensión que les permita corregirse allí donde están fallando; pero esto no conduce a un cese repentino de los síntomas. A decir verdad, la mejora del medio emocional puede conducir a un aumento de los síntomas, ya que el niño pequeño necesita espacio para representar (*acting out*) muestras de la fantasía y para el descubrimiento del *self* a través del juego.
2. Es mucho el alivio que puede darse mediante las modificaciones habituales: mandar al niño de vacaciones, encontrar una escuela adecuada, obtener ayuda para la madre sobreocupada, movilizar a un tío o a una tía, comprar un perro, etc. Pero no es necesario que entre en detalles, sino que es preferible que señale la tremenda complejidad de toda situación humana y la necesidad de ser humilde al planear la vida de otra persona.
3. Luego está toda la cuestión de prestar ayuda personal al niño. Únicamente puedo hacer hincapié en que *la intuición no basta en el ejercicio de la psicología*.

Si un pediatra me pregunta cómo debe proceder, debo aconsejarle que siga un curso de psicoanálisis y luego modifique lo que haya aprendido a fin de aprehender el caso de que se trate.

Puede que haya un lugar para que aquellos que no hayan podido hacerse analistas trabajen personalmente con niños, pero esto solamente puede ser si el médico, por temperamento, es capaz de mantener una actitud no moralista y es fácilmente digno de confianza en los aspectos importantes, especialmente en lo que hace a no tener una perentoria necesidad emocional propia que gradualmente anule la del niño. Entre mis colegas pediatras los hay que practican la psicoterapia y tienen intención de hacer más, y de hacerlo bien. Pese a esto, debo decir aquí, en mi intento por ser sencillo y categórico, que la psicoterapia personal de niños y adultos debería estar a cargo de quienes se han adiestrado como analistas. *Esto es lo que debemos aconsejar a nuestros colegas más jóvenes, y en la próxima década la responsabilidad recaerá sobre aquellos que posean la doble calificación.*

Al pediatra le resulta mejor trabajar en términos de igualdad con un analista cualificado (quizá no médico) que tratar de practicar la psicoterapia que no está calificado para practicar.

Preferiría ver un retraso de cincuenta años en el psicoanálisis, antes que presenciar la rápida extensión de la psicoterapia a cargo de quienes no hayan estudiado las inmensas complejidades de este tema y de la naturaleza humana a la que la psicoterapia debe aplicarse.

Pero todo esto es de común conocimiento. Está en los libros. Hace tiempo que forma parte del adiestramiento de los psiquiatras que se dedican a la asistencia social y también, a decir verdad, del adiestramiento de todos los asistentes sociales.

Por una u otra razón, en los últimos treinta años la pediatría ha avanzado en una dirección, pero se ha retrasado en otra.

En estos treinta años se ha registrado un sorprendente avance en la teoría y la práctica de la pediatría física, siendo este avance lo que ha puesto al desnudo y en evidencia la existencia y extensión del trastorno emocional. Resulta comprensible que no haya habido tiempo para la psicología; los que se sintieron atraídos por la pediatría a menudo lo fueron debido a que los problemas con que deberían enfrentarse eran de naturaleza física.

¿Es precisamente porque la psiquiatría sigue ocupándose plenamente de la vertiente física que en el Instituto de Psicoanálisis de Londres, donde estamos preparando a treinta analistas para el estudio y tratamiento de niños, es precisamente por esto, repito, que (con unas pocas excepciones) no son los pediatras quienes solicitan plaza? A propósito, la psicología ya está siendo ejercida, y bien, fuera de la profesión médica; la ejercen los psiquiatras y otras personas que se dedican a la asistencia social y al cuidado de niños desposeídos, los funcionarios que se encargan de atender a los que están en libertad vigilada, y el personal de las residencias para niños llamados inadaptados y otros muchos grupos profesionales que cuentan con organizaciones propias. Muchas de estas personas han visto la necesidad del análisis personal. El nivel del trabajo que llevan a cabo es alto con frecuencia. Es la pediatría lo que se ha retrasado.

En cuanto al tema de la neurosis, ya han oído mi resumen de teorías bien conocidas y aceptadas. Pero no puedo dejarlo así. Mi aportación debe consistir en hacer un examen de la dificultad en que se halla metida la pediatría.

En alguna parte hay algo que está mal y cabe suponer que, si algo va mal, todos deseamos que ese algo sea arreglado.

A menudo se afirma que los pediatras son necesariamente buenos con los niños. Esto, por lo que yo creo, es cierto. Aquí, no obstante, mi trabajo consiste en añadir la observación en el sentido de que ser bueno con los niños, saber tratarlos, no es psicología. Se trata de una cosa enteramente distinta.

En este Congreso la pediatría *física* se muestra bien dispuesta para con la otra mitad de la pediatría, la que se ocupa del desarrollo *emocional*; y sin embargo, el camino parece estar bloqueado. Seguramente la explicación estriba en que aquellos que se hallan orientados hacia la vertiente física basan su labor en las ciencias físicas, anatomía, fisiología, bioquímica... y no saben a qué ciencia recurrir ni saben en qué basar cualquier posible incursión que realicen en el territorio psicológico. ¿Qué hay en la psicología que corresponda a las ciencias físicas?

En este punto seré rotundo y personal. He pasado mi vida profesional con un pie en la pediatría y el otro en el psicoanálisis. Al tratar muchos miles de casos también he tenido el privilegio de llevar a cabo cerca de un centenar de largos análisis personales de adultos y niños. Asimismo, he participado en la formación de psicoanalistas.

Estoy convirtiendo en lo principal de esta aportación el hecho de que antes o después deberá reconocerse que la ciencia que subyace a la pediatría psicológica *ya existe* en la psicología dinámica, o en la psicología de los procesos conscientes e inconscientes que nace con Freud. El psicoanálisis, tanto en su carácter de ciencia como gracias al adiestramiento que es capaz de ofrecer, merece la coexistencia con la fisiología. Aquí y ahora pido respeto, pido que las ciencias físicas respeten al psicoanálisis y lo pido especialmente *a aquellos a quienes les disgusta*. El hecho de que no les guste no constituye un argumento en contra.

Tiene que haber quienes detesten el psicoanálisis debido a que estudia la naturaleza humana objetivamente; a que invade los reinos donde antes dominaban la creencia, la intuición y la empatía. Es más, la psicología introduce un nuevo elemento en la labor clínica; en calidad de psiquiatras debemos esperar encontrar *en nosotros mismos* las mismas dificultades y las mismas organizaciones neuróticas de defensa que encontramos en nuestros pacientes.

Existe una gran riqueza de libros y escritos para quienes deseen examinar más profundamente la neurosis y existe también una gran cantidad de neurosis para su estudio clínico. Mi principal contribución ha sido la sugerencia referente a la formación de posgraduados para aquellos pediatras que sean capaces de mirar al futuro y verse ejerciendo dentro de la mitad psicológica de nuestro tema común: la pediatría. Necesitan formarse en el psicoanálisis.

BIBLIOGRAFÍA

ABRAHAM, K. (1916), «The First Pregenital Stage of the Libido», *Selected Papers on Psycho-Analysis*, Londres, Hogarth Press.
ABRAHAM, K. (1927), *Selected Papers on Psycho-Analysis*, Londres, Hogarth Press.
ABRAHAM, K. (1955), *Clinical Papers and Essays on Psycho-Analysis*, Londres, Hogarth Press.
AICHHORN, A. (1925), *Wayward Youth*, Londres, Imago.
BALINT, M. (1955), «Friendly Expanses—Horrid Empty Spaces», *Int. J. Psycho-Anal.*, vol. XXXVI.
BENDER, L. (1947), «Childhood Schizopherenia», *Am. J. Orthopsychiat.* vol. XVII.
BOWLBY, J. (1951), *Maternal Care and Mental Health*, Ginebra, Organización Mundial de la Salud.
BOWLBY, J., ROBERTSON, J., y ROSENBLUTH, D. (1952), «A Two-Year Old Goes to Hospital», *Psychoanal. Study Child*, vol. VII, Londres, Imago.
BRIERLEY, M. (1951), *Trends in Psycho-Analysis*, Londres, Hogarth Press.
BRITTON, C. (1955), «Casework Techniques in Child Care Services», *Case Conference*, vol. I, n. 9.
BURLINGHAM, D. y FREUD, ANNA (1942), *Young Children in Wartime: a Year's Work in a Residential War Nursery*, Londres, Allen & Unwin.
CASTERET, N. (1947), *My Caves*, Londres, Dent.
CREAK, M. (1951), «Psychoses in Childhood», *J. ment. Sci.*, vol. XCVII.
CREAK, M. (1952), «Psychoses in Childhood», *Proc. R. Soc. Med.*, vol. XLV.
FAIRBAIRN, W. R. D. (1952), *Psychoanalytic Studies of the Personality*, Londres, Tavistock Publications.

FREUD, ANNA (1937), *The Ego and the Mechanisms of Defence*, Londres, Hogarth Press.

FREUD, ANNA (1947), «Aggression in Relation to Emotional Development; Normal and Pathological», *Psychoanal. Study Child*, vols. III-IV, Londres, Imago.

FREUD, ANNA (1947), «Emotional and Instinctive Development», en *Child Health and Development*, editado por Prof. R. W. B. Ellis, Londres, John Churchill.

FREUD, ANNA (1952), «A Connection Between the States of Negativism and of Emotional Surrender (Hörigkeit)», *Int. J. Psycho-Anal.*, vol. XXXIII.

FREUD, ANNA (1952), «The Role of Bodily Illness in the Mental Life of Children», *Psychoanal. Study Child*, vol. VII, Londres, Imago.

FREUD, ANNA (1953), «Some Remarks on Infant Observation», *Psychoanal. Study Child*, vol. VIII, Londres, Imago.

FREUD, ANNA (1954), «Problems of Infantile Neurosis: a Discussion», *Psychoanal. Study Child*, vol. IX, Londres, Imago.

FREUD, ANNA (1954), «The Widening Scope of Indications for Psycho-Analysis», *J. Amer. Psychoanal. Assoc.*, vol. II, n. 4.

FREUD, ANNA y BURLINGHAM, D. (1942), *Young Children in Wartime: a Year's Work in a Residential War Nursery*. Londres, Allen & Unwin.

FREUD, SIGMUND (1905), «Fragment of an Analysis of a Case of Hysteria», *Complete Psychological Works of Sigmund Freud*, vol. II, págs. 51-55, Londres, Hogarth Press.

FREUD, SIGMUND (1905), «Tres ensayos sobre teoría sexual», Madrid, Alianza Editorial, El Libro de Bolsillo, n. 386.

FREUD, SIGMUND (1909), «Notas sobre un caso de neurosis obsesiva», Madrid, Alianza Editorial, El Libro de Bolsillo, n. 303.

FREUD, SIGMUND (1914), «Introducción al narcisismo», Madrid, Alianza Editorial, El Libro de Bolsillo, n. 444.

FREUD, SIGMUND (1915), «Instincts and their Vicissitudes», *Collected Papers*, vol. IV, Londres, Hogarth Press.

FREUD, SIGMUND (1917), «Mourning and Melancholia», *Collected Papers*, vol. IV, Londres, Hogarth Press.

FREUD, SIGMUND (1920), «Más allá del principio del placer», Madrid, Alianza Editorial, El Libro de Bolsillo, n. 193.

FREUD, SIGMUND (1921), «Psicología de masas y análisis del ego», Madrid, Alianza Editorial, El Libro de Bolsillo, n. 193.

FREUD, SIGMUND (1923), *The Ego and the Id*, Londres, Hogarth Press.

FREUD, SIGMUND (1926), *Inhibitions, Symptoms and Anxiety*, Londres, Hogarth Press.

FREUD, SIGMUND, *The Origins of Psycho-Analysis*, Londres, Imago, 1950, (1954).

FRIEDLANDER, K. (1947), *The Psychoanalytical Approach to Juvenile Delinquency*, Londres, Kegan Paul, Trench, Trubner.

GLOVER, E. (1932), «A Psychoanalytic Approach to the Classification of Mental Disorders», en *On the Early Development of Mind*, cap. XI, Londres, Imago.
GLOVER, E. (1945), «An Examination of the Klein System of Child Psychology», *Psychoanal. Study Child*, vol. I, Londres, Imago.
GLOVER, E. (1949), «The Position of Psycho-Analysis in Great Britain», en *On the Early Development of Mind*, cap. XXIII, Londres, Imago.
GREENACRE, P. (1941), «The Predisposition to Anxiety», en *Trauma, Growth and Personality*, Londres, Hogarth Press.
GREENACRE, P. (1945), «The Biological Economy of Birth», en *Trauma, Growth and Personality*, Londres, Hogarth Press.
GREENACRE, P. (1954), «Problems of Infantile Neurosis: a Discussion», *Psychoanal. Study Child*, vol. IX, Londres, Imago.
HARTMANN, H. (1952), «Mutual Influences in the Development of Ego and Id», *Psychoanal. Study Child*, vol. VII, Londres, Imago.
HENOCH, E. (1889), «Lectures on Children's Diseases», trad. de John Thomson, Londres, The New Sydenham Society.
HOFFER, W. (1949), «Mouth, Hand and Ego-Integration», *Psychoanal. Study Child*, vols. III-IV, Londres, Imago.
ILLINGWORTH, R. S. (1951), «Sleep Disturbances in Young Children», *Brit. med. J.*
JONES, E. (1946), «A Valedictory Address», *Int. J. Psycho-Anal.*, vols. XXVII.
JUNG, C. G., *The Collected Works of C. G. Jung*. Ed. Herbert Read, Michael Fordham y otros, Londres, Routledge & Kegan Paul.
KANNER, L. (1943), «Autistic Disturbances of Affective Contact», *The Nervous Child*, vol. II.
KLEIN, M. y RIVIERE, J. (1936). «Love, Hate and Reparation», *Psycho-Analytical Epitomes*, n. 2, Londres, Hogarth Press, 1937.
KLEIN, M. (1932), *Psycho-Analysis of Children*, Londres, Hogarth Press.
KLEIN, M. (1948), *Contributions to Psycho-Analysis*, 1921-1945, Londres, Hogarth Press.
KLEIN, M., HEIMANN, P. y MONEY-KYRLE, R. (1952), *Developments in Psycho-Analysis*, Londres, Hogarth Press.
KLEIN, M., HEIMANN, P.; ISAACS, S., y RIVIERE, J. (1955), *New Directions in Psycho-Analysis*, Londres, Tavistock Publications; Nueva York, Basic Books.
LINDNER, S. (1879), «Das Saugen an den Fingern, Lippen, bei den Kindern (Ludeln)», *Jb. Kinderheilk*, N.F. 14.68. (179).
MACALPINE, I. (1952), «Psychosomatic Symptom Formation», *Lancet*, 9 de febrero.
MAHLER, M. S. (1952), «On Child Psychosis and Schizophrenia», *Psycho-Anal. Study Child*, vol. VII, Londres, Imago.
MAHLER, M. S. (1954), «Problems of Infantile Neurosis: a Discussion», *Psycho-anal. Study Child*, vol IX, Londres, Imago.

MARTY, P. y FAIN, M. (1955), «La Motricité dans la Relation d'objet», *Rev. française Psychanal.*, tomo XIX, n. 1-2, Presses Universitaires de France.
MILDDLEMORE, M. P. (1941), *The Nursing Couple*, Londres, Hamish Hamilton.
MILNER, M. (1952), «Aspects of Symbolism in Comprehension of the Not-Self», *Int. J. Psycho-Anal.*, vol. XXXIII.
RANK, O. (1924), *The Trauma of Birth*, Londres, Kegan Paul.
READ, G. D. (1942), *Revelation of Childbirth*, Londres, Heinemann.
READ, G. D. (1950), *Introduction to Motherhood*, Londres, Whitefriars Press.
RICKMAN, J. (1928), «The Development of the Psycho-Analytical Theory of the Psychoses», suplemento n. 2, *Int. J. Psycho-Anal.*, Londres, Baillière, Tindell and Cox.
RICKMAN, J. (1951), «Methodology and Research in Psychopathology», *Brit. J. med. Psychol.*, vol. XXIV.
RIVIERE, J. (1936), «On the Genesis of Psychical Conflict in Earliest Infancy», *Int. J. Psycho-Anal.*, vol. XVII.
RIVIERE, J. y KLEIN, M. (1936), «Love, Hate and Reparation», *Psycho-Analytical Epitomes*, n. 2, Londres, Hogarth Press, 1937.
ROBERTSON, J.; BOWLBY, J., y ROSENBLUTH, DINA (1952), «A Two-Year-Old Goes to Hospital», *Psychoanal. Study Child.*, vol. VII, Londres, Imago.
RYCROFT, C. F. (1953), «Some Observations on a Case of Vertigo», *Int. J. Psycho-Anal.*, vol. XXXIV.
SCOTT, W. C. M. (1949), «The Body Scheme in Psychotherapy», *Brit. J. med. Psychol.*, vol. XXII.
SCOTT, W. C. M. (1955), «A Note on Blathering», *Int. J. Psycho-Anal.*, vol. XXXVI.
SEARL, N. (1929), «The Flight to Reality», *Int. J. Psycho-Anal.*, vol. X.
SECHEHAYE, M. A. (1951), *Symbolic Realization*, Nueva York, International Universities Press.
SPITZ, R. A. (1945), «Hospitalism. An Inquiry into the Genesis of Psychiatric Conditions in Early Childhood», *Psychoanal. Study Child.*, vol. I, Londres, Imago.
SPITZ, R. A. y WOLF, K. M. (1946), «Anaclitic Depression: an inquiry into the genesis of psychiatric conditions in early childhood», *Psychoanal. Study Child.*, vol. II, Londres, Imago.
SPITZ, R. A. (1950), «Relevancy of Direct Infant Observation», *Psychoanal. Study Child.*, vol. V, Londres, Imago.
STEVENSON, O. (1954), «The First Treasured Possession», *Psychoanal. Study Child.*, vol. IX, Londres, Imago.
WHITEHEAD, A. N. (1933), *Adventures of Ideas*, Harmondsworth, Pelican Books.
WINNICOTT, D. W. (1931), *Clinical Notes on Disorders of Childhood*, Londres, Heinemann.

WINNICOTT, D. W. (1945), *Getting to Know Your Baby*, Londres, Heinemann, publicado nuevamente en *The Child and the Family*, Londres, Tavistock Publications, 1957; Nueva York, Basic Books.
WINNICOTT, D. W. (1947), «Physical Therapy of Mental Disorder», *Brit. med. J.*, correspondencia, *Brit. med. J.*, 17 de mayo de 1947, pág. 688.
WINNICOTT, D. W. (1949), «Leucotomy», *Brit. med. Students' J.*, primavera de 1949, 3, 2, 35.
WINNICOTT, D. W. (1949), *The Ordinary Devoted Mother and Her Baby*, nueve charlas radiofónicas. Publicadas de nuevo en *The Child and the Family*, Londres, Tavistock Publications, 1957; Nueva York, Basic Books.
WINNICOTT, D. W. (1950), «Some Thoughts on the Meaning of the Word Democracy», *Human Relations*, vol. III, n. 2, junio de 1950.
WINNICOTT, D. W. (1957a), *The Child and the Family*, Londres, Tavistock Publications; Nueva York, Basic Books (pág. 141).
WINNICOTT, D. W. (1957b), *The Child and the Outside World*, Londres, Tavistock Publications; Nueva York, Basic Books.
WOLF, K. M. y SPITZ, R. A. (1946), «Anaclitic Depression: an inquiry into the genesis of psychiatric conditions in early childhood», *Psychoanal. Study Child.*, vol. II, Londres, Imago.
WULFF, M. (1946), «Fetishism and Object Choice in Early Childhood», *Psychoanal. Quart.*, vol. XV.